U0453921

国家安全研究丛书

主编 陈 刚

副主编 田华伟 王雪莲 毛欣娟

美国国家安全情报论

[美] 罗杰 · Z. 乔治（Roger Z. George）/ 著

陈 刚 王诺亚 等 / 译

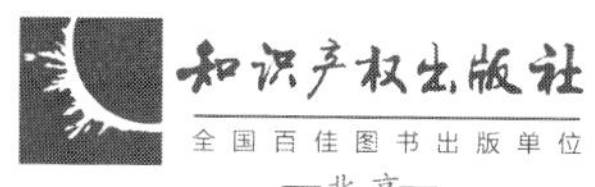

—北京—

图书在版编目（CIP）数据

美国国家安全情报论/(美)罗杰·Z. 乔治(Roger Z. George)著；陈刚等译. —北京：知识产权出版社，2023. 11

书名原文：Intelligence in the National Security Enterprise：An Introduction

ISBN 978-7-5130-8065-1

Ⅰ. ①美…　Ⅱ. ①罗… ②陈…　Ⅲ. ①国家安全—情报工作—研究—美国　Ⅳ. ①D771. 23

中国国家版本馆 CIP 数据核字(2023)第 002552 号

责任编辑： 庞从容　　**责任校对：** 谷　洋

执行编辑： 赵利肖　　**责任印制：** 刘译文

美国国家安全情报论

［美］罗杰·Z. 乔治　著

陈刚　王诺亚　等 译

出版发行： 知识产权出版社 有限责任公司　　**网　　址：** http：//www. ipph. cn

社　　址： 北京市海淀区气象路 50 号院　　**邮　　编：** 100081

责编电话： 010-82000860 转 8726　　**责编邮箱：** pangcongrong@ 163. com

发行电话： 010-82000860 转 8101/8102　　**发行传真：** 010-82000893/82005070/82000270

印　　刷： 三河市国英印务有限公司　　**经　　销：** 新华书店、各大网上书店及相关专业书店

开　　本： 710mm×1000mm 1/16　　**印　　张：** 23. 5

版　　次： 2023 年 11 月第 1 版　　**印　　次：** 2023 年 11 月第 1 次印刷

字　　数： 390 千字　　**定　　价：** 128. 00 元

ISBN 978-7-5130-8065-1

京权图字：01-2021-7054

献给辛迪

我一生的伴侣、挚友，感谢她的耐心、理解和爱

总　序

国家安全与国家历史相伴相生。恢宏绚烂的中华文明始终不乏精奥深邃的国家安全思想。早在先秦时期，诸子百家已提出极具超时空价值的论述，包罗政治安全、军事安全、经济安全、社会安全等方面。现实理性色彩浓厚的兵家与法家思想及政策主张斐然成文，被誉为“兵学圣典”的《孙子兵法》与主张“王者之政莫急于盗贼”的《法经》，彰显出历史上以军事安全与政治安全为主核的传统国家安全观。历代思想家循循相因，成就意蕴丰富、别具一格的国家安全思想史，纵贯古今、流传中外。

国家安全真正作为独立研究对象并形成一门学科则是近几十年的事情。21世纪前后，在内部与外部安全问题、传统与非传统安全挑战等多重因素驱动下，各界关注国家安全尤甚于以往，为之立学的呼声日渐高涨。总体国家安全观的提出、《中华人民共和国国家安全法》的颁布、一级学科的设立等诸多里程碑事件，使得国家安全研究从冷僻状态中脱离，成为广为人知的“服务国家安全与发展”、回应时代背景及实践问题的“显学”。严峻的国际国内形势、急剧扩张的安全边界令学科建设历程异常艰巨。值此境况，承继传统安全思想及文化，面向现实安全需要及问题，从安全认知、理论范式、战略研究等多个维度开辟新路径、取得新成果，促进国家安全学真正走向科学化、集成化、创新化，已成为我们这一代甚至数代研究者的使命。

中国人民公安大学于2019年获批设立国家安全学二级学科，于同年6月整合多方教学与科研力量成立国家安全与反恐怖学院，并于2020年6月更名为国家安全学院。在国家安全学学科试点建设过程中，国家安全学院以总体国家安全观为指导，以大力发展高精尖学科为定位，坚持服务国家战略需求、顺应新时代公安工作，积极践行学科建设的学术使命与历史责任。本套丛书在“中国人民公安大学国家安全高精尖学科成果出版专项”的支持下，尝试在这一领域略作梳理及探索。

在当今学科交叉融合的普遍趋势下，出于专业化目的而设置的学科边界不应成为研究的边界。现实安全问题交织叠加的复杂态势下，归属于“交叉学科”的国家安全学亦不应局限于法度森严的以往范式。有鉴于此，丛书秉承兼收并蓄的理念，精心收录域外的或本土的、历史的或当代的、文化的或技术的、理论的或行动的、制度化的或个案式的各类成果，基于多种线索、视角、方法，期望在器物、制度、思想等多个层次有所裨益于学科建设与学术交流。丛书各著作虽风格面貌各异，但其共同关切、冀望解决的问题却始终如一。

成书过程中，国家安全学院科研团队同心勠力、同行院校研究伙伴鼎力相助、出版社编辑庞从容女士奔走先后，在此一并致以衷心谢意。国家安全学方才扬帆起步，我们这一代研究人员既是见证者，也是亲历者、偕行者，本套丛书权作为交流互鉴的平台之一，若有疏漏，敬请同行及读者批评指正。

2021 年 10 月 25 日

译者序

“明者因时而变，知者随事而制。”绵亘千余年的华夷体系安全思想以及冷战时期的传统国家安全观，随着近现代以来世界秩序的更迭变迁，在复杂多变的国际环境中几经浮沉，更于现代性的裹挟之下愈发难以适应国家安全与发展的多维需要。孕育于安全问题之历史经纬及现实挑战的总体国家安全观，是准确把握安全形势新变化、新特点、新趋势的强大理论体系和实践指南。2020 年 12 月，国务院学位委员会批准设置“交叉学科”门类，下设“国家安全学”一级学科，国家安全学院及国家安全情报理论研究迎来新一轮发展机遇和挑战。学科划分与建制的突破根植于各界对国家安全本质、规律与形势的深刻把握，彰显了国内情报理论研究的发展历程与现状。功能范式主导的情报研究潮流中，情报理论研究的目的性进一步凸显，情报对国家安全与发展的支持性作用成为情报研究的首要目标和评价标准。在开放性与对抗性并存的国际环境中，从外部洞察前沿思想、引入先进方法、检视现实制度，无疑是情报理论本土化与时代化的一条重要路径。

我国情报研究素有“域外引进”的传统，情报理论受美国方面的影响颇深。在本土探索之外，大规模、成体系地引入发达国家情报著作，不仅为国内研究提供参考素材和理论养分，亦是窥测国外对手情报历史、业务、组织、规范等的重要渠道。这一传统形成的部分根源在于，情报、国家安全决策就其一贯运行过程而言，在潜移默化的保密文化中刻意地与公众保持着距离，学界亦苦于研究资料的限制而难窥全豹，面向国家安全战略需求的服务功能更是受到减损。可以说，域外研究虽行之有效，却出于无奈。基于现实考量，在“中国人民公安大学国家安全高精尖学科成果出版专项”的支持下，我们试图通过译介《美国国家安全情报论》一书，将美国情报理论与实践的最新成果引入国内，以期为国内研究尽绵薄之力。

在漫长的演变历程中，美国情报界与决策界内部形成千丝万缕的关系，其晦明变幻在某种程度上甚至左右着国际政治以及国内情报体制、民主制度等的走向。梳理长达半个多世纪的曲折脉络，无疑对叙事者提出了严苛的要求。罗杰·Z. 乔治教授的《美国国家安全情报论》独辟蹊径，以情报与政策关系为逻辑主线，全面、细致地勾画美国情报界与国家安全界的主要架构，为读者展开了一幅宏大的、横跨两界的国家安全情报图景。一方面，作者以情报为起点，从基本理论、历史沿革、组织机构、情报业务等维度，勾勒出美国情报界的现实面貌，并重点阐释了传统的情报循环及与之区别的以分析师为中心的情报过程，概述了战略情报、预警、情报支持、隐蔽行动等主要情报活动的形式与动态。另一方面，作者又从国家安全出发，从机构演变、管理策略、规范问题等维度，以穿插方式凝练地概括了美国庞大国家安全事业的体系构成及其运行机理，情报与政策、情报与民主之间的诸多关键问题得以清晰地展现在读者面前。从第二次世界大战期间的珍珠港事件，到冷战时期的古巴导弹危机，再到后冷战时代的“9·11”事件等，一系列大跨度的典型历史事件在作者的旁征博引中向读者充分展现国际政治的波谲云诡与国际历史的曲折变迁，其背后的情报斗争则作为核心线索得到深入挖掘与细致剖析。

正因如此，本书不仅为普通读者了解国家安全情报提供了一扇窗口，同时也为研究者、决策者提供了宝贵而翔实的借鉴素材。可以说，本书兼具资料价值、理论价值及政策价值，其译介与引入意义丰富且深远。然而，值得读者警惕的是，国家安全情报并非价值无涉的纯粹客观知识，相关著作自觉或不自觉地涉入历史评价、政治见解等个人认知因素实属常态。为使译著符合国内出版规范，译者秉承忠于原著的精神做了尽可能小的调整和处理。**需要特别说明的是，作者所书内容离真实的历史或许尚有差距，也与我们的判断存在一定差异，其对特定国家的评价并不代表译者和任何机构的观点。敬请读者在阅览本书时保持独立判断与批判立场。**

本书被介绍至国内，不仅得益于原著作者在美国学界、情报界、政界的丰富经历及其在著作中倾注的辛勤，同时也有赖于我的翻译团队。韩娜、李媛、李秋晓、陈雨楠、王诺亚等师生各自承担了部分章节的翻译及审校工作。**西南政法大学胡尔贵教授、中国人民公安大学谢晓专教授，对译稿进行了通读和审阅，提出了一些宝贵的修改意见和建议**，责任编辑庞从容从出版的角度全程参与并指导了本书的翻译工作，在此特别致谢。

原著涉及大量国际政治、历史、情报方面术语，部分尚无通行译法，本书囿于时间与水平，给出不成熟见解。若有疏漏，敬请同行及读者指正。

谨识于木樨地高警楼

2021年5月25日

翻译凡例

一、本书系罗杰·Z. 乔治《美国国家安全情报论》一书的中文译本，所据版本为乔治敦大学出版社 2020 年英文版，中译本有少量删节。

二、本书中的人名和专有术语一般按照通行译法译出，首次出现在文中时或遇到其他必要情形时会括注英文原文及缩写形式（若有）。

三、本书所据的英文版本中对部分核心概念和重点词句以加粗字体表示，为忠实表达作者原意，中译本同样采用加粗字体。

四、本书中有少量图表及窗的位置与英文版略有不同，以符合中文图书的出版规范与中文读者的阅读习惯。此外，译者对个别图表及窗进行了删除，因此会出现页边码、图表及窗的序号与英文版不完全一致的情况。

五、本书的中译注释体例与英文版一致，为了方便读者检索与追溯，文献的责任者与篇名首次出现时括注了英文原文，但译出的文献并非全部存在对应的中译本。

六、本书切口处标注了英文版页码，与索引中对应的页码一致。

七、本书缩写词表、词汇表、索引部分按照英文字母顺序排列。对索引中指代同一事物的词汇与其缩写词进行了适当整合并予以括注，不再分条重复罗列。

目　录

详细目录

图表目录

窗

图

表

致　谢

本书是我多年来向导师、主管及同行学习情报实践与理论的成果。对此，我要感谢很多以前的同事，他们审阅了部分章节以确保我能够准确掌握实况。我要特别感谢斯坦福大学的冯稼时（Thomas Fingar）、南加州大学的格雷戈里·特雷弗顿（Gregory Treverton）和哥伦比亚大学的彼得·克莱门特（Peter Clement），他们从前情报人员和现任教师的角度审视了各个章节。此外，我还需要感谢那些提出了宝贵建议的国家安全委员会（National Security Council）前政策和情报官员们，如格雷戈里·舒尔特（Gregory Schulte）、斯蒂芬·西蒙（Stephen Simon）、斯蒂芬·弗拉纳根（Stephen Flanagan）和史蒂文·斯利克（Steven Slick）。成书过程中，我还就特定事件、过程或事实咨询了许多以前的同事：布拉德·诺普（Brad Knopp）、詹姆斯·卡森（James Carson）、蒂姆·基尔本（Tim Kilbourn）、克雷格·切利斯（Craig Chellis）、约翰·劳德（John Lauder）、马修·伯罗斯（Mathew Burrows）、阿里斯·帕帕斯（Aris Pappas）、丹尼尔·瓦格纳（Daniel Wagner）和辛迪·斯托尔（Cindy Storer）。当然，若存在与实际不符的情况或得出不当结论，责任都将在我。

还要特别感谢塑造了我的学术和职业生涯并在本项目中提供帮助的三个人。首先是我最初的也是指导我时间最长的导师拉里·考德威尔（Larry Caldwell）。他不仅鼓励我在国际事务领域追求事业，还给那些同时涉足学术界和情报世界的人们树立了榜样。其次是我最亲密的情报同事詹姆斯·布鲁斯（James Bruce）。我们曾在过去十年中合作完成了数个写作项目。他激励我将这个教科书项目作为毕生话题的一部分。最后是哈维·里希科夫（Harvey Rishikof），在美国国家战争学院（National War College）共同任教十年及之后，他一直是我密切的创作伙伴。如同拉里和詹姆斯一样，哈维一直是我的朋友、同事。他为国家安全决策的研究与教学带来了洞见并使其愈发完整，也加深了我对国家安全和情报事业运作奥秘的理解。

最后，我要感谢乔治敦大学出版社支持我写作本书。在过去的十年中，
我们在若干有关国家安全决策过程以及情报分析的编著作品方面进行过合作。
我要特别感谢唐纳德·雅各布斯（Donald Jacobs），他是一位睿智而温和的编 xii
辑、监督人，在本书之前曾负责过好几个图书项目。唐纳德一直以来是我和众多相关从业者、学者出版情报作品的可靠合作伙伴，这也使乔治敦大学出版社成为情报学术研究最著名的出版机构之一。

缩写词表

ABM　antiballistic missile　反弹道导弹
ACH　analysis of competing hypotheses　竞争假设分析
ACIS　Arms Control Intelligence Staff　军备控制情报幕僚
BNE　Board of National Estimates　国家评估委员会
BTF　Balkan Task Force　巴尔干工作组
BW　biological weapons　生物武器
C^3　command，control，and communications　指挥、控制与通信
C^4　command，control，communications，and computer　指挥、控制、通信与计算机
CBJB　congressional budget justification book　国会预算论证书
CFE　conventional forces in Europe　欧洲常规武装力量
CI　counterintelligence　反情报
CIA　Central Intelligence Agency　中央情报局
CIB　*Current Intelligence Bulletin*　《时事情报通告》
CIG　Central Intelligence Group　中央情报组
CJCS　chairman of the Joint Chiefs of Staff　参谋长联席会议主席
COI　coordinator of information　情报协调官
COMINT　communications intelligence　通信情报
COMIREX　Committee on Imagery Requirements and Exploitation　图像情报需求与应用委员会
CTC　Counterterrorism Center　反恐中心
CW　chemical weapons　化学武器
CYBERCOM　United States Cyber Command　美国网战司令部
D&D　deception and denial　欺骗与拒止
DA　Directorate of Analysis　分析处
DC　Deputies Committee　次长委员会

DCI	director of central intelligence 中央情报总监
DEA	Drug Enforcement Administration 缉毒局
DHS	Department of Homeland Security 国土安全部
DI	Directorate of Intelligence 情报处
DIA	Defense Intelligence Agency 国防情报局
DINSUM	*Defense Intelligence Summary* 《国防情报摘要》
DIRNSA	director of the NSA 国家安全局局长
DMA	Defense Mapping Agency 国防测绘局
DNI	director of national intelligence 国家情报总监
DO	Directorate of Operations 行动处
DOD	Department of Defense 国防部
DOJ	Department of Justice 司法部
E-O	electro-optical 光电
EPIC	El Paso Intelligence Center 埃尔帕索情报中心
FBI	Federal Bureau of Investigation 联邦调查局
FEMA	Federal Emergency Management Agency 联邦应急管理局
FISA	Foreign Intelligence Surveillance Act 《外国情报监控法》
FISC	Foreign Intelligence Surveillance Court 外国情报监控法院
FISINT	foreign instrumentation signals intelligence① 外国仪器信号情报
FOIA	Freedom of Information Act 《信息自由法》
G-2	Army intelligence 陆军情报局
GEOINT	geospatial intelligence 地理空间情报
HPSCI	House Permanent Select Committee on Intelligence 众议院情报特别委员会
HSC	Homeland Security Council 国土安全委员会
HUMINT	human intelligence 人力情报
IAEA	International Atomic Energy Agency 国际原子能机构
I&A	Office of Intelligence and Analysis② 情报分析处

① 英文全称应为"foreign instrumentation signals intelligence",原著此处遗漏了"signals",详见原著第 12 页。——译者注

② Office 有办公室、处、局等多种含义。本书根据通行译法并结合相关机构实际建制,在不同机构名称中作差异化处理。

I&W indications and warning 指征和预警
IC intelligence community 情报界
ICBM intercontinental ballistic missile 洲际弹道导弹
ICD Intelligence Community Directive 情报界指令
IG inspector general 监察长
IMINT imagery intelligence 图像情报
INF intermediate nuclear forces 中程核力量
INFOSEC information security 信息安全
INR Bureau of Intelligence and Research 情报研究局
INT intelligence-collection discipline 情报收集科目
IOB Intelligence Oversight Board 情报监督委员会
IPC interagency policy committee 跨部门政策委员会
IRTPA Intelligence Reform and Terrorism Prevention Act of 2004 2004 年《情报改革与恐怖主义预防法》
ISG Iraq Survey Group 伊拉克调查组
ISIS Islamic State of Iraq and Syria “伊斯兰国”
J-2 JCS intelligence section 参谋长联席会议情报部
JCS Joint Chiefs of Staff 参谋长联席会议
JSOC Joint Special Operations Command 联合特种作战司令部
JTTF joint terrorism task force 联合反恐特遣队
LEGAT legal attaché 法律专员
MASINT measurement and signature intelligence 测量与特征情报
MIB Military Intelligence Board 军事情报委员会
MID *Military Intelligence Digest* 《军事情报摘要》
MIP Military Intelligence Program 军事情报计划
NLG NSC Lawyers Group 国家安全委员会律师团
NATO North Atlantic Treaty Organization 北大西洋公约组织
NCPC National Counterproliferation Center 国家反扩散中心
NCSC National Counterintelligence and Security Center 国家反情报与安全中心
NCTC National Counterterrorism Center 国家反恐中心
NEC National Economic Council 国家经济委员会
NGA National Geospatial-Intelligence Agency 国家地理空间情报局

NIB National Intelligence Board 国家情报委员会
NIC National Intelligence Council 国家情报顾问委员会①
NID *National Intelligence Daily* 《每日国家情报》
NIE National Intelligence Estimate 《国家情报评估》
NIM national intelligence manager 国家情报经理
NIMA National Imagery and Mapping Agency 国家图像与测绘局
NIO national intelligence officer 国家情报官
NIO/W national intelligence officer for warning 国家预警情报官
NIP National Intelligence Program 国家情报计划
NIPF National Intelligence Priorities Framework 国家情报优先框架
NPIC National Photographic Interpretation Center 国家影像判读中心
NPT Non-Proliferation Treaty 《防止核扩散条约》
NRO National Reconnaissance Office 国家侦察局
NSA National Security Agency 国家安全局
NSB National Security Branch 国家安全处
NSC National Security Council 国家安全委员会
NSE national security enterprise 国家安全事业
NSPD national security presidential decision 国家安全总统决定
NTM national technical means 国家技术手段
OCI Office of Current Intelligence 时事情报办公室
ODNI Office of the Director of National Intelligence 国家情报总监办公室
OFAC Office of Foreign Assets Control 外国资产控制办公室
OTFI Office for Terrorism and Financial Intelligence 恐怖主义与金融情报办公室
OIA Office of Intelligence and Analysis 情报与分析办公室
ONE Office of National Estimates 国家评估办公室
ONI Office of Naval Intelligence 海军情报局
OOB order of battle 作战序列

---

① 尽管国内以往将"National Intelligence Board"与"National Intelligence Council"均译为"国家情报委员会",但这种译法存在将两个机构混淆的风险。国家情报委员会(National Intelligence Council, NIC)由国家情报官及其副国家情报官、长期评估组成员构成,主要负责相关情报产品的起草。国家情报委员会(National Intelligence Board, NIB)由情报界各个机构的负责人组成,并由国家情报总监主持,负责相关情报产品的审查。本书对两者进行了区分。——译者注

OPC	Office of Policy Coordination 政策协调处
OSD	Office of the Secretary of Defense 国防部长办公室
OSINT	open-source intelligence 开源情报
OSR	Office of Strategic Research 战略研究办公室
OSS	Office of Strategic Services 战略情报局
PC	Principals Committee 首长委员会
PCLOB	Privacy and Civil Liberties Oversight Board 隐私和公民自由监督委员会
PDB	*President's Daily Brief* 《总统每日简报》
PIAB	President's Intelligence Advisory Board 总统情报顾问委员会
POTUS	president of the United States 美国总统
PSP	President's Surveillance Program 总统监控计划
R&A	Research and Analysis branch (OSS) 研究分析处（战略情报局）
RFE	Radio Free Europe 自由欧洲电台
RL	Radio Liberty 自由电台
SALT	Strategic Arms Limitation Talks 限制战略武器会谈
SAS	Senior Analytical Service 高级分析部
SEIB	*Senior Executive Intelligence Brief* 《高级官员情报摘要》
SIGINT	signals intelligence 信号情报
SME	subject-matter expert 主题专家
SSCI	Senate Select Committee on Intelligence 参议院情报特别委员会
TECHINT	technical intelligence 技术情报
UAV	unmanned aerial vehicle 无人机
UN	United Nations 联合国
UNVIE	UN Mission to International Organizations in Vienna 美国驻维也纳国际组织代表团①
USAF/IN	Air Force Intelligence 空军情报局
USCG	US Coast Guard 美国海岸警卫队
USDI	undersecretary of defense for intelligence 国防部情报副部长

① 原著此处及第202页注释15中误写作“UN Mission to International Organizations in Vienna”，实际上应为“U. S. Mission to International Organizations in Vienna”，简称为“UNVIE”。——译者注

USMC/IN	Marine Corps Intelligence 海军陆战队情报室
USTR①	US trade representative 美国贸易代表办公室
VTC	video teleconference 视频会议
WINPAC	Weapons Intelligence，Nonproliferation，and Arms Control Center 武器情报、防扩散和军备控制中心
WIRe	*Worldwide Intelligence Report* 《全球情报报告》
WMD	weapon of mass destruction 大规模杀伤性武器

① 该机构最初命名为"美国特别贸易代表办公室"，后更名为"美国贸易代表办公室"（US Trade Representative），原著此处及第39、236页误写作"US special trade representative"。——译者注

1

第一章

如何使用本书

要不断给我提供让我思考的东西。

——亨利·基辛格（Henry Kissinger）致中央情报局局长理查德·赫尔姆斯（Richard Helms）

在总统制定与实施国家安全政策的过程中，情报往往扮演着一个无形的角色。椭圆形办公室的新主人常常为情报的运行及其对政策进程的贡献感到困惑和惊讶。向初步了解美国外交决策的读者解释情报业务同样具有挑战性。在本科和研究生阶段学习过国际关系之后，我于20世纪70年代末进入**情报界**（intelligence community，简称IC），我本人对情报几乎一无所知。对我那个时代的许多学生来说，情报过于神秘、隐晦而难以理解。但得益于在情报界的工作及与许多政策部门、官员的互动，我坚信情报与政策之间的关系能够而且应该更加透明。然而，教授过研究生和本科生阶段的有关情报课程后，我才意识到：在大多数有关美国外交和安全政策施行的书籍、课程中，情报内容仍然过于稀少且通常被过分简化地呈现出来。尽管有大量的关于情报方面具体的评论、回忆录和研究，但以更系统的方式探究情报在美国治国方略中所起的多方面作用的作品却少得多。

因此，本书的目的就是让读者了解情报支持国家安全决策的方式。它有意避开了其他情报书籍中常见的众多内部情报流程。许多情报书籍和研究更加关注情报收集的操作方面。例如，它们描述了卫星和监听站等技术收集系统如何收集海量数据，或者讲述以前的间谍如何对主要对手进行间谍活动。
这些的确是理解内部组织文化、方法和情报业务挑战的重要主题。然而，这 2
种对情报界内部的关注可能会弱化读者对此类情报收集的实际产出和价值的理解，也有碍于读者对此类奇特、代价高昂、冒险的工作产生的最终分析结果实际运用于国家层面决策的认知。

本书记录了我对情报界和政界如何进行合作的理解。这是一种共生关系：当其运作良好时，政策决策通常会更系统化且明智；当其运行糟糕时，情报错误或情报被忽视往往都会使得政策的制定不如意。诚然，即使关系良好也不能保证政策会取得成功，但在我看来，成功的可能性无疑会更大。

本书以实例说明了情报在国家安全决策中的重要作用。我曾在中央情报局（Central Intelligence Agency，简称 CIA）担任政治军事分析师，并于 20 世纪 80 年代末和 90 年代初在国务院和国防部的政策轮值中任职，这些经历塑造了本书处理政策与情报交叉的方式。大多数情报从业者在情报有用时会倍感欣慰，也会在情报有缺陷、被驳回、被滥用时焦灼万分。事实上，我在本书中表达了自己的见解，这或可归结为：我确信情报是国家安全事业的必要组成部分，即使其永远都不完美。

本书的用途及结构

本书通过详细描述情报促进美国国家安全政策发展的方式，加深读者对美国国家安全政策实施的理解。大多数有关美国外交政策或国家安全的书籍都很少关注情报的贡献，这一空白应该填补。本书展示了情报为国家安全审议提供见解、形成影响的具体实例，因此可用来弥补有关美国外交政策的书籍的不足。

对于读者而言，本书可以提供通常被其他情报书籍所忽视的两个重要补充内容：第一，本书清晰地解释了扩张中的美国国家安全事业（national security enterprise，简称 NSE），情报即运行于其中。[1]这一术语本身指的是执行美国国家安全政策的一系列机构和行动。随着国家安全的定义远远超出了传统的军事和外交事务而包括更多的跨国和社会经济问题，国家安全事业及其包含的机构也在持续扩张。一般认为，读者已经熟悉国家安全事业及其跨部门
3 流程。而根据作者的经验，读者通常并不了解决策过程的细节，因此他们很难将情报贡献放在适当的情境中。

本书的第二个特点是它着力于区分一系列有助于国家安全事业的情报功能。其他情报书籍通常会在独立章节中介绍情报对政策的支持，或会在关于情报分析的章节中附带介绍。与此不同的是，本书探讨了对决策者形成支持的各种情报形式，范围涵盖了战略情报、预警分析以及更具可行动性的日常

情报支持和隐蔽行动。

因此，本书的各章围绕决策者经常面临的各种抉择展开。有时，决策者的情报问题更多地围绕着谜团而不是秘密——正如约瑟夫·奈（Joseph Nye）对高级决策者或指挥官面临的各种问题的描述一样。“某国的经济模式会崩溃吗?”这是一个谜，情报界可以推测并开发替代方案以帮助国家决策者制定应对不同情况的策略和选项。然而，其他问题可能是某国的军事现代化建设将会变得有多强大及其对海上竞争的影响。情报界可以将很多具体的事实和趋势纳入讨论，以便决策者评估美国及其盟国面临的风险。有时，决策者只是在问如何“思考”一个问题，或是气候变化下的地缘政治问题，或是弗拉基米尔·普京（Vladimir Putin）如何看待世界的问题。同时，还有的决策者则可能在寻求有关叙利亚化学武器库存的大小和位置的具体事实，或追问俄罗斯新的“混合战争”（hybrid warfare）的本质。

情报界面临的这些广泛问题有助于描述其持续执行的一系列功能。本书的各章围绕这些关键功能进行了组织。第二章首先广义地定义了情报及其各个维度。读者将学习情报收集科目及其对情报分析的作用，包括技术、人力和开源方法。这些基础将使读者能够更加专注于情报的“输出”而不是“输入”，情报对决策过程的价值由此得以彰显。

第三章将概述国家安全事业当前的结构和决策过程。本章着重介绍了制定和实施国家安全战略的政策机构和跨部门机制。读者可以了解决策过程的复杂性以及特定高级决策者在流程运行或结果塑造中所扮演的角色。重要的是，本章还将说明情报如何融入国家安全决策的正式跨部门流程。 4

第四章将概述情报界的当前结构并介绍一些定期参加国家安全事业的主要机构。重点将聚焦面向国家安全委员会成员以及高级部门决策者（情报界的主要用户）的国家和部门情报上。本章还将向读者介绍领导者们在管理这个巨大的情报事业时所面临的持续性挑战。

第五章针对情报在国家安全进程中所发挥的独特而多维的作用提出了分析框架。本章阐述了“情报循环”的概念并就支持决策过程中的具体任务进行了切实的探讨。此后，第六章至第十章将更详细地探讨每一项任务并举例说明情报如何在重大决策中发挥作用。

第六章开篇将叙述“战略情报”及其在制定长期战略和政策中的用途。

读者将了解决策者可以使用的战略情报（与战术情报相对应）类型。本章的讨论将探索《国家情报评估》（National Intelligence Estimates，简称 NIEs）的作用及其产生方式。这些讨论将通过最新事例来阐释《国家情报评估》的参与者及生产流程，如存在严重缺陷的 2002 年关于伊拉克大规模杀伤性武器（weapons of mass destruction，简称 WMDs）的《国家情报评估》、向新任总统报送且重要性日益攀升的《全球趋势》（Global Trends）文件。

第七章将介绍情报界针对美国及其海外利益所受威胁的持续性预警责任。读者将了解预警的概念及其实施与组织。通过简单回顾著名预警事件，读者将从这些预警案例中汲取教训，如珍珠港事件、“9·11”事件。本章最后将考察以往预警功能的组织方式及近期实践中预警任务由专业预警人员转移至每一位分析师的过程。

第八章将阐明向美国政府中几乎每一个主要国家安全机构提供直接政策支持的无形任务。读者乃至学者有时会误解“支持”这个词，以为情报界公开支持政府的政策议程。但那并非该词的意思或意图。相反，本章将说明情报部门如何在不偏袒或反对决策者的情况下，用与决策相关的信息和分析来支持决策者们。读者将了解《**总统每日简报**》（President's Daily Brief，简称 PDB）及其背后的过程。本章还描述了向参与国际谈判、应急管理及反恐行动的决策者提供的其他独特形式的情报支持。

5 第九章重点讨论“隐蔽行动”这一特殊而有争议的情报任务。读者将了解行政、立法部门对隐蔽行动的授权及监督。本章将回顾一些历史上及近期的隐蔽行动的成功或失败案例，以此说明此类活动的收益、成本和风险。读者将能够体会到，国家安全政策与情报相比以往交织加深、区分淡化，这就产生了伦理和分析方面的挑战。

第十章旨在将讨论带回到情报与决策过程之间的关键而又常常难以调和的关系上。读者将了解到情报界在特定情形下如何被置于评估美国政策有效性的位置。如果情报部门的判断基本上是悲观的，那么政府的反对者可能会在国会或其他政治舞台上攻击这些政策。因此，本章将向读者展示情报“政治化”的风险。经典案例可以在越南战争期间以及乔治·W. 布什（George W. Bush）总统任期内入侵伊拉克前夕进行的分析中找到，尽管这两个案例的政治化形式截然不同。读者可以对各种形式的政治化进行分析，也可以考虑如何将其在无法完全消除的情况下予以最小化。

第十一章最后探讨了情报如何在保障公民自由和国家安全的同时，又能在美国民主制度下运作。本章强调了在美国宪法的限度内及对高级决策者、国会、公众负责的同时，进行秘密情报收集和隐蔽行动的伦理和法律挑战。读者将熟悉行政部门和国会监督机制相结合的制度，其设立目的在于保证问责工作。问题在于：这些监督机制是否足以处理后“9·11”时代进行的各种复杂和侵入性情报行动。本章最后提出一项建议，即美国情报应尽可能地透明化，这样不仅能使读者和学者更容易理解情报，而且能为其在决策过程中发挥重要作用争取更多公众支持。

读者研读本书的过程中将面对各种各样的涉及情报过程、组织、观念的术语。这种晦涩难懂的词汇通常很难理解。因此，为了便于研究，作者将这些具有特殊含义或意义的术语用黑体标出。这些醒目词条的简短定义位于本书后面的扩展词汇表中。读者若有兴趣深入了解每章所涉及的某一主题，在 6
每章末尾也有一个简短的主要阅读材料清单，这是各种各样情报及国家安全主题的优质来源。最后，在相关章节的末尾，有标题各异的有用文件、有用网站以及补充情报研究、解密情报产品和相关材料的延伸阅读链接。作者希望，能够通过这些额外的辅助工具将关于情报的介绍变得更加易懂、全面。

注 释

引语：引自查尔斯·拉瑟洛普（Charles Lathrop）：《文学间谍：谍报活动语录来源》（*The Literary Spy: The Ultimate Source of Quotations on Espionage and Intelligence*），康涅狄格州纽黑文：耶鲁大学出版社，2004 年，第 10 页。

❶ 参见罗杰·Z. 乔治（Roger Z. George）、哈维·里希科夫编：《国家安全事业：迷宫导航》（第 2 版）（*The National Security Enterprise: Navigating the Labyrinth*, 2nd ed），华盛顿：乔治敦大学出版社，2017 年。 本书概述了众多参与国家安全决策的政府机构以及其他举足轻重的参加者，如国会、法院、智库和媒体。 向读者提供了有关于国家安全事业正面临的及在可预见的未来可能面临的跨部门流程和挑战。

❷ 约瑟夫·奈：《窥探未来》（“Peering into the Future”），载《外交事务》（*Foreign Affairs*），1994 年 7—8 月刊，第 82—93 页。

7

第二章

何为情报

当然，仅仅收集信息是不够的。深思熟虑的分析对明智的决策至关重要。

——罗纳德·里根（Ronald Reagan）总统，1981 年

我国的安全与繁荣取决于我们所获情报的质量与分析结果、及时评价与共享此信息的能力以及抵抗情报威胁的能力。

——2010 年《美国国家安全战略》

情报界的存在是为了给政治和军事领导人提供最大的决策优势。我们比以往任何时候都更加明白，实现目标的最佳途径是整合国家的全部情报能力。

——国家情报总监詹姆斯·克拉珀（James Clapper），2014 年

美国国家安全决策依赖情报。虽然政策行动与情报之间的关系看似明显，但研究国际事务的学者或读者很少能充分理解情报在战争与和平决策中的实际用途。本章将探讨何为情报并向读者介绍一些有关情报**收集和分析**的基本术语。

对于读者而言，美国情报机构的组织与运行本身就是一个难以掌握的复杂课题。情报涉及使用专门的方法和流程来收集信息、处理信息（若必须将其转换成可用形式或对其进行翻译的话）。其后，区域或技术专家对这些信息进行分析以确定其对美国国家安全利益的意义。经过分析并充分评估其可信
8 度和准确性后，该信息就会被汇编成最终分析（即全面评估的信息）报告并分发给政府官员以用于制定国家安全政策。尔后，决策者可能提供反馈并提出新的情报**需求**以获得有关这些主题的更多信息和分析。这一系列步骤被称为**情报循环**。所有这些阶段都很重要，但它们极少揭示情报如何为政策提供信息或决策者如何使用情报。此外，十几家情报机构的“字母粥”（the alphabet soup）也令人目不暇接。它们对国家层面的决策并非同等重要。若要理解

美国国家安全政策的制定和实施，掌握情报在何处、何时以及以何种方式对国家安全决策发挥重要作用是一个更为关键的突破口。

从根本上说，情报与政策的关系是一种支持关系，涉及广泛的情报机构、活动和评估。有时这种关系会变得非常紧张，这就需要明确情报与政策双方的角色与责任从而确定其这种变化产生的原因。决策者期望并依赖情报，即使情报不能帮助决策者完全理解复杂的国际问题，也能为其提供更明确的信息。然而，决策者认为情报只是其中一种输入，且并不总是具有决定性的输入。情报官员不愿制定政策，但他们必须经常提供信息和分析，这些信息和分析会使有关主管部门的决策或行动变得复杂或引发疑问。正如我们将在后续章节中看到的那样，这种共生关系并不总是显而易见或易于掌控的。一定程度上，由于对驱动双方的文化存在理解不足，情报与政策的关系经常遭受双方的不信任。

情报：战略的促进因素

冷战爆发后，美国开始制定国家安全战略和国家安全体系（详见第三章）。伴随一项名为“**1947 年国家安全法**”（National Security Act of 1947）的开创性立法，美国的遏制战略很快就出台了。该法案设立了如今广为人知的**国家安全委员会**及其各组成机构。彼时，对于情报如何支持美国日益凸显的国际地位，人们尚未形成确定的想法。然而，美国战时情报的早期参与者谢尔曼·肯特（Sherman Kent）教授，撰写出一本或可称为是最具影响力的有关情报的著作。在著作中，他认为情报部门应“提高决策桌上讨论水平”[1]。同时，情报部门不应主张任何具体的政策选择，而应提供适合决策者待议政策的信息。肯特意识到情报离政策过程太近或太远的危险：距离太近会带来情报倒向满足决策者偏好的风险；相距太远就有可能导致情报与正在讨论的政策以及待议选 9
项不相关或无法提供信息（见窗 2.1）。

> 窗 2.1　谢尔曼·肯特谈情报　BOX
>
> 我想，如果有一天我们情报人员能实现三个愿望，这些愿望将是：无所不知、讲话时被信任且以此种方式对政策问题施加积极影响。
>
> ——国家评估委员会前主席谢尔曼·肯特

1947年《国家安全法》的一个重要附带结果是向高级决策者提供情报支持的制度化。根据这项立法，国家安全委员会得到进一步扩张，除了作为总统的外交和军事顾问外，还包括了**中央情报总监**（director of central intelligence，简称DCI）作为其主要情报顾问。这就使得总统、国务卿和国防部长进行重大决策时与情报支持距离更近。此类情报咨询的表现形式包括向总统提供专属每日情报报告（即后来的《总统每日简报》）以及制作综合性情报报告，如《**国家情报评估**》（主要政策通常基于此类报告作出）。此外，冷战和核战争的威胁迫使美国在世界范围内寻找除“热”冲突以外的方法来对抗苏联。在很短的时间内，哈里·杜鲁门（Harry Truman）总统和此后几乎每一位总统都授权中央情报局进行其他“特殊活动”（后来被称为**隐蔽行动**）。这成为总统的一个重要秘密工具，也使中央情报局处于一个独特的地位，既提出政策倡议，又执行政策。在后“9·11”时代，这种隐蔽行动工具变得更加重要。讽刺的是，它比美国国家安全体系的最初塑造者所设想的更加引人注目。

今天，美国拥有世界上最大、最精良、最有能力的情报系统。这个情报系统雇用了超过10万人，年花销超过700亿美元。它为从白宫到国务院、国防部到经济和执法机构的每一个国家安全机构提供专门情报，实现了对国家安全事业的支持。重要的情报课题远远超出了政治军事领域，国家安全的概念，现在亦涉及传染病、气候变化和网络空间等广泛的主题。自“9·11”事
10 件以来，国家安全还提出了巨大的国内情报职能的要求。简而言之，在制定和实施美国外交政策及国内公共安全政策的各个方面，情报始终发挥着重要作用。

何为情报

情报一词有多种含义和用途。最常见的用法是仅包含提供给政策官员的信息（包括机密信息和非机密信息），以便将其与美国政府内外可以获得的更广泛的信息区分开来。因此，这一术语通常用于原始（即未经评估的）信息的收集。情报机构正是收集这些原始信息并分发给特定的文职和军事决策者。第二种用法是用以指代区域和技术专家评估原始信息并起草各种“最终”情报报告时产生的分析结果。“最终”一词意味着这些报告中的所有信息的准确性和重要性已经过审查、评估。

情报即收集

情报通常侧重秘密信息收集，但并不总是如此，也就是说，情报机构尤为感兴趣的是收集外国主体企图向美国政府隐瞒的信息。从这个意义上说，秘密获得的情报具有双重机密性——它涉及美国情报机构以秘密方式收集的外国主体的秘密。以秘密方式获取信息是为了隐匿收集行动及**收集者**的来源与身份。这使得美国情报界有能力知晓外国政府或主体不愿公开的事务，但也让情报目标对于美国政府掌握有关其计划和军事力量的情况一无所知。这是秘密情报的本质——使美国在应对外国威胁时具有决策优势。

最著名的两类情报是**技术情报**（technical intelligence，简称 TECHINT）和**人力情报**（human intelligence，简称 HUMINT）。首先，可以通过技术系统收集情报（即技术情报），如地基电子系统、地球轨道上的空中平台或卫星等。这些系统凭借不同的技术收集电子信号或图像，生成情报界使用的大部分原始情报。其次，可以通过人力以**秘密手段**（也就是以确保活动秘密性的方式）或公开手段收集原始信息（即人力情报）。目的在于了解外国政府官员或其他非国家主体的活动与意图。第三种完全非机密的情报收集方式是广泛使用的**开源情报**（open-source intelligence，简称 OSINT）（见窗 2.2）。这些 11
情报收集科目（通常称为“INTs”，即“情报科目”）共同形成了机密和非机密信息的主体，分析师将从中尝试识别出重要的国际动态。由于这些方法为后期探索决策过程中的情报作用奠定了基础，故其中每一项都值得更进一步地探讨。

BOX

窗 2.2　情报科目的应用

人力情报由外交官和武官公开地获得，或者是从能够接触到外国对手计划、意图和军事力量的外国间谍那里秘密地获得。例如：

- 关于外国政府政策和行动的外交报告
- 关于外国军队的战备状态和军事力量的随员报告
- 关于外国政府内部计划和意图的秘密报告

信号情报（signals intelligence，简称 SIGINT）指对敌方通信和其他电子系统的技术拦截和利用。例如：

- 敌对政府各部或办公室之间的通信
- 敌方导弹发射的电子测试结果

- 敌方防御设施的防空雷达能力

图像情报（imagery intelligence，简称 IMINT）是通过视觉摄影、电光、雷达或红外传感器从地面、空中和天基成像系统（通常是卫星）收集。例如：

- 战场准备和作战行动的图像
- 敌方防空系统的测量和评估
- 美国国民应急疏散机场的位置和评估

地理空间情报（geospatial intelligence，简称 GEOINT）是从描述地球物理特征和地理参考活动的图像及其他地理空间信息中获得。例如：

- 隐蔽防御设施的地理位置
- 无人机的目标数据
- 自然灾害后自然地理和环境变化

测量与特征情报（measurement and signature intelligence，简称 MASINT）是从一组不同的技术传感器中获取的信息，这些传感器收集来自固定或移动目标的声学、放射、化学、生物和其他特征信号。例如：

- 工厂附近土壤样本中存在的化学或生物毒素
- 含有放射性同位素的核试验空气样本
- 可以区分树叶和伪装的电磁分析

开源情报是有关外国动态的非机密的、公开的信息，可以在国外广播、新闻媒体或互联网网站上找到。例如：

- 外国官员发表的有关国家安全政策的公开演讲
- 网上的恐怖主义宣传和招募活动
- 国外科技研究机构的技术报告

12 在技术情报范畴中，**信号情报**收集外国主体产生的大量电子信号和信息。它通过地面站、飞机和卫星收集来自多个来源和地点的所有信号。信号情报可以进一步细分为多种不同的技术和目标类别。例如，**通信情报**（communications intelligence，简称 COMINT）包括由电话、传真机、无线电和互联网数据流等远程通信系统产生的所有信号。在洞察外国主体谈话以及可通过电话、传真、互联网行为暴露的活动中，通信情报尤为有效。此外，还有**电子情报**（electronic intelligence，简称 ELINT），系由外国雷达和其他电子军事系统发出的信号所产生，对观察和评估军事力量和行动特别有用。最后，信号情报系列中还有**外国仪器信号情报**（foreign instrumentation signals intelligence，简称 FISINT），是由外国政府的军事、商业和科学测试产生的电子信号。例如，当外国政府发送火箭试验的性能数据时，这些信号有时会被美国收集者截获。

同属于技术情报范畴的还有**图像情报**。美国率先开发了高空图像系统，如 U-2 和 SR-71 飞机，这些系统携带摄像机（以及信号情报传感器）以观察外国军事活动。现如今，以光电系统为主的大型卫星系统极大地增强了这些功能，能够近实时地传输选定目标的大量图像。[2]这些卫星的优势在于远高于敌人的防空系统，且长期在地球轨道上运行，使其能够定期到达重要目标地点。发达的技术使得这些系统可以探测到远小于 1 平方米的目标。[3]这种卫星上的其他技术传感器还可以捕获光电系统无法检测到的地面甚至是地下目标的红外图像。在地面进行操控，卫星就可以根据图像分析师确定的优先级，在精确的时间和地点拍摄图像。

卫星通常运行多年，更换费用昂贵。虽然它们可以产生许多图像，但需求量巨大，因此只能用于高优先级目标。目前，商业成像卫星的出现使得美国情报界购买低优先级目标的图像成为可能，否则这是难以企及的。最近，无人机（unmanned aerial vehicles，简称 UAVs）的出现也拓宽了图像来源，且无人机还可以提供特定地点、设施以及外国政府或非国家主体活动的实时图像。 13

随着传感器和计算机软件应用方面的技术进步，对原始信息的技术收集演化出一种新的情报类别。**地理空间情报**是将这些先进技术与图像结合使用，其用途更为广泛，而不仅仅是简单地生成高分辨率图片。举一个简单的例子，图像情报可能会生成非洲某个地方的恐怖分子营地或难民中心的图片，地理空间情报会将这些图片与定位于当地的其他社交媒体、信号情报叠加，从而对可能位于恐怖分子营地或难民中心的人员及其计划、活动进行描述。

技术情报的最后一个部分是**测量与特征情报**。这是有关情报的技术侧面的一套极为秘密的传感器和收集方法的组合。测量与特征情报旨在探测、识别和描述地球或其他固定或动态目标的重要特征。常见的如雷达特征，它可以捕捉隐藏于正常图像、核试验地震与天然地震探测器、空气取样传感器中的活动，从而识别核材料、化学材料或生物材料的存在。[4]在许多情况下，这些技术收集系统的某种组合被用来采集重要目标的全貌。[5]

人力情报，或人力来源收集，是最古老、最常见的收集秘密（或公开）

信息的方法。秘密人力情报也被称为“间谍活动”，涉及通过训练有素的情报官员（也称为“案件官员”）招募间谍（也称为“情报来源”[1] 或“线人”[2] ）。这些间谍是外国人，他们出于各种原因准备叛国，如贪婪、自负、与上级或政府存在纠葛、意识形态等。也就是说，他们可能会冒着被监禁、处决的危险，将外国政府或其他组织的秘密交给美国情报界。与技术情报相比，人力情报在财力占用方面相对便宜。然而，它需要对间谍方法（也称为“**间谍情报技术**”）进行大量的培训，从而使情报官员能够逃避侦查、评估和管理特定间谍、保护**间谍与间谍方法**。这些人力情报行动可能导致情报官员被逮捕、驱逐、监禁或处死，而对于已暴露的间谍来说，情况往往要更糟。因此，人力情报收集仅用于一部分最重要的情报任务，并有理由将间谍的信息限于那些“需要知道”的人。[6]这一原则旨在将间谍的身份、活动和位置的详细信息保持在绝对最低限度，并对这些信息进行分隔以降低暴露风险。几乎没有情报分析师需要这种信息，决策者也几乎从来没有看到过。

人力情报的一个主要优势在于，若外国官员和其他目标人物向他人（也
14 包括间谍）分享了信息，人力情报则能够揭示其计划和意图。这种对外国政府想法和计划的直接了解是很难获得的。发现、招募、培养、管理一个线人可能需要花费数年时间，才能将其作为外国政府或恐怖组织核心秘密的可靠情报来源。美国在海外的人力情报计划通过官员“卧底”（即为其提供虚假身份）使其秘密开展工作。这种状况使得他们能够在外国政府或非国家主体不知晓的情况下秘密进行活动。由于东道国政府不知道其存在，故此类行动被称为“单边的”。

部分情况下，人力情报不需要秘密地进行收集。许多人力情报报告来自美国外交官与外国同行之间的正常外交互动。在美国大使馆任职的武官也会会见外国军事官员或观察军事演习进而形成人力情报报告。美国情报官员还可能利用与外国情报机构的正式联络关系，共享他们共同视为威胁的信息。在此类情况下，美国情报官员可以与东道国政府的情报部门联合（称为“联合行动或双边行动”）收集有关该对象的情报。这些形式的人力情报是向外国政府申报的并且被认为是可以接受的，因此不承担秘密获得人力情报通常

① 原著中的用词为“sources”。——译者注
② 原著中的用词为“assets”。——译者注

涉及的风险。但是，由于这些报告反映了外国政府与美国外交官、武官或情报官员分享的机密信息或观点，故其也属于机密。

关于美国是否过度依赖技术情报而未能开发出充足的人力情报能力的争论由来已久。美国技术上的成熟使其在建立能够收集大量电子数据、图像和其他信息的技术收集系统方面具有天然优势。然而，在堆积如山的数据中进行处理和筛选，以找到独特且有说服力的小部分信息，其代价是高昂的。通过各种隐瞒、欺骗和运作安全措施，这些原始信息可能降级退化或具有误导性，也可能被美国拒绝采纳。解读图像需要特别了解复杂目标的信号特征，如果外国情报目标了解美国技术系统的运作方式，这些特征可能会被隐藏。

如果人力情报是获得外国政府及其他目标的计划和意图的唯一途径，则其对于提醒情报分析师和决策者注意威胁是必不可少的。人力情报也有缺点和弱点。第一，如前所述，招募并保护可靠且有机会的间谍需要时间和良好的情报技术。审查和确认间谍所获取的信息也需要时间，建立对某一间谍的高度信任亦很困难。第二，这些间谍很可能是骗子，他们将自认为美国政府
希望获得的消息告诉情报官员。第三，间谍可能实际上是外国**反情报**（coun- 15
terintelligence，简称 CI）行动的一员。在这种情况下，所谓的间谍实际上是致力于渗透美国情报部门的外国情报官员。此类反情报行动旨在提供错误信息，收集针对美国情报机构的情报，破坏美国情报计划。

对秘密情报收集的主要渠道进行考察后，尤为重要的是不要低估开源情报的价值。开源情报包括大量的公开新闻报道、政府文件、学术和科学研究以及出版物、电视、广播、互联网等社交媒体。事实上，开源情报在整个冷战时期都有应用，对苏联报纸、电视和广播电台的翻译提供了关于克里姆林宫内部政治、国内经济状况和外交政策立场的了解。在后冷战时代，随着所谓的拒止区域（即信息受到严密封锁的国家）的减少以及互联网和社交媒体的增长，开源材料的数量成倍增长。虽然这些信息来源很容易获取，但仍然需要系统和流程来检索、存储以及评估它们对美国国家安全的意义。翻译服务、数据挖掘和其他技术流程经常被用来将这些信息源转化为对分析师和最终对决策者有用的形式。

开源情报以多种形式存在，它们为理解外国政府或非国家主体的行为提供了良好基础。情报分析师经常使用开源情报指导技术情报或人力情报收集

者在各自的渠道内获得更多有关新问题的见解与细节。在一些情况下，若某一目标对于价格昂贵的技术情报或极具风险的人力情报行动而言属于低优先级目标，开源情报就极有可能作为其信息来源。

情报包括所有这些消息来源，人们进行收集以充分理解复杂问题。情报科目结合的一个典型案例就是成功地定位了奥萨马·本·拉登（Osama bin Laden）。从间谍和对被拘留恐怖分子的审讯中获得的人力情报被用来确定本·拉登在巴基斯坦阿伯塔巴德镇的可能位置。图像提供了他的居住场地的详细情况，而通信拦截则被用来确定与本·拉登进行联系的人以及巴基斯坦官员对场地内活动的警觉程度。任何单一的情报来源都不足以定位本·拉登并确认其身份。但综合所有的情报来源，人们更加相信这就是本·拉登的藏身之处。即便如此，参与者事后也表示他们从来没有百分之百肯定本·拉登在那里。通
16 常，良好的情报依赖于秘密情报、技术情报甚至开源情报的结合，以便让分析师和决策者对某个重要主题或目标有更全面的了解。

情报即分析

正如里根总统在本章开篇所指出的那样，情报不仅仅是原始信息的收集。这些信息必须整合成一幅完整的画面，显示出可能对美国国家安全利益产生影响的国际局势变化。本书后面的许多章节将深入探讨情报分析的本质，但理解情报分析对原始信息收集的贡献是很重要的。“事实不言自明”这句老话几乎从来都不是真的。从情报的角度来看，仅罗列所有的事实是不够的，原因有很多：第一，所有的事实也许并不能处理决策者所提出的问题，专家需要确定哪些事实是相关的。第二，不是所有的信息都是准确的或可靠的，数据必须受审查且与其他准确信息进行比对以确定其是否可被验证。第三，相关且经过验证的信息必须形成叙述或报告，以解释其对美国政策的重大意义。第四，当决策者对这些最终报告作出反应并提出进一步的问题时，分析师必须确定需要收集哪些新的信息，以填补他们在理解方面的空白并继续监测这些情报问题。总而言之，分析师必须引导新信息的收集工作，这样才能满足决策者的关键情报需求。

情报分析可以采取多种形式，这取决于其在情报循环中发生的位置。每一种**情报科目**中都有**单源**分析师检查和评估收集到的原始信息。他们根据自己对收集系统产生的图像、信号或人力情报的理解，组合出情报目标或主题

的图景。尽管单源分析师可以以其他情报方法获取信息，而且他们的工作通常由其他收集科目（通常称为“并行信息”）提供信息，但他们无权制作“**全源分析**”或“最终”情报。相反，单源报告会交给其他全源分析师，全源分析师则会整理特定问题单源分析中的全部相关信息。

例如，萨达姆·侯赛因（Saddam Hussein）在20世纪90年代末和2000年初致力于开发**大规模杀伤性武器**。单源图像分析师将对疑似大规模杀伤性武器研究或生产地点拍摄的许多照片进行评估，以确定是否有证据表明有新活动。信号情报分析师会从许多被截获的伊拉克高级官员的电话交谈中筛选，以确定他们是否在可疑地点谈论开发或转让“特殊武器”（分析师认为是大规模杀伤性武器的委婉说法）。人力情报报告官员（现称为“收集管理官员”）将评估 17
人力资产包括特工、叛逃者或外国联络人报告的准确性和可靠性，并分发伊拉克高级官员关于其大规模杀伤性武器计划或其对于美国限制巴格达武器研究政策的反应的可靠报告。通过各种情报方法获取的单源报告将提供给其他机构的全源分析师，接着由全源分析师负责评估萨达姆是否有重新启动大规模杀伤性武器计划的安排，以及他是否能在未来几年开发核武器、化学武器或生物武器力量。然后，他们的“最终”情报评估被提供给总统及其高级文职和军事顾问。在这个特殊的例子中，乔治·W. 布什政府官员确信萨达姆重启了该计划。他们的反馈倾向于批评分析师没有提供更确凿的证据证明萨达姆的大规模杀伤性武器计划。后面的章节将探讨这种决策者偏见及反馈如何扭曲情报分析，这有时还会误导情报收集的优先次序，没有兼顾反面信息，导致确认政策偏差。

情报即风险业务

无论是将情报看作一种收集活动还是一种分析活动，它都存在不完善的风险，甚至是罕见的彻底失败。第一，不可能收集到完全理想的信息，也不可能完全相信情报报告对美国国家安全的意义。每一种情报收集方法都有其局限性和缺陷。敌对的外国主体努力掩盖他们的计划和军事力量。美国的许多主要竞争对手拥有强大的情报部门对美国实施间谍活动和造谣活动。此外，正如许多情报分析师曾经的导师所言，情报分析并不是“预知未来”。[7]也有其他从业者说，这样的评估可以“减少不确定性”，但不能完全消除不确定性。[8]当然，某些情报将被证明是错误的或没有根据的。在预告精确结果的意义上作出“预测”是一件愚蠢的事。很少有决策者真的期待情报界拥有（占卜用的）水晶球，而情报界也试图避免给人以这种印象。然而，决策者确实希望情报能限制这种不确定性，以使他们对自己所作决策中的“已知”和“未知”有着清晰的认识。

第二个风险是间谍和情报方法被曝光或丢失，往往会带来政治、经济和个人代价。身处海外的美国情报官员冒着暴露的风险，如果他们被外国政府发觉还会面临驱逐甚至可能是监禁的风险。许多情报行动都是脆弱的，因此
18 必须通过良好的行动安全措施加以保护，这也是情报的一部分。保护美国间谍和情报方法（通过反情报）通常需要到渗透外国情报机构（**反间谍**）以确认美国情报行动是否陷入危险（见窗 2.3）。爱德华・斯诺登（Edward Snowden）曾曝光包括秘密收集行动在内的大量**机密情报**，已经危及或终结了一些饶有成效的反恐情报来源。其中许多可能是不可替代的且现在已被其他敌对主体利用。此外，曝光行为还损害了美国在盟国中的声誉，并导致在某些情况下，盟国情报部门不愿与华盛顿合作。进行反情报和反间谍活动也会带来风险。当美国招募外国情报官员的活动被揭露时，不可避免地会对有关情报关系产生负面影响。据多种新闻来源称，中央情报局在 2014 年曾试图招募一名德国情报官员，这导致德国发出谴责并要求驻德美国高级情报官员离开德国。[9]

窗 2.3 反情报释义

BOX

根据规制美国情报活动的第12333号总统行政命令的定义，反情报指“旨在识别、欺骗、利用、瓦解或防范间谍活动、其他情报活动、破坏活动、暗杀活动所收集的信息或采取的行动，这些活动是为了或代表有关方面实施的，包括：外国国家、组织、个人及其代理人，国际恐怖组织或活动”。

美国情报机构进行反情报分析和行动以确保其掌握敌对国家情报机构可能对美国造成的具体威胁。美国的反情报活动还包括对美国政府雇员进行仔细审查，要求经过安全审查以确保其不受外国情报机构的控制。所有雇员都必须受到出行限制，并报告与外国国民的任何接触。此外，定期进行的再调查和经常进行的测谎检查也用于核实雇员是否遵守关于处理和分享机密信息的严格规定。

正式的反情报职责由数个美国情报机构共同承担。中央情报局主要负责监控和打击海外的外国反情报活动，而联邦调查局则负责调查美国境内的外国反情报活动。

第三，在民主社会中，情报行动可能引发人们对其可接受性的严重伦理担忧。一些人通常认为，“间谍活动”和保密与民主社会的公开性背道而驰。然而，为了保护美国的民主，美国可能需要在允许其情报机构运行的程度上作出妥协。正如在越战期间发生的那样，过度的国内监控以牺牲美国公民的自由为代价，损害了国会和公众对情报界的信任。针对外国目标的类似行动往往争议较小。影响外国政府或削弱敌对的非国家主体的隐蔽行动往往依赖 19
于在美国社会和宪法制度中应受谴责的活动。自 20 世纪 80 年代初以来，这些行动必须经过**总统决定**并**通知国会**（在后面的章节中讨论）。现如今的情报收集措施，无论是强化审讯技术还是对公民的技术监控，都引发了严峻的人权和公民自由问题，而人权与公民自由是美国立法和司法机构必须保护的。如果情报机构想要在美国公众的支持下运作，那么强化透明度和问责制仍然很重要。第十一章将更详细地讨论这些挑战。

情报为何重要

好的战略依赖于对国际体系的性质、国际体系中的关键角色以及美国国家利益面临的重大挑战的理解。因此，从本质上讲，国家安全战略必须以良好的情报为基础。历史上，领袖们曾依靠过良好的情报。摩西（Moses）派间谍进入迦南（Canaan），拿破仑（Napoleon）的外交官在欧洲宫廷充当间谍，保罗·里维尔（Paul Revere）提供了英国向殖民地居民进攻的初期情报预警。事实上，乔治·华盛顿（George Washington）将军是美国第一位间谍首脑，他领导着通信委员会，并向反抗英国红衣军的间谍提供资金。在两次世界大战中，美国的情报行动都是为了支持军事行动而构建的，但在和平时期这些行动则被取消了。

而在 1947 年以后，情报成为美国国家安全体系的长期特色之一。然而，政府之外很少讨论或理解这一点。如上所述，1947 年《国家安全法》建立了以总统为中心的新决策程序。最重要的是，这项立法确立了和平时期情报职能的必要性，使之在国家安全决策过程中居于核心地位。国家安全委员会不仅包括来自美国国务院和国防部的总统最亲密的外交政策顾问，而且还包括作为其主要情报顾问的中央情报总监——这一机构最近调整为**国家情报总监**（director of national intelligence，简称 DNI）。这表明，在确定美国所面临的威胁、机遇以及可能需要运用的工具时（如外交、经济、军事和情报手段），机密信息和专门信息将是有用的。

1947 年《国家安全法》对美国情报机构的内部组织和运行言之甚少。其
20 将在接下来的 60 年或更长的时间里演变成一套复杂的机构。情报与国家安全之间的关联可以从美国全球影响力和驻外军事力量的同步扩张以及美国情报机构的可比增长中得到证明。随着美国成为超级大国，美国情报界也开始“全球化”，几乎覆盖了任何可能在椭圆形办公室、国家安全委员会或五角大楼商议的话题。

这种增长也反映了情报技术的日益成熟——不仅体现在信息收集方面，也体现在信息分析方面。随着美国国家安全政策体系成长为一个庞大事业，它创造了一个日益巨型化和多元化的文职及军事情报用户群。重要的立法和总统**行政命令**（有时是秘密的）授权建立新的情报机构。中央情报总监的职位设立于 1947 年。在关于分析和间谍活动是否应该分别由国务院和中央情报局单独管理的争论之后，中央情报局开始缓慢地演变为今天的多任务组织。[10]杜鲁门总统于 1952 年秘密授权创立国家安全局（National Security Agency，简称 NSA），统一了军事部门中以往分开的信号情报机构。20 世纪 60 年代初，德怀特·艾森豪威尔（Dwight Eisenhower）总统和约翰·F. 肯尼迪（John F. Kennedy）总统推动国家侦察局（National Reconnaissance Office，简称 NRO）监控苏联的军事活动，并推动国防情报局（Defense Intelligence Agency，简称 DIA）加强军事分析。随着各主要部门登上国际外交、经济或法律事务舞台并需要掌握专门情报以开展业务，情报界的其他组成机构也随之产生。

另一次扩张发生在“9·11”恐怖袭击之后。乔治·W. 布什总统提出了影响最为深远的情报改革，以保卫祖国免受恐怖袭击并更好地协调庞大的情报界。他设立了国家情报总监办公室（Office of the Director of National Intelligence，简称 ODNI）以监督 16 个独立的情报机构，赋予中央情报局实施隐蔽行动的新权力以打击全球恐怖组织，建立了**国家反恐中心**（National Counterterrorism Center，简称 NCTC）以更好地协调反恐政策的制定。另外，他还创建了新的国土安全部（Department of Homeland Security，简称 DHS），该部既有情报职能，又有国内政策权力。所有这些措施都凸显了情报和政策之间的相互关联。

如今，情报对于打击恐怖主义、防止大规模杀伤性武器扩散以及遏制俄

罗斯等复兴或崛起大国的行动至关重要。事实上，美国《2019 年国家情报战略》将抵制网络威胁、恐怖主义和大规模杀伤性武器扩散列为主要任务。此外，对持久安全问题进行广泛的战略情报分析、对新出现的威胁进行预测也被一并列入主要任务。[11]

每一位总统都认识到情报在制定国家安全决策中的重要作用。绝大多数 21
总统在任内总会不时地对情报界的表现感到不满，而在其他时候则对其有所赞赏。情报失败总是招致极大关注，如总统批评、国会质询和媒体关注。而大部分情报成功都必须保密或因趣味性不足而很少引起注意。多数情报工作仅仅是及时收集高质量信息以帮助决策者制定政策，部分情报工作则是为决策提供初期预警以转移或至少降低破坏性趋势的风险或影响，还有一部分情报工作是强化外交或军事行动的不显眼的隐蔽行动。然而，重大的情报失败往往被认为尤为值得谴责，是进行重大调查和进一步改革的起因。对情报的评判可能存在双重标准。例如，成功追踪和击毙本・拉登的行为得到了普遍赞许，但**无人机**行动的“定点杀戮”以及强化审讯技术受到了媒体强烈质疑。又如，在乔治・W. 布什总统任期内，情报界成功发现了秘密核武器设施，但几乎没人记得或感激，而导致“9・11”事件和伊拉克战争的**情报失败**却人所周知。

情报也成为美国国家安全政策辩论中一个更加凸显的专题。冷战初期，情报机构在很大程度上是在秘密的外衣下运作的，对外交政策方向的监控与影响较少。如今的情报判断或行动则被主流新闻媒体广泛报道。在 20 世纪 50 年代和 60 年代，很少有人在公开场合听到或看到中央情报局局长，而现在，国家情报总监或中央情报局局长经常发表重要的公开讲话或国会证词。例如，国家情报总监向国会监督委员会提交的年度《全球威胁评估》(Worldwide Threat Assessment）报告已成为情报界对主要威胁进行评估的标准形式。当然，情报报告也会定期非正式地“泄露”给媒体。政府的“泄露”有时是为了向公众强调重要问题，有时则是警告对手华盛顿已经对其活动有所察觉。在其他时候，泄露则是源于对富有争议的方法和行动的内部政策争论，心怀不满的政府雇员或其他能够接触机密信息的人员意图通过揭露秘密的方式引发公众讨论。官方对重要情报评估的解密也成为国会、民众辩论的主题，此类辩论不仅涉及有关情报判断，还涉及国会或民众所支持的国家安全政策。可以再次看到，情报与政策的交织不断加深。

情报提供了重要的信息和方法，使有效的国家安全政策的实施成本被降低，因而也是美国的力量倍增器。仅举一个历史例子，一名服务于美国的苏
22 联间谍提供了有关苏联雷达研发的关键信息，美国空军认为这至少节省了10亿美元的研发资金。[12]时至今日，评估主要对手的武器系统与确保美国军备设计良好、有效依然同等重要。使用无人机代替美国地面部队扰乱、摧毁恐怖分子目标是另一项具有成本效益的方法。巴拉克·奥巴马（Barack Obama）政府的反恐政策往往比代价高昂且更具危险的镇压政策更受支持，因为其反恐政策更倚重情报行动。

最后，如上所述，情报仍然是美国外交政策中一个富有争议的伦理问题。民主政府对创立秘密运作和破坏他国政府法律的强大组织持谨慎态度。正如一位中央情报局前局长所言，美国情报机构自创建以来就卷入了许多丑闻，并将继续在允许的范围内以“擦边手段”运行。[13]当情报在某些行动或分析中失败时，一些评论者往往会否定情报的效用。另一些人则质疑在全球乃至国内开展情报活动的伦理标准。国家安全局情报收集行动的屡屡曝光、对被指控恐怖分子的秘密拘禁、强化审讯技术的使用，这些最新例子说明了实现保卫国家安全和维护美国公民自由之间微妙平衡所需要的是什么。许多安全专家认为，鉴于美国在21世纪面临的威胁，情报比以往任何时候都更加重要。反过来，随着世界联系日益紧密、非国家主体的重要性上升、大国竞争卷土重来、国家安全概念进一步模糊了外交和国政之间的界限，这个时代也迎来了更加复杂的局面。基于所有这些原因，对于研究美国外交政策而言，了解情报如何为国家安全决策作出贡献现在变得尤为重要。

有用文件

国家情报总监办公室：《国家情报用户指南》(*A Consumer's Guide to National Intelligence*)，2009年，https：//www.dni.gov/files/documents/IC_Consumers_Guide_2009.pdf。

国家情报总监办公室：《美国国家情报概览》(*US National Intelligence：An Overview*)，2013年，https：//www.dni.gov/files/documents/USNI%202013%20Overview_web.pdf。

国家情报总监办公室：《美国国家情报战略》(*National Intelligence Strategy of the United States*)，2019年1月，https://www.dni.gov/index.php/newsroom/reports-publications/item/1943-2019-national-intelligence-strategy。

延伸阅读

理查德·贝茨（Richard Betts）：《情报之敌：美国国家安全中的知识与权力》(*Enemies of Intelligence: Knowledge and Power in American National Security*)，
纽约：哥伦比亚大学出版社，2007年。本书再现了作者在情报方面的许多优秀 23
文章，在美国情报的许多评论家和为数不多的辩护者之间，采取了折中观点。

冯稼时：《减少不确定性：情报分析与国家安全》(*Reducing Uncertainty: INntelligence Analysis and National Security*)，加利福尼亚州斯坦福：斯坦福大学出版社，2011年。本书为后"9·11"时期情报面临的挑战提供了内部人士视角，对情报与政策的关系、情报在2002年伊拉克大规模杀伤性武器的《国家情报评估》中所经受的争议给予了特别关注。

罗伯特·杰维斯（Robert Jervis）：《情报为何失败：伊朗革命和伊拉克战争的教训》(*Why Intelligence Fails: Lessons from the Iranian Revolution and the Iraq War*)，纽约州伊萨卡：康奈尔大学出版社，2010年。本书中，著名的情报学者对情报分析中认知和官僚偏见的来源进行了出色的事后分析。

马克·洛文塔尔（Mark Lowenthal）：《情报：从秘密到政策》(第6版)(*From Secrets to Policy*, *6th ed.*)，华盛顿特区：国会季刊出版社，2015年。本书是有关情报流程及情报循环的最著名的论著。

马克·洛文塔尔、罗伯特·M. 克拉克（Robert M. Clark）：《情报收集的五种方法》(*The Five Disciplines of Intelligence Collection*)，华盛顿特区：国会季刊出版社，2015年。本书由学者和从业者撰写，对技术情报、人力情报、开源情报收集体系进行了很好的研究。

保罗·皮拉尔（Paul Pillar）：《情报与美国外交政策：伊拉克、"9·11"及被误导的改革》(*Intelligence and US Foreign Policy: INraq, 9/11, and Misguided Reform*)，纽约：哥伦比亚大学出版社，2011年。本书叙述了从业者对"9·11"和伊拉克战争情报争议的看法，批评了情报政治化以及最近的情报改革。

艾米·泽加特（Amy Zegart）：《设计缺陷：中央情报局、参谋长联席会议和国家安全委员会的演变》(*Flawed by Design: The Evolution of the CIA, JCS, and NSC*)，加利福尼亚州斯坦福：斯坦福大学出版社，1999 年。本书提出了国家安全和情报事业主要诞生于官僚和立法对立的过程，这一观点颇受争议。

注 释

引语一：白宫（White House）：《国家安全战略》(*National Security Strategy*)，2010 年 5 月，第 15 页。

引语二：国家情报总监办公室：《美国国家情报战略》(*The National Intelligence Strategy of the United States*)，2014 年，第 21 页。

❶ 谢尔曼·肯特：《战略情报：为美国世界政策服务》(*Strategic Intelligence for an American World Policy*)，普林斯顿：普林斯顿大学出版社，1966 年。

❷ “近实时”是指在很短的时间内，光电图像可以从空中卫星传输到地面站并被处理以便图像分析师查看的速度。

❸ 现在，机密卫星系统可以对远小于 1 平方米的小目标成像，但出于国家安全原因，商业卫星被禁止利用全部能力。

❹ “特征”通常被理解为一个目标可被观察或测量的独有特点。在图像中，它可能是某种武器设施的设计；在电子情报中，它可能是外国军事雷达或防空系统使用的特定无线电频率或雷达波段；在测量与特征情报中，它可能是表征大规模杀伤性武器的一种
24 化学化合物或核同位素，或者是核动力潜艇特有的声音信号。

❺ 有关技术情报的优秀研究，参见罗伯特·M. 克拉克：《情报搜集技术》(*Technical Collection of Intelligence*)，华盛顿特区：国会季刊出版社，2014 年；马克·洛文塔尔、罗伯特·M. 克拉克：《情报收集的五种方法》，华盛顿特区：国会季刊出版社，2015 年。

❻ 有两部优秀的回忆录介绍了情报官员如何受训及行动，参见罗伯特·贝尔（Robert Baer）：《目无恶魔：中央情报局反恐战争中一名士兵的真实故事》(*No Evil: The True Story of a Ground Soldier in the CIA's War on Terrorism*)，纽约：兰登书屋，2002 年；亨利·A. 克朗普顿（Henry A. Crumpton）：《情报的艺术：中央情报局秘密部门生涯总结》(*The Art of Intelligence: Lessons from a Life in the CIA's Clandestine Service*)，纽约：企鹅出版社，2012 年。

❼ 参见杰克·戴维斯（Jack Davis）：《事实、发现、预测和算命》(Facts, Findings, Forecasts, and Fortune-Telling)，载《情报研究》(*Studies in Intelligence*) 1995 年第

39 卷第 3 期，第 25—30 页。

❽ 冯稼时：《减少不确定性：情报分析与国家安全》，加利福尼亚州斯坦福：斯坦福大学出版社，2011 年。

❾ 艾莉森·斯梅尔（Alison Smale）、马克·马泽蒂（Mark Mazzetti）、大卫·E. 桑格（David E. Sanger）：《德国要求驱逐美国高级情报官员》（*Germany Demands Top U. S. Intelligence Official Be Expelled*），《纽约时报》（*New York Times*），2014 年 7 月 10 日，http：//www. nytimes. com/2014/07/11/world/europe/germany-expels-top-us-intelligence-officer. html? _r=0. /germany-expels-top-us-intelligence-publics. html? _r=0。

❿ 国务卿乔治·C. 马歇尔（George C. Marshall）想要自己的情报部门，这意味着战略情报局研究分析处被分配给国务院的部分职能开始成为规模较小的情报研究局，与此同时，在整个 20 世纪 50 年代和 20 世纪 60 年代，中央情报局的分析部门变得更大。

⓫ 国家情报总监：《美国国家情报战略》，2014 年 9 月，www. http：//www. dni. gov/files/documents/2014_NIS_Publication. pdf。

⓬ 大卫·E. 霍夫曼（David E. Hoffman）：《十亿美元间谍》（*The Billion Dollar Spy: True Story of Cold War Espionage and Betrayal*），纽约：兰登书屋，2015 年。

⓭ 迈克尔·V. 海登（Michael V. Hayden）：《边缘游戏：恐怖时代的美国情报工作》（*American Intelligence in the Age of Terror: Playing to the Edge*），纽约：企鹅出版社，2016 年。

25

第三章

国家安全事业

责无旁贷。

——哈里·杜鲁门总统

《国家安全法》的一个特别优点是它的灵活性。

——约翰·肯尼迪的国家安全顾问麦克乔治·邦迪（McGeorge Bundy）

在过去的半个世纪里，美国的国家安全体系已经演变为一套精心设计的机构和流程。尽管国家安全事业已经得到如此壮大，但它仍然基于一些根本观念，这些观念使之能够积极响应美国领导人和美国宪法。总统的统帅地位及其制定决策时对主要顾问与机构的依赖是理解美国国家安全官员工作内容的关键。本章将讲述国家安全政策是如何制定的以及情报如何融入这一决策的过程，也将突出强调总统组织的国家安全团队所面临的一些持续性问题。

《宪法》第 2 条赋予总统作为美国军队总司令和美国外交关系首席外交官的权力。总统有权任命大使、协谈条约并通过左右庞大的行政机构来实施所有的法律和政策，这使得总统对国家安全决策拥有无可比拟的控制权。诚然，《宪法》第 1 条赋予国会财政权力，可以为军事、外交和情报活动制定预算并批准总统对内阁官员、外交官和军事领导人的任命。总统必须经常与国会保持一致，但在许多情况下，由于考虑到国会不愿挑战总统在海外的权力，总统可能采取主动，宣布一项政策或开始军事行动。鉴于美国在全球范围内广
26 泛的国家利益，历任总统一直依赖于一套日益复杂的国家安全机构和流程来实施美国的治国方略。这一决策系统是通过国家安全委员会及其所谓的跨部门流程来协调的。正如本章将阐明的，情报界在这两个方面都起着关键作用。

国家安全体系

美国国家安全体系自 1947 年建立以来，规模越来越大，也越来越复杂。

当时的目的是重组战后的军事机构并实行国家级决策过程的集权化。这一体系设立了国防部长，也设立了**参谋长联席会议**（Joint Chiefs of Staff，简称JCS）这一机构，以组织和指挥曾经相对独立的军事部门。其目的是让总统能够就如何利用国家权力的所有手段——政治、军事、经济和信息——寻求其最亲密的政治和军事顾问的建议，以保护和促进美国的国家利益。事实上，杜鲁门总统倾向于不过度依赖它，直到他在面对朝鲜战争时为阻止共产主义蔓延而不得不制定一项更强有力的“遏制战略”。

即便如此，这只是一次最基本操作。新创立的国防部长办公室只有几个助手，很容易被地位稳固的陆军部长和海军部长所压倒。国务院是外交政策权力的真正中心。杜鲁门总统和富兰克林·D. 罗斯福（Franklin D. Roosevelt）总统一样，在很大程度上依赖于其国务卿乔治·C. 马歇尔和迪安·艾奇逊（Dean Acheson）的才智。他根据两位国务卿的建议和意见，自行作出大部分外交政策决定，但通常避免让国家安全委员会成为决策机构。随着美国对两极冲突的主导性参与进一步加深，这一状况开始发生变化。事实上，早期国家安全委员会制度的主要贡献之一就是现在著名的《国家安全委员会第 68 号文件》，该文件提出了持续 40 多年的遏制战略。

后来的几任总统已经将最初偶尔举行的由主要顾问参加的会议改为由国家安全相关的委员会及人员参与的复杂组织，他们几乎不间断地开会审议各种国际危机和决定。到了 20 世纪 60 年代，1947 年《国家安全法》中没有明确提到的国家安全顾问已经成为一个关键的顾问职位，除正式身份外，其影响力可与国务卿比肩。亨利·基辛格博士于 1968 年担任理查德·尼克松（Richard Nixon）的国家安全顾问并一手创设了我们今天所知道的国家安全委员会的幕僚队伍，尽管当时只有十几名专家。如后所述，国家安全委员会的幕僚队伍已经成为由数百名专业人员组成的强大组织。许多评论家认为，这一趋势使国家安全委员 27
会成为美国政府最强有力的“机构”，而这并不是 1947 年《国家安全法》的初衷。[1]“为总统配备幕僚队伍”现已意味着确保总统充分了解美国国家安全政策的方方面面。正如我们将看到的，国家安全委员会的幕僚队伍已经成为情报的主要用户之一，特别是在过去的 70 年里其规模不断扩大的情况下。

1947 年《国家安全法》的一个重要附带结果是向高级决策者提供情报支持的制度化。根据这项立法，国家安全委员会得到进一步扩张，除了作为总统的外交和军事顾问外，还包括了中央情报总监作为其主要情报顾问。这就使得总统、国务卿和国防部长进行重大决策时与情报支持距离更近。此类情报咨询的表现形式包括向总统提供专属每日情报报告（后来被称为《总统每日简报》）以及提供综合性情报报告，如《国家情报评估》(主要政策通常基于此类报告作出)。

此外，冷战和核战争的威胁迫使美国在世界范围内寻找除“热”冲突以外的方法来对抗打击苏联。在很短的时间内，哈里·杜鲁门总统和此后几乎每一位总统都授权中央情报局进行其他“特殊活动”(后来被称为隐蔽行动)。这成为总统的一个重要秘密工具，也使中央情报局处于一个独特的地位，既影响政策，又执行政策。在后“9·11”时代，这种隐蔽行动工具变得更加重要。讽刺的是，它比美国国家安全体系的最初塑造者所设想的更加引人注目。

最重要的是，1947 年《国家安全法》还建立了国家安全委员会作为总统行政机构的一部分，以便向总统提供有关外交和安全问题的建议。根据法规，总统、副总统、国务卿和国防部长都是成员。此外，参谋长联席会议主席和中央情报总监（现为国家情报总监）是来自军事和情报界的顾问（见窗 3.1)。[2]自该法案最初设立国家安全委员会以来，总统们可以随意调整该机构的结构，也可以将其他机构负责人添加到国家安全委员会主办会议的参会者名单中。例如，由于能源部负责监督美国核武器实验室的运作，故而在讨论核问题时其部长被列入国家安全委员会会议已经成为惯例。

BOX

窗 3.1 1947 年《国家安全法》

（摘自原法案和修正法案）

第101条（原法案）:

(a) 兹建立国家安全委员会（以下简称“委员会”）。

合众国总统主持委员会会议。

委员会的职能是向总统提出有关国家安全的内政、外交、军事政策的综合意见，以便能够使军事机构和政府各部门在国家安全事务方面更为有效地协作。

第102条（原法案）:

(a) 兹在国家安全委员会之下设立一个中央情报局。由一名中央情报局局长负责该局工作。局长由总统在军事部门服役的军官中或普通公民中任命，并经参议院建议和批准。

第 102 条（2004 年修正*）：

1.a. 国家情报总监由总统任命并经参议院批准……

1.b. 国家情报总监应：

（1）担任情报界负责人。

（2）担任总统、国家安全委员会和国土安全委员会在国家安全事务方面的首席顾问。

* 2004 年 12 月 17 日通过的《情报改革与恐怖主义预防法》（公法 108—458）修正了第 102 条。

另一次重大结构性变化发生在比尔·克林顿（Bill Clinton）总统上任时，由于想要强调经济的重要性，他创建了国家经济委员会（National Economic Council，简称 NEC）。国家经济委员会在某种程度上参照了国家安全委员会，
但由主要的经济部门、机构和顾问出任。[3]相应地，当国家安全委员会开会讨 28
论国际经济问题时，通常会包括国家经济委员会顾问以及财政部长和商务部长。最近又创立了国土安全委员会（Homeland Security Council，简称 HSC），这是乔治·W. 布什总统在"9·11"袭击后创立的。国土安全委员会包括重要的外交政策顾问以及执法和反恐官员，负责审查恐怖主义、大规模杀伤性武器和自然灾害等问题。[4]在布什政府时期，国土安全委员会与国家安全委员会有一定程度的分离，但是巴拉克·奥巴马政府后来将这两个机构的工作人员整合到国家安全委员会之下，导致了专业幕僚队伍的规模急剧扩大。

有两个因素限制了国家安全委员会的作用。第一，国家安全委员会只能"建议"总统，而非决策机构。国务卿马歇尔担心 1947 年《国家安全法》会
破坏宪法赋予总统的权力以及国务卿的特权。[5]然而事实上，正如乔治·W. 29
布什的名言，总统仍然是"决策者"。第二，每一位总统都可以根据自己的喜好改变国家安全委员会的组成。在唐纳德·特朗普（Donald Trump）总统任职初期，其曾经的战略顾问斯蒂芬·班农（Stephen Bannon）被任命加入国家安全委员会的**首长委员会**（Principals Committee，简称 PC）而参谋长联席会议主席（chairman of the Joint Chiefs of Staff，简称 CJCS）与国家情报总监则未能保留，这一做法受到了争议。[6]虽然总统将个人顾问列入国家安全委员会会议

并非闻所未闻，但让私人顾问参与国家安全委员会公务的所有方面却是罕见的。这种做法很快就被推翻了。像他的数位前任一样，特朗普总统调整了国家安全委员会的人员构成以满足他自己的愿望，并最终决定让国家情报总监与参谋长联席会议主席参与国家安全委员会的审议。

国家安全委员会及其幕僚队伍的职能扩张

历史上，总统们对国家安全委员会的运用各有差异。哈里·杜鲁门担心国家安全委员会变成决策机构而不再是咨询机构，因而在初期对其置之不理。直到 1950 年 6 月朝鲜战争爆发后这一态度才发生转变，因为局势要求进一步整合美国外交和军事活动以结束战争。[7]德怀特·艾森豪威尔（Dwight Eisenhower）建立了具有政策审议和委员会功能的“国家安全委员会体系”，这非常像他在第二次世界大战期间对军事参谋的运用。艾森豪威尔偏好令较低的政府层级制订计划，然后由更多的高级官员进行审查，最后再提交给他本人作出决定。年轻的约翰·F. 肯尼迪选择了更便捷的运作方式，并废除了他从艾森豪威尔处继承的庞大的军事参谋体系。然而，他创造了“国家安全顾问”这一角色并将其作为总统监督国家安全委员会体系的耳目。他选择了哈佛大学前教授麦克乔治·邦迪（McGeorge Bundy）作为他的国家安全顾问，帮助他随时了解国际事件并确保其他机构响应总统指令和信息要求。[8]

尼克松总统选择亨利·基辛格（Henry Kissinger）为国家安全顾问，对国家安全委员会的地位产生了最深远的影响。第一，基辛格确立了其与国务卿和国防部长事实上平等的地位，并成功将自己置于设定国家安全议程的位置。第二，基辛格建立了由区域和职能专家组成的第一批真正的国家安全委员会幕僚队伍，能够为他和总统提供更独立的观点，而这在以前主要属于国务院和国防部官员的职责范围。这些资深专家在各自的领域或问题上被冠以“高级主任”的头衔，还被任命为“总统特别助理”。这些头衔往往是具有实权的
30 头衔。这两项举措极大地将外交事务权集中在了总统及其国家安全顾问手中，削弱了其他总统顾问的影响力。

自 20 世纪 60 年代到现在的历任总统基本上都继续利用国家安全委员会的幕僚队伍来保持椭圆形办公室的决策权。自从基辛格第一次建立国家安全委员会的幕僚队伍以来，其规模已经增长了 10 倍，从十几名专业人员发展到几百名。此外，如果总统愿意，国家安全委员会幕僚队伍对外交政策议程的控

制将是独一无二的。每一位总统都通过发布总统行政命令来塑造国家安全委员会的体系，这些命令描述了国家安全委员会的结构、参与者和审查程序，其目的是优先处理对总统最重要的问题并指导跨部门流程服务于特定政府。

跨部门流程的运行方式

如窗 3.1 所述，国家安全委员会及其幕僚队伍的一项主要职能是确保所有国家权力要素（外交、军事、经济和情报）的平稳融合。因此，由每一任总统设立的国家安全委员会和附属委员会对于向总统提供引导以及制定全面的政策审议、命令和决定至关重要。鉴于国家安全事业规模的扩大，国家安全顾问及其幕僚队伍必须努力协调数百名外交官、军官、执法官员和情报官员的行动，以便他们能够顺利地合作。想要制定为前述机构所支持和实施的国家层面的政策亦需要进行充分协调的工作。

为此，国家安全委员会不能简单地让国务卿和国防部长与国家安全顾问会面。无论是在正式场合还是非正式场合，这样的高层合作确实会发生。但是，必须在较低级别的官僚机构中举行更为详细的会议，以确保所有机构都为制定合理的外交和安全政策作出贡献，并就政策的制定和执行达成一些共识。因此，每一位总统都建立了国家安全委员会的附属委员会。这些附属委员会专门关注特定区域、国家或问题，所有相关机构都有代表参加。

自 20 世纪 90 年代初以来，国家安全委员会的结构被设立为四个运行级别。最高级别的是国家安全委员会本身。最高级别会议由总统主持，内阁级官员（如国务卿、国防部长、国家安全顾问、参谋长联席会议主席、国家情报总监）出席。此类会议相当罕见且主要用于宣布总统的重大决定。更为频繁的是首长委员会会议。由国家安全顾问主持并由内阁级官员出席的首长委员会会议最终完成政策审议并向总统提交各项方案。首长委员会会议之前通常是**次长委员会**（Deputies Committee，简称 DC）会议，次内阁级官员（副部长级或次长级官员或同等级别的官员）将讨论、辩论并完成政策审议
和建议，然后提交给首长委员会。次长委员会还被广泛用于“危机管理”， 31
这意味着次长们将监控这些情况并实施任何应急措施。在次长委员会下通常会有一长串国家、区域或特定问题的**跨部门政策委员会**（interagency policy committees，简称 IPCs），各部门的相应助理部长（或其同等人员）将会出席（见图 3.1）。

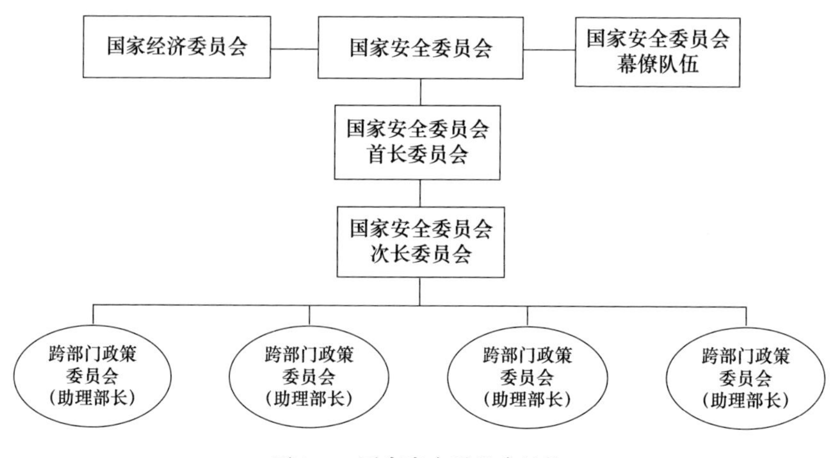

图 3.1　国家安全委员会结构

举一个跨部门流程的假设性例子：假设总统有兴趣对东亚 X 国颁布一项新政策。在这种情况下，他的国家安全顾问可能会向所有部门和机构发出国家安全委员会指令，要求召开跨部门政策委员会会议以审议可能的政策选择。国家安全委员会东亚区高级主任将主持这次会议，国家安全机构的代表们将出席会议（见图 3.2）。负责东亚事务的助理国务卿将出席会议并可能共同主持会议，国防部负责国际安全事务的助理部长以及联合参谋部主席的高级代表（代表参谋长联席会议主席的观点）可能一道出席会议。如果政策选择可能涉及商业或金融事务以及反恐或版权法，经济和执法机构也将派出相应的代表。

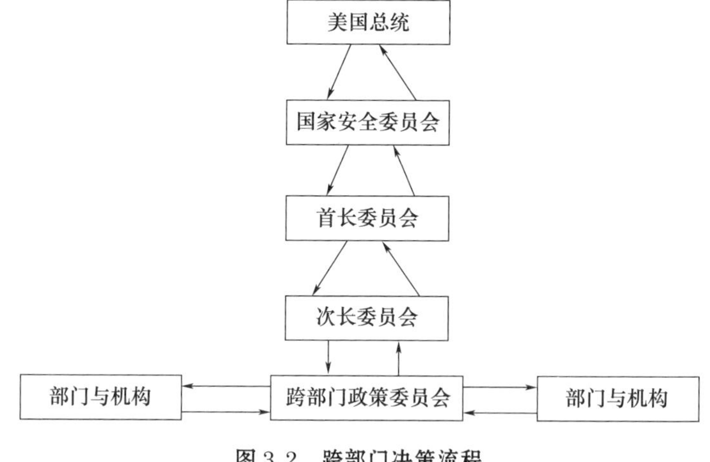

图 3.2　跨部门决策流程

来自国家情报总监和中央情报局的高级分析师也将参加这次跨部门政策
委员会会议。最有可能的是，负责东亚事务的国家情报官将代表情报界参会，
而中央情报局则可能派遣一名 X 国问题的高级实务分析师。对于国家安全顾
问指令要求进行政策审议的任何关键问题，这些情报官员可能会共同提供简
报和情报评估。如果白宫希望对这些问题需要更权威的情报界评估，主要情 32
报机构之间可能会协调和评估简报和情报。如果要讨论军事情报问题，国防
情报局也可能派代表参加跨部门政策委员会会议，以支持国防部的政策同行。

跨部门政策委员会会议完成对情报和关键待处理问题的审议后，国家安全委员会的高级主任将指派一个机构（很可能是国务院）编写一份政策选择文件。该文件随后将在参加跨部门政策委员会会议的机构中传阅并受其审查。为了最终确定政策选择，可能需要召开更多的跨部门政策委员会会议。然后，该政策评估文件将交给次长委员会进行审查，次长们可能批准该文件，也可能由于对政策选择存在分歧而将其发回进行修改。获得次长委员会批准后，首长委员会将举行会议讨论政策选择并就向总统提出的建议达成一致。在每一次首长委员会和次长委员会会议上，国家情报总监及中央情报局的代表可能会提供一份最新的情报简报作为讨论政策选择的根据。

由国家安全顾问主持的首长委员会会议将围绕各种政策选择对情报进行
全面和直接的讨论。国家情报总监和中央情报局局长可能会被要求评估 X 国
在该地区对美国利益的军事威胁。或者，如果政策评估更多地关注美国与 X
国贸易问题或美国可能的外交倡议，情报简报可能集中在 X 国经济状况或当
前 X 国领导人对美国的看法上。最后，国家安全顾问将把最终版政策评估和 33
首长委员会的建议转交给总统，总统将决定是否批准。在整个过程中，情报
将成为了解各种政策选择的利弊以及 X 国意图、计划、行动或对美国决策的
反应等主要不确定因素的关键性资源投入。跨部门参与者也会负责监督各机
构执行总统决策的进展情况。

由于这种跨部门审查过程可能会持续数周甚至数月，随着远东地区新事件的发生，情报可能需要不断更新。当然，在某些危急情况下，通过数小时或数日内首长委员会和次长委员会一连串的不间断会议，这个过程可以极大地压缩。部分跨部门会议将通过可靠的视频会议（video-teleconference，简称 VTC）设施举行以取代面对面的会议。这对于迅速出现的问题或危机管理特别

有用。白宫战情室通过这种视频会议系统与所有主要国家安全机构的行动中心相连，因此可以在不离开办公室的情况下进行秘密讨论。[9]由于具备了将军事指挥部和海外使馆纳入视频会议讨论的能力，美国政府在危机状况下的运
34 作能力得到极大提升。

通常，跨部门政策委员会召开会议最为频繁，次长委员会负责监督跨部门政策委员会的工作，首长委员会仅在批准下级委员会工作或消除分歧时举行会议。许多其他紧迫的国际问题也在争夺高级官员的时间和注意力。但总的来说，相关问题总是根据事件的需要而被列入国家安全委员会的议程，见图 3.3。情报界的高级实务专家同样随时都要参加并支持频繁的跨部门会议。

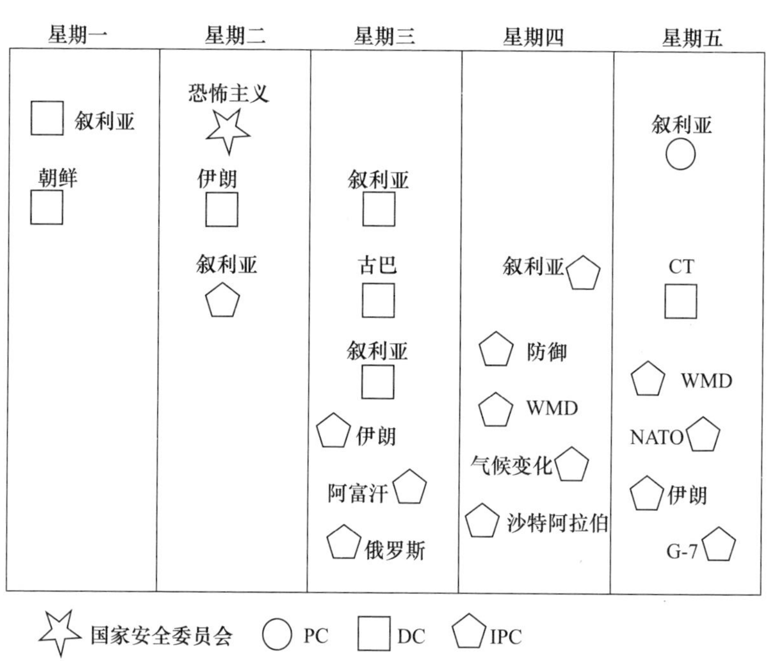

图 3.3 国家安全委员会典型的一周

不断壮大的国家安全事业

自 1947 年《国家安全法》颁布以来，国家安全事业内部的机构参与者数量大幅增长。最初的体系基本以总统及其国务卿、国防部长、军事和情报顾问为中心。但现在，“国家安全”问题几乎已经蔓延到每个部门。当国家安全

委员会开会讨论重要国际问题时，通常不仅包括外交和安全政策机构，而且还包括经济和执法机构。为了描述这个由机构和流程组成的复杂网络，**国家安全事业**一词经常被使用。“事业”这个词隐含着这样一种认识，即一系列机构和组织必须以“整体政府”的方式合作，以实现共同的愿景或目标。在某种意义上，国家安全事业意味着一个大于其各部分之和的整体，因为它致力于在各个部门、机构的活动和功能之中创造出更好的协同效应。[10]

国务院

作为美国历史最久远、外交传统最悠久的联邦部门，该部门承担着最多的外交任务。国务院在海外设有 190 多个外交使团，雇用了 8000 多名外交官员（外交官）和 11000 多名公务员。2017 财年，其预算为 501 亿美元，远低于国防部近 6000 亿美元的预算，甚至低于情报界的预算。[11]随着美国在全球的地位日益凸显，美国大使馆的业务规模也在不断扩大。如今，美国大使馆已成为许多其他政府部门项目的平台，以至于国务院的外交官员数量往往远远不到驻扎在其外交使团中的美国官员的一半。

根据传统和法规，美国大使是总统的个人代表，这使他们成为美国在任 35
何外国首都中地位最高的官员。因此，其他机构的高级官员（如国防部和情报界）必须向大使报告并按大使的意愿在该地任职。中央情报局站长也被视为情报界高级代表，负责与东道国政府情报部门进行合作并随时向大使通报情报界在该国的活动。[12]

1947 年《国家安全法》颁布时，国务院是对美国外交政策最具影响力的机构。国务卿通常被视为总统最高级别的外交政策顾问。在早期，由于国务卿通常负责重大政策审查或外交倡议，不甚复杂的跨部门流程通常由国务院推动。相应的助理国务卿将主持跨部门政策审查会议。例如，若审查或倡议有关东亚国家则由负责东亚事务的助理国务卿主持会议，若有关安全援助或军备控制则由负责国际安全事务的助理国务卿主持会议。但是，随着时间的推移，为了在更大程度上对国家的安全政策进行监控，国家安全顾问的地位和国家安全委员会幕僚队伍的规模都得到扩张，国务卿及其下属的影响力因而普遍下降。

当然也有明显的例外，比如詹姆斯·贝克（James Baker），他是乔治·H. W. 布什的密友和亲信。然而，在如今的国家安全事业中，国务卿必须与控制更多资源和人力的强大的国防部长们竞争。国务卿也需要与国家安全顾问竞争，后者与总统的相处时间更长并拥有极具才干、活跃的国家安全委员会幕僚队伍监控、起草政策决定。在跨部门流程中，通常可以看到国务院有一种鼓励谨慎和渐进行动的组织文化。第一，因为它由大量相互竞争的区域和职能部门组成，所以很难制定新的政策举措。各部门被有主见的助理国务卿领导，经常提出相互竞争的想法或倡议，这就导致内部妥协。第二，外交官员寻求美国与主要外国伙伴关系的连续性，故他们经常对白宫可能被视为扰乱现状的倡议持谨慎态度。因此，美国国务院竭力将美国的政策转变最小化，缓和总统对合作伙伴甚至对手的严厉言辞。

国防部

国防部创立于1947年《国家安全法》及1949年的后续立法，已成为一些人所称的跨部门流程中的“八百磅大猩猩”。由于掌握了如此多的资源（约
36 110万武装人员、年预算超过6000亿美元），国防部长可行使的权力极大。如今，国防部长在国防部长办公室（Office of the Secretary of Defense，简称OSD）也拥有相当多的专业人员，他的政策副部长已经成为跨部门流程中的关键角色。这位副部长及其下属的负责国际安全事务的助理部长是国家安全事业的积极参与者。如果他们具有团队精神，那么很多事情都可以完成。然而，如果他们选择反对国家安全委员会或国务院的行动，国防部就可能成为有效制定或实施政策的主要障碍。[13]

尽管国防部长的个性或其与总统的亲密关系可能是造就其影响力的一个因素，但这并非唯一因素。准确地说，国防部所掌控的资源使得其比相对较小的国家安全委员会幕僚队伍或资源匮乏的国务院具有更大的优势，如支持军事、维和或人道主义救援行动，向外国政府提供武器装备、培训或技术咨询。由于其军事任务，国防部的组织文化以长期规划为主（例如，开发和部署武器、在世界各地部署部队、设计周密的战争计划），这是任何其他国家安全部门都不具备的。如果国务院有时提出的临时方法不能融入更具凝聚力的长期战略，国防部便会予以抗拒。

国防部的独特之处在于，它是美国情报最大的生产者和使用者。由于承担打赢国家战争的任务，它需要大量关于外国军事对手的高度敏感的情报信息。自创立以来，国防部已经建立了许多指定的**作战支持机构**，这些机构构成了美国情报界（US Intelligence Community，简称USIC）的主体。尽管在下

一章中会有更详细的讨论，但值得一提的是，这些作战支持机构，包括国防情报局、国家安全局、国家侦察局和国家地理空间情报局（National Geospatial-Intelligence Agency，简称 NGA），约占**国家情报计划**（National Intelligence Program，简称 NIP）预算的 70%。因此，国防部长控制着美国大部分的情报计划，同国防部长及国防部情报副部长（undersecretary of defense for intelligence，简称 USDI）的密切合作对于国家情报总监非常重要。[14]正如后面将讨论的，16 个国家情报机构之间的合作并不总是那么容易，尤其是当国防部控制情报界大部分预算、技术和人员的时候。

国防部的另一独特之处在于，它将在国家安全委员会及其下属委员会中有两名代表。这是因为，参谋长联席会议主席是总统和国家安全委员会的高级军事顾问。正因如此，他代表各个军种（陆军、海军、空军和海军陆战队）的首长。虽然让国防部长和参谋长联席会议主席在军事政策问题上采取同样的立场是令人向往的，但在二者持不同见解时，即使参谋长联席会议主席不同意国防部长的意见，其仍有责任提出最好的军事建议。 37

1986 年的《戈德沃特-尼科尔斯法案》(Goldwater-Nichols Act）赋予了参谋长联席会议主席更高的独立性和政策地位。此外，他的联合参谋部已经发展到拥有 1500 多名来自各个军种的军官，而这些军官是国防部最优秀和最聪明的人。这些职业军官被安排进从情报部到（J-2）到作战部（J-3），再到战略计划与政策部（J-5）的各个部门，并将参加与其职责相关的重大的国家安全委员会会议。通常，战略计划与政策部的主管将代表参谋长联席会议主席出席跨部门政策委员会级别的会议，并在首长委员会和次长委员会会议上与参谋长联席会议主席一同参会。为了最大限度地利用联合参谋部的情报部与整个国防情报局的综合资源，以支持国防部长、参谋长联席会议主席、海外军事司令部和广大军事情报用户的情报需求，情报部的主管通常会与国防情报局局长密切合作。

新的国家安全机构

国家安全事业的常规成员包括国家安全委员会、国务院、国防部、联合参谋部和情报界。然而，“国家安全”和国家安全事业本身的定义现在已经扩大到包括更多的有责任保护国家免受内外威胁的机构和部门。如今，国家安全不仅包括传统的军事和经济威胁，还包括来自恐怖主义、核扩散、网络作战甚至气候变化等非常规但危险性日益加深的威胁。

相应地，这种扩大的国家安全概念使得通常认为的更面向国内的机构被纳入国际安全的讨论中。在这些机构的名单中，占据主要地位的包括：负责国内执法与反恐的联邦调查局（Federal Bureau of Investigation，简称 FBI）和国土安全部；负责应对有关销售违禁武器技术及资助恐怖组织的金融犯罪与商业犯罪的财政部和商务部。此外，美国实施经济、贸易和金融制裁的行动，使经济部门能够利用强大的经济力量来阻止潜在的扩散者及其赞助国家、破坏支持恐怖阴谋的金融活动，这使其成为国家安全的重要角色，

联邦调查局

历史上，联邦调查局（通常被称为“the bureau”，即“局”）主要通过履行打击在美国境内实施的外国间谍活动及有组织犯罪活动的职责，参与国
38 家安全案件。然而，自从“9・11”袭击以来，该局又承担了揭露、预防和起诉针对美国本土的国际恐怖主义阴谋的重大新职责。联邦调查局已经在国内外建立起完善的办事处体系，以协调联邦、州和市政府的执法部门对可能的恐怖主义阴谋进行评估、识别和预防。目前，联邦调查局在全国各地设有 56 个外地办事处，这些办事处将调查恐怖分子阴谋和起诉恐怖分子作为其主要任务之一。在这方面，联邦调查局还在主要城市运作着 100 多个联合反恐特遣队（joint terrorism task forces，简称 JTTFs），这些特遣队由来自 50 个联邦机构以及数百个州、市执法组织的 4000 多名代表组成。

由于许多此类阴谋源自海外，联邦调查局还在主要外国城市的美国大使馆内设立 60 多个法律专员（legal attaché，简称 LEGAT）办事处。法律专员与包括中央情报局站长和武官在内的其他反恐官员密切合作，以便共享信息并协调他们与当地东道国安全机构的合作。自“9・11”事件以来，联邦调查局还整顿了总部业务，将反恐和反扩散列为高度优先事项。它的国家安全部门现在包括恐怖主义和大规模杀伤性武器以及反情报部门。为了支持这些优先任务，联邦调查局还发展了自己的主要情报分析业务，雇用了 3000 多名分析师。[15]

国土安全部

国土安全部是国家安全事业的最新成员，由 2004 年情报和反恐改革工作创建，被赋予防止国内恐怖袭击的重要任务。然而，这一任务的大部分责任

也由中央情报局和联邦调查局分担。因此，国土安全部在很大程度上已成为主管边境、机场和港口的国内预防措施、评估重要基础设施应对恐怖主义和网络威胁漏洞的机构。国土安全部的另一项重要职责是与州、市执法机构建立信息共享关系，因为这些执法机构是许多国内恐怖行动的“第一反应者”。

国土安全部是最大的联邦部门之一，年度预算近 700 亿美元（2018 财年），雇员超过 24 万人。[16]其规模反映了一个事实，即它结合了 22 个独立机构先前的任务和行动，包括特勤局、海岸警卫队、联邦应急管理局（Federal Emergency Management Agency，简称 FEMA）和移民与海关执法局等大型机构。国土安全部的主要挑战是平衡其重要的反恐责任和其他公共安全任务，这些公共安全任务包括：保护美国总统和其他重要人物；应对自然灾害；在海上营救美国海员或阻断海上毒品转移；逮捕企图非法进入美国的无证外国国民和走私犯。由于责任范围如此广泛，它还无法达到中央情报局和联邦调 39
查局等老牌机构几十年来积累的专业知识、能力和组织凝聚力水平。[17]

经济机构

虽然美国的外交和军事权力手段集中在国务院和国防部，但其经济手段却分布在多个部门和特别办公室。这反映了一个事实，即美国经济具有一系列部门，包括金融、商业、农业和技术部门（仅列举部分最常见的），而联邦政府对此仅拥有部分控制。政策的主要执行部门根据总统希望采取的行动而确定。因此，如果总统希望开始贸易谈判，他将指示美国特别贸易代表办公室（US special trade representative，简称 USTR）主持谈判。但是，如果总统想实施金融或商业制裁，则需指示财政部长和（或）商务部长与国会合作，以针对特定国家或个人制定有关国际金融或商业交易的新的限制规定。其他经济手段包括对外销售武器、食品和技术，这又会涉及许多不同的机构以及国务院和国防部，这些机构共同负责许多外国经济和军事援助计划。[18]

较为可取的做法是对财政部不断扩大的职能进行研究，而不必对每个经济部门或办公室进行详尽的探讨。自“9 · 11”事件以来，财政部越来越积极地参与有关反恐和其他非法国际活动的国家安全决策。一位前副部长指出，财政部惩罚扩散和恐怖主义活动的国家赞助者并挤压此类活动资金支持的金融工具已经变得如此强大，其理应成为国家安全委员会的法定成员。[19]财政部所属的外国资产控制办公室（Office of Foreign Assets Control，简称 OFAC）有权点名并谴责违反美国法律的个人，这使得主要的国际银行和其他金融机构唯恐与这些人做生意。同样，财政部所属的情报与分析办公室（Office of Intelligence and Analysis，简称 OIA）和恐怖主义与金融情报办公室（Office for Terrorism and Financial Intelligence，简称 OTFI）已经成为监控美国认定的某些特定的外国政府、罪犯和恐怖分子的有力工具。财政部设计有效制裁的能力曾极大地
40 施压于伊朗，促使伊朗与美国及联合国安理会其他常任理事国商谈核协议。[20]

国家安全事业的其他参与者

当然，跨部门流程只描述了总统和行政部门如何制定国家安全政策。这些绝不是未经进一步审议就简单实施的。事实上，国会的预算程序、听证会、调查活动以及其他立法机构的参与，都使得决策过程变得复杂。在提议为国家安全计划提供新的资金、宣布应对国际问题的新战略或商谈新的国际协议时，没有一位总统可以无视国会。国会可以通过拒绝资助总统的政策、在公开听证会上询问他的顾问、发表重要的调查报告、不同意总统的任命或谈判条约，使总统的政策复杂化。几乎每一届政府都能举出大量的例子。国会反对奥巴马总统商谈伊朗核协议、分别两次调查俄罗斯干预 2016 年特朗普总统大选的事件，就说明了国会在外交政策上可以变得多么主动。正如俄罗斯“窃听”丑闻所表现的那样，由参众两院情报委员会进行的国会调查可以在揭露情报问题和制定情报政策方面发挥重要作用（后面几章将更详细地讨论）。

与此同时，媒体对总统外交政策行为的关注也不容忽视。在新闻发布时，总统和他的顾问们通常希望通过给有影响力的记者或媒体提供“独家”新闻的方式来突出一项政策倡议。政府也把宣布其最新决定作为更广泛的公共外交和传播战略的一部分。总统的行动被宣布时，可能会有一个完整的“推出”计划，而国务院和国防部则会开展关于政府进展的后续报道。例如，在奥巴马政府的国家安全委员会内，有一位负责“战略沟通和演讲稿撰写”的副国家安全顾问，他对总统和媒体都有非常重要的影响力。这种更正式或系统化的媒体计划已被特朗普总统通过推特信息制定政策的偏好所改变。不止一次，国家情报总监丹·科茨（Dan Coats）承认他是在媒体报道过总统发表的推特消息后才首次了解到他们所讨论的某场总统峰会。

此外，行政或立法机构内部经常有未经授权的泄密，可能导致围绕总统倡议或行动的重大争议。当内部行政部门就某项政策展开斗争时，或者当白

宫和国会在一项重大政策上出现分歧时，争端的参与者都会试图泄露对自己立场有利的信息。据说，最初有关乔治·W. 布什政府为加强审讯而设立秘密 41
“黑狱”的迹象来自一位反对这些行动的国家安全委员会前官员。[21]泄密是每一位总统的宿敌，且很少有泄密者被成功起诉。然而，也有一些时候，白宫自身可能会制造泄密以误导或迷惑国会中的反对者，或者让媒体无法察觉另一个事件。出于多种原因，泄密是一种可供许多行政和立法部门官员使用的武器。

然而，对于理解情报职能而言，媒体最重要的作用在于它能够将原本保密的信息公之于众。媒体总是走在揭露有争议情报计划的前沿，而这些情报计划则成为国会和行政部门争论的话题。例如，《华盛顿邮报》和《纽约时报》的报道揭露了中央情报局的**非常规引渡**计划①，该计划将阿富汗被拘留者安置在美国以外的秘密监狱中，在那里实施了强化审讯方法（许多人认为是酷刑）。后来，时任参议院情报特别委员会主席的参议员戴安娜·范斯坦（Dianne Feinstein）公布了一份经过整理的摘要（长达600多页），内容即取自工作人员关于酷刑的全面报告。公布行为发生在她卸去主席职位之前，而在她卸任之后，新的共和党主席很可能会阻止报告的发布。在许多情况下，被泄露的情报判断或发现因出现在《纽约时报》或《华盛顿邮报》上而可能成为公共政策辩论的一部分。在少数情况下，如最近俄罗斯入侵了民主党全国委员会的电脑并试图渗透美国的选举系统，情报界甚至可能会制作一份解密评估以宣传问题的严重性，从而为更强硬的总统行动获取公众和国会的支持。[22]

国家安全事业的关键问题

每一位总统都必须就如何安排国家安全决策流程作出一些重大决定。有时，总统们希望彻底改变前任所用的制度，而有时他们保留了他们继承的大部分制度。但不可避免地，会有一些不得不解决的问题总会以某种方式挡在总统面前。其中，最经久不衰的是：总统对其国家安全顾问所处地位的态度；总统希望在多大程度上看到白宫作出国家安全决策；总统在多大程度上会对依赖于正式机构和职业官僚感到舒适。

国家安全顾问的角色：倡导者或诚实的中间人

回顾曾担任过这一头衔的众多国家安全顾问，他们发挥过不同的作用，

① 非常规引渡是指将外籍嫌疑犯引渡到其他对待囚犯较宽松的地方受审。——译者注

42 有时很好，有时很差。正如许多专家指出的那样，总统和国家安全顾问在一起时必须感到舒服，二者相处的时间要比总统与国务卿或国防部长相处的时间多。按照惯例，国家安全顾问在椭圆形办公室附近设有一个小办公室，使其能够向总统介绍快速发展的事件、参加上午的信息发布会和给各国元首的国际电话会议并通常控制着到达总统处的外交信息流。尽管如此，总统们仍必须决定是更想亲身参与外交政策还是将其移交给国家安全顾问和内阁官员。一些学者形容比尔·克林顿“优柔寡断”，因为他召开了冗长的国家安全委员会会议却没有作出任何决定，而乔治·W. 布什则乐于成为“决策者”，并希望获得“可行动”情报以便他能迅速作出决定。作为一名宪法律师，巴拉克·奥巴马更为慎重，一些人批评他“耽搁”了自己作出重要政策决定的时间。[23]总统如何回答这些问题将决定他可能与哪种类型的国家安全顾问相处得最舒服。

理解国家安全顾问所处角色的一个有效方法是概述该职位的职责。第一，国家安全顾问必须向总统提供咨询，即以幕僚备忘录或简报的形式向总统提供有关具体议题的信息。第二，国家安全顾问负责管理由数百名外交政策专家组成的庞大的国家安全委员会幕僚队伍。第三，国家安全顾问必须制定国家安全委员会、首长委员会、次长委员会和跨部门政策委员会会议的议程，以此来管理跨部门流程。在这些职责中，国家安全顾问还有责任向总统报告其他内阁官员及其所属机构的意见，以便总统掌握尽可能广泛的观点和选择。

不同的国家安全顾问对这些职责的排序顺位不同。在早期，那些担任准国家安全顾问的人的主要兴趣在于管理和安排国家安全委员会的首长们与总统的会议、分发政策文件以供审查。这些人基本上是国家安全流程的“管理者”。[24]后来，国家安全顾问成为总统的私人“顾问”，私下向总统提供建议和信息以协助总统决策。其余顾问将自己的角色定义为“诚实的中间人”，他们将确保跨部门流程公平地公开所有机构应与总统共享的意见和选择。最后，还有一些有主见的国家安全顾问，他们与总统保持密切关系并强烈主张自己的立场，而不是简单地传达国务卿和国防部长的意见。

大多数学者得出的结论认为，诚实的中间人是最合适的角色，最有可能成功地产生最佳决策。乔治·H. W. 布什总统的国家安全顾问布伦特·斯考克
43 罗夫特（Brent Scowcroft）常被视为典型的诚实的中间人，他能够为所有内阁官员和机构提供一个公平的竞争环境，让他们在谈判桌上及总统面前发表意

见，而不必担心他会使总统产生偏见。在一定程度上，国家安全委员会的首长们之间具有良好的团队精神时，这种模式才能奏效。众所周知，布什总统在其执政初期就坚持这一点。

其他模式在其他总统中也很普遍。尼克松总统领导下的亨利·基辛格和吉米·卡特（Jimmy Carter）总统领导下的兹比格涅夫·布热津斯基（Zbigniew Brzezinski）经常被描述为主张坚定观点并努力让总统接受其观点的倡导者。乔治·W. 布什总统的国家安全顾问康多莉扎·赖斯（Condoleezza Rice）经常形容自己的首要职责是作为总统的顾问，而不是跨部门流程的管理者。许多人批评她对主见极强的国防部长唐纳德·拉姆斯菲尔德（Donald Rumsfeld）和副总统迪克·切尼（Dick Cheney）控制不力，而导致国家安全委员会流程的功能失调。在奥巴马时代，国家安全委员会的首长们有时被形容为“对手团队”，因为内阁中有很强势的人物，比如担任国务卿的希拉里·克林顿（Hillary Clinton），担任国防部长的罗伯特·盖茨（Robert Gates）。

国家安全顾问也是情报的主要用户且通常是总统情报的把关人。如果情报报告被认为至关重要，作为制定总统日常外交政策讨论议程的顾问，国家安全顾问既可以将情报报告带到椭圆形办公室，或者也可以干脆不予理会。苏联的古巴导弹的照片首先被呈给麦克乔治·邦迪，他随后护送情报官进入椭圆形办公室向肯尼迪总统介绍情况。亨利·基辛格和兹比格涅夫·布热津斯基都安排他人将《总统每日简报》直接递交给自己，然后由自己选择当天上午与总统探讨哪些事项。其他国家安全顾问在总统会议之前为自己组织了单独的《总统每日简报》会议，从而为叙述《总统每日简报》中所含情报问题的政策影响做好准备。特朗普总统的国家安全顾问约翰·博尔顿（John Bolton）似乎是每日情报最有可能的读者，因为总统本人似乎不甚重视情报并一再表现出漠不关心，甚至有可能是对情报贡献的不屑一顾（将在后面的章节中进一步研究）。

外交政策是否集权

总统关于国家安全顾问类型的选择取决于总统自身希望参与外交事务的程度。有些总统要么拥有丰富的外交经验，要么根本没有外交经验。例如，乔治·H. W. 布什曾任中央情报局局长、美国驻联合国大使、驻华使节和副总统。相比之下，乔治·W. 布什和比尔·克林顿都曾任州长，很少接触外交事务。如果总统们希望参与其中，那么自然而然就会选择强有力的国家安全顾 44

问，这些顾问将试图控制白宫的国家安全决策。此类国家安全顾问将建立一支强大的国家安全委员会幕僚队伍，主持各种会议，并坚持认为国家安全委员会顾问与任何内阁官员一样都是决策者。这种模式在尼克松总统时期盛行，当时基辛格几乎是一手掌控美国的外交政策。

其他总统则倾向于减少与外交事务的联系，并将制定和执行总统决定的大部分责任下放给国务卿和国防部长。罗纳德・里根总统即抱着这样一种观点开始其 8 年任期，他选择了一位除了安排会议之外几乎没有其他职责的国家安全顾问，同时依靠强有力的国务卿即退休将军亚历山大・黑格（Al Haig）和后来的国务卿乔治・舒尔茨（George Shultz）来提出重大外交政策构想。若不是软弱的国家安全顾问无力缓和舒尔茨和国防部长卡斯帕・温伯格（Caspar Weinberger）之间的激烈竞争，这种由部门主导的外交政策本来是可能奏效的。里根总统对国家安全委员会兴趣微弱，这种模式也使得伊朗门事件发生并威胁到他的总统任期。①

最近的一个相对非集权的外交政策模式出现在乔治・W. 布什任期内，当时他授权国防部长拉姆斯菲尔德负责伊拉克战争，使得国家安全委员会和国务院相对不参与或者至少在其首个任期内对总统政策的制定缺乏影响力。最后，奥巴马总统试图从布什时代的错误中吸取教训，并再次将外交政策集中在白宫的国家安全委员会幕僚队伍手中。这也许是矫枉过正。几位内阁官员后来批评奥巴马总统允许相对欠缺经验的国家安全委员会幕僚队伍制定政策，并允许政治考量蔓延到国家安全讨论中。㉕

结构化或非正式?

前面的讨论描述了总统在挑选和组织国家安全团队时采取的一系列方法。然而，对正式程序的描述往往不能反映总统所采用的决策风格的复杂性和多样性。杜鲁门避开了国家安全委员会的会议，转而严重依赖他的国务卿。艾森豪威尔参加了自己主持的大量国家安全委员会会议，以至于他的顾问们认为他们可能会让他筋疲力尽。肯尼迪喜欢非正式的聚会并常常违反官僚等级制度，经常亲自打电话给初级主管。尼克松喜欢与像他一样神秘的国家安全顾问在长
45 途散步中或私下里作出决定。可见，总统们倾向于在正常程序之外作出决定。

---

① 伊朗门事件是指美国向伊朗秘密出售武器一事被揭露，从而造成里根政府严重政治危机的事件，因人们把它与尼克松水门事件相比，故名伊朗门事件。——译者注

总统对少数亲密顾问的信任以及将重大决策置于信任圈内的期望一定程度上驱动了这种非常规方式。有时在定期安排的午餐会谈中，国家安全委员会的首长们会在与总统正式会议前交换意见或就一些问题达成共识。[26]总统们还利用非正式机制提出官僚程序可能不支持的激进想法。1972 年，尼克松和基辛格在国家安全委员会的程序之外，提出著名的对华开放计划，并希望有关机构予以曝光或向新闻界泄露消息。苏联崩溃时，乔治·H. W. 布什还通过国家安全委员会的"解散小组"举行会议讨论机密的美苏关系议题。这些议题被认为高度机密，以至于这些会议均未被列入正式日程。几年前，奥巴马总统在听取过国家安全委员会顾问关于采取强硬路线反对叙利亚使用化学武器的所有论点后，在与参谋长于玫瑰花园散步后改变了主意。

情报和国家安全委员会

如前所述，国家安全委员会系统是一套复杂的政策讨论和方案生成流程，这套系统最终使得总统能够作出国家安全决策。情报在这一过程中以多种方式发挥作用。第一，它向总统和他的国家安全团队提供时事情报和**预估情报**。包括《总统每日简报》在内的日常情报出版物，旨在解决总统关心的问题（见窗 3.2），具有价值极高的信息和分析。一位中央情报局前局长回忆说，在这种简报之后，国家安全顾问提出了"雨泄般的情报需求"[27]。其他出版物也旨在向总统的国家安全幕僚以及政府中其他国家安全委员会成员的幕僚提供信息。

BOX

窗 3.2　乔治·H. W. 布什《总统每日简报》示例

乔治·H. W. 布什：

一个重要的安排是上午8：00在椭圆形办公室召开的国家安全会议，中央情报局在会上向我介绍了世界各地的最新发展。会议包括两部分。第一部分是情报发布会，我和国家安全委员会顾问布伦特·斯考克罗夫特、国家安全委员会副顾问鲍勃·盖茨（Bob Gates）、经常出席的参谋长约翰·苏努努（John Sununu）以及每周出席一次到两次的中央情报局局长比尔·韦伯斯特（Bill Webster）参加了会议。一名中央情报局官员会带来《总统每日简报》，这是一份在夜间以及凌晨几个小时内整理的重要情报报告和分析的书面摘要。我从第一天起就强调要在中央情报局的情报官和布伦特或他的副手在场的情况下阅读《总统每日简报》。这样，我就可以要求情报官就某个问题提供更多的信息，或者当阅读会让我想起政策问题时，请布伦特跟进我关心的事项。中央情报局官员会把我的问题写下来，一天左右，我就会得到答案或详细说明。

韦伯斯特知道我对这项经常受到批评但必不可少的秘密服务很感兴趣，他偶尔会要求带上某位冒着生命危险收集关键情报的人。我认为这些会议很吸引人，那些具有勇气、爱国精神和专业精神的行动处工作人员总是令我印象深刻。

布伦特·斯考克罗夫特：

在中央情报局的情报发布会之后，国家安全会议的第二部分即将开始。已经由另一个中央情报局小组单独汇报的副总统将到场，我将回顾当天的相关事件、需要总统指导的工作事项以及需要讨论的任何其他事项。

资料来源：乔治·H·W. 布什、布伦特·斯科克罗夫特：《重组的世界》(*A World Transformed*)，纽约：克诺普夫出版社(Knopf)，1998年，第30页。

第二，凭借情报界代表的口头汇报、政策审查要求的书面评估形式，情报为首长委员会、次长委员会、跨部门政策委员会级别的跨部门讨论直接提供了信息资源。以《国家情报评估》形式呈现的长期评估报告的任务是为国家安全委员会重大审议提供支持。为大量持续不断的首长委员会、次长委员会、跨部门政策委员会会议提供情报支持已经成为国家情报总监与中央情报局的主要职责之一。中央情报局办公室及国家情报总监办公室所属的国家情报委员会都花费了大量的时间为参加首长委员会会议的本部门主管制作备忘录及简报。

第三，情报界经常不得不提出可供备选的隐蔽行动。这是可供总统及其
亲信顾问利用的额外的政策工具。中央情报局局长（将在第九章讨论）负责
46 提出隐蔽手段以支持更广泛的但必须掩盖美国作用的国家安全政策。通过这
种方式，情报界更多地扮演决策角色，而不是情报支持角色。这在打击恐怖
主义和制止大规模杀伤性武器技术危险扩散的工作中变得尤为重要。

第四，情报界经常被要求评估待议政策选择的可行性或评估其实际影响。
在这一任务中，如果情报部门不支持政策机构的首选方案或者预判总统倡议
无法实现其目标，那么它通常将被视为没有帮助的角色（第十章将进一步讨
论）。如上所述，在行政部门内部或行政与立法部门之间有关适当外交政策的
争论中，情报评估可以成为其有力论据。由于情报界负责向行政与立法两个
政府部门提供情报，向白宫提供的客观且重要的情报评估面对国会山时却有
47 可能被批判。这种情况会变得特别棘手。

国家安全事业的未来

本章中对国家安全决策过程和情报所起作用的简要描述并不能完全反映出庞大的国家安全事业的复杂性。有一点很清楚：最初的一个相当简单的结构，经过 70 多年的发展，已经变成了一个由机构、组织文化和相互竞争的部门组成的笨拙且常常毫无反应的乱团。政府从业者和学者都对这种发展表示遗憾，但似乎无法说服总统和国会作出必要的改进。前国防部长唐纳德·拉姆斯菲尔德哀叹现实：“在一天结束的时候花费四五个甚至六个小时在跨部门会议上，惊人的时间消耗简直吸干了人的生命，原因在于政府的组织结构适用于上个世纪而不是本世纪。”[28]国家安全事业内部的官僚机构也不愿意修改他们已经习惯的老路和程序。问题的核心在于不同国家安全机构中独特的组织文化。协调军事、外交、执法和情报活动，从而实现“联合”愿景，这仍然遥遥无期。国会拒绝改革其自身的委员会结构，这使得问题更加严重，因为它倾向于分离而不是整合军事、外交、经济、执法和情报手段。国会领导人的个人地位和对其委员会管辖范围的影响力往往使他们倾向于抵制可能会降低其自身重要性的组织改革。[29]如今的国家安全事业仍然缺乏 21 世纪所需要的充分协调和能力开发。

国家安全决策过程的重大改革通常从重大危机中孕育，此类重大危机能够产生对今后工作的暂时共识。1947 年《国家安全法》诞生于第二次世界大战中的许多教训，特别是那些关于需要更好地协调美国的军事、外交和情报活动的经验教训。“9·11”事件后的改革创立了国家情报总监办公室和国土安全部，也是由国家承受的重大冲击所推动的。下一套改革措施极有可能也将受到类似的意外或冲击的推动，或许是与新的网络领域或气候变化造成的日益严重的环境威胁有关。无论国家安全事业的这些变化有多大，情报都有可能是需要改革的主要领域之一。

有用网站

新美国安全中心（Center for a New American Security）：https：//www.cnas. org/ 该中心是前文职和军事官员的论坛，主张制定强有力和务实的国家
安全政策。 48

外交关系委员会（Council on Foreign Relations）：https：//www. cfr. org 作为美国历史最悠久的智囊团，该委员会出版了主流的国际事务期刊《外交事务》，在该杂志上，还可以在线获取更多供教育工作者和读者使用的材料。

美国科学家联合会（Federation for American Scientists）：https：//www. fas. org，一个关注核武器控制的美国科学家协会，该协会拥有一个网站，网站上有各种与国家安全和情报有关的文件。

国家安全改革计划（Project on National Security Reform）：https：//www. thepresidency. org/programs/project-on-national-security-reform，美国国会于 2009 年授权创立一个无党派、非营利组织，该组织建议对美国国家安全体系进行重大改革。

延伸阅读

科迪·M. 布朗（Cody M. Brown）：《国家安全委员会：总统最强顾问的立法史》(*The National Security Council*：*A Legal History of the President's Most Powerful Advisers*)，华盛顿特区：总统研究中心（Center for the Study of the Presidency），2008 年。本书介绍了国家安全委员会在众多总统任期内演变的简明立法史。

伊沃·达德勒（Ivo Daadler）、I. M. 德斯特勒（I. M. Destler）：《在椭圆形办公室的阴影下：国家安全顾问及其总统简介——从肯尼迪到乔治·W. 布什》(*In the Shadow of the Oval Office*：*Profiles of the National Security Advisers and the Presidents They Served—from JFK to George W. Bush*)，纽约：西蒙与舒斯特出版公司，2009 年。本书是对担任国家安全顾问职位的人物以及他们如何与总统打交道的高质量研究。

罗杰·Z. 乔治、哈维·里希科夫：《国家安全事业：迷宫导航》(第 2 版)，华盛顿：乔治敦大学出版社，2017 年。本书概述了从业人员对主要国家安全机构、国会、法院、智囊团和媒体的评价。

彼得·W. 罗德曼（Peter W. Rodman）：《总统的控制：从理查德·尼克松到乔治·W. 布什的权力、领导力和美国外交决策》(*Presidential Command*：*Power*，*Leadership*，*and the Making of American Foreign Policy from Richard Nixon to George W. Bush*)，纽约：克诺普夫出版社，2009 年。本书为著名政治学家对总统领导美国外交政策风格的评述。

大卫·罗斯科普夫（David Rothkopf）：《管理世界：国家安全委员会和美国权力建筑师的内部》(*Running the World*：*Inside the National Security Council and the Architects of American Power*)，纽约：公共事务出版社，2005 年。本书是一位公认的智库专家对国家安全委员会演变的分析和他对美国外交政策的评论。

查尔斯·A. 史蒂文森（Charles A. Stevenson）：《美国外交政策工具包：主要机构和程序》(*America's Foreign Policy Toolkit*：*Key Institutions and Processes*)，洛杉矶：世哲出版公司，2013 年。本书简要介绍了指挥美国军事、外交、经济和情报任务的主要方法和机构。

注 释

引语二：本句引用了麦克乔治·邦迪《致杰克逊附属委员会的信》（*Letter to Jackson Subcommittee* ）中的话。参见卡尔·E. 英德弗斯（Karl E. Inderfurth）、洛克·K. 约翰逊（Loch K. Johnson）主编：《重大决定：国家安全委员会之内》（*Fateful Decisions*：*INnside the National Security Council* ），纽约：牛津大学出版社，2004 年，第 44 页。 49

❶ 有关国家安全委员会扩张的详细讨论，请参见大卫·罗斯科普夫：《国家不安全：恐惧时代的美国领导地位》（*National Insecurity*：*American Leadership in an Age of Fear* ），纽约：公共事务出版社，2014 年，第 206—208 页。

❷ 通常，能源部长也被视为法定成员，因为能源部负责监督研究、开发和制造美国核武器实验室的运作。

❸ 通常的参会者包括负责领导国家经济委员会的总统经济政策助理以及商务部长、财政部长、农业部长、能源部长和运输部长。

❹ 斯宾塞（Spenser Hsu）：《奥巴马联合安全委员会》（Obama Combines Security Councils），《华盛顿邮报》（*Washington Post* ），2009 年 5 月 27 日，http：//www.washingtonpost.com/wpdyn/content/article/2009/05/26/AR2009052603148.html。

❺ 科迪·M. 布朗：《国家安全委员会：总统最强顾问的立法史》，华盛顿特区：总统研究中心，2008 年，第 3 页。

❻ “首长”是指参加国家安全委员会会议的部门和机构的部长级或同等职位。每个首长通常被允许带一个“后座议员”参加扩大会议，这个人被称为随行人（plus one）。

❼ 在朝鲜战争之前，杜鲁门很少参加国家安全委员会会议，而委员会的评估和政策文件所产生的影响远远小于其工作量。请参阅斯坦利·福尔克（Stanley Falk）：《杜鲁门和艾森豪威尔领导下的国家安全委员会》（The NSC under The Truman and Eisenhower），载

卡尔·E. 英德弗斯、洛克·K. 约翰逊主编：《重大决定：国家安全委员会之内》，纽约：牛津大学出版社，2004 年，第 38 页。

⑧ 早期总统对国家安全委员会制度进行改革的全面回顾，参见伊沃·达德勒、I. M. 德斯特勒：《在椭圆形办公室的阴影下：国家安全顾问及其总统简介—从肯尼迪到乔治·W. 布什》，纽约：西蒙与舒斯特出版公司，2009 年。

⑨ 行动中心一直有人值班，以接收和发送消息、组织主要机构与海外军事和外交人员之间的安全电话和（或）视频会议。白宫战情室和其他部门的业务人员负责向总统和主要顾问发出需要总统或部门关注的紧急危机或事件的警报。

⑩ 国土安全部也以类似的方式强调了其“国土安全事业”，该事业致力于将二十二个国土安全部机构及其不同的任务结合在一起，形成一条整合的国土安全路径。此外，国家情报总监办公室经常讨论“国家情报事业”，其目的是将 16 个国家情报机构的活动整合到一套共同任务之下。

⑪ 有关国务院的角色、使命和文化的更全面的论述，请参见马克·格罗斯曼（Marc Grossman）：《国务院：跨部门使命文化》（The State Department：Culture as Interagency Destiny），载罗杰·乔治、哈维·里希科夫编：《国家安全事业：迷宫导航》（第 2 版），华盛顿：乔治敦大学出版社，2017 年，第 81—96 页。

⑫ “站长”是指中央情报局派驻在某一国家指导所在地情报活动的高级官员，负责维护与所在国家安全部门的关系，并通过这种方式了解外国政府的想法和行动。

⑬ 有关国防部长如何处理跨部门流程的介绍，请参见约瑟夫·麦克米兰（Joseph Mc-Millan）和弗兰克·C. 米勒（Frank C. Miller）：《国防部长办公室》，载罗杰·乔治、哈维·里希科夫编：《国家安全事业：迷宫导航》（第 2 版），华盛顿：乔治敦大学出版社，
50 2017 年，第 120—141 页。

⑭ 国防部情报副部长是向国防部长汇报的最高情报官员。反过来，国家安全局、国防情报局、国家侦察局和国家地理空间情报局的局长向这位官员汇报。

⑮ 有关联邦调查局在国家安全中不断演变的角色的更全面的讨论，请参见哈维·里希科夫、布列塔尼·阿尔堡（Brittany Albaugh）：《发展中的联邦调查局：国家安全事业新资产》（The Evolving FBI：Becoming a New National Security Enterprise Asset），载罗杰·乔治、哈维·里希科夫编：《国家安全事业：迷宫导航》（第 2 版），华盛顿：乔治敦大学出版社，2017 年，第 223—245 页。

⑯ 这个预算数字包括联邦应急管理局使用的 70 多亿美元救灾资金。

⑰ 有关国土安全部组织挑战和任务的分析，请参见苏珊·金斯伯格（Susan Ginsburg）：《国土安全部：国内保护与恢复》（The Department of Homeland Security：Civil

Protection and Resilience），载罗杰·乔治、哈维·里希科夫编：《国家安全事业：迷宫导航》（第 2 版），华盛顿：乔治敦大学出版社，2017 年，第 247—278 页。

⑱ 关于大量经济手段和机构的出色概述，参见查尔斯·A. 史蒂文森：《美国外交政策工具包：主要机构和程序》，洛杉矶：世哲出版公司，2013 年，第 170—299 页。

⑲ 罗伯特·金米特（Robert Kimmitt）：《给予财政部在国家安全委员会中的适当地位》（Give Treasury Its Proper Role on the National Security Council），《纽约时报》，2012 年 7 月 23 日，http：//www.nytimes.com/2012/07/24/opinion/give-treasury-its-proper-role-on-the-national-security-council.html？ mcubz＝1。

⑳ 参见迪娜·坦普尔·拉斯顿（Dina Temple Raston）、哈维·里希科夫：《财政部：地面上的布洛克鞋》（The Department of Treasury：Brogues on the Ground），载罗杰·乔治、哈维·里希科夫编：《国家安全事业：迷宫导航》（第 2 版），华盛顿：乔治敦大学出版社，2017 年，第 162—182 页。

㉑ 达夫娜·林泽（Dafna Linzer）：《中央情报局官员因泄露机密数据被解雇》（CIA Officer Fired for Leaking Classified Data），《华盛顿邮报》，2006 年 4 月 25 日，http：//www.washingtonpost.com/wp-dyn/content/discussion/2006/04/24/DI2006042401026.html。

㉒ 亚当·恩托斯（Adam Entous）：《中央情报局秘密评估称俄罗斯试图帮助特朗普赢得白宫》（Secret CIA Assessment Says Russia Was Trying to Help Trump Win the White House），《华盛顿邮报》，2016 年 12 月 9 日，https：//www.washingtonpost.com/world/national-security/obama-orders-review-of-russian-hacking-during-presidential-campaign/2016/12/09/31d6b300-be2a-11e6-94ac-3d324840106c_story.html？ utm_term＝.6bcd00fcdcfe。

㉓ 奥巴马在 2008 年宣布大幅增兵阿富汗之前，花了 60 多天的时间审查其阿富汗战略，这很好地说明了他的议事风格。

㉔ 参见亚历山大·L. 乔治（Alexander L. George）：《外交决策中的多重主张案例》（The Case for Multiple Advocacy in Making Foreign Policy），载《美国政治科学评论》（*American Political Science Review*），第 3 期（1972 年 9 月），第 751—785 页。

㉕ 中央情报局前局长利昂·帕内塔（Leon Panetta）和国防部长罗伯特·盖茨都批评奥巴马总统允许相对较低级别的国家安全委员会幕僚来推动政策，并将更多的高级内阁官员边缘化。参见《哈格尔的前任谴责白宫的微观管理》（Hagel's Predecessors Decry White House Micromanaging），《美国国家广播公司新闻》（NBC News），2014 年 11 月 24 日，https：//www.nbcnews.com/politics/first-read/hagels-predecessors-decried-white-house-micromanaging-n255231；罗伯特 M. 盖茨：《职责：部长战时回忆录》（*Duty：Memoir of a Secretary at War*），纽约：克诺普夫出版社，2014 年，第 587 页。

㉖ 林登·约翰逊（Lyndon Johnson）星期二与国务卿、国防部长共进午餐，而在克林顿政府期间，国防部长威廉·佩里（William Perry）、国务卿沃伦·克里斯托弗（Warren Christopher）和国家安全顾问安东尼·莱克（Anthony Lake）将举行“泡菜”会议。同样，美国国务卿玛德琳·奥尔布赖特（Madeleine Albright）、国家安全顾问桑迪·伯格（Sandy Berger）和国防部长威廉·科恩（William Cohen）也会继续这种习惯。参见大卫·奥尔斯瓦尔德（David Auerswald）:《国家安全委员会流程的演变》（The Evolution of the NSC Process），载罗杰·乔治、哈维·里希科夫编:《国家安全事业: 迷宫导航》（第 2 版），华盛顿: 乔治敦大学出版社，2017 年，第 36 页。

㉗ 中央情报局前局长弗兰克·卡鲁奇（Frank Carlucci）曾做过如此回忆。参见卡尔·E. 英德弗斯、洛克·K. 约翰逊主编:《重大决定: 国家安全委员会之内》，纽约: 牛津大学
51 出版社，2004 年，第 175 页。

㉘ 转引自克里斯托弗·J. 兰姆（Christopher J. Lamb）、约瑟夫·C. 邦德（Joseph C. Bond）:《国家安全改革和 2016 年大选》（National Security Reform and the 2016 Election），载《战略论坛》（*Strategic Forum*），第 293 期（2016 年 3 月）第 2 页。

㉙ 有关这些挑战的更完整的讨论，请参见哈维·里希科夫、罗杰·Z. 乔治:《在国家安全事业的迷宫中导航》，载罗杰·乔治、哈维·里希科夫编:《国家安全事业: 迷宫导航》（第 2 版），华盛顿: 乔治敦大学出版社，2017 年，第 382—394 页。

第四章

何为情报界

珍珠港事件之前，美国并没有像英国、法国、俄罗斯、德国、日本那样拥有情报机构。我们没有是因为美国人民不接受。人们感觉间谍和情报这种勾当不够美国。

——第二位中央情报总监霍伊特·范登堡中将，1947 年

国家情报计划横跨六个内阁部门，一个独立的机构（中央情报局），一支独立的幕僚队伍（国家情报总监办公室）。这样管理起来确实具有挑战性但也不是不可能。

——国家情报总监詹姆斯·克拉伯，2015 年

美国情报界存在的意义在于提供最佳可用信息给本国的高级文职和军事决策者。在之前的章节中我们已经了解到，情报用户自从冷战以后逐年增加。美国情报界目前包含 16 个独立的国家情报机构，据保守估计雇用了至少 10 万人员，每年共花费超过 700 亿美元在国家和军事情报计划上（见窗 4.1）。[1]这些资金并不是平均地花费在这些机构上。有关各机构预算的具体细节仍然是保密的，国家情报计划的大部分预算也“隐藏”在国防部拨款中（见后面关于预算的讨论）。

BOX

窗 4.1　国家情报计划：成员和任务

国家情报总监办公室：整合、协调、预算管理

国防部情报界成员

1. 国防情报局：全源分析，国防人力情报，测量与特征情报
2. 国家地理空间情报局：地理空间情报
3. 国家安全局：信号情报，信息安全

4. 国家侦察局：图像情报，信号情报，卫星开发与运行

5. 陆军情报局（Army Intelligence，简称 G-2）：陆战情报

6. 海军情报局（Office of Naval Intelligence，简称 ONI）：海事情报

7. 海军陆战队情报室（Marine Corps Intelligence，简称 USMC/IN）：战术情报

8. 空军情报局（Air Force Intelligence，简称 USAF/IN）：航空航天情报

非国防部情报界成员

9. 中央情报局：全源分析，人力情报收集，隐蔽行动，外国反情报

10. 国务院情报研究局（Bureau of Intelligence and Research，简称 INR）：全源分析

11. 能源部情报与反情报办公室：核武器和能源情报

12. 财政部情报与分析办公室：金融情报

13. 国土安全局情报与分析办公室：国土安全情报

14. 国土安全部美国海岸警卫队情报机构：海事情报

15. 司法部联邦调查局国家安全处（FBI National Security Branch）：国土安全、反恐情报、国内反情报

16. 司法部缉毒局国家安全情报室（Drug Enforcement Agency's Office of National Security Intelligence）：毒品情报

发生情报失败时，决策者会质疑他们的钱是否物有所值，这笔可观的资
53 金常常成为批评的来源。为了顺应用户群体的扩大及其多样化情报需求，情报界进行了改革与扩张，本章将对此进行介绍。本章也将考察这些机构的基本职能及其在收集和生产情报方面的相关情况。本章还将说明这样一套庞大而多样化的机构在协调其行动以支持政界方面所面临的一些持续挑战。

发展简史

1947 年，美国新的国家安全体系催生了最早的和平时期的民用情报机构。在第二次世界大战爆发之前的和平时期设立永久性的情报机构被认为既没有必要且本质上违反民主。第一次世界大战后，民用情报机构对美国军事情报工作的适度参与被终止。此后，美国国务卿亨利·史汀生（Henry Stimson）
54 说："绅士们不会互相看邮件。"尽管如此，美国军方还是保留了适度的情报职能：陆军情报局和海军情报局专注于在未来发生冲突时对外国陆军和海军进行评估。相对年轻的联邦调查局拥有一定的外国情报力量（包括在拉丁美

洲的行动）以监控可能的外国间谍活动和犯罪活动。但是，在和平时期拥有一个大规模对外情报机构的观念对美国来说是全新的。

1939 年欧洲开战时，罗斯福总统担心美国可能会被拖入战争，开始意识到获取有关欧洲信息的必要性。他首先指示其亲信威廉・J.“野蛮比尔”・多诺万（William J.‘Wild Bill’Donovan）前往欧洲进行调查，以评估英国是否愿意并能够抵抗第三帝国的军事进攻。多诺万回来报告说，英国将会抵抗。此外，他对英国的情报部门印象深刻，英国也公开表示愿意帮助华盛顿建立自己的情报部门。此后，罗斯福任命多诺万为“情报协调官”（coordinator of information，简称 COI）以实行“补充行动”，获取美国政府无法获得的信息。[2]

1941 年珍珠港袭击后，罗斯福总统很快成立了战略情报局（Office of Strategic Services，简称 OSS），并任命多诺万负责。然而，这基本上是一项以军事为中心的情报工作，战略情报局在军方首长授权下运作。除了在对手后方派出间谍进行破坏活动和收集轴心国情报外，战略情报局还确立了最早的研究和分析职能（即其研究分析处），这后来成为中央情报局情报分析处的典范。

二战结束时，杜鲁门总统解散了战略情报局。多诺万主张，苏联日益严重的问题表明应该继续运营和扩张战略情报局，但最终未获成功；然而，他面临着来自军事情报部门、国务院和联邦调查局的官僚阻力。[3]但是随着冷战的加深，对和平时期情报机构的需求开始压倒一切。杜鲁门逐渐同意进行适度的国家情报工作，由曾任总统顾问的席尼・索伊尔（Sidney Souers）担任首任中央情报总监并负责领导。1947 年，杜鲁门签署了《国家安全法》，赋予了中央情报总监向总统和国家安全委员会提供咨询的正式地位；很快，这促成了中央情报局的成立。尽管如此，杜鲁门仍然持强烈的保留态度，他认为这会在现有的情报机构之间造成竞争，并可能产生美国的“盖世太保”。[4]

中央情报局的核心地位

中央情报局起源于珍珠港袭击以及战时的战略情报局。1941 年清晨美国海军太平洋舰队遭偷袭凸显出美国情报的欠缺和无组织性。如后续章节所述， 55
疲软的信息收集、未能及时传送和分享情报以及对日本军队的错误预期导致了这次预警失败。再加上，目睹战略情报局这样的组织来支持战争的效能后，杜鲁门认为有必要建立一个能够将不同政府机构收集和持有的所有相关信息集中起来的单一组织。正如罗斯福 1942 年对多诺万的最初授权表明的那样，需要一种途径确保总统获得国家安全决策所需的所有信息。于是诞生了一个向总统汇报而非向军队或国务卿汇报的“中央”机构的想法。

建立一个中央情报局并不能保证其运作成功。在最初几年，新成立的中央情报局和既存的军事情报机构以及联邦调查局之间存在着相当大的摩擦。1947 年《国家安全法》有意对这个新组织的具体范围和任务进行了含糊表述。第一，该法案的主要目的是在新成立的国防部领导下统一军事部门。因此，立法者不想使用新的秘密情报组织这样有争议的语言使法案的通过变得复杂。第二，白宫也不愿意明确这个新机构的具体任务细节，因为这将表明，中央情报局将不仅要关联和分发政府的现有信息，还要秘密地收集并根据总统要求进行“特别活动”（后来被称为隐蔽行动）。

鉴于 1947 年法律的模糊授权，中央情报局最初的领导人对其任务、权限进行定义和扩张付出了辛勤和努力，中央情报局的成功正有赖于此。在 1947 年中央情报局成立之前，它的前身是规模较小的中央情报组（Central Intelligence Group，简称 CIG），由中央情报总监苏尔斯（Souers）领导。由于认为自己的任命是临时的，苏尔斯基本上满足于让中央情报组关联和评估国家安全情报。中央情报组的人力和资源有限，都是从其他机构调来的。此外，中央情报组还面临着来自军方和国务院的竞争，后二者一直认为自己有责任为总统提供情报。然而，在 1946 年霍伊特·范登堡中将（Lt. Gen. Hoyt Vandenberg）被任命为新总监后，该组织的工作人员从不足 100 人增加到 1800 多人，工作上则注重外国情报收集及评估。[5]随着资源与领导者抱负的增加，1947 年中央情报局的成立使其成为一个更强大的机构。中央情报局很快就成功地控制了联邦调查局在拉丁美洲的人力情报行动，成为首屈一指的民用人力情报
56 收集机构。[6]

随后还发生了一场跨部门辩论，最终决定中央情报局的报告方式为“**战略分析**”（strategic analysis）及“跨部门情报评估”（interdepartmental intelligence assessments），有别于国务院的“部门情报”（departmental intelligence）。最重要的是，范登堡使得他所在的机构有权汇报跨部门评估并成为国家安全决策过程中的关键。[7]

中央情报局的声誉、资源和影响力在 20 世纪 50 年代至 60 年代迅速上升，

历届总统也开始逐渐依赖它的响应能力。“9・11”委员会的报告清楚地表明，中央情报局在16个情报机构中仍然是独一无二的：“中央情报局是情报界唯一独立于内阁机构的部分。作为一个独立机构，它收集、分析和分发所有来源的情报。中央情报局的头号用户是美国总统，他有权指挥隐蔽行动。”[8]

这段报告巧妙地体现出中央情报局四个主要任务中的三个：

1. 它是由**行动处**（Directorate of Operations，简称DO）运营的主要的人力情报收集机构。

2. 它的**分析处**（Directorate of Analysis，简称DA）也是最大的全源情报生产者。

3. 行动处的特别行动部在总统的指挥下进行隐蔽行动。

4. 中央情报局也实施外国反情报活动以抵制海外的针对美国的情报威胁。

这些职能使它在国家安全决策过程中成为真正的核心角色。第一，作为主要的人力情报收集机构，它招募间谍提供一些最敏感和最重要的国家安全问题的信息。负责雇佣间谍的行动处案件官员被要求在高度危险的外国环境中工作，工作重点是窃取那些无法通过其他途径获得的秘密。通过大胆行动获得的秘密自然会引起白宫的特别关注。许多总统都希望了解“我们是如何知道”那些外国对手对华盛顿隐藏的特定秘密。

第二，中央情报局管理着数量最多的全源情报分析师，他们生产出对一系列全球问题的评估，包括重要的《总统每日简报》中的绝大多数材料。分析处不仅关注诸如俄罗斯、伊朗等地区的问题，而且还关注诸如情报界、反恐和反扩散等特别主题，并向大量的国家情报中心（由国家情报总监运作，
后文讨论）提供支持。 57

第三，行动处及其特别行动部在总统的领导下策划和实施隐蔽行动。在这种情况下，中央情报局实际上也在实施政策，而不仅仅是为其他政策机构提供信息（在第九章详细讨论）。中央情报局独有的直接向总统报告的地位使其成为执行隐蔽行动的最佳选择，因为只有总统才能授权这些活动。

第四，中央情报局经营反情报和**反间谍**行动，并进行反情报分析以识别、监控、利用和破坏外国情报机构渗透美国情报和国家安全机构的行动。中央情报局与负责国内情报活动的联邦调查局一起揭露了俄罗斯和其他敌对情报机构的活动，如招募间谍，窃取机密军事、科学和经济信息，侵入美国关键

民用和政府信息系统。

鉴于其肩负的这些关键任务，历史上绝大部分时间里，中央情报局被认为是最具影响力的机构。最重要的是，中央情报局局长同时兼任中央情报总监，被任命为总统的高级情报顾问并被赋予监督情报界各个机构的职责。然而，随着 2004 **年《情报改革与恐怖主义预防法》**（Intelligence Reform and Terrorism Prevention Act，**简称** IRTPA） 的通过，这种影响力被削弱了。该法案确立国家情报总监为总统和国家安全委员会的高级情报顾问，并令其接手监管整个情报界的工作。这样一来，中央情报局局长需要向国家情报总监报告，这使得中央情报局失去了它在情报界和白宫的原有地位。中央情报局的一些野心家认为这一措施是惩罚性的，反映出对中央情报局未能阻止“9·11”袭击以及对伊拉克大规模杀伤性武器的错误分析的不满。然而，也有评论指出，以前的中央情报局局长未能同时应付中央情报局的日常管理与对庞大情报界的有效监督。不管怎么说，中央情报局局长和国家情报总监之间的关系仍在不断变化。

如今，中央情报局仍然是最引人注目的情报界成员，其分析常被认为是情报业绩的非官方记录。因此，如果其评估被证明是不准确的，中央情报局往往会招致最多批评。[9]它仍然是对总统的情报需求反应最迅速的机构，据说为总统制作了超过 80%的《总统每日简报》。此外，在这个充斥恐怖主义、叛乱和大规模杀伤性武器扩散的时代，其隐蔽行动计划使总统防止国家未来遭受袭击或其他威胁的工作变得更加关键。最近，中央情报局的秘密拘留和审
58 讯计划也引起了关注和批评，尽管这些行动已经获得两大政党主席的授权。

国防情报的扩张

军事情报或许是最古老的情报科目。正如一位军事分析师所说，“军事情报是行动的基础”[10]。军事战略家们（如孙子和克劳塞维茨）和美国将军（从乔治·华盛顿到德怀特·艾森豪威尔再到戴维·彼得雷乌斯）都依靠间谍、诱骗和破坏行动来获得超出对手的军事优势。不足为奇，美国的情报界长期由军方控制。美国最早的情报组织是 1882 年成立的海军情报局和 1885 年成立的陆军情报局。他们通过派往美国大使馆的武官系统，在两次世界大战之前、期间收集欧洲和亚洲的军事信息。

第二次世界大战及后来的冷战要求建立一个庞大的、多样化的、常设的军事情报机构。珍珠港的军事情报失败使得陆军和海军重新组织和扩张了自己的人力情报和信号情报收集，从而努力给盟军提供击败轴心国所需的情报。20 世纪 50 年代，随着苏联日益加剧的军事和核威胁，新成立的国防部要求获得更多的情报对美国国内和海外的主要威胁进行**军事分析**。

如今，国防情报占据国家情报计划大约三分之二到四分之三的预算，在情报收集行动和人事方面涵盖了一些大型情报机构。除了隶属于陆军、海军、空军和海军陆战队的军事情报机构外，还包括作战支持机构，如国防情报局、国家安全局、国家侦察局和国家地理空间情报局。这四大机构负责收集、开发、分析总统和国家安全委员会所要求的所有国家层面的军事情报（特别是国防部长、参谋长联席会议和遍布全球的十几个联合司令部或专门司令部的高级将领和海军上将的要求）。这些机构必须满足的情报需求包括： 59

- **作战序列（order-of-battle，简称 OOB）**数据（位置、规模、战备状态和敌方军事力量）
- 外国军事武器系统的科学/技术评估
- 美军的战略和战区级目标
- 军事、民用基础设施和通信线路
- 外国对手的国防经济支出水平
- 外国军队的环境/文化特征
- 军事反情报威胁
- 国外战区的基本地理、地形和天气状况
- 指挥、控制、通信与计算机（command，control，communications，and computer，简称 C4）系统
- 外国军事战略、计划和意图的评估
- 外国军事领导评估[11]

国防情报需要完成众多军方和民用用户如此广泛的情报需求，这有助于解释其巨大规模和成本。由于一个部门内有这么多独立的军事和作战支持情报机构，国防部长在 2003 年决定设立一个国防部情报副部长，所有国防情报机构都要向副部长报告。这一变化使后者掌管了国家情报计划中很大比例的

国防部拨款。就权力范围而言，国防情报局、国家安全局、国家侦察局和国家地理空间情报局现在必须以国防“作战支持机构”的身份向国防部情报副部长报告，也必须以国家情报界成员的身份向国家情报总监报告。

国防情报局

美国对朝鲜战争（1950—1953 年）及其后几年里不同军事情报部门的协调问题进行广泛研究后，国防情报局于 1961 年成立。正如国防情报局自己对其历史所描述的那样，“尽管对及时军事情报的需求得到了广泛的认可，但陆军、海军和新成立的空军仍然各自收集、制作和分发信息。这个系统被证明是重复、昂贵且无效的，因为情报服务的供给是分开的，且有时存在相互矛盾的评估。”[12]

国防部长罗伯特·麦克纳马拉（Robert McNamara），于 20 世纪 60 年代专注于让国防部更有效率并引入对国防项目的民用评估，并非常渴望挑战有关苏联威胁的军事情报评估。他担心，在更宏观的军事预算中，狭隘的军种利益可能会推高对苏联军事能力的情报估计。因此，他强烈支持建立一个更独立的、通过联合参谋部向他报告的国防情报局。一旦人员配备齐全，他希望国防情报局能向他提供更为独立的情报评估。尽管如此，国防情报局的成立并没有消除所有的军种偏见，但它可能确实有助于节省一些国防情报资源。例如，国防情报局能够从各军种接管对武官计划的集中管理。然而时至今日，各军种仍然保留了自己的情报部门，并继续制作各自的评估，这些评估并不总是与国防情报局的评估结果一致。

多年来，国防情报局开始承担主要的情报收集和分析功能。四项关键任
60 务包括：（1）提供国防和军事问题相关的全源情报；（2）管理国防人力情报的收集（包括通过国防武官以公开方式和通过间谍以秘密方式）；（3）管理技术收集计划，包括测量与特征情报；（4）开展有关军事的反情报分析。

在分析方面，国防情报局仍然是美国政府中民用和军事分析师最多的单位之一。其中大部分分析师在华盛顿工作，但越来越多的分析师被部署到军事地区为作战指挥官提供直接支持。为各军种运营国防武官计划主要涉及将陆军、海军、海军陆战队和空军军官安置在美国大使馆，这样他们就可以在外国军官面前代表国防部。此外，通过与中央情报局的密切合作和联合训练，国防情报局运营着一个秘密收集军事信息的国防部人力情报部门。在技术收

集方面，国防情报局是测量与特征情报的国家级管理者，此类情报主要通过操作各种技术传感器来收集环境数据（如声学、地震和辐射），这些数据可以揭示重要的军事技术。最后，国防情报局与中央情报局一起，收集和分析外国情报部门渗透美国军事部门和招募间谍相关的反情报信息。

像许多作战支持部门一样，国防情报局由一位现役的三星军官领导，他由国防部长挑选，经国家情报总监批准，并由参议院确认。重要的是，国防情报局局长领导军事情报委员会（Military Intelligence Board，简称 MIB），各军事情报部门的首长以及国家安全局、国家地理空间情报局、国家侦察局的负责人通过军事情报委员会进行决策并就国防情报收集优先顺序、预算和计划达成一致。在这个职位上，国防情报局局长通常代表所有这些作战机构的联合军事情报视角。

国家安全局

记者和学者对国家安全局活动的兴趣可能仅次于中央情报局。国家安全局极似中央情报局，因为其信号情报行动的高度机密属性而在暗中运作。与国防情报局相似，国家安全局的成立旨在将各军种各自独立且缺乏协调的信号情报活动集中起来。1949 年，参谋长联席会议负责创建一个武装部队安全机构，以更好地协调陆军、海军和空军各自的计划。但这些措施仍有欠缺，进一步研究后，经国家安全委员会提议、杜鲁门总统签署，一纸秘密行政命令于 1952 年创立了国家安全局。[13]20 世纪 70 年代中期前其创立还属于官方秘密，直至众议院和参议院对国家安全局监控美国反越战抗议者的非法行为进行了调查。直到今天，国家安全局强大的信号情报收集能力引发了美国人对公民自由的担忧。2013 年，爱德华·斯诺登曝光了国家安全局在全球范围内 61
收集通信信息的行为，这使得国会和公众质疑国家安全局的活动是否超出了法律允许的范围。据报道，其中一些信息收集行为是针对美国盟友的。

今天，国家安全局是美国主要的密码组织，肩负着双重使命。第一，它必须通过创建安全、加密的通信设备和系统来保护美国的国家安全信息。国家安全局创造了通称的信息安全（information security，简称 INFOSEC）或信息保障，即在美国政府内部使用的加密代码和加密设备（如安全电话和其他通信设备）。第二，它必须收集、利用和分析外国信号情报，包括导弹遥测系统，军事指挥、控制与通信（command，control，and communications，简称 C^3）

系统，商业电话和互联网络，外国信息网络。用外行人的话说，国家安全局试图收集、处理并分析几乎任何形式的外国电子信号。例如，当外国军方测试一种新的武器系统时，国家安全局会收集外国仪器信号情报；当外国外交官或军事指挥官相互交谈时，国家安全局会收集通信情报；当外国军队使用雷达等各种电子设备时，国家安全局将收集电子情报。为了做到这一切，国家安全局管理着大量拥有密码分析学、密码学、数学、计算机科学和外语技能的文职和军事专业人员。有人说，国家安全局是美国数学家和电脑迷的最大雇主。

与国防情报局类似，国家安全局局长（director of the NSA，简称 DIRNSA）也是一名现役的三星官员，向国防部情报副部长汇报工作。国家安全局局长不仅指导国家安全局的活动，而且监督单个军种的信号情报活动，以确保他们与国家安全局的顺利合作。在笔者撰写本书时，国家安全局局长还担任着网战司令部（Cyber Command，简称 CYBERCOM）的指挥官。这是一个成立于 2010 年的联合军事司令部，其任务是保护美国国防信息网络免受外国网络攻击，并进行全方位的网络作战行动以支持美国的军事行动。对于是否应该将国家安全局局长与网战司令部分开以便给这个司令部配备专门的高级军事指挥官，还在持续性讨论。[14]

国家侦察局

俗话说，“一幅图胜过千言万语”，但前提是这幅图能被正确地解读。国
62 家侦察局负责建造和运行卫星以收集图像情报和信号情报。国家侦察局于 20 世纪 50 年代太空时代开始时诞生。冷战时期对苏联核武器和导弹试验的情报需求，给试图飞越苏联领空的“间谍飞机”飞行员带来了巨大的风险。1958 年，艾森豪威尔总统指示他的科学和军事顾问着手开始一项紧急计划，即开发能够拍摄苏联核试验范围和导弹基地的卫星系统。1960 年，被命名为“日冕”的最早的卫星系统拍摄的大量侦察照片消除了“导弹差距”的谬见。[15]

美国空军、海军和中央情报局都希望为自己提升空中情报收集能力，这促进了侦察卫星的早期发展。空军需要获取轰炸目标的位置信息，中央情报局需要苏联导弹试验的情报，而海军则希望监控苏联的海上行动。由此产生了一个由军队人员、中央情报局雇员、文职幕僚和承包商组成的混合组织。

1961 年，麦克纳马拉部长将这三个独立的项目全部置于新成立的国家

侦察局的集中管理之下。国家侦察局负责人由空军助理部长兼任，需要同时向国防部长和中央情报总监报告（2005 年后为国家情报总监）。直到 1992 年国防部长迪克・切尼解密其名称之前，该机构的存在甚至其名称都是保密的。

国家侦察局最初十年专注于披露苏联等国家的军事力量和军事意图。尽管日冕计划被认为是满足美国情报需要的临时解决方案，但它一直运行到 20 世纪 70 年代初。然而，对更大数量和更高分辨率图像的需求迫使美国引进 KH-7 和 KH-9 卫星系统，这些系统能够在它们的 100 多次任务中制作出数千英尺的胶片。这些胶片返回系统在 1976 年被第一台光电 KH-11 系统所取代，该系统以电子方式近乎实时地向地面站传输高分辨率图像，然后再转到华盛顿进行快速处理和解读。[16]避免军事意外事件是提高此种情报能力以保证决策者有充分预警时间采取适当行动的主要驱动因素。

在 20 世纪 90 年代，由于国防和情报预算遭受削减（即“和平红利”），国家侦察局重组并整合了空军、海军和中央情报局的三个独立计划及其人员。大型卫星的费用也要求在单一卫星平台上整合多种的图像情报和信号情报收集能力，以获得最大威力。

在冷战期间，国家侦察局系统主要侧重于针对苏联等国家收集战略和战
术军事目标情报，这些被视为对美国最直接的军事威胁。然而，更多样化和 63
更高能的卫星计划被用于应对各种国家安全挑战：

- 监测大规模杀伤性武器的扩散
- 追踪国际恐怖分子、贩毒分子和犯罪组织
- 开发高精度的军事目标数据和炸弹损伤评估
- 支持国际维和和人道主义救援行动
- 评估地震、海啸、洪水和火灾等自然灾害的影响

由于图像有很多应用，国家侦察局与国家地理空间情报局密切合作，结合卫星图像、信号情报与其他数据，以产生独特的地理空间情报。除此以外，一些国内机构对利用国家侦察局的可观资源应对自然灾害或进行环境监测非常感兴趣，因而在内政部（Department of the Interior）现设有民用应用委员会（Civil Applications Committee），国土安全部和卫生与公共服务部等其他国内机

构的代表都可以向其提出图像情报需求。[17]

和其他作战支持机构类似，国家侦察局运营过程中同时效忠于国防部长和国家情报总监。国家侦察局最初的章程规定它直接向国防部长报告，但允许当时的中央情报总监向其指派情报需求。卡特总统首先将国家侦察局确立为国家对外情报计划的一员，授权时任中央情报总监控制其预算。多年来，图像情报需求与应用委员会（Committee on Imagery Requirements and Exploitation，简称 COMIREX）的职能是确保所有依赖于图像情报的情报机构——不仅仅是军事机构——能够共同确定图像的优先级，包括它们的紧迫性、频率和分辨率。[18]2010 年国家情报总监和国防部长之间的一份协议备忘录规定国家侦察局局长是双方空中系统的高级顾问。实际上，这意味着国家情报总监和国防部长都必须认可卫星系统未来的情报需求。正如一位历史学家所说，"国防部和情报界之间一定程度的冲突是国家侦察局历史中固有的一部分，并且在今天仍然是运行该组织的一个挑战。"[19]

国家地理空间情报局

国家地理空间情报局非常独特，依赖于与其他情报机构的密切关系来产生诸多地理空间情报，如国家安全局（信号情报）、国家侦察局（图像情报）
64 和中央情报局（人力情报）。在简要地追溯它的历史之前，需要首先对地理空间情报进行定义。情报界认为地理空间情报是对图像和其他地理空间信息的利用和分析，用来"描述、利用和可视化地展现地球上的物理特征和地理参考活动"[20]。用外行人的话说，地理空间情报不仅要利用图像，还必须将它们与来自所有其他情报收集方法的数据和信息结合起来。图像信息一直是且仍将是许多地理空间信息和分析的基础。但它必须通过其他信息（通常被称为"并行收集"）进行增强，以赋予图像本身意义或价值。

有两个例子可能有助于说明地理空间情报不仅仅是图像。第一，2004 年海啸袭击菲律宾并重塑了地貌时，国家地理空间情报局使用数字地图图像来修正救援船只使用的海洋地图。它利用受害者使用的社交媒体来更新现有的地图，以突出新的地理危险、封闭道路和流离失所的人口。[21]第二，国家地理空间情报局在定位本·拉登和许多其他所谓的高价值目标方面发挥了关键作用。在海王星之矛行动（Operation Neptune Spear）的计划过程中，国家地理空间情报局使用各种形式的建筑图像来测量本·拉登在阿伯塔巴德的住所并制作了一个精确复本。据报道，这一信息为美国海军海豹突击队展示了他们的直升机降落地点及该住所居住者的详细人数、性别甚至身高。[22]

这种新方法其实并不新鲜。古代和现代的陆军和海军一直依赖地形和海洋地图来描述战场的地形特征以及良好或危险的海上路线。例如，在 1803 年，托马斯·杰斐逊（Thomas Jefferson）总统派出美国陆军的路易斯和克拉克探险队（Lewis and Clark Expedition）绘制从法国购买的路易斯安那大片领土的重要地貌。早在 19 世纪 30 年代，为了不依赖英国海军的海图，美国海军也一直在进行防务测绘。[23]同样地，通过空中侦察帮助锁定目标和评估战略轰炸行动造成损害的做法由来已久。世界大战中，这种用于测绘战场、登陆和对手目标的空中侦察得到了稳定的发展且技术更加先进。所有这些都是由那些主要对自己独特的领域（陆、海、空作战空间）感兴趣的单个军种完成的。

中央情报局在 U-2 和 SR-71 / AR-12 侦察机的使用上早期就取得了进展，并最终发展到空基图像卫星。不断增加的图像收集也需要一组专门的分析师来解读不断增加的数据量。于是开始了地理空间情报的逐步重组和整合。1961 年，艾森豪威尔总统通过将中央情报局的图像分析与陆军、海军和空军的类似活动分析相结合，创建了国家影像判读中心（National Photographic Interpre-
tation Center，简称 NPIC）。早在 1962 年，国家影像判读中心就在查明苏联秘 65
密部署在古巴的导弹方面发挥了作用。在 20 世纪 60 年代和 70 年代的越南战争期间，对测绘服务优化协调的需要，促使各军种的测绘职能被整合为国防测绘局（Defense Mapping Agency，简称 DMA）。但直到 20 世纪 90 年代中期，国防部长威廉·佩里和中央情报总监约翰·多伊奇（John Deutch）才同意将所有图像和测绘服务合并为国家图像与测绘局（National Imagery and Mapping Agency，简称 NIMA）。

“9·11”事件发生后不久，詹姆斯·克拉珀成为国家图像与测绘局的负责人，他很快断定该机构现在正在为越来越多的用户生产更复杂的产品。国家图像与测绘局提供越来越多的地理空间信息，远远超出了军事地图或最终图像分析。事实上，它将图像与大量其他数据相结合，以支持人道主义救援工作，支持国际谈判，并显示恐怖分子、罪犯和海盗的位置和行动。由于有如此广泛的应用和政府用户，克拉珀将军推动将国家图像与测绘局改名为国家地理空间情报局以突显其业务重点的转变。

国家地理空间情报局也不同于国家安全局和国防情报局，因为它现在的主管是一位高级文职官员，而不是一位将军。考虑到国家地理空间情报局必须与具有地理空间任务和需求的各种非军事部门和机构合作，这是可以理解的。国家地理空间情报局可能需要获取许多国内机构提供的地理空间数据，以便为国家安全目的开发可行动情报。国家地理空间情报局的主管是国防部地理空间情报的高级管理者，必须与国防部以外的许多机构合作。其中有一些非传统和非军事的应用活动，包括荒漠化和气候变化等环境问题，地质和自然灾害造成的环境挑战，人权和战争罪行数据，人口流动，能源生产和破坏，天气和其他自然原因引起的粮食安全问题。

国务院情报研究局

情报研究局为国务卿和国务院其他决策者，包括大使、特别谈判代表和国务院其他外交专业人员提供全源情报支持。负责情报研究局的助理国务卿需要得到参议院的批准，直接向国务卿汇报工作，并且是国务卿的高级情报顾问。因此，在职责上，情报研究局负责编制自己的部门情报分析，为部门
66 制定情报政策，并协调国家情报活动以支持美国外交。

情报研究局的独特之处在于其是战略情报局的嫡裔。事实上，它的研究分析处（Research and Analysis branch，简称 R&A）在战后被转隶到国务院，当时规模庞大（拥有 1600 名员工），而今天只有 300 多名员工。[24]它是后来全源分析的基础。然而，与此同时，战略情报局的情报收集和特别行动职能分别被移交给中央情报局和美国军方。与中央情报局、国防情报局或国家安全局不同，情报研究局没有正式的情报收集活动。尽管如此，它对美国驻外使领馆向美国政府提交的大量外交报道的质量有着相当深刻的见解。它的分析师由文职区域和职能专家组成，他们在自己的领域内往往比其他机构的分析师时间更长。从历史上看，大约 30%的人是在海外工作过的驻外官员，他们熟悉自己所在的地区和国家，与这些大使馆和他们的外交报告有顺畅的联系。情报研究局与各个区域和职能部门保持着良好关系，这一点不足为奇，因为这些部门是情报研究局评估产品的关键用户。

重要的是，情报研究局与部门层面的决策过程联系紧密。其分析师经常

被纳入各区域或职能部门的每日和每周员工会议中。这使情报研究局处于一种独特的地位，能够根据该部助理国务卿和更高级别官员议程上的当前和长期问题调整其评估。直到2002年，情报研究局还制作了自己的每日情报简报，称为“国务卿早间摘要”，也发给白宫和其他《总统每日简报》的用户；如果不是高度保密的话，它经常因为比《总统每日简报》写作更好而受到称赞。这份每日广泛传播的最新情报出版物最终被终止，因为情报研究局和主要用户认为，如果国务院用户能收到专门定制且详细分析了他们直接感兴趣问题的备忘录，那么该局的影响力就会更大。

情报研究局以其有能力独立于政策而著称，即使是它在向高级政客（如国务卿）报告时。在越南战争期间，众所周知，情报研究局反对麦克纳玛拉部长所谓的美国正在“赢得人心”的乐观评估。[25]在20世纪60年代早期，它经常反对国家情报部门对南越的《国家情报评估》，认为这些评估过于乐观。后来，它还对国防部关于北越战士的人数提出了疑问。这种独立的名声最近在被广泛报道的2002年伊拉克大规模杀伤性武器评估报告（第十章讨论）的异议中得到了体现。无论何时，当被任命的政治人士要求分析师坚持自己的政治路线时，情报研究局都站在分析师一边。[26]

情报研究局还负责向国务卿提供，可能对美国的外交策略和外交关系产生广泛影响的情报建议。情报研究局负责处理国务院与中央情报局的关系。 67
情报研究局代表国务院确保中央情报局的活动与美国对外国政府的外交政策保持一致。总的来说，情报研究局也将代表国务院在其他情报机构的利益，特别是在涉及情报共享的情况下。例如，如果国务卿希望与外国政府共享敏感情报，情报研究局就需要获得制作该报告的情报机构的批准（无论是国家安全局的信号情报还是中央情报局的人力情报）。此外，情报研究局高级官员还要负责协调隐蔽行动或其他特殊情报活动，评估这些活动是否会产生外交影响，或要求这些计划与外国政府共享。

联邦调查局逐渐提高的情报地位

联邦调查局早在20世纪成立之初就参与了情报相关活动。然而，在2001年9月11日之前，它主要关注的是反情报（来自敌对情报机构的入侵威胁）。历史上，恐怖主义并没有被视为一项核心任务；相反，这些案件都是在单独的办事处内分别处理的，没有与联邦调查局华盛顿总部进行过多的交流，也没有听取他们的意见。随后对“9・11”策划者的调查暴露了联邦调查局处理反恐案件的主要缺陷，包括联邦调查局“烟囱式”（即垂直）程序处理调查信息使其总部无法有效监督，以及对恐怖主义案件的优先级排序出现不一致等。[27]自“9・11”事件和2004年情报改革以来，联邦调查局已成为美国主要的“国内情报”组织。[28]在这个新时代，该局不得不修改其原先侧重于“执法”的使命表述，使之更接近于“国家安全”。这两者的融合需要一系列新的任务，并迫使联邦调查局改变执法文化。

认识到新时代和新任务，联邦调查局成立了国家安全处（National Security Branch，简称NSB），由联邦调查局高级副局长领导。这个部门有专门的间谍和分析师，负责调查针对美国的涉及反恐、反情报和大规模杀伤性武器的犯罪和威胁。“9・11”之后又增设情报处，以确保对整个局的情报资源的小心管理并制定情报战略和计划。2014年，联邦调查局更进一步，成立了一个完全独立的情报部门，其任务仍是整合联邦调查局的情报活动，同时确保政府
68 和国际合作伙伴共享分析和信息。

在华盛顿环城公路之外，联邦调查局的联合反恐特遣队设在主要的几个大都市区，从“9・11”之前的几十个增加到“9・11”之后的100多个。联合反恐特遣队汇集了联邦调查局执法和情报专家，包括联邦政府各部门以及州和市的执法机构。在海外，联邦调查局有60个法律专员办事处，是位于国外的执法部门和情报界的一部分。这些法律专员与其他在海外运作的美国情报机构以及外国执法和安全机构合作。在大多数情况下，法律专员负责将美国希望审判的恐怖分子和大规模杀伤性武器扩散者的嫌疑人通过引渡或非常规引渡归案。

联邦调查局作为美国“最高警察”的组织文化也发生了变化。除拥有“特工”以外（他们携带徽章和枪支并拥有逮捕权），联邦调查局还培养了大量的情报分析师（将近3000人）。这些分析师在位于华盛顿市中心的联邦调查局总部的国家安全处以及美国各地的56个办事处工作，而这些办事处在个别调查工作中仍然居于主导地位。特别是自从俄罗斯干预2016年美国大选以来，联邦调查局在向美国决策者、国会和美国公众展示情报发现和预警方面发挥了越来越重要的作用。

其他情报机构

16 个情报机构中的其他机构都在各自的部门内独立工作，它们只占全部情报机构预算和人力的 10%。尽管如此，他们都在为自己的部门提供关键情报，在某些情况下还为总统及其高级顾问提供关键情报。美国财政部和能源部的小型情报部门主要关注国际金融犯罪、大规模杀伤性武器的非法技术转让和核扩散问题，关于对这些情报部门开展的与情报有关的活动记录并不多。最近，美国财政部的情报与分析办公室因其监控和中断恐怖组织、毒品走私团伙和武器扩散者金融交易的能力以及对俄罗斯、伊朗和朝鲜实施的有效制裁而声名狼藉。

缉毒局（Drug Enforcement Administration，简称 DEA）现在也被认为是情报机构和执法机构，主要收集和执行与毒品走私有关的情报。作为司法部的一个部门，它在海外有着重要实力。通过部署缉毒局特工到美国大使馆收集与毒品有关的情报，与所在国政府机构合作并开展禁毒行动。缉毒局还经营 69
着埃尔帕索情报中心（El Paso Intelligence Center，简称 EPIC），这是一个多部门合作的中心，主要负责美国西南部边境的非法毒品走私活动。[29]

最后，国土安全部有两个独立的情报职能。第一是它的情报分析处（Office of Intelligence and Analysis，简称 I&A）。在国土安全部刚成立的时候，有人支持让国土安全部在反恐情报方面发挥更大的作用，但这很快就遭到了主张让联邦调查局和中央情报局分别主要负责收集和分析国内外反恐情报的支持者的反对。相反，情报分析处仅限于收集其他情报机构收集的情报，并利用这些情报告知国土安全部的其他领导人对国土安全的重大威胁。此外，情报分析处还负责将威胁信息通报给州、市、部落和私营机构的合作伙伴。尽管如此，国土安全部在网络问题上确实扮演着重要角色。正如最近报道的那样，国土安全部与联邦调查局一同就俄罗斯政府支持网络攻击针对美国大选系统和希拉里·克林顿竞选的问题，制作了第一份公开报告。[30]这在一定程度上是为了提醒当地政府警惕网络威胁，并鼓励各级政府加强合作，以加强网络安全。

第二个国土安全部情报机构是美国海岸警卫队（US Coast Guard，简称 USCG）。海岸警卫队也是一个混合组织，作为一个独立的军种运作，但有实际的执法和情报功能。它一直承担军事情报任务，在 2005 年被移交给国土安全部后才加入情报界。海岸警卫队最突出的情报任务是通过海上路线缉毒。[31]

但它还有许多其他职能，最重要的或为评估和抵制针对本土的海上和港口安全威胁。[32]

国家情报总监地位上升

前述对情报界各机构以及任务的介绍，侧重于描述它们在支持总统和国家安全事业方面的组织和领导障碍。半个多世纪以来，中央情报局局长肩负着监督情报机构的重任，这是他作为中央情报总监的“第二顶帽子”。在此期间，许多研究都主张进行改革，以加强中央情报总监在预算和规划方面的权力，而不是由权力强大的国防部长控制大部分情报资源。加强中央管理最激烈的呼吁来自前国家安全顾问布伦特·斯考克罗夫特，他在 2001 年建议总统乔治·W. 布什，三大国防情报组织（国家安全局、国家侦察局以及国家地理空间情报局的前身国家图像与测绘局）应该统一在中央情报总监的预算体
70 系内，国防部长只负责军事情报计划的日常管理。[33]这个从未被官方公开的计划在当时遭到了国防部长拉姆斯菲尔德的强烈反对。与之前的努力一样，任何创建“国家情报独裁者”的想法都遭到了国会的强烈反对，国会不愿将大部分国防预算的控制权交给情报监督委员会。[34]

这一切都随着“9·11”事件的发生而改变了。对这次突然袭击的分析指出，情报界在信息共享方面存在缺陷，管理职责分散，中央情报总监无力指示其他机构更慎重地对待本·拉登的威胁。2002 年关于伊拉克大规模杀伤性武器计划的《国家情报评估》存在的错误进一步增添了国会的压力，迫使其通过新的立法重组情报界以改进情报收集和分析能力的压力。[35]

因此，2004 年《情报改革与恐怖主义预防法》设立国家情报总监为美国情报界的新负责人，承担原来由中央情报总监履行的全部职责，包括制定整个情报界的预算、设定情报优先级、保护机密信息、监督《国家情报评估》的制作。最重要的是，国家情报总监取代中央情报总监成为总统和国家安全委员会的高级情报顾问。尤其是，现在由国家情报总监在国家安全委员会会议和首长委员会会议上代表整个情报界，其幕僚还代表国家情报总监出席次长委员会与跨部门政策委员会会议。国家情报总监的职责由第 12333 号行政命令予以规定，该行政命令自《情报改革与恐怖主义预防法》颁布以来已作了修改（见窗 4.2）。

窗 4.2　第 12333 号行政命令（节选）（1981 年发布，2003 年修订） 71

1.2 **国家安全委员会。**

(a) **目的。**国家安全委员会是为总统审查、指导和指挥所有外国情报、反情报和隐蔽行动以及相关政策、计划提供支持的最高级别的行政部门实体。

1.3 **国家情报总监。**国家情报总监（以下简称总监）作为情报界的负责人，服从总统的权威、指挥和控制，担任总统、国家安全委员会、国土安全委员会在国家安全事务方面的主要顾问，并监督和指导国家情报计划的实施以及国家情报计划预算的执行。总监领导统一、协调和有效的情报工作。此外，总监应履行本条所规定的义务和责任，将情报界各部门负责以及中央情报局局长的意见纳入考量……

（b）除履行法案规定的义务和责任外，总监：

（1）应为情报界确立目标、优先事项和指导，以确保及时有效地收集、处理、分析和分发情报，无论其性质和来源如何……

（7）应确保适当的部门与机构能够获得情报及执行独立分析所需的支持。

（8）应保护及确保制订各项计划以保护情报来源、方法、活动免受未经授权的曝光……

（14）应对情报界所提供的情报产品及其分发负最终责任，经与情报界有关部门负责人协商后有权向情报界内的情报生产组织下达分析任务……

（17）应确定情报界各部门对国家情报的需求和优先事项，管理和指导其任务、收集、分析、生产和分发，包括批准收集和分析的需求、解决收集需求中的冲突、解决情报界各部门国家情报间谍的任务冲突（除非受总统指示或由国防部长根据国防部长与国家情报总监批准的计划与安排行使下达收集任务的权力）。

资料来源：第12333号行政命令，美国情报活动。经第13284（2003）、13355（2004）和13470（2008）号行政命令修正，https://fas.org/irp/offdocs/eo/eo-12333-2008.pdf。

虽然听起来和中央情报总监的工作很相似，但由于一些原因，国家情报总监的工作非常不同。第一，与前中央情报总监不同，新的国家情报总监并不同时管理中央情报局或任何其他情报机构。相反，他的唯一职责是代表更广泛的情报界，为总统和国家安全委员会提供咨询，并监督和实施国家情报计划。这会产生多重影响。一方面，国家情报总监可以专注于自己的职责，为总统提供咨询，监督更广泛的情报界，制定统一的情报计划和预算。正因如此，他是一个更好的预算纠纷裁决者，因为他不像中央情报总监那样对中央情报局的预算或计划有任何个人控制或投资。另一方面，国家情报总监缺乏像中央情报局这样的大型机构作为后盾来支持他的工作。国会曾指示国家情报总监办公室不要变成另一个机构，不要变得太大或过于官僚，不要创设另一个管理层。事实上，国家情报总监办公室目前大约有 1800 名员工，其中许多人都是其他情报机构轮流指派的，或者是承包商。

第二，“9·11”之前存在的国内情报与外国情报之间、执法部门与情报
72 部门之间的壁垒已经被打破。现在，国家情报总监不仅有外国情报职责，还有监督国内和国土安全情报方面的职责。重要的是，国家情报总监是国土安全委员会和国家安全委员会的高级情报顾问。因此，国家情报总监不仅要与大型国防情报机构、强大的中央情报局和规模较小的部门情报单位进行协调，现在还必须监督日益壮大的联邦调查局的与其国家安全职责相关的情报活动以及国土安全部的与其情报和分析职能相关的情报活动。

第三，与中央情报总监相比，该立法适度加强了国家情报总监在控制财政和人员资源方面的权力。但它还远未成立一个新的“情报部门”，也远未将所有与国防部情报相关的活动纳入国家情报总监的领导之下。国防部长和强大的军事委员会（armed services committees）一致反对这一举动，他们坚持通过立法语言从根本上禁止国家情报总监破坏“各部门首脑的法定职责”[36]。例如，国家情报总监可以将几百万美元或几十名人员从一个计划转移到另一个计划（将资金从情报预算的一个部分转移到另一个部分）。然而，在这两种情况下的数量都很小，任何较大的行动都必须得到要行动部门的同意。

第四，国家情报总监负责监督多个国家情报中心，其设立目的在于集中关键职能的管理，提升情报界的信息共享。这些中心的存在有助于说明国家情报总监办公室的庞大规模和影响力：

- 2004 年《情报改革与恐怖主义预防法》之前的**国家情报顾问委员会（National Intelligence Council，简称 NIC）**负责制作代表整个情报界观点的长期的战略情报（strategic intelligence）分析。国家情报顾问委员会制作的《国家情报评估》需要由国家情报总监批准。该委员会由 12 名承担区域和职能责任的**国家情报官（national intelligence officers，简称 NIOs）**组成，他们负责监督面向高级决策者的《国家情报评

估》及其他情报界评估的制作。国家情报官通常是情报界在跨部门政策委员会的高级代表，并经常作为后座议员（称为“随行人”）在国家安全委员会和首长委员会会议上支持国家情报总监。

- **国家反恐中心**主要负责反恐分析和反恐战略规划。由于负责监督所有与恐怖主义相关情报的获取、整合和分析活动，它极好地连接了国内外反恐情报机构。同样，它也负责确保其他执行反恐任务的机构能够获得这些信息。也许最独特的作用是，它必须为美国政府进行战略行动规划并确保有效使用 73
所有军事、外交、执法和情报科目。因此，国家反恐中心主任以反恐行动高级顾问的身份，同时向国家情报总监和总统报告工作。
- **国家反扩散中心（National Counterproliferation Center，简称 NCPC）**为情报界各机构的反扩散活动提供便利，并开展旨在防止大规模杀伤性武器技术和系统扩散的战略规划。与国家反恐中心不同的是，国家反扩散中心不进行与大规模杀伤性武器有关的情报分析，而是找出情报缺口，推广新技能和技术，促进情报机构、其他联邦机构以及美国产业界和学术界之间的合作。以这种方式工作，该机构以较小人力资源承担管理功能，而非成为情报产出机构。
- **国家反情报与安全中心（National Counterintelligence and Security Center，简称 NCSC）**是国家反情报工作的核心部门，旨在整合中央情报局、联邦调查局和其他机构的反情报活动并协调其预算、评估其效能。重要的是，国家反间谍和安全中心负责调查反情报案件，评估其损害并建立美国政府的通用安全惯例。

第五，作为总统的高级情报顾问，国家情报总监已经接管了《总统每日简报》的制作职责。在之前的中央情报总监管理下，《总统每日简报》几乎完全是中央情报局的出版物，由中央情报局分析师撰写和汇报。在国家情报总监的领导下，《总统每日简报》已经变成了全体情报界文件，其中包括由中央情报局、国防情报局和情报研究局分析师制作的评估报告。这确保了总统和高级顾问可以获得众多的分析观点。这也使得国家情报总监可以向中央情报局以外的机构反馈总统的议程和情报优先事项。国家情报总监引入的新程序包括《总统每日简报》编辑和汇报团队，其中包括非中央情报局分析师（主要来自国防情报局和情报研究局）。《总统每日简报》的大多数文章仍然是由中央情报局撰写的，不过，也有许多包含其他机构的信息。但是，国家情报总监对进入椭圆形办公室的最重要信息的控制赋予了他更大的影响力，即使他并未控制像中央情报局这样的大型官僚机构。

总而言之，国家情报总监已经成为国家安全决策过程中的关键参与者。国家情报总监或他的副手通常会被选入参加在椭圆形办公室举行的《总统每日简报》发布会，也经常参与国家安全委员会、首长委员会和次长委员会会议。呈送至高级官员的《总统每日简报》和《国家情报评估》的内容必须由国家情报总监批准。此外，国家情报总监需要制作情报界计划和预算并在国会进行说明，并且经常承担因情报活动出错或被认为饱含争议而来的压力。最后，国家情报总监在初春时期向军方和情报监督委员会提供常常引起媒体极大关
74 注的年度《全球威胁评估》，在评估中会揭示情报界关于网络和恐怖主义威胁以及俄罗斯、伊朗或朝鲜军事威胁的最新情报评估。国家情报总监丹·科茨2019年的陈述引起了媒体的关注，据广泛报道称，情报界对俄罗斯、朝鲜和伊朗的看法与特朗普总统自己的评估有极大出入。[37]

情报界的关键问题

2004年《情报改革与恐怖主义预防法》涉及的情报改革、国家情报总监及其他情报组织和流程已经存在了十多年。问题是这些改革是否能够有效地提高美国情报界的运行现状。如何管理、协调资源和监管情报界仍然是长期存在的问题。

情报界预算管理

情报界预算的规模和增长反映了情报挑战的加剧以及情报用户的不断增加。在谈到情报活动时，高级情报界领导人采用了“情报事业”（intelligence enterprise）这种表达方法。这反映了一个事实，即一系列不同的机构和职能，必须不断协调和整合他们的行动以最大限度地发挥其效能。理解这一事业的

难处主要是因为情报界业务和预算的秘密性。由于这些计划和预算基本上是机密的，很难去说明资金去向及情报优先级如何分配。然而，从历史上看，情报界预算一直是由对昂贵的技术收集基础设施和设备（如用于信号情报和图像情报的地面站、计算机处理系统和卫星）大量、多年的投资驱动的。

这需要数年的设计、构建和部署。例如，在 20 世纪 70 年代和 80 年代，美国正在建造大量的天基卫星侦察系统时，极有可能超过一半的国家情报计划资金用于国家侦察局和国家安全局的卫星计划。这种系统对美国同苏联就核武器控制协定进行谈判具有帮助。没有它们，就不可能监督苏联遵守削减战略武器条款和其他重大协议的情况。这些所谓的传统系统仍然继续提供有用情报，但更灵活的多传感器卫星已经可用来处理后苏联时代的情报威胁。

一些国会议员认为，在追踪和监控恐怖分子方面，卫星不如普通的老式 75
间谍有用。人们经常会提出这样的问题：在技术系统上的大量关注和支出是否以牺牲人力情报收集为代价？例如，在"9·11"之后，布什总统授权将中央情报局的行动官员数量增加 50%，以加强人力情报报告。这些增长并不能立即保证结果，因为人力招聘可能需要数年才能产出结果。一般认为，预算增加的目的是强化打击恐怖主义、核武器扩散和中东地区的暴乱，但这也可能反映了对网络问题日益增加的关注和对主动信息作战能力的需要。2013 年，詹姆斯·克拉珀指出：即使当今世界环境是如此不稳定，情报界用于情报的花费也只占用了远低于 1%的国内生产总值，"'9·11'恐怖袭击以来，美国对情报界进行了相当大的投资，这一时期发生了包括伊拉克和阿富汗战争、阿拉伯之春、大规模杀伤性武器技术扩散以及网络战等领域的非对称威胁。"[38]

就像过去一样，超过一半的国家情报计划被大型国防情报机构（国家安全局、国家侦察局和国家地理空间情报局）所消耗。据 2010 年的报道，这三家机构消耗了 600 亿美元情报预算中的很大一部分。本章中前面曾指出，情报改革还没有到让新成立的国家情报总监单独控制国家情报计划预算的地步。虽然国家情报总监可以设定优先事项，但大部分资金都用于国防拨款。此外，各军种控制自己的战术军事情报计划，被称为军事情报计划（Military Intelligence Program，简称 MIP），与国家情报计划是分开的。该军事情报计划每年预算总计约200亿美元，被首先提交给国防部情报副部长，并由国防部长批准。因此，在现实中，国防部长对军事情报计划和国家情报计划都有巨大的影响力。具体来说，国家情报总监对任何规模的国防相关预算的任何改变都必须经国防部长同意。此外，参议院和众议院的情报和军事委员会都有机会审查、批评和批准其管辖范围内的情报机构的计划和预算，因此，国家情报总监的预算权远非最高。

整合或集中

自从1947年《国家安全法》签署以来，就一直存在着一种争论，那就是情报应该在多大程度上进行协调而不是集中。许多情报机构都重视自己的自主权以及对直接上司作出反应的能力，它们中的大多数向各自的部门主管汇报工作。然而，总统和国会也希望将高支出的情报界变得精简、节约和合理化。因此，一般对情报界的指责都是工作重复或多余。批评人士认为，没有
76 理由让多个机构就同样的主题制作重复的最终情报。例如，中央情报局制作了对俄罗斯、伊朗等国大规模杀伤性武器和其他国家安全问题的情报分析，就如同国防情报局和情报研究局为他们的部门用户所做的那样。然而，政策机构有一些特殊且通常是不同类型的问题，涉及外交政策、军事能力、伊朗等国的经济和金融实践等，因此他们的部门情报单位会针对相同的国家或主题作出独特的、定制的评估。此外，严谨的**分析技术**（analytical tradecraft）支持者认为，防范**群体思维**（groupthink）需要多视角。正如一位前国家情报总监所说，**竞争分析**（competitive analysis）避免了单点故障和不受质疑的分析性判断。[39]

国家情报总监的创设再一次提出了问题，即情报界到底要整合到什么程度才能不失去情报界所渴望的自主性。虽然一部分人会称颂协调这样的大型情报事业能够提高效率和效果，但几乎很少有情报高级领导会支持集中化，因为这就意味着国家情报总监能直接管理各情报机构的日常工作，并且可以命令他们停止为自己的部门决策者生产情报。在关于国家情报总监定位的激烈争论中，中央情报局的许多人认为，当时的中央情报总监的权力可以适度加强，而不必创建一个全新的机构并徒增官僚制度。尤其是国会，坚决要求国家情报总监办公室不要发展成为一个隶属于自己的新机构，也不要擅自承担其他机构的角色。因此，国会对国家情报总监办公室可以雇用的人员数量

进行了限制。

与此同时，几乎每一个高级情报官员都认识到需要更好地协调收集——利用——分析流程，以确保所有可用信息都能得到准确审查和评估。国家安全局和国家地理空间情报局之间的密切合作使得美国军方能够定位在伊拉克和阿富汗活动的关键恐怖分子。前国家地理空间情报局局长罗伯特·B. 穆雷特（Robert B. Murrett）称这次“横向整合”可以对军事行动产生倍增效应。[40]此外，在策划隐蔽联合行动时，需要中央情报局和国防部的联合特种作战司令部（Joint Special Operations Command，简称 JSOC）密切协调，以管理在伊拉克和阿富汗的准军事活动。正如一名参与者所描述的，阿伯塔巴德行动相当于“特种部队完全融入中央情报局的行动”。[41]

国家安全委员会对情报界的监督

总统和国家安全委员会对中央情报局和情报界保持着一贯的监督，即使有时监督得不很有效。早在 1946 年，当时的小型中央情报组人数还不到 100 人，国务卿、陆军、海军以及总统的代表们就已经开始对其活动的监督。[42]随着情报界在 20 世纪 50 年代及 60 年代的进一步发展，国家安全委员会的一个专门小组委员会继续对情报界进行监督。正如亨利·基辛格在他的回忆录中 77
所说，杰拉尔德·福特（Gerald Ford）总统是首位承认“国家安全委员会有一个下设委员会于过去 20 多年里在呈交总统批准之前对隐蔽计划进行审查，当时被称为 40 委员会”的总统。[43]

多年来，国家安全委员会负责监督情报活动的跨部门小组被赋予了不同的名称，这反映了每位总统对处理敏感情报事务方式的偏好。但正如 1981 年第 12333 号行政命令所明确指出的，国家安全委员会应该在情报工作中发挥核心作用：

> 1.2 国家安全委员会。
>
> （a）**目的**。国家安全委员会是为总统审查、指导和指挥所有外国情报、反情报和隐蔽行动以及相关政策、计划提供支持的最高级别的行政部门实体。
>
> （b）**隐蔽行动和其他秘密情报行动**。国家安全委员会应审议并向总统提交有关隐蔽行动主张的政策建议（包括所有异议）并对持续进行的隐蔽行动执行定期审查，审查内容包括评估此类活动的有

> 效性、其与现行国家政策的一致性、其与现行法律要求的一致性。国家安全委员会应根据总统指示执行与隐蔽行动有关的其他职能，但不得承担隐蔽行动的实施。国家安全委员会还应审查其他秘密情报行动的主张。[44]

此等权力与1947年《国家安全法》相结合，赋予国家安全委员会特殊的责任，也间接赋予了国家安全顾问监督和评估情报活动的责任。在国家安全委员会幕僚中有一位分管情报计划的高级主管，通常负责就情报事务向总统、国家安全顾问、国家安全委员会和国土安全委员会提供支持。因此，该主管与国家情报总监办公室、行政管理和预算局（Office of Management and Budget，简称OMB）共同参与情报界预算制定，帮助确立政府在收集和分析方面的优先次序（见下文），并监督正在进行的隐蔽行动以及秘密收集行动的提议。分管情报计划的高级主管还领导一个审查情报政策问题（包括秘密行动）的跨
78 部门委员会，并向首长委员会和次长委员会提出建议。

正如其他高级官员一样，这位高级主管的影响力取决于他与总统、国家安全顾问、高级情报官员特别是国家情报总监、中央情报局局长的关系。在某些情况下，这位高级主管在政策制定过程中并不突出且鲜为人知。而在另一些情况下，他却是一个重要人物。例如，乔治·特尼特（George Tenet）曾是比尔·克林顿的情报政策高级主管，他从那个职位上升到中央情报局副局长，最后成为中央情报局局长。同样，奥巴马总统选择前中央情报局事业狂约翰·布伦南（John Brennan）担任恐怖主义和国土安全事务方面的副国家安全顾问（曾负责监督国家安全委员会情报处）。布伦南后来成为中央情报局局长，莱昂·帕内塔则离开该职位成为国防部长。

自2003年以来，由国家安全委员会"驱动"情报过程的观点获得重视。这意味着要让跨部门的高级官员审查当前和长期情报收集和分析的优先事项，这些优先事项被用于将情报界资金分配给各种计划。这种观点表现为**国家情报优先框架（National Intelligence Priorities Framework，简称NIPF）**，该框架在矩阵形式中将关键情报目标和主题排列在单独的轴上。这就允许高级官员按照1—5的编号系统对目标和主题单元格进行排序。例如，在假设中，朝鲜（国家目标）和"核计划"（情报主题）可能会达到最高等级"1"，而阿根廷（国家目标）和"政治动荡"（情报主题）可能只会达到等级"4"。这

种排序方法可以让情报机构确定收集和分析工作的优先次序并作出说明。

事实上，国家安全委员会的大多数首长们几乎没有时间或耐心来审查国家情报优先框架中精心设计的优先事项。情报问题的清单是无穷无尽的，主题和目标矩阵已经增长到超过9000个单独的条目。[45]因此，国家安全委员会每年对国家情报优先框架的审查可能不超过两次。然而，由国家情报总监领导的情报界领导层将定期对其进行检查，以确保其与总统及其他官方行动和指令相一致。当然，决策者们倾向于高度重视许多情报问题，而没有实际地权衡情报界有限的资源必须面对的机会成本。许多从业者抱怨说，太多的主题被赋予了超出可能的优先级。此外，任何既定的优先事项清单都可能被一场迅速爆发的危机打乱，这场危机将把某个问题或某个国家列为最优先事项。例如，在阿拉伯之春爆发之前，突尼斯的政治状况排名较低，但毫无疑问，随着危机蔓延到北非并最终蔓延到叙利亚，突尼斯的状况得到了更多的关注。

总统及其顾问很少支持重大情报改革，因为他们往往更关注自身面临的政策风险而较少关注情报界的效果和效率。可悲的是，重大改革通常都是来源于重大情报失败（intelligence failure）导致的压力。即使在“9·11”悲剧发生十多年后，对于国家情报总监的创设及其整合巨大情报界的系列举动仍然在必要性和合理性方面存在争议。由一名高级长官来负责庞大情报事业的全面运作，几乎是不可能完成的任务（即使在情报界内或情报界与高级决策用户间没有周期性冲突的情况下），然而其必要性直到2019年都不容置疑。 79

有用网站

中央情报局：www. cia. gov 提供解密情报文件、演讲、证词及中央情报局官员对主要情报问题的报告的巨大资料库。

国防情报局：www. dia/mil 提供国防情报局的最新新闻报道，其中包括对俄罗斯和其他军事对手的各种非机密的军事评估。

国家情报总监办公室：www. odni. gov 主办国家情报总监办公室向国会提交的全球威胁评估报告，国家情报总监办公室发布的特别报告，大量解密的《国家情报评估》，以及国家情报顾问委员会的《全球趋势》系列报告。

延伸阅读

詹姆斯·克拉珀:《事实与恐惧：情报生涯中的残酷真相》(*Facts and Fears*: *Hard Truths from a Life in Intelligence*)，纽约：企鹅出版社，2018 年。这是第一本由国家情报总监撰写的回忆录，讲述了协调众多机构所面临的挑战。

迈克尔·E. 德文（Michael E. DeVine）:《情报界支出：趋势与问题》(*Intelligence Community Spending*: *Trends and Issues*)，华盛顿特区：美国国会研究局（Congressional Research Service），2018 年。https://fas.org/sgp/crs/intel/R44381.pdf，本书对情报界预算进行了出色的概述，内容涵盖国家情报计划和军事情报计划。

理查德·伊默曼（Richard Immerman）:《隐藏之手：中央情报局简史》(*The Hidden Hand*: *A Brief History of the CIA*)，西萨塞克斯郡：威利父子出版公司（Wiley & Sons），2014 年。本书对有关隐蔽行动与反情报的争议进行了回顾及着重介绍。

罗德里·杰弗里斯-琼斯（Rhodri Jeffreys-Jones）:《中央情报局与美国民主》(第3版)(*The CIA and American Democracy*, 3rd ed)，康涅狄格州纽黑文：耶鲁大学出版社，2003 年。这是一部关于中央情报局活动历史的优秀作品。

马克·洛文塔尔、罗伯特·克拉克：《情报收集的五种方法》，华盛顿特区：国会季刊出版社，2015 年。本书对技术情报、人力情报、开源情报收集者均进行了清晰、简洁的解释及历史梳理。

杰弗里·里切尔森（Jeffrey Richelson）:《美国情报界》(第7版)(*The US Intelligence Community*, 7th ed)，纽约：劳特利奇出版社，2015 年。本书对整个美国情报界的机构、方法和运作进行了系统描述。

迈克尔·沃纳（Michael Warner）:《情报的兴衰：一部国际安全史》(*The Rise and Fall of Intelligence*: *An International Security History*)，华盛顿特区：乔治敦大学出版社，
80 学出版社，2014 年。本书介绍了从古到今的情报史，对情报界给予了特别关注。

艾米·泽加特：《设计缺陷：中央情报局、参谋长联席会议和国家安全委员会的演变》，加利福尼亚州斯坦福：斯坦福大学出版社，1999 年。本书将国家安全委员会、联邦调查局和中央情报局的创建描述为阻碍情报有效管理的官僚斗争。

注释

引语一：霍伊特·范登堡中将：《参议院军事委员会前的证词》（Testimony before the Senate Armed Service Committee），1947 年 4 月 29 日。载总法律顾问办公室（Office of Legal Counsel）：《中央情报局立法史》（*Legislative History of the CIA*）及《1947 年国家安全法》，1967 年 7 月 25 日解密，https：//www.cia.gov/library/reading room/docs/DOC_0000511045.pdf。

引语二：詹姆斯·克拉珀，参见洛克·K. 约翰逊：《与美国国家情报总监詹姆斯·克拉珀的对话》（A Conversation with James R. Clapper），载《情报与国家安全》（*Intelligence and National Security*），2015 年，第 6 页。

❶ 该数据曾被前国家情报总监迈克尔·麦康奈尔（Michael McConnell）于 2008 年引用。2016 年，国家情报总监办公室发布的国家情报计划 2016 年数据为 530 亿美元。见国家情报总监办公室：新闻发布会 NR-20-16，2016 年 10 月 28 日，https：//fas.org/irp/news/2016/10/nip-2016.pdf，同时，国防部发布了 2016 财年由各军种情报机构控制的军事情报计划的官方请求。见国防部：新闻发布会 NR-286-16，2016 年 10 月 28 日，https：//fas.org/irp/news/2016/10/mip-2016.html。

❷ 罗德里·杰弗里斯-琼斯：《中央情报局与美国民主》（第 3 版），康涅狄格州纽黑文：耶鲁大学出版社，2003 年，第 16 页。

❸ 建立新的中央情报局所面对的官僚主义阻力的讨论，请参阅理查德·伊默曼：《1945—1949 年谜团的诞生》（Birth of an Enigma 1945-49），《隐藏之手：中央情报局简史》，西萨塞克斯郡：威利·布莱克威尔（Wiley Blackwell），2014 年，第 11—12 页。

❹ 哈里·杜鲁门：《杜鲁门回忆录：考验和希望的年代》（*Memoirs by Harry S. Truman：Years of Trial and Hope*），纽约：双日出版社，1955 年第 2 卷，第 51—60 页。传说杜鲁门任命自己的亲密幕僚席尼·索伊尔为第一任（Sidney Souers）中央情报总监时，给了他一顶黑帽子、一件黑色外套和一把木匕首并称他为第一位“中央监视总监”（director of centralized snooping）。参见杰弗里斯-琼斯：《中央情报局与美国民主》，第 34 页。

❺ 范登堡通过获取雇用人员的权限扩展时事情报业务（而不是从其他机构借调人员）。参见伊默曼：《1945—1949 年谜团的诞生》，第 17 页。

❻ 参见迈克尔·沃纳：《情报的兴衰：一部国际安全史》，华盛顿特区：乔治敦大学出版社，2014 年，第 140 页。

❼ 参见沃纳：《情报的兴衰：一部国际安全史》，第 17 页。

❽ “9·11”委员会：《美国遭受恐怖袭击国家委员会最终报告》（*The Final Report on*

the National Commission on Terrorist Attacks upon the United States），纽约：诺顿出版社（Norton），2003 年，第 86 页。

❾ 这方面的一个例子是臭名昭著的 2003 年伊拉克大规模杀伤性武器评估的关键判断，虽然所有其他机构基本上都同意这一判断，但只有中央情报局被公开挑出来，因为它给出了有缺陷的分析。 81

❿ 大卫·托马斯（David Thomas）：《美国军事情报分析：新旧挑战》（US Military Intelligence Analysis: Old and New Challenges），载罗杰·乔治（Roger Z. George）、詹姆斯·布鲁斯主编：《分析情报：起源、障碍和创新》（*Analyzing Intelligence: Origins, Obstacles, and Innovations*），华盛顿特区：乔治敦大学出版社，2008 年，第 143 页。

⓫ 参见托马斯：《美国军事情报分析：新旧挑战》，第 143—145 页。

⓬ 国防情报局历史研究办公室：《国防情报局的历史》，2007 年，https://fas.org/irp/dia/dia_history_2007.pdf。

⓭ 杜鲁门总统于 1952 年 10 月 24 日签署了国家安全委员会情报指令，在新的国防部中创建了国家安全局。参见国家安全局（或中央安全署）记录，国家档案馆，https://www.archives.gov/research/guide-fed-records/groups/457.html。

⓮ 摩根·查尔芬特（Morgan Chalfant）：《五角大楼正在考虑是否拆分国家安全局网战司令部》，《国会山报》（*The Hill*），2017 年 2 月 23 日，http://thehill.com/policy/cybersecurity/320736-pentagon-mulling-split-of-nsa-cyber-command。

⓯ 参见布鲁斯·伯科维茨（Bruce Berkowitz）：《美国国家侦察局五十年：简史》（*The National Reconnaissance Office at 50 Years: A Brief History*），弗吉尼亚州钱蒂利：国家侦察研究中心（Center for the Study of National Reconnaissance），2011 年，第 1 页、第 11 页。

⓰ 达里尔·默多克（Darryl Murdock）、罗伯特·M. 克拉克：《地理空间情报》，载马克·洛文塔尔、罗伯特·克拉克：《情报收集的五种方法》，华盛顿特区：国会季刊出版社，2015 年，第 124 页。另请参见布鲁斯·伯科维茨和迈克尔·苏克（Michael Suk）：《美国国家侦察局五十年：简史》，弗吉尼亚州钱蒂利：国家侦察研究中心，2018 年，https://www.nro.gov/Portals/65/documents/about/50thanniv/The% 20NRO% 20at% 2050% 20Years% 20-% 20A% 20Brief% 20History% 20-% 20Second% 20Edition.pdf? ver=2019-03-06-141009-113×tamp=1551900924364。

⓱ 参见默多克、克拉克：《地理空间情报》，第 124 页。

⓲ 图像情报需求与应用委员会于 1992 年改组为下设于国防部的中央成像处（Central Imagery Office）。

⑲ 伯科维茨:《美国国家侦察局五十年:简史》，第 15 页。

⑳ 有关地理空间情报特征、过程、应用的深入解释，请参见默多克、克拉克:《地理空间情报》，第 111—154 页。

㉑ 参见默多克、克拉克:《地理空间情报》，第 131 页。

㉒ 大卫·布朗（David Brown）:《您可能不知道的关于国家地理空间情报局的十件事》，News and Career Advice，ClearanceJobs.com，2013 年 3 月 22 日，https://news.clearancejobs.com/2013/03/22/10-things-you-might-not-know-about-the-national-geospatial-intelligence-agency/。

㉓ 参见美国军事学院历史学家办公室:《地理空间情报局历史》，http://www.usma.edu/cegs/siteassets/sitepages/research% 20ipad/nga_history.pdf。

㉔ 马克·斯托特（Mark Stout）:《情报研究局 50 年》，情报研究局，1997 年 12 月。

㉕ 约翰·普拉多斯（John Prados）:《咆哮的老鼠：越南战争中的国务院情报机构》（The Mouse That Roared: State Department Intelligence in the Vietnam War），国家安全档案馆，http://nsarchive.gwu.edu/NSAEBB/NSAEBB121/prados.htm。

㉖ 在 2002 年，据称前副国务卿约翰·博尔顿威胁要解雇情报研究局分析师，因为他们发表的调研结果与他在许多问题上的观点不一致。这一举动在其 2005 年的大使提名听证会上广受关注。参见乔纳森·S. 兰迪（Jonathan S. Landay）:《前州官形容博尔顿具有侮辱性，质疑其适宜性》（Ex-State Official Describes Bolton as Abusive, Questions Suitability），麦克拉奇报业公司华盛顿分社（McClatchy DC Bureau），2005 年 4 月 12 日，http://www.mcclatchydc.com/latest-news/article24445810.html。 82

㉗ 参见哈维·里希科夫、布列塔尼·阿尔堡:《发展中的联邦调查局：国家安全事业新资产》，载罗杰·乔治、哈维·里希科夫编:《国家安全事业：迷宫导航》，华盛顿：乔治敦大学出版社，2016 年，第 229 页。

㉘ 联邦调查局前情报官员们辩称，“国内情报”没有官方定义，而应重新定义“国家情报”使其包括在任何地方收集的与美国境内安全有关的任何信息。参见莫琳·巴金斯基（Maureen Baginski）:《国内情报》（Domestic Intelligence），载罗杰·Z. 乔治、詹姆斯·布鲁斯主编:《分析情报：起源、障碍和创新》（第 2 版），华盛顿特区，乔治敦大学出版社，2014 年，第 267 页。

㉙ 参见缉毒局，毒品执法中心，埃尔帕索情报中心:《情报》，https://www.dea.gov/ops/intel.shtml#epic。

㉚ 凯蒂·威廉姆斯（Katie Williams）:《联邦调查局、国土安全部发布俄罗斯黑客行动报告》（FBI, DHS Release Report on Russian Hacking），《国会山报》，2016 年 12 月 29

日，http://thehill.com/policy/national-security/312132-fbi-dhs-release-report-on-russia-hacking。

㉛ 参见罗恩·尼克松（Ron Nixon：《海岸警卫队在海上和预算办公室面对挑战》，《纽约时报》，2017 年 7 月 4 日，https://www.nytimes.com/2017/07/04/us/politics/coast-guard-faces-challenges-at-sea-and-at-the-budget-office.html? smprod = nytcore-ipad&smid = nyt-core-ipad-share&_r=0。

㉜ 美国海岸警卫队：《出版物 2-0，情报》（Publication 2-0，Intelligence），2010 年 5 月，https://www.uscg.mil/doctrine/CGPub/CG_2_0.pdf。

㉝ 沃尔特·平克斯（Walter Pincus）：《情报系统全面改造草案起草》（Sweeping Revamp of Intelligence System Drafted），《华盛顿邮报》，2001 年 11 月 8 日，http://www.chicagotribune.com/chi-0111080259nov08-story.html。

㉞ 有关数次情报改革的概述，参见迈克尔·沃纳、J. 肯尼思·麦克唐纳（J. Kenneth McDonald）：《自 1947 年以来的美国情报改革研究》（*US Intelligence Reform Studies since 1947*），华盛顿特区：情报研究中心，2005 年，www.cia.gov/library/center-for-the-study-of-intelligence/csi-publications/books-and-monographs/US% 20Intelligence% 20Community%20Reform%20Studies%20Since%201947.pdf。

㉟ 有关《情报改革与恐怖主义预防法》立法历史的见证者描述，请参见迈克尔·艾伦（Michael Allen）：《闪烁的红色："9·11"事件后美国情报的危机与妥协》（*Crisis and Compromise in American Intelligence after 9/11*），华盛顿：波托马克图书出版社（Potomac Books），2013 年。

㊱ 引用自理查德·贝斯特（Richard Best）：《五年后的情报改革：国家情报总监的角色》（*Intelligence Reform after Five Years: The Role of the Director of National Intelligence*），美国国会研究局，2010 年 6 月 22 日，第 4 页，https://www.fas.org/sgp/crs/intel/R41295.pdf。

㊲ 丹尼尔·R. 科茨（Daniel R. Coats）：《美国情报界的全球威胁评估：记录声明》（*Worldwide Threat Assessment of the US Intelligence Community: Statement for the Record*），2019 年 1 月 29 日，https://www.dni.gov/files/ODNI/documents/2019-ATA-SFR-SSCI.pdf。

㊳《国家情报总监詹姆斯·克拉珀致邮报的声明》（DNI James Clapper's Statement to the Post），《华盛顿邮报》，2013 年 8 月 29 日，https://www.washingtonpost.com/world/national-security/dni-james-clappers-statement-to-the-post/2013/08/29/52d52090-10e1-11e3-85b6-d27422650fd5_story.html? utm_term=.5fd6ce866caf。

㊴ 国家情报总监办公室问答，2010 年。

㊵ 罗伯特・默雷特：《军事情报面临的问题》（Issues Confronting Military Intelligence），哈佛大学政策研究中心附带文件，2006 年 12 月，http://www.pirp.harvard.edu/pubs_pdf/murrett/murrett-i06-1.pdf。

㊶ 尼古拉斯・施密德（Nicholas Schmidle）：《捕获本・拉登》（Getting Bin Laden），《纽约客》（*New Yorker*），2011 年 8 月 8 日，http://www.newyorker.com/magazine/2011/08/08/getting-bin-laden。 83

㊷ 杰弗里斯-琼斯：《中央情报局与美国民主》（第 3 版），第 35 页。

㊸ 亨利・基辛格：《复兴岁月：基辛格回忆录终卷》（*Years of Renewal: The Concluding Volume of His Memoirs*），纽约：西蒙与舒斯特出版社，1999 年，第 316 页。 他指出，该委员会成立于 1948 年，以各种名称连续存在并审查了美国政府进行的每一次隐蔽行动。

㊹ 节选自行政命令第 12333 号，国家情报总监办公室，美国情报活动，1981 年 12 月 4 日，https://www.dni.gov/index.php/ic-legal-reference-book/executive-order-12333。

㊺ 国家情报总监的前分析助理冯稼时指出，国家情报优先框架矩阵排列了 280 多个“针对 32 个情报主题的主体”。 参见冯稼时：《减少不确定性：情报分析与国家安全》，加利福尼亚州斯坦福：斯坦福大学出版社，2011 年，第 51 页。

84

第五章

从情报循环到政策支持

> 美国识别、应对地缘政治和区域变化及其政治、经济、军事和安全影响的能力要求美国情报界收集、分析、辨别和处理信息。在这个信息主导的时代，美国情报界不仅需要持续追寻战略情报以预测地缘战略的转变，还需获得短期情报以便美国能够对对手的行动和挑衅作出反应。
>
> ——2017 年国家安全战略

> 传统的情报循环可以完整地描述情报界的结构和功能，但不能很好地描述整个情报过程。
>
> ——罗伯特 · M. 克拉克《情报分析》

之前的章节已经勾勒出国家安全决策的过程，介绍了庞大的国家情报界。本章将通过考察情报循环（intelligence cycle）这个概念，进而剖析情报循环的关键部分并在此过程中分析其挑战和限制因素，从而解读情报是如何在理论和实践中应用的。本章将尝试以更实用的方式区分情报在国家安全事业中不同的任务。

如上所引，国家安全战略依赖于良好的信息。需要对美国所处的国际环境进行缜密分析并制定可执行的行动方案。稍稍扩展一下这个“简单”的过
85 程总是会面临种种问题。美国的外交政策需要良好信息以评估国际环境，但这些信息并不总是可获得的。对美国利益的界定也是一个有些模棱两可的过程，因为这些利益可能会因当时的国际和国内形势而变化。即使这些利益得到明确界定，确定这些利益面临的主要威胁和机会也有赖于良好信息。当然，一旦确定了这些威胁和机会，就面临着制定不同政策选择并权衡其利弊的挑战。没有准确的信息，决策者就无法评估国际环境从而无法评估其决策的成本和风险。因此，情报工作面临的挑战是提供最相关、准确和及时的信息与

分析，以便让决策者对他们所面临的世界有一个现实的认识。

情报循环

国家安全决策者如何获得情报？在过去的半个世纪里，美国情报当局已经开发出旨在收集、分析和分发关键信息（政府高官可在决策过程中进行利用）的流程。如前所述，这个系统通常被称为“情报循环”。随着美国情报机构的不断壮大，实践工作者和学者们已经开发出详细的方法来描述这种流程。如图 5.1 所示。 86

决策者

美国总统
国家安全委员会各首长

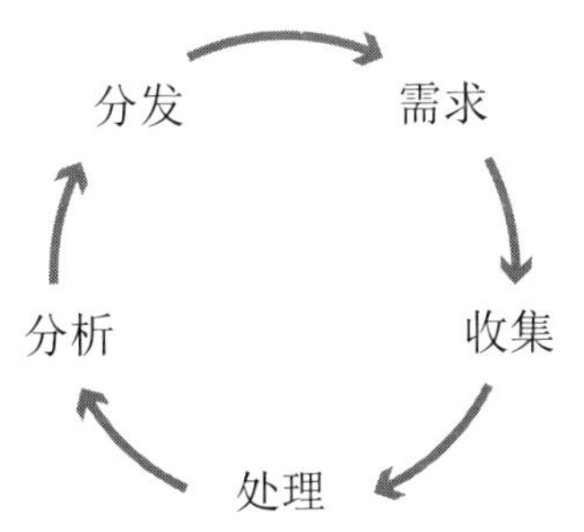

分析师

中央情报局分析处
国家情报总监国家
情报顾问委员会
国防情报局情报处

收集者

国家安全局信号情报
国家侦察局图像情报
中央情报局行动处

图 5.1 情报循环流程图

如图所示，情报循环是一个线性过程，始于决策者（如美国总统等）向情报界提出情报需求的任务（第 1 步）。如前几章所述，这些信息需求可在国家情报优先框架中的排名及白宫或其他高级官员的特别需求中展现出来。这些信息需求将于现场情报发布会、给高级情报官的书面指令或关于优先政策问题的跨部门会议上传达。接下来，**收集**（第 2 步）过程通过不同的情报科目满足这些情报需求。这种“原始情报”或未经评估的信息尚不能进行分析，往往需要进一步处理（第 3 步）。例如，被收集的通信情报通常需要翻译，其他类型的电子信号情报可能需要解译并转换为分析师可用的格式。中央情报局的原始秘密报告也必须经过审查以确定其相关性和有效性：这一过程通常涉及删除有关情报来源的大量信息，确定新信息是否有效、可信且为情报分析师提供能够证实或否认之前报告的观点。

87 同样地，开源情报除了需要翻译之外，也需要过滤虚假信息或无关的报告。情报收集通常都是“单源”（single-source）的，因为其通常来源于信号情报、人力情报、图像情报、测量与特征情报或开源情报中的某一种。全源分析（第 4 步）是指分析师收集关于某一主题的所有可用信息，评估数据点之间是否存在对美国国家安全具有重要意义的趋势、模式或关系。分析过程可能需要与收集者进行大力协作以了解报告的分量和有效性。分析后，研究结果将通过口头简报或各种纸质或电子形式的书面评估（第 5 步）呈送给决策者。

决策者

图 5.1 还明确了情报循环中三类主要群体。首先当然是在白宫、外交和国土安全相关部门、军队以及行政和立法所属的许多其他部门工作的决策者。决策者通常提出情报需要或需求，向情报界分配任务。他们也会对接收的有关分析提出反馈，如要求提供更多的信息、批评有关分析、质疑情报判断（需要分析师进一步解释或审查）。另一个需要注意的因素是，许多决策者拥有除情报界之外的信息来源。决策者与外国官员们保持密切联系，这些外国官员所代表的政府和政策可能并不能反映情报界的评估。自然而然地，决策者可能会形成与情报界分析不一致的观点，而他们自己的信息来源可能与情报评估相矛盾或有分歧。在少数情况下，决策者会把自己当成“超级分析师”，在没有让情报分析师把相关报告纳入适当背景的情况下，要求尽可能多地获取自己能够理解的原始情报。这就在某种程度上破坏了情报循环的目的，即审慎地收集、评估和整合所有可用信息以形成一种全源的最终情报分析。

如上所述，决策者在作出国家安全决策时会运用特定的战略逻辑，他们首先必须评估国际环境以确定对理解问题至关重要的主流趋势和因素。在许多情况下，决策者工作时会带有自己极强的观点，这些观点一部分是由他们自己的政治意识形态形成的，一部分是由他们自己的背景和经历形成的。每届政府都根据“传统国家利益”制定一套国家安全目标，如保护国土、促进经济繁荣、维护稳定的国际秩序、维护美国的价值观和制度。为了阐明这些目标，最近几届政府发布了一长串“国家安全战略”，重点关注恐怖主义、核
88 扩散、国土安全甚至情报工作。[1]一旦确立了这些目标，他们必须评估对这些利益和目标有什么威胁，以及有什么机会推进这些目标。基于这些评估，决

策者将审查可用来保护或推进美国利益的政策行动（选择）类型。通常，决策者会考虑使用各种工具（军事、经济、政治等）构建和评估一系列政策选择并实现它们。根据各项政策选择的成本或决策者准备承担的风险，某一项政策选择将获得通过和执行。通常情况下，政策需要一段时间才能产生影响，并且根据政策是否产生了预期的效果可能会进行一些重新评估。情报在所有这些步骤中都发挥着关键作用，包括为广泛的政策讨论提供信息、识别威胁和机会、支持各项政策选择以及评估相应执行行动。

在审议过程中，决策者在使用情报方面面临许多挑战。第一，决策者渴望确定性，但情报官员的工作是模棱两可和不确定的。因此，决策者一直对情报不满。正如一名前高级情报经理所指出的，他们一开始可能对情报高度怀疑，然后感到惊喜，或者他们一开始抱有很高的期望，但几乎立刻就破灭了。[2]不管怎样，决策者希望情报服务于他们的议程。决策者通常对自己的专业领域非常精通，对自己的分析性判断很有信心。因此，决策者倾向于忽视那些与其观点相冲突的情报或至少试图曲解情报判断以使之符合自己的先入之见。

第二，决策者没有时间处理复杂的问题，他们希望情报报告能归结为一页纸的总结和“要旨”。“中国会怎样统一台湾?”“伊朗秘密制造核武器的可能性有多大?”“美国本土的下一个威胁是什么?”情报分析师很可能无法满足这些非黑即白的问题。诸如“这取决于x、y、z”或“我们不能确定”或“有一系列的可能性”这样的答案只会让那些想要获得**可行动情报**（actionable intelligence）的决策者感到恼火。如果情报所能提供的只是对未来低可信度的猜测，决策者就得决定，在情报不能确定是否正确的情况下，准备承担多大的风险。

第三，与前一点相关的是，决策者通常必须在情报充足或能确保行动成功之前就采取行动。正如后面章节将解释的那样，战略评估和预警必须在潜在事件发生前适当发布，否则决策者将几乎没有机会为这些紧急情况做准备。奥巴马总统批准对本·拉登采取行动时其实并不确定他的位置。美国突击队 89
员是在登陆阿伯塔巴德的地面后才确认他们找到了本·拉登。

情报收集者

情报循环中第二类主体是情报收集机构，如国家安全局和中央情报局，它们接受决策者的任务或需求并将其转化为收集优先级以及信号情报和人力情报行动的指令。为了回应决策者的问题，情报收集者们通常必须就最相关、最可靠、最快速的方法作出决策。请记住，开源情报在回答许多决策者问题时是最容易获得、成本最低、风险最小的。但是，当需要“秘密”信息时，高级情报官员必须决定是否需要采取技术情报行动或人力情报行动。以技术情报收集行动为例，其挑战可能是信号情报或图像情报卫星能否比极具风险的人力情报行动（可能使中央情报局案件官员或秘密间谍面临被外国政府发现的风险）更好地访问所需信息。收集优先级也非常重要。情报收集的管理者必须权衡相互竞争的收集需求以最好地满足大多数用户的需求。调整卫星的轨道、收集优先级或访问特定目标的频率几乎总是一个“机会—成本”的决策。然而在过去的十年中，相对廉价的商业卫星图像已经使美国能够满足低优先级的收集需求，而不必牺牲高优先级主题任务的卫星覆盖。

在向分析师和决策者提供最佳可得信息方面，情报收集面临着各种挑战。第一，有些信息也许根本就不可能获得，也就是说，存在**收集缺口**（collection gap）。有关国外对手意图的情报通常很难获得。如果它存在，通常也是由少数人谨慎守护。试想一下，能知道“9·11”袭击计划的人有多少。有时候，连国外对手自己都不能完全掌握其计划与决策。例如，1979 年苏联入侵阿富汗前，情报界都没有掌握这个计划的任何征兆。但后来人们才知道，苏联领导层内部在入侵问题上存在严重分歧，该分歧在计划实施前才刚刚化解。第二，情报收集经常被对手的**欺骗与拒止**（deception and denial，**简称** D&D）计划所阻碍。许多美国对手在其军事装备上使用伪装，或将核活动隐
90 藏在地下设施中，也会就其计划或活动发布虚假或误导信息。在 1990—1991 年海湾战争（Gulf War）之前，萨达姆·侯赛因成功欺骗美国情报机构，开发出包括核计划在内的强大的大规模杀伤性武器军事力量。对手可以通过使用加密通信或情报员（而不是电话）来阻止美国获取其信息，或者通过遵守其他“运营安全”（operational security）原则来隐藏其计划。克服俄罗斯、伊朗等对手的欺骗与拒止计划事实上是几乎不可能的。第三，情报收集机构之间信息不能共享，会削弱其综合认识对手计划和军事力量的能力。在某些情况下，未能共享的信息会显示出获取其他机构补充信息的重要意义。情报收集者都有所谓的“**需要知道**”（need-to-know）规则封锁其敏感情报，以保护情报来源和方法。在许多情况下，这种“需要知道”的规则是很恰当的。

然而，过度封锁则使有价值的数据无法被传递给别的机构。“9·11”恐怖袭击之后，中央情报局和联邦调查局所掌握信息未能充分共享的情况被曝光，**“需要共享”**（need-to-share）原则开始占据主导地位。在维基解密（WikiLeaks）和爱德华·斯诺登披露情报收集计划之后，钟摆正在从“需要共享”重新转向“需要知道”。所有这些因素都可能导致原始情报报告不完整或难以获取。

情报分析师

第三类主体是情报分析师。如第四章所述，有数个机构拥有全源分析师，他们几乎能够获得情报界收集的所有信息。中央情报局的分析处拥有最大规模的情报分析师，他们认为自己几乎可以分析整个世界。国防情报局的情报处也有数以千计的外国军事情报专家。国务院情报研究局规模更小但却被认为技能高强，其经常拥有数十年都在某一项目上进行研究的分析师，而中央情报局或国防情报局的分析师更多的是在庞大的机构中晋升时不断更换项目。最后，联邦调查局有一支庞大的分析师队伍，他们从事国内反情报、反恐和反扩散威胁的调查工作。情报界的分析任务很多，但一些基本的分析任务类型包括：

- 趋势分析：可以随着时间推移进行数据分析以确定外国主体的军事计划、经济发展或政局稳定性的增减趋势。例如，监控中东地区的军事集结或军备竞赛，追踪新兴国家的经济增长
率，评估阿富汗和伊拉克的恐怖主义、腐败或动荡的程度。 91
- 模式识别：数据还可以揭示军事部署和其他活动中随时间或空间变化的模式。例如，对恐怖主义事件建模以揭示其发生的时间、地点或方法的模式。可以通过攻击类型、互联网提供商地址和数量分析网络攻击数据，以确定攻击者的从属关系或身份。
- 关系识别：数据可以用来确定在外国主体之间是否存在关系。例如，链接分析通过互联网和电话元数据将嫌疑恐怖活动策划者与其他外国行动者关联起来。这种关系分析也可以剖析外国政府或恐怖组织以确定其主要参与者、组织结构和决策过程。[3]

成为一名分析师需要培养一系列在学术机构学不到的技能。一名优秀的分析师理应掌握主要国家和地区的政治、经济和军事计划方面的专业知识，还必须了解诸如大规模杀伤性武器扩散和恐怖主义等一系列问题。分析师还必须精通美国的政策，以便了解决策者的议题和情报问题。尤其是，分析师必须成为各类奇异的情报收集系统的任务分配专家。这在情报界之外是无法学到的，通常需要与情报收集机构进行多年合作甚至是在这些机构内从事特定任务，才能更好地了解情报收集的方法和程序。也许最重要的是，分析师必须形成对自身分析偏见和分析实践（通常称为情报技术，即“tradecraft”）的理性认识，以防止这些偏见扭曲自己的评估。最后，分析师必须具有良好的团队合作精神，对于需要多领域专家专业知识的多维情报目标，应进行协作工作。

分析师是情报收集者和决策者之间的关键纽带。在许多方面，他们必须指导情报收集工作，以确保获得可能回答决策者问题的最佳信息。事实上，分析师往往是了解用户需求的最佳人选，因为他们与白宫、国务院和国防部有着最直接的联系。这就强调分析师应具备此等能力：与收集者合作制定以最为有效、可靠方式获取所需信息的策略。分析师还必须精确了解不同收集方法的优缺点（见表 5.1）。没有哪一种情报来源能够单独准确回答有关外国对手计划和军事力量的复杂问题。因此，分析师必须权衡信号、图像、人力
92 报告和开源媒体对于回答此类问题的价值。从某种现实意义上来说，分析师综合许多数据点并试图理解这些信息。一些批评人士指责说，“9·11”恐怖袭击是分析师没有“把关键点串联起来”的结果。这种观点过于简单化，认为所有的点都是预先已知且编好号的，就像孩子的涂色本上的数字一样。打一个更恰当的比方，这些点就像是一个没有封面插图的千块拼图。更为困难的是，分析师必须从数千块相关或不相关的拼图中进行挑选才能辨别出一个图案或形状。

表 5.1　收集科目：作用与限制

情报科目	作　用	限　制
人力情报：由情报官员（在境外拒止区域操纵间谍）收集的人力报告；外交官和武官提供的报告	提供有关外国政府、外国官员或非国家主体计划和意图的信息	发展及审查间谍需要时间长；很难进入决策层；间谍和情报官员面临反情报风险

续表

情报科目	作　用	限　制
图像情报/地理空间情报：从高空系统远程收集的图像和地理空间报告；无人机在战场或其他敏感地点传输实时行动	迅速展示外国国防、工业设施、试验场所以及地理上重要的物理目标的图像	图像只捕捉到一个时间点，并受到天气、故障的影响。存在欺骗与拒止的情况下，正确地解读情报可能会变得困难
信号情报：由地面、空中或天基平台远程收集的通信和电子信号	提供大量有关外国政府、外国官员或非国家主体计划和意图的信息	由于涉及重大行动、主体，大量的材料必须被解码、翻译和识别
测量与特征情报：通过各种地震、辐射和材料传感器，对环境情况变化进行的测量和报告	提供有关环境情况（如温度变化、组成成分、化学物质）的独特认知	很难评估和向决策者解释。通常需要非常接近目标并进行特殊处理
开源情报：源自外国出版物、广播和社交媒体的开放资源	提供对目标的基本了解（可由其他来源证实）	需要对大量材料进行翻译并投入时间识别错误或误导信息

分析过程说明

对情报分析过程进行说明有助于理解最终情报是如何产生的。第一，分析师需要考虑决策者在考虑哪些关键问题。[4]其中一项任务是确定高层官员试图决定什么以及已经知道了什么。与决策者及其高级幕僚的密切互动有助于 93
确定决策者的背景知识是否准确或完整；同样，决策者对自己希望的答案会有先入之见或偏见，分析师需要应对这种可能性。第二项任务是确定决策者需要多少信息和分析，考虑什么样的时间范围，以及决策者在决策过程中的位置。在后一种情况下，跨部门讨论是否只是处于起始阶段，或某一策略的大致轮廓是否已经确定且决策者更青睐于对手（对美国行动）的可能反应的相关情报，显得举足轻重。

举一个假设例子，设想新政府在伊朗核计划方面可能会有哪些战略情报问题。情报界可能会对伊朗核计划的发展作出一项时间跨度不超过 4 年的《国家情报评估》，这是一个新组建的国家安全委员会团队可能打算看得最长远的评估。另外，如果国家安全委员会团队两年后制定出一套政策来处理伊朗核计划，更为聚焦的情报评估将投入以下方面：伊朗如何回应此类政策，为了破坏美国的目标可能采取的措施，伊朗对抗措施可能产生的后果。因此，战略情报必须根据决策者的需要和时间范围进行量身打造。

制作战略情报的第三步是收集、处理和评估有关这一主题的可用情报报告。在定义了需要回答的特定情报问题之后，分析师必须收集与该主题相关的所有相关情报信息（无论是机密的还是公开的）。此时，分析师很可能需要提出新的请求（通常称为“需求”），以便从收集者处获得补充信息。大多数**战略情报**主题都具有持久性，因此分析师可能被要求适时更新或修正评估。苏联军事发展主导了整个冷战时期的战略情报，而如今最突出的是反恐、反扩散和现在的网络威胁。因此，分析师需要将自己对此类及其他情报目标（如俄罗斯、伊朗和朝鲜）的新信息的关注告诉情报收集者。

继续以伊朗核问题为例，分析师将向人力情报、图像情报和信号情报系统下达收集有关伊朗核计划状况的情报任务。无论分析师当前可能作出何种评估，随着数月后获得新信息，都可能会进行修正。分析师整理和评估可用信息的同时，还需要谨慎对待每份报告的表面价值。这是因为，报告的机密性质并不代表其真实性。事实上，人力情报间谍很难招募及管理，而且其有
94 可能是自我吹嘘者、造假者或双重间谍。信号情报的收集和处理需要大量资源，但能产生关于对手的动机和计划的重大深刻见解，这取决于拦截、解密和转化过程的质量与可靠性。我们对基地组织和“ISIS”的了解，很大程度上是通过拦截恐怖组织的通信或捕捉计算机数据获得的，这些计算机数据可能包含万亿字节信息。图像也可以探测到朝鲜等国计划的军事行动或核试验准备，但同样需要审慎解读。由于天气、地理或对手使用伪装、欺骗手段，这些图像可能质量极差或具有误导性。

在许多情况下，分析师超过一半的信息可能来自公开来源，此类信息同样需要进行准确性和可信度评估。分析师必须警惕这样一种危险，即开源情报可能在宣扬外国政府希望美国相信的东西。此外，优秀的记者有时也能找出有关政府政策或人物的重要事实，这可以为分析师所用。一般来说，分析师在权衡人力来源提供的证据时需要考虑以下五个因素：

- 准确性：情报报告是否与其他已被确认为准确的数据相一致？
- 专业性：间谍是否具备对情报目标进行准确报告的知识或背景？
- 获取渠道：报告是直接来自观察到该事件的间谍，还是二手信息？

- 可靠性：该间谍一直以来都准确报告，或是需要进一步审查的新间谍？
- 客观性：间谍是否受隐秘意图或个人利益的驱使而歪曲真实情况？

分析师评估现有报告的信度和效度之后，还必须考虑已收集的信息是否相关且合理。一些报告可能看起来与决策者的问题相关，却极度不合理。2002年伊拉克大规模杀伤性武器计划案件中，在缺乏可靠情报的情况下，有谣言称萨达姆·侯赛因准备与基地组织分享大规模杀伤性武器。在分析师看来，这位伊拉克领导人蔑视并惧怕宗教激进主义，让基地组织获得可能用来对付他的武器是不合理的。在其他时候，数据可能因太不完整或不充分而没有多大价值。例如，在1962年古巴导弹危机中，在数百份关于苏联活动的传闻报告中，只有不到6份可靠人力情报报告苏联在古巴岛上部署了导弹。而且，这 95
些间谍中的绝大多数人是没有受过教育的移民，对苏联武器几乎一无所知，被认为可靠性极差。[5]

分析过程的第四步是生成能够解释已验证情报报告的关键假设。在情报中，事实并非不言自明的。相反，它们必须被整理、评估，并置于某种理解框架中。分析师筛选数据时，会开始对其所观察事物形成合理解释。对于经验丰富的分析师来说，他们积累了有关目标的大量知识，并能够想象数据如何与目标曾经的表现相匹配。通过新信息对目标行为的描述，分析师可能会发现一些相似之处，也可能会发现一些差异。

通常，值得追寻的可能解释不止有一种。由于补充数据可能证实或否定其当前解释，分析师必须注意对其他可能假设保持开放的心态。对他们来说，明智的做法是问问自己，如果某一特定假设被接受，则可期望的未来发展如何。或者，什么信息可能会推翻当前假设而支持另一替代假设？以颇具争议的关于伊朗的《国家情报评估》为例，2007年这一评估曾假定伊朗的部分核武器计划（该计划始于2003年）中止，相较于2005年《国家情报评估》是一个重大转变。此前评估得出的结论是，伊朗仍在继续其核活动并有意制造核弹。[6]很明显，这些早期的假设应被调整以支持另一稍有不同的假设，即伊朗已持续数年削减其武器研究计划的关键方面。

分析过程的第五步是提出论点。权衡证据并为目标行为或行动提出替代假设或解释后，分析师应提出发现或结论。这些发现（有时被称为评估，在《国家情报评估》中被概括为“关键发现”或“关键判断”）必须建立在清晰的逻辑和对证据的严谨使用之上。在大多数情况下，分析师从某一强有力的关键信息开始，其后是一连串的事实和可靠的情报报告。分析师必须客观地报告所使用消息来源的**置信水平**，以便决策者能够独立判断该论点的说服力。通常，分析师并不会对其发现赋予高置信度，除非其发现有多个来自不同收集科目的高质量信息源作支持。[7]信息缺乏或间谍被认为未经充分审查且不可靠时，会导致低置信度。中等置信度通常表现为一系列混杂的报告，其中一部分可能还是相互矛盾的。即使分析师对某一判断有高度信心，最好也应考虑其他可能性，目的是强调这些发现中仍蕴含着不确定性，并且说服决
96 策者相信分析师们已考虑了一系列可能因情况有变而发生的情景。

情报分析的挑战与情报收集所面临的挑战同样重要。首先，分析师必须接受这样一个事实，即已有信息将会是不完整的、矛盾的甚至有时是虚假的。为了制作一流的全源评估，分析师必须能够处理高度模糊性问题。分析师很少能得到回答决策者问题所需的全部信息，而有时过多的信息会使重要内容难以被发现，也令分析师不堪重负。在其他时候，由于情报收集限制或对手的欺骗与拒止工作，会产生巨大的情报缺口。在情报评估中对所谓的缺失信息进行弥补或解释是一项非常困难的工作。[8]常言道，有已知的未知因素，也有未知的未知因素，它们可以极大地改变情报问题。仅举一个例子，1979 年美国情报分析师认为，若伊朗国王感受到威胁会采取更果断的行动，因而作出伊朗国王没有面临被推翻的危险这一错误评估。但当时分析师不知道伊朗国王身患癌症且病入膏肓（几个月后他将在流放中死去），这使得他可能不如以前果决。

第二个挑战在于，形成情报判断时对**分析假设**（analytical assumptions）和**思维定式**（mind-sets）的依赖。分析师们工作时经常基于所谓的“传统观点”。传统观点即分析师用以构建其情报评估的基本假设。这些假设可能被证明是过时的或完全错误的。但是，在没有确凿证据的情况下，分析师必须经常依赖于假设。一个典型的最终被证伪的基本假设是，萨达姆·侯赛因就其重启化学、生物和核计划欺骗了联合国检查员。这一假设形成于海湾战争后，当时揭露出萨达姆一直隐藏着大量的大规模杀伤性武器储备，而且近乎拥有

核弹。此后，分析师假定萨达姆会巧妙欺骗联合国检查员。所以，在 2002 年美国情报收集工作并未收获有关伊拉克计划（见第六章）的太多新的支持性信息时，情报界评估认为萨达姆再次隐瞒了大规模杀伤性武器。关键在于，分析师必须熟悉他们对这些假设的依赖，并定期质疑以重新验证这些假设。

与假设问题密切相关的是思维定式的挑战。每个分析师的头脑中都有一幅世界如何运转的图像，特别是有一幅特定目标如何表现的图像。这些思维定式或思维地图有助于分析师过滤所获得的信息，他们易于承认某一报告“确认”了自己的思维定式，或因其与目标此前的表现方式不一致而不予理会。分析师需要这些思维定式来整理自己的思维，但必须小心不要让它们 97
过时。[9]

可以提出批评的是，20 世纪 80 年代末，情报界没有意识到米哈伊尔·戈尔巴乔夫（Mikhail Gorbachev）是一位新型的苏联领导人。随着一位又一位年迈的政治局主席努力维持苏联对西方的强硬立场，苏联经历了一系列领导层的迅速更迭。在中央情报局内部，军事和政治分析师就戈尔巴乔夫改革的真实性以及这些改革是否表明了苏联思维的根本转变展开了辩论。对许多分析师来说，最主要的思维定式是保守的共产党领导层对可能威胁社会主义制度本身的激进改革毫无准备。戈尔巴乔夫的行为挑战了这种思维定式，许多分析师理解这一过程极为缓慢。[10]因此，戈尔巴乔夫愿意抛弃苏联对抗西方的做法和立场，他们的分析低估了戈尔巴乔夫的这种意愿。此后，戈尔巴乔夫同意了广泛的军备控制协议，并同意 1990 年德国统一以及苏联最终撤出东欧，这让分析师们大为惊讶。

在这些假设和思维定式问题的背后，是“**认知偏见**”（cognitive bias）这一更广泛的挑战。科学家和情报学者曾写过关于人类大脑感知、过滤和整合信息方式的内容。认知过程涉及以有效方式提取大量信息。人类发展了感知世界的思维方式，使其能够迅速做出推断或得出结论。在一项大型研究中，两位心理学家将这种习惯性认知过程称为“快速思考”，即使用心理捷径，使新信息能够快速地被吸收并整合到现有的认知地图中。[11]这样的心理过程会导致分析师作出不正确的推断，或者忽略“不符合认知地图”的新信息。对信息进行更客观的权衡时，会有诸多分析偏见干扰这一过程，下述问题往往是产生有缺陷分析的主要原因：

- **确认偏见**（confirmation bias）：人们倾向于以能佐证已存在的成见的角度去解读信息。对于能证实已被接受的假设或信念的信息，分析师会主动寻找或更看重。而对呈否定性的信息持贬低或不理会态度。
- **锚定偏见**（anchoring bias）：先前的分析阻挠分析师对其判断进行再评估，且只允其预测发生增量变化。因此，分析师被“锚定”在这些早期的评估上而无法摆脱。
- **镜像**（mirror-imaging）：分析师认为，外国主体在同样的情况下会有和他们相似的表现。因此，分析师看到一个外国主体就会以己度人（如同照镜子一样），无视在其他文化或政
98 治制度中决策者表现会有所不同的可能性。
- **群体思维**：尽管不是一种认知偏见，但这种群体行为会困扰一类分析师，他们聚在一起只为达成共识而不是就信息提出替代假设或解释。在中央情报局和国防情报局这样的大型机构中，存在着一种很难改变的“机构线”（agency line）。在巨大时间压力和精神压力下工作的决策者中，这种现象更为普遍。

有一些方法可以让分析师克服认知和其他分析偏见。最重要的是，中央情报局和国防情报局的大多数分析师都接受过一些培训以了解认知偏见的危险及可以采取哪些措施来发现这些偏见。他们被要求使用**结构化分析技术**（structured analytical techniques，**简称** SATs），这可以消除这些无意识的偏见。虽然如今有几十种这样的技术，但最经常使用和好用的结构化分析技术是以下这些：

- 结构化头脑风暴（structured brainstorming）：由不同的专家对一个主题进行结构化讨论，积极鼓励并记录新想法（绝不立即予以否决），以激发新的分析见解或替代假设。这可以防止单一的共识观点或群体思维错误。
- 关键假设检验（key assumptions check）：先辨认一项评估有哪些关键假设，之后再检验分析师们对这些假设背后的逻辑和相关证据有多高的置信度。分析师还应该研究哪些证据可

能会证伪自己的评估。这可以揭示那些有碍证据严谨权重分配的隐藏偏见。

- 竞争假设分析（analysis of competing hypotheses，简称 ACH）：分析师创建一个由多个独立数据点和信息以及多个假设组成的矩阵来解释一个问题。然后，他们评估每一个数据点，看看它是否证实或证伪假设。相对于能够证实每一种选择的信息而言，能够驳斥其他全部解释而仅支持某一解释的信息被认为更有用。这可以防止单一假设分析并对报告真正重要的内容强制进行更严格的审查。
- 情景分析（scenario analysis）：为复杂和高度不确定的情报问题（例如，新兴国家的未来）构建多种长期设想的一种集体设计技术。这一技术在很大程度上依赖于汇集一大群不同背景的专家，并通常基于重大不确定性形成至少三四种替代规划。这迫使分析师脱离传统思维定式，找出可能发生的重大分歧。[12] 99

分析偏差的第二种补救办法在于情报界保持合理的竞争性分析。这使得不同的机构可以同时查看信息并得出各自独立的结论。这样，竞争性分析就可以考验每个机构对信息和逻辑的运用。在整个冷战期间，中央情报局和国防情报局不断对苏联的军事计划和预算进行竞争性分析，这有助于保持分析的严谨性且有助于发现偏见。类似的竞争性分析如今被运用于俄罗斯等主要国家的军事计划中。长期以来，这种多重主张一直被认为是对个别机构内部群体思维或烟囱式思维的良好检验方法。

最近的一种机制是在中央情报局和国防情报局中产生的众多“**红方**”（red cell）分析单位，允许分析师进行逆向分析（有时称为替代分析，即 alternative analysis）。[13]中央情报局在“9·11”袭击后就建立了这样一个单位并一直延续到今天，还有许多独立分析办公室中也存在充当“红方”的小组。红方工作的理念是“像对手一样思考”（对方红队对抗美方蓝队）并通过对手视角来掂量如何充分击败美国战略和行动。这些红方小组有权质疑主流的分析路线（这些路线的失误可能会给美国带来灾难性后果）。一般来说，红方小组被要求“跳出思维定式”，考虑大多数分析师认为不太可能但仍然合理的结果。如今，红方已经利用各种结构化分析技术进行了数百次逆向分析。

第三种补救方法是更多地使用“分析外联”（analytical outreach），允许非政府专家讨论和质疑情报判断。在某种程度上，当情报分析师希望就苏联的军事计划和预算或中央情报局对世界能源生产的分析与外界学者会谈时，这一直是一种惯例。一些经过审核的外部专家有选择地被允许审阅《国家情报评估》草案并提供其批评意见。哥伦比亚大学罗伯特·杰维斯教授或许是最知名、最受尊敬的外部顾问之一。他在自己的著作中介绍了参与审阅中央情报局有关分析（1979 年伊朗革命的分析和 2002 年伊拉克大规模杀伤性武器评估）的情况。[14]

2004 年“9·11”委员会报告鼓励情报界更多地参与这类外联活动以防止其对恐怖主义阴谋“缺乏想象力”。在报告发布后不久，就出现了扩大外联工作的热潮，且分析交流的规则得到放松。许多分析师乐于接受与学者及其他外部专家互动的机会，以此提高自身技能、发展专业知识网络并防止自身思维过于狭隘。此类分析外联工作自然受到了情报界对信息进行加密和分隔的“安全文化”的限制。这种不愿在没有安全审查的情况下与学者或其他私营部门专家分享其观点（即使是以非机密的方式）的固有态度，仍然有碍于对根
100 深蒂固的机构观点形成有效的挑战。[15]与非政府专家接触的规则有时似乎过于烦琐，以至于不那么有事业心的分析师不愿尝试发展这种关系。

超越情报循环：以分析师为中心的过程

前文中的图 5.1 显示的步骤给人一种印象，即情报从提出需求到收集、处理，最终到分析和分发报告，是一套遵循逻辑的进程。然而，这种描述是高度理论化的，很少反映信息收集、分析和提供给高级决策者的真实过程。事实上，有许多复杂问题使得“决策者是情报收集和分析的发起者”这一观念受到削弱。第一，决策者很少愿意花时间来优先考虑其情报需求，尽管他们通常会以更特定方式要求补充信息。事实上高级情报管理者必须经常根据对总统和内阁的情报需要的印象（如果不是直接指示的话）来确定需求。各机构不能等待明确的指示下达后再开始收集他们认为必要的情报数据。分析师对情报目标产生关键情报问题，对收集者获取回答这些问题所需的信息所起的指导作用非常重要。他们不需要国家安全委员会或高级官员告诉他们哪些信息需要重点获取，也不需要询问决策者对了解哪些信息更加关注。

第二，线性或连续的“情报循环”概念也过于简化。分析师和收集者通常

会为回答决策者的问题进行平行或同步工作。当收集者还在继续搜寻既定主题的新信息时，分析师就已经开始制作分析报告了。一份书面评估只是对特定主题已知信息在某一时段的“快照”，随着新信息的收集，分析师将更新、修改或纠正他们先前的评估以适应最新收集和评估的信息。关于伊朗核计划的2007年《国家情报评估》就是一个很好的例子。[16]情报界根据最新信息放弃了先前的判断，并评估说伊朗已经停止了该计划的一个关键部分以应对国际压力。

第三，情报循环也并非线性过程，而是互动过程。也就是说，在分析师
和决策者之间以及分析师和收集者之间，经常会有关于情报主题的双向交流。
分析师通常会在与高层决策者对话的基础上改进其评估，从而更直接地提出
其政策议程；同样，收集者可能会改变他们的收集策略，以适应分析师对回 101
答决策者问题所需信息种类的看法。讽刺的是，这些相互作用在某种程度上
却使情报循环反向运作。事实上，分析师应对来自决策者的情报需求，并与
决策者、收集者合作以回答决策者的问题，在这一过程中分析师通常居于中
心位置。如果将图表超常简化的话，一个更现实的对于以分析师为中心的情
报过程描述正如图5.2所示。

图5.2 以分析师为中心的情报过程

以分析师为中心的过程突出了精确定义各类分析任务的重要性，为了解决美国政府决策者、各州及地方国土安全负责官员的大量情报问题，这些任务必须被承担起来。分析师应当是具体国家（如俄罗斯和伊朗）以及跨国威胁（如国际恐怖主义、毒品走私和大规模杀伤性武器扩散）等问题的主题专家。分析师还应通晓旨在应对这些问题的美国国家安全政策。换句话说，他们对美国外交政策的掌握应该和他们对外国政府政策的掌握一样多。否则，他们将无法准确判定总统及其主要顾问面临的重大动态。

分析师作为推动者

2001 年 9 月 11 日的恐怖袭击之后，美国在安全、国土防卫、反恐和情报方面制定了一长串明确的战略，理解这些战略对如今的分析师而言既有益处又有挑战。2010 年的《国家安全战略》比之前的《国家安全战略》更进一步提到了情报在塑造美国战略中的关键作用："我国的安全和繁荣取决于我们所收集的情报和我们所作的分析的质量、我们及时评估和共享这些信息的能力
102 以及我们应对情报威胁的能力。这对于指导行政决策的战略情报，对于支持国土安全、州和部落政府、我们的军队和关键国家任务的情报都是如此。"[17]

同样，2019 年《国家情报战略》列出了情报界的各种任务，包括向决策者提供关键支持的战略情报、预测（即预警）情报和当前行动。[18]图 5.3 生动地展示了分析师在整个决策过程中是如何作出贡献的。对决策者战略思维有过研究的分析师，能够更好地推动决策者在政策制定和政策执行过程的每一环节中提高自身表现。在这种背景下，几乎所有的情报分析都是战略性的，因为其旨在推动决策者通过必要手段实现他们的目标。也就是说，无论分析师是在描述总体战略环境，对某些攻击提供预警，仅描述对手军事潜力或基础设施的细节，还是提供战术目标的信息，这种工作本身都是为了支持实现特定目的的总体战略。如图 5.3 所示，随着决策者从形成对问题的理解，到定义美国国家
103 安全的主要目标，再到设计政策选择并实施，分析任务将发生如下变化：

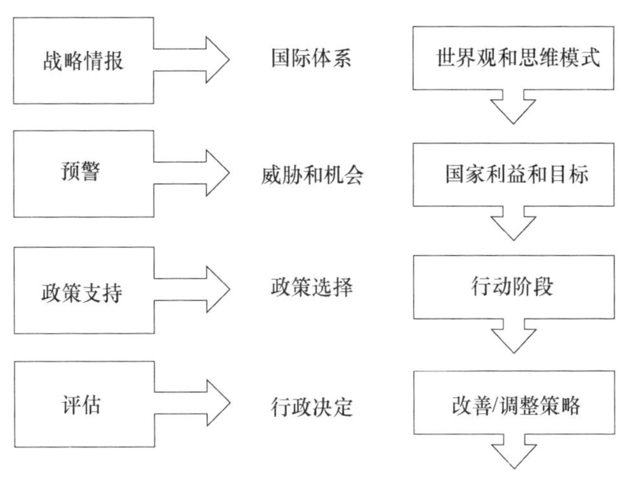

图 5.3　作为"国家安全战略促进因素"的情报

- 决策者将对国际环境的世界观或看法带入战略制定过程。分析师提供专业知识和分析性评估，以提高决策者对环境的理解。
- 当总统及其顾问定义国家利益以及国际环境带来的主要威胁和机会时，分析师的关键功能是识别（也就是“警告”）可能构成这种威胁或机会的事件或趋势。
- 当政府在制定政策目标和行动方针时，分析师通过介绍对手的优势和劣势、外国对于美国行动方针的可能反应、潜在政策行动不可预见的后果（也就是与此类政策行动真实或潜在成本、风险相关的全部信息）来支持政策审议。
- 最后，国家安全委员会首长们必须评估其政策的有效性并改进或重构总体战略。此时，分析师的职能是：评估对手和盟友对美国政策的反应；这些政策可能会产生何种预期及非预期后果；外国国家和非国家主体未来可能采取何种行动顺应或反对美国行动。

下面几章将更深入地研究这四种情报分析使有效战略成为可能的独特方式。本章的剩余部分将简要概述他们的差异，以说明情报分析不是一个一成不变的命题。事实上，情报界必须对美国政策的制定或实施的阶段非常敏感。当战略家已经准备好选择行动方针或执行具体政策决定时，过于关注大趋势的分析很可能会不予考虑。类似地，如果决策者在战略制定过程的早期没有与分析界对某一问题的总体看法达成共识的话，那么对于情报界来说提供政策支持则是难上加难。

战略情报

决策者和分析师的最根本目标都应是理解美国和其他友好、敌对各方所处的战略环境。然而，决策者和分析师看问题的视角是非常不同的。决策者（如总统）通常会带着业已形成的价值观、先入之见和政策目标来解决问题，但分析师应尝试从一个不那么美国限定的视角来审视战略背景。 104

在冷战时期，美国的战略家们对共产主义制度既蔑视又充满警惕。他们可以看到这一制度的缺陷，但可能将推动苏联政策的因素更多地归结为意识形态而非实际情况。分析师有责任从整体上看待苏联。因此，分析师应当评估苏联经济、政治、军事力量的缺陷以及俄罗斯自身利益的重要性（相对于其他竞争性的共产主义权力中心而言），并了解苏联内部的利益集团（如党、军队、政府部门）为不同目的而可能进行的竞争和协作。

如今，正如冷战期间一样，分析师必须按照世界的实际情况来看待世界，而不是按照人们的期望来看待世界。此外，分析师必须有意识地比大多数决策者更具自我批评精神。有时，分析师会对自己的知识过于自满或过于自信，对替代解释过于抗拒，从而错过了国际环境或美国对手态度的重要变化。因此，分析师必须不断质疑其在某一情报主题上的观点，并使用不同的分析技术来检验：关键假设是否有缺陷，信息是否不完整、是否有误导性或是否完全错误，某一问题的已知事实是否可以合理地产生多种设想而非单一结论。[19]

向决策者告知不断变化的战略环境是分析师执行的包罗万象的职责。谢尔曼·肯特将为政策讨论增加知识描述为情报分析师提升政策辩论水平的目标。许多决策者并不总是承认情报的这种默默无闻而又普遍的职能。但在与决策者的日常交流中，分析师几乎是不知不觉地通过最终分析、口头简报、电话、面对面对话履行这一职能。有时候，若能让决策者站在对手的立场上，或者证明美国对某一问题的观点不是对当前问题唯一可能的解释，那么为决策者提供一个不同的视角可能是对战略辩论最重要的贡献。

预警功能

在大多数情况下，对分析师的评价最终（也许不总是公正）取决于其是否对世界即将发生的变化提供了足够的战略和战术预警分析。然而，对于决策者来说任务要复杂得多。政界必须首先确定什么是必须得到保护的美国持久利益（如安全的国土、民主的生活方式、繁荣的经济、获得能源供应、有
105 效的联盟和国防等）以及如何利用美国的硬实力和软实力来实现这些目标。

在特定时期界定关键国家利益并不容易，当利益发生冲突时对其进行优先考虑、选择或平衡也不容易。[20]事实上，如果说美国决策者难以确定哪些是美国值得捍卫或推进的最关键利益的话，情报分析师也同样难以确定哪些问题值得关注并需要有效预警，或当能推进美国重要利益的机会出现时，能更加积极地通告。一个典型的例子是，最近的情报调查结果表明，俄罗斯政府最高层授权入侵美国选举系统。特朗普总统将这一问题斥为“骗局”，意味着情报部门不应优先收集和分析这方面的信息，这让情报经理们感到困惑；而

包括联邦调查局和国土安全部在内的其他政策机构及国会似乎都坚定地要弄清这个问题的真相。俄罗斯的黑客行为是否会对美国民主构成严重威胁，人们对这一问题的意见似乎存在分歧，这让美国情报部门陷入两难。

在后“9·11”时代，情报界的一个核心任务就是对恐怖袭击发出预警，这是不言自明的。一项旨在建立大型分析中心从而识别和防止此类威胁的发生的巨大国家工程已经启动。不仅设有由众多国家情报机构参与的国家反恐中心，而且在整个政府中也有单独的部门反恐活动，尤其是在中央情报局、联邦调查局、财政部、国土安全部、国防情报局和国务院情报研究局。从这个意义上说，分析师的任务非常明确。然而，还有一长串其他美国国家利益也必须得到保护和推进，其中大多数并未像反恐或反扩散那样得到明确阐述。还需要部署多少分析师定期跟踪和报告跨国人口和毒品走私、非法越境以及有组织的犯罪活动（这些活动可能会威胁甚至杀害美国公民）？此外，对于分析师所汇报的问题，高级官员是否会给予关注？

政策支持：分析师的战术职能

与分析师的预警任务相比，提供情报以支持政策行动的工作要频繁得多，但在决策过程之外的人却很少注意或理解这一工作。现实情况是，决策者花费更多的时间在选择和实施行动方案上（即选择政策工具并决定如何应用它们），而不是在初步评估战略背景和识别主要威胁上。一旦决策者认为自己了 106
解了国家面临的国际环境和主要挑战，就会主要关注其所掌握的军事、外交、经济和其他权力工具的运用。

因此，分析师的职能就变成提供信息和分析，以使这些行动方案（如实施制裁、提供或取消外国军事援助、以军事干预为震慑或运用公共外交）在战术上得到最佳运用。但是，很少有情报界以外的作者能认识到情报分析在政策过程中的这一阶段所作出的广泛贡献，因为这些贡献不属于重大情报预警或对某一重要国际动态的预见性评估。实际上，分析师和决策者之间有成千上万的汇报都属于政策支持的范畴。这涉及分析师就特定政策问题所提供的零星信息和见解，比如，外交官试图确定如何极致地运用外国援助“一揽子”计划等工具，或在与外国同行的约定会谈中构建有力论据，或考虑美国将要启动提升自身影响力的特定行动时外国对手可能的反制措施。正如詹妮弗·西姆斯（Jennifer Sims）教授所指出的，这种情报支持的评判标准往往是看它能否给美国决策者带来“决策优势”[21]。意思是，及时的情报可以使美国决策者比对手作出更快更有效的反应。这些活动很少被外界观察者所了解。无论分析师是否认为政策正确或可能成功，其在提供信息以“支持”当前政策目标方面始终发挥着重要作用。

政策评价

如果认为总统的政策一旦制定就会“自动”执行直到实现既定目标，那就太天真了。正如军事指挥官们常说的，“没有任何计划能在与敌人的第一次交锋中幸存下来”。同样，制订战略计划时，决策者可能会落入有时被称为“第一步的谬误”的陷阱中，即决策者假定对手会屈服于美国的行动而且会遵从决策者所构想的路线。可悲的是世界远比这种设想复杂且不可预测。曾有很多次，过于自信的总统或指挥官们宣称某一既定政策行动将会取得成功，而后又被敌人的持续抵抗或某一主体对美国部分政策行动的巧妙反应所震惊。人们会立刻想到，2005 年伊拉克暴力叛乱爆发之前，布什政府曾宣称只有少数伊拉克“坚持抵抗者”遗留下来。分析师在战略制定的实施后阶段的职责
107 是向决策者汇报所采取行动的有效性。这项职责更多的是反馈而不是预测。在这种情况下，分析师需要起草“事后”报告，以帮助决策者重新评估或调整其政策。不足为奇的是，这种反馈作用是必要的，但并不总是受欢迎的，尤其是当它对于美国政府的表现给出的评估是失败或不算巨大成功的时候。正如前副国家安全顾问利昂·富尔思（Leon Fuerth）过去常说的那样，“没有政策失败，只有情报失败。”

因此，分析师要想维持总统或其他高级官员的信任，就必须谨慎地向战略家提供反馈。正如另一位前副国家安全顾问詹姆斯·斯坦伯格（James Steinberg）所指出的那样，聪明的决策者若仅因为政策的分析性评估不符合自己的预期而将其忽视，那将是愚蠢的。[22]然而，也有决策者的预期和分析师对政策的评估存在广泛的争议。美国决策者没有重视情报界对美国在越南的军事政策方面的大量评估，这一情况被许多情报从业者和决策者记录在案，本书的后续章节将再次介绍。

总之，对具体情报任务的政策评价最有可能在情报界和政界之间滋生不信任。如下一章所述，战略情报为这两个群体之间有关国际环境的对话奠定了基础，而预警和政策支持则旨在协助决策者制定和执行有效政策。但是，

当分析结果显示政策不奏效或情报被认为有损总统的议程时，情报界最有可能遇到麻烦。这就是情报政策关系最具挑战性的地方。

有用文件

《中央情报局分析技术入门》(*CIA Analytical Tradecraft Primer*)，https://www.cia.gov/library/center-for-the-study-of-intelligence/csi-publications/books-and-monographs/Tradecraft%20Primer-apr09.pdf，这一文件很好地概括了防范思维定式和认知偏见的最新分析方法。

《情报循环》(*The Intelligence Cycle*)，https://fas.org/irp/cia/product/facttell/intcycle.htm，这一文件将情报过程描述为一个线性过程。

延伸阅读

罗伯特·M. 克拉克（Robert M. Clark）:《情报分析：以目标为中心的方法》(*Intelligence Analysis: A Target-Centric Approach*)，华盛顿特区：国会季刊出版社，2004 年。本书对分析过程和分析师在政策—收集—分析过程中的作用 108
进行了很好的研究。

唐纳德·C. 丹尼尔（Donald C. Daniel）:《拒止与欺骗》(Denial and Deception)，载詹妮弗·西姆斯、伯顿·格伯（Burton Gerber）主编：《改变美国情报》(*Transforming US Intelligence*)，华盛顿特区：乔治敦大学出版社，2005 年。本文简要介绍了欺骗与拒止计划在使美国情报评估复杂化方面所起作用。

理查兹·霍耶尔（Richards Heuer）:《情报分析心理学》(*The Psychology of Intelligence Analysis*)，华盛顿特区：情报研究中心（Center for the Study of Intelligence），1999 年。一项探讨了分析师为何容易出现认知偏见、思维定式以及相应防范措施的具有开创性的研究成果。

马克·洛文塔尔、罗伯特·克拉克:《情报收集的五种科目》华盛顿特区：国会季刊出版社，2015 年。本书是学者和从业者有关情报科目的文章的优秀合集。

道格拉斯·麦凯钦（Douglas MacEachin）:《分析技术：中央情报局的挑战与变革》(*The Tradecraft of Analysis: Challenge and Change in the CIA*)，华盛顿特区：情报研究协会（Consortium for the Study of Intelligence），1994 年。本书对

分析师如何防范分析偏见进行了基础性研究。

斯蒂芬·马林（Stephen Marrin）:《改善情报分析：连接学术与实践的鸿沟》(*Improving Intelligence Analysis: Bridging the Gap between Scholarship and Practice*)，纽约：劳特利奇出版社，2012 年。本书是情报学者对情报界中情报分析实践以及社会科学研究如何改善情报界业绩所做的评论。

马克·菲斯安（Mark Phythian）主编:《理解情报循环》(*Understanding the Intelligence Cycle*)，纽约：劳特利奇出版社，2013 年。本书是关于情报循环这一概念起源、发展、局限的优秀文章合集，其价值超越了这一概念本身的有用性。

注 释

引语一：白宫，美国国家安全战略（*National Security Strategy of the United States*），2017 年 12 月，第 32 页。

引语二：罗伯特·M. 克拉克：《情报分析：以目标为中心的方法》，华盛顿特区：国会季刊出版社（CQ Press），2004 年，第 12 页。

❶ “国家安全战略”是指利用国家权力的所有要素，包括外交、军事、经济和信息力量，制订预防美国面临的一系列威胁的计划。国家安全战略通常需要所有国家安全机构之间的协调，比如国务院、国防部和国土安全部以及情报界和执法界。

❷ 改述自一位匿名高级情报官员在中央情报局的专著中被引用的话。《情报与政策：发展中的关系》(*Intelligence and Policy: An Evolving Relationship*)，华盛顿特区：情报研究中心，2003 年，第 3 页。https://www.cia.gov/library/center-for-the-study-of-intelligence/csi-publications/books-and-monographs/IntelandPolicyRelationship_Internet.pdf。

❸ 有关分析师建模的详细讨论，请参见罗伯特·M. 克拉克：《情报分析：以目标为中心的方法》，华盛顿特区：国会季刊出版社，2004 年，第 39—62 页。

❹ 作者想承认的是，关于分析过程的大部分讨论都是从一位前同事 2008 年为中央情报局全球未来伙伴关系（Global Futures Partnership）撰写的非机密论文中获取的。参见蒂莫西·沃尔顿（Timothy Walton）：《情报分析入门：提升情报分析的六个步骤》(An Intelligence Analysis Primer: Six Steps to Better Intelligence Analysis)，全球未来论坛情
109 报实践与组织共同体，加拿大温哥华，2008 年 3 月。

❺ 参见谢尔曼·肯特：《关键评估重温》(A Crucial Estimate Relived)，载《情报研究》，1964 年春季，第 185—187 页。

❻ 时任国家情报委员会主席的冯稼时在其《减少不确定性：情报分析与国家安全》一书的“两个评估的故事”一章中详细描述了这一新评估。参见冯稼时：《减少不确定性：情报分析与国家安全》，加利福尼亚州斯坦福：斯坦福大学出版社，2013年，第89—125页。

❼ 现在，《国家情报评估》包含一份范围注释，列出了高、中和低置信度这些术语表示分析师对他们的判断所依据的信息的看法。在有关伊朗核计划的2007年《国家情报评估》中，以下陈述已被包含在范围注释中（且在随后的所有《国家情报评估》中重复出现）：

- 高置信度通常表示我们的判断是基于高质量的信息，且（或）问题的性质使得可以做出可靠的判断。但是，“高置信度”判断不是事实或确定性，且这样的判断仍然存在错误风险。
- 中等置信度通常意味着信息来源可靠且合理，但质量不高或未经充分证实，因而无法保证较高的置信度。
- 低置信度通常意味着信息的可信度和（或）合理性令人怀疑，或者因信息过于零散或佐证不足而无法作出可靠的分析推论，或者我们对信息来源存在重大担忧或质疑。

❽ 关于缺失信息的影响，参见詹姆斯·布鲁斯：《缺失的环节：分析师与收集者的关系》（The Missing Link：The AnalystCollector Relationship），载罗杰·乔治、詹姆斯·布鲁斯：《分析情报：国家安全从业者视角》（第2版）（*Analyzing Intelligence：National Security Practitioners' Perspectives*，2nd ed），华盛顿特区：乔治敦大学出版社，2014年，第157—177页。

❾ 关于假设和思维定式问题的最佳资料，小理查兹·霍耶尔（Richards Heuer Jr.）：《情报分析心理学》，华盛顿特区：情报研究中心，1999年，https：//www.cia.gov/library/center-for-the-study-of-intelligence/csi-publications/books-and-monographs/psychology-of-intelligence-analysis/PsychofIntelNew.pdf。

❿ 一位参与这些辩论的高级分析师向作者叙述说，中央情报局内部辩论的胜利者主要是那些以苏联持续的高额国防开支为依据作出评估的分析师，他们认为持续的高额国防开支反映了苏联主流外交、安全政策目标的延续。另外，在20世纪80年代中期的阿斯彭安全论坛上，一位中央情报局高级官员表达了这种军事观点，他对听众说，我们所知道的苏联核威慑将伴随我们的时间之长，正如人们所能想象的那样。对预计情景的描述，请参见彼得·史瓦兹（Peter Schwartz）：《长远目光的艺术：个人及公司战略洞察力之路》（*The*

Art of the Long View: Paths to Strategic Insight for Yourself and Your Company），约克：外汇出版社，1991 年。

⓫ 丹尼尔·卡尼曼（Daniel Kahneman）和阿莫斯·特维尔斯基（Amos Tversky）论述过人们在决策中常见的分析错误。参见丹尼尔·卡尼曼、阿莫斯·特维尔斯基：《思考，快与慢》（*Thinking Fast Think Slow*），纽约：法拉，斯特劳斯和吉鲁出版（Farrar, Straus 和 Giroux），2011 年。小理查兹·霍耶尔就情报分析中认知偏见的作用撰写了一
110 本具有开创性的书。参见小理查兹·霍耶尔：《情报分析心理学》。

⓬有关结构化分析技术及其目的、过程的更完整的说明，请参见伦道夫·费森（Randolph Pherson）、小理查兹·霍耶尔：《结构化分析技术：一种新的分析方法》，载罗杰·乔治、詹姆斯·布鲁斯：《分析情报：国家安全从业者视角》（第 2 版），华盛顿特区：乔治敦大学出版社，2014 年，第 231—248 页。

⓭米卡·兹连科（Micah Zlenko）：《红方内部》（Inside the Red Cell），载《外交政策》（*Foreign Policy*），2015 年 10 月 30 日，http://foreign policy.com/2015/10/30/inside-the-cia-red-cell-micah-zenko-red-team-intelligence/。

⓮ 参见罗伯特·杰维斯：《情报为何失败：伊朗革命和伊拉克战争的教训》，纽约州伊萨卡：康奈尔大学出版社，2010 年。杰维斯介绍了他长期作为外部顾问的人际关系以及这种关系如何使他能够识别出情报失败中普遍存在的许多分析和收集异常因素。

⓯ 有关最近的学术外联的全面概述，请参见苏珊·H. 尼尔森（Susan H. Nelson）：《学术外联：专门知识建设和专业化的途径》，载罗杰·乔治、詹姆斯·布鲁斯：《分析情报：国家安全从业者视角》（第 2 版），华盛顿特区：乔治敦大学出版社，2014 年，第 319—338 页。

⓰ 关于 2007 年伊朗问题《国家情报评估》的讨论，请参见冯稼时：《减少不确定性：情报分析与国家安全》。

⓱ 白宫：《美国国家安全战略》，2010 年 5 月，第 15 页，http://nssarchive.us/NSSR/2010.pdf。

⓲国家情报总监办公室：《美国国家情报战略》，2014 年，第 6 页，https://www.dni.gov/files/documents/2014_NIS_Publication.pdf。

⓳参见罗杰·乔治：《解决情报分析的思维定式难题：替代分析》（Fixing the Problem of Analytic Mindsets: Alternative Analysis），载罗杰·A. 乔治和罗伯特·D. 克莱恩（Robert D. Kline）主编：《情报和国家安全战略家：持续性问题与挑战》（Intelligence and the National Security Strategist: Enduring Issues and Challenges），马里兰州拉纳姆：罗曼和利特菲尔德出版社，2005 年，第 311—326 页。

⑳ 近来，国土安全辩论的焦点往往是平衡美国公民的隐私权和他们在家里感到安全的权利。同样具有挑战性的是，适当优先考虑国内福利（表现为教育、医疗保健或机场安全支出的形式）与国防支出或外国援助计划（旨在避免失败国家成为未来恐怖分子庇护所）的平衡问题。

㉑ 参见詹妮弗·E. 西姆斯（Jennifer E. Sims）：《决策优势和情报分析的本质》（Decision Advantage and the Nature of Intelligence Analysis），载洛克·约翰逊主编：《牛津国家安全情报手册》（Oxford Handbook on National Security Intelligence），牛津：牛津大学出版社，2010 年。

㉒ 詹姆斯·斯坦伯格（James Steinberg）：《决策者观点：透明度和伙伴关系》（The Policymaker's Perspective：Transparency and Partnership），载罗杰·乔治、詹姆斯·布鲁斯：《分析情报：国家安全从业者视角》（第 2 版），华盛顿特区：乔治敦大学出版社，2014 年，第 95 页。

111

第六章

战略情报

无论我们告诉决策者什么，也无论我们多么正确、多么令人信服，他有时都会因超出我们理解的原因而无视我们的调查结果。如果影响力不能成为我们追求的目标，那我们的目标应当是什么？答案有两项。首要的是具有可信性，其次是在我们的专业领域内具有相关性。

——国家评估委员会前主任谢尔曼·肯特，1968 年

大多数情报评估的主要目的是（或者说应该是）：增强决策者对隐藏在各类秘密中的复杂和潜在的后果性问题的理解。情报评估的目标就是帮助决策者预测、支持、改变、避免或改善他们认为合意的、危险的或破坏性的动态。

——国家情报顾问委员会前主席冯稼时，2011 年

本章围绕战略情报主题进行研究并探讨其如何为国家安全工作提供支持。在本章中将介绍战略情报如何实施并进而为其他情报任务奠定基础。尽管其他情报机构也进行战略分析，但本章将通过国家情报顾问委员会的关键职能以及《国家情报评估》的流程说明战略情报的制作实践。最后，本章将考察此类分析在产生影响力及确保准确性和质量方面所面临的一些持久挑战。

什么是战略情报

对于情报分析师和决策者来说，他们的共同关注点主要是美国及其他友
112 好或敌对主体所处的国际战略环境。情报分析师的首要任务是了解美国政府运作的世界中对其有塑造作用的动态和要素。因而，**战略情报**被定义为向决策者提供对广泛而持久的美国国家安全利益造成影响的主要趋势和因素相关的信息和分析。如图 6.1 所示，战略情报的位阶高于报告已知事实（**基础情报**）和日常事件（**时事情报**）。基础情报通常被理解为已知信息的编目列表，如经

济统计、人口结构数据以及基础设施和物流信息（港口、机场、军事设施、发电厂等的位置）。时事情报是对美国情报界获取的大量外交、军事、秘密和开源报告进行提炼而产生的每日简评。由于时间紧迫、内容简短，在时事情报中几乎不允许对这些报告进行分析。然而，优质的时事情报是建立在坚实的战略分析基础之上的。

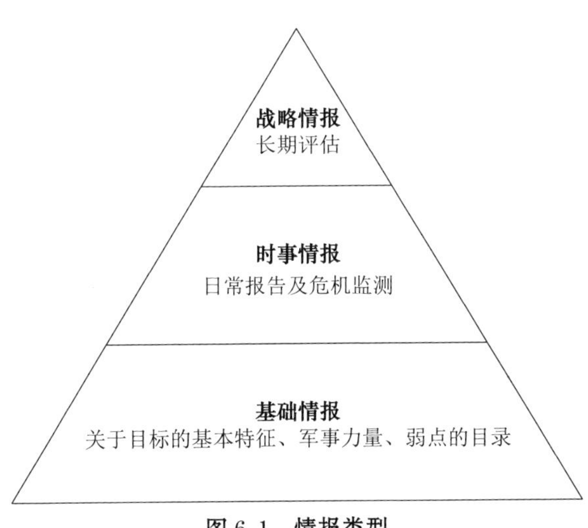

图 6.1 情报类型

相应的，战略情报的确依赖于情报分析师对基础情报信息的理解以及对
时事情报报告的认识。要想获得可靠的战略情报，情报分析师必须对自己所
负责的国家目标或职能主题的地理、历史、政治和经济状况具有良好的把握。
最重要的是，情报分析师必须将与目标有关的最新信息和过去的报告结合起
来。但是，战略分析不能仅由时事动态驱动。相反地，战略情报必须将这些 113
新信息与海量的过往报告数据结合起来，以形成对某一国家（或目标）的活
动、可能行为的综合图景。因此，负责某一国家或职能主题的分析师要对该
国相关的知识进行广泛积累，包括其历史、经济、领导和政治。

在计算机时代之前，一位新就职的分析师有时会被带到一个大型的四层抽屉档案柜前，里面装满了他新接手的主题相关的过去的情报报告（例如伊朗、俄罗斯或弹道导弹、化学武器等）。他的指导者会指着这个档案柜说："把抽屉里的所有文件读完，然后我们再考虑你是否做好了撰写情报分析的准备。"虽然这有一点夸张，但要成为一位研究伊朗、朝鲜或大规模杀伤性武器

等对象的主题专家（subject-matter expert，简称 SME），确实需要相当长的时间。图 6.2 列出了高级情报分析师为了开展情报分析工作所需要具备的知识层次。分析师必须了解目标国家的政治、历史、区域背景和资源潜力，这些内容反过来又会输入更广泛的国际环境中，而情报分析师必须理解国际环境中的现有权力格局和动态。充分了解一个国家的政治文化、政府结构和领导风格，有助于情报分析师准确预判其领导层将如何定义国家利益、制定政策目标，以及如何运用其外交、军事和经济力量来与美国及美国的合作伙伴打
114 交道。

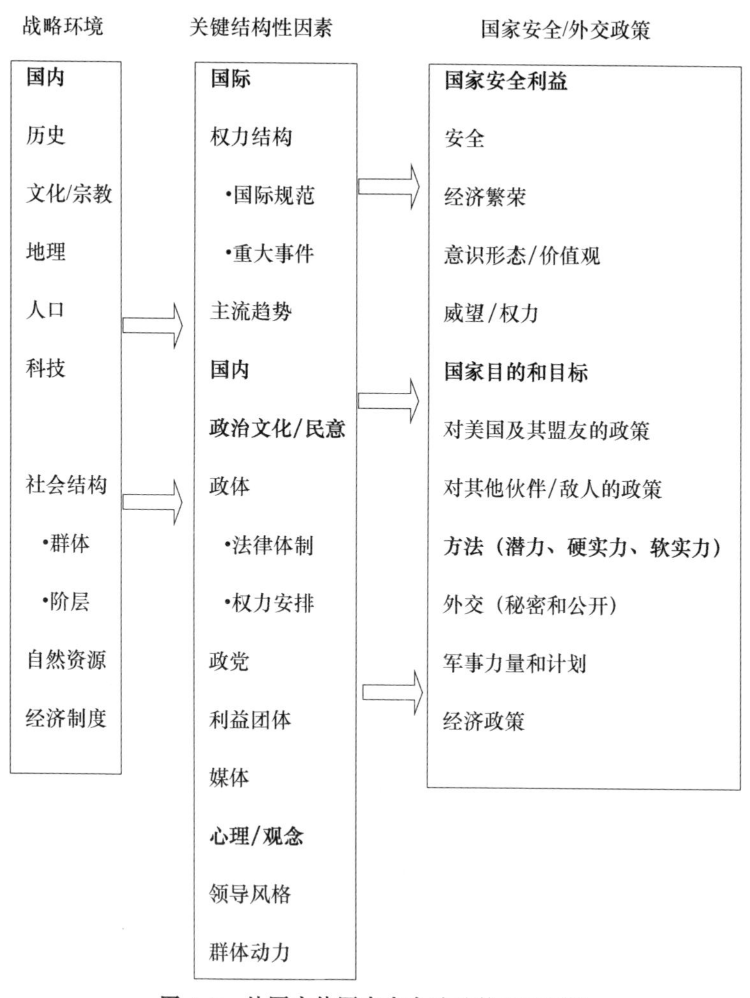

图 6.2　外国主体国家安全政策的决定因素

情报分析师面临的第一个艰巨任务是，确定哪些战略情报动态对高级决策者最重要，以及收集最佳情报以帮助决策者就这些战略问题开展讨论和作出决定。在战时，战略情报显然主要聚焦于对手的军事力量、计划和意图。而即使在和平时期，战略情报也往往集中在军事问题上。事实上，在冷战期间，战略情报普遍关注苏联的军事挑战，但也绝不仅限于军事领域。中央情报局和情报界其他机构还必须考察非军事因素，比如对手的经济状况（可能对其军事潜力提供支持）及其政治制度和领导风格，因为这些因素可以向美国决策者透露外国对手对美国政策的可能表现或反应。

与情报分析师一样，决策者既要了解国际环境，又要将其塑造为美国优势。这两者都不容易。有时候国际环境是难以把握的，特别是在发生巨大变化的时候。正如美国如今所处的环境，决策者经常面对着各种难题，如国际体系如何变化、权力如何分配以及哪些国家可能会对美国利益造成威胁。例 115
如，在冷战结束时，情报界将其高达 80% 的收集和分析资源集中到所谓的苏联目标上，后来花了相当长的时间才降低对此问题的关注并同时扩大对世界其他问题的报告。

与冷战时期不同，如今的决策者无法奢侈或清晰地将注意力集中在某一主体或对手上。当今存在着更广泛、更分散的可能改变美国所处国际局势的趋势或因素。例如，全球气候变化可能对美国所处的环境条件及地缘政治局势造成新状况。如果科学家是正确的，气候变化可能会造成更多的国家瘫痪、人道主义危机和国家间冲突，美国将必须为此制定政策。[1]而与情报分析师不同的是，决策者不仅仅要定义这些因素，还必须制定战略和阐明政策，进而把握机遇并阻止（或至少是减少）国际形势变化可能带来的威胁。

让决策者了解不断变化的战略环境是情报分析师承担的最具挑战性的职责，这一职责以多种形式存在。谢尔曼・肯特于 1949 年将提供情报信息定义为情报分析师提高政策辩论水平的目标。许多决策者并不总能看到情报的这种默默无闻而又普遍的功能。但在与决策者的日常交流中，这是情报分析师必须通过最终分析、口头简报、电话、机密邮件通信以及当面谈话履行的职责。有时，如果能让决策者站在对手的立场上，或者能证明决策者对某一问题的看法并不是对当前问题的唯一可能解释，那么向决策者提供不同的视角也许是情报对战略决策作出的最重要的贡献。

战略问题的昨天与今天

如上所述，战略情报旨在让决策者对国际环境的运作方式及理解其现行运作中起关键作用的主体和因素有宽泛的认识。从战略角度进行情报收集和分析，需要更全面地看待国际环境的动态变化。例如，在 20 世纪 40 年代建立情报界时，冷战所需要的战略情报集中在苏联、华沙条约同盟国等的军事、经济、政治的行动和能力方面。与之不同的是，如今情报界更加关注全球恐怖主义威胁、新兴国家经济崛起、危险大规模杀伤性武器技术扩散和网络威
116 胁。国家情报总监的年度《全球威胁评估》概述了顶级战略情报所面对的挑战，近来位于该评估清单榜首的是跨国问题（最常见的如网络领域、反情报、互联网操控下的恐怖主义、核扩散）及传统的对抗关系（最常见的如朝鲜、伊朗、俄罗斯）。[2]显然，随着美苏两极竞争的结束，国际环境已经发生了变化。然而，即使如今已不是美国所面临的头号威胁，俄罗斯仍是一个战略挑战。

因此，被认为具有战略重要性的事物是会改变的，美国情报机构有必要调整其情报收集和分析的优先顺序，以确保能够提供一系列自 1989 年柏林墙倒塌后方为人知或变得重要的主题的战略情报。要了解那些变得具有战略性的主题，其中一个方法就是浏览自 2000 年以来几位总统颁布的一长串国家“战略”。这些文件由白宫或个别机构发布，但通常在其标题中包含“国家”一词以表明它们反映的是战略重点问题，需要引起整个国家安全事业的高度关注，同样也希望这些问题在情报方面获得高度优先地位。即使是简短而不完整的清单（随附发行日期）也会包括以下内容：

国家安全战略（2017 年、 2015 年、 2010 年、 2008 年、 2002 年等）

国家反恐战略（2018 年、 2011 年、 2006 年、 2003 年）

打击大规模杀伤性武器国家战略（2003 年、 2002 年）

打击生物威胁国家战略（2009 年）

生物监测国家战略（2012 年）

网络空间战略（2011 年、 2002 年）

打击跨国犯罪国家战略（2011 年）

国家安全空间战略（2011 年、 2006 年）

北极地区国家战略（2013 年）[3]

正如这部分清单所示，存在一系列广泛（wide）的国际问题需要有广泛的（broad）战略来协调众多联邦（在许多情况下，还有州和市）机构的活动。这些公布出来的战略是国家安全委员会审议（在第三章有概述）的结果。还有更多的主题尚处于机密渠道，因而不能在此举例讨论。不过，这些机密的跨部门研究和决议备忘录是通过跨部门流程拟定和协调，然后由总统批准应对此类问题的战略。这些文件中有许多包含情报评估，或是作为国家安全决定备忘录的一部分，或是作为单独的附录，或是作为支持国家安全委员会首长们审议的情报评估附件。 117

例如，在“9·11”恐怖袭击之后，布什总统的国家安全团队制定了一项打击大规模杀伤性武器的机密战略。这份国家安全总统决定第 17 号（NSPD17）指导联邦机构制定了防止大规模杀伤性武器的传播、使用和造成后果的三管齐下的方法。该决定还提出了一项有争议的政策，即对那些可能企图开发或使用大规模杀伤性武器对抗美国及其盟友的对手进行“预防性”攻击。2002 年 9 月，布什总统发布了一份长达 6 页的非机密版本的国家安全总统决定第 17 号，宣布美国“绝不允许世界上最危险的政权和恐怖分子用世界上最具破坏性的武器威胁我们”。这是首个打击大规模杀伤性武器国家的战略，强调了综合运用外交和威慑的必要性、发展更有效的反扩散防御措施的必要性以及扩大对敏感技术的经济制裁和出口管控的必要性。然而，同样重要的是，它还强调了更优质战略情报的必要性：“对全部大规模杀伤性武器的威胁更准确和完整的理解，已被列入且将继续被列入美国情报的最重点事项，从而使我们能够防止其扩散，并震慑或抵御使用此类军事力量的敌人。提高我们及时准确掌握敌方的攻防力量、计划和意图的能力，是发展有效的反扩散能力和防扩散能力的关键。”[4]这是目前存在的关于战略制定和情报支持之间相互关系的最清晰的表述。与许多其他问题一样，决策者打击大规模杀伤性武器的扩散及其潜在应用，依赖于对不断变化的战略环境及时、准确的评估。

预测：战略情报的特征

与基础情报或时事情报不同的是，战略情报必须具有前瞻性和长期性，因此分析师需要对决策者未来可能面临的情况作出合理预判。这就要求分析师**预测**目标和（或）其行为如何随时间变化，并说明这些变化发生的可能性。这可能是分析师工作中最具挑战性的部分。谢尔曼·肯特曾经说过，“评估即在未知中作为。”[5]情报并非预言，但对情报的评价标准往往取决于其是否正确地预测了外国对手的行动。即便如此，分析师也必须尽可能降低决策者所面临不确定性的程度。因此，分析师需要给自己的判断确定可能程度，如
118 高度可能性、较高可能性、低可能性或不可能。不管分析师使用什么形容词，都只是主观印象和评判，而不是事实。一般来说，分析师会在他们的判断中加入修饰词（通常被称为“警告”），一个不可能或不太可能发生的事件会被标注为低于50%的概率，而有可能或几乎肯定发生的事件的概率则远大于50%。

当存在如此多已知和未知因素能够影响外国主体的行为时，更为精确的判断既不可能又显得不够严谨。为了应对这种概率挑战，分析师还将诉诸开发多种替代情景，在不同情景中外国主体行为中的显著关键因素会有所不同，之后再对这些情景可能出现的概率进行排序。在很多情况下，分析师判断目标的可能表现时，会根据自己对关键因素、力量中最强部分的理解，区分出最可能的和最不可能发生的情况。在这些情景中，分析师也许还会强调那些可能对美国利益产生最积极或消极影响的情况。

对分析师来说，列出战略评估中使用的关键假设是最重要也是最具挑战性的任务之一。在预测未来时，几乎没有强力证据能够证明对手尚未采取的行动，因此分析师必须依靠其过去的行为和模式而非事实来作出判断。这些假设通常是未经分析和说明的，可能会掩盖潜在的分析错误。1941 年，美国军事情报部门没有理会日本袭击珍珠港的预判，部分原因是其根深蒂固的偏见认为，日本在国家文化上处于劣势且不具备攻击美国太平洋舰队的军事力量。1962 年，谢尔曼·肯特领导的中央情报局分析师在很大程度上排除了苏联在古巴部署进攻性导弹的可能性，原因在于其假设：苏联此前从未在苏联以外的其他地方部署过导弹，而且苏联肯定明白美国绝不会容忍在距离美
119 国海岸 90 英里的地方存在这种武器。此类假设应该尽可能透明，以便其他分析师对其质疑，同时决策者也可以判断这些假设是否可靠。在某些情况下，允许一组不同的外部专家审查情报评估会很有帮助，因为他们通常会对某一

主题提出不同的观点和假设，从而能够快速识别、质疑情报分析师的假设。

谁来制作战略情报

战略情报由众多不同的生产者制作并以多种形式存在。一般而言，与时事情报相比，战略情报产品很大程度上关注未来的或长期的问题，而时事情报主要是汇报当前发生的事情。由于总统及国家安全团队对当前问题所做的许多决定具有战略的、长期的影响，所以这种区别已经有点模糊了。即便如此，战略情报的传统样式仍然是《国家情报评估》以及其他能反映16个情报机构观点的情报产品。20世纪50年代，中央情报总监创建了由中央情报局高级分析师组成的国家评估办公室（Office of National Estimates，简称ONE），他们将代表整个情报界撰写评估报告。

国家评估办公室最有影响力的负责人是耶鲁大学学者谢尔曼·肯特教授，他在二战期间被招募到战略情报局，后来在1950年加入新成立的中央情报局，领导新的评估工作。在他的领导下，国家评估办公室成为美国政府机构中最权威的情报组织。它招募了常春藤盟校的一些顶尖学者以及职业的军事、外交和情报官员。[6]肯特在很大程度上把“战略”情报与“国家”情报合为一体，此举意味着情报应当超越只是由某一机构为其狭窄范围的用户提供通常的部门情报。这使得庞大的国家评估办公室的幕僚及其下属的较小的国家评估委员会（Board of National Estimates，简称BNE）的专家们获得了比军事部门甚至中央情报局其他部门的分析师更高的地位。[7]国家评估办公室及其国家评估委员会一直运行到20世纪70年代初，但在很多人的眼中它变得过于“学术”且脱离了现实的政策。因此，中央情报局局长威廉·科尔比（William Colby）新设立了国家情报顾问委员会来取代该组织，其国家情报官团队致力于将战略情报与政策联系得更紧密。

在情报界诞生早期，尽管国家评估办公室是向总统和国家安全委员会提供战略情报的主要部门，但中央情报局、国防情报局，甚至情报研究局也都
在制作各自的战略情报产品。在冷战早期，中央情报局将其分析师分成不同 120
的职能小组，其中较大的一组为战略研究办公室（Office of Strategic Research，简称OSR），另一组是时事情报办公室（Office of Current Intelligence，简称OCI）。前者侧重苏联军事和科学发展的广泛问题。许多有关苏联军事计划的

分析皆出于此，包括弹道导弹的开发、核计划、指导苏联使用军事力量的战略学说。这些分析师制作了各种各样的中央情报局评估供国防部使用，不仅如此，这些评估对高级文职领导人了解苏联军方使用核武器计划、克里姆林宫对待战争的态度、苏联为扩大在亚欧政治及军事势力范围进行的战略部署等也颇有价值。作为对战略军事问题研究工作的补充，当时中央情报局的经济研究办公室（Office of Economic Research）开发了关于苏联经济表现、经济增长率以及苏联经济的国防负担程度的最佳模型。中央情报局的这些分析师也经常参与《国家情报评估》的制作，如果属于情报界公认的专家，他们还会成为评估的主要起草人。

与此同时，国防情报局也运营着自己的高级军事情报分析师队伍，主要负责研究苏联的军事力量及其与美国抗衡的能力。在国防情报局中设有评估处，负责对导弹、坦克、飞机和舰船进行长期评估。这些军事评估成为情报界制作的更宏观的《国家情报评估》的一部分。多年来，国防情报局和中央情报局的分析师就苏联军事计划和预算的规模和增长率问题产生了激烈分歧。简言之，国防情报分析师往往认为苏联人“有 10 英尺高”，而中央情报局和其他地方的文职情报分析师往往认为苏联人军事威胁较小、也更落后。[8]关于苏联战略能力和意图的争论贯穿了整个 20 世纪 70 年代和 80 年代，当时对苏联武器系统和军事理论的详尽研究被认为是美国能否阻止苏联核攻击并幸存下来的关键。在 20 世纪 70 年代由理查德·尼克松总统和国家安全顾问亨利·基辛格谈判达成的战略武器控制协议的辩论中，这些评估也起到了关键作用（在后面的章节中有更详细的讨论）。

国务院的情报研究局一直以来都没有足够的人员来支持大规模的情报评估工作。但是，它仍然定期对涉及战略和国家利益的事项进行长期评估。当情报研究局有某位优秀的评估领域专家时，情报研究局的分析师们有时也会担任《国家情报评估》的起草人。与中央情报局和国防情报局的分析师类似，情报研究局自己的全源分析师也能使用全部国家情报收集者提供的情报报告，有时他们还能就苏联的战略意图或在越南战争胜利的可能性等重大问题提出
121 不同的观点。在后一种情况下，情报研究局的消极预测被证明比其他情报机构的许多预测要准确得多。

国家情报顾问委员会

如今，战略情报继续由独立情报机构和国家情报顾问委员会进行制作。由于是自国家评估办公室演变而来，国家情报顾问委员会沿袭了其作为情报界首要战略情报输出机构的地位。2004年《情报改革与恐怖主义预防法》规定，国家情报顾问委员会“应由情报机构内的高级情报分析师和来自公立和私立部门的实务专家组成……（且）国家情报顾问委员会成员中应设立高级情报顾问，代表美国政府情报界发表意见”[9]。

国家情报顾问委员会目前由大约100名专家和支援幕僚组成，他们遍布于美国政府全球战略情报的各个重要领域。国家情报顾问委员会主席负责监督十几名或更多国家情报官的工作，他们的职责范围涵盖了主要区域及关键职能主题。国家情报顾问委员会的主席要么是高级情报工作者，要么是德高望重的学者或卸任决策者。最近的几位主席包括哈佛大学的约瑟夫·奈教授，兰德公司的格雷戈里·特雷弗顿博士，“9·11”委员会的前主任克里斯托弗·科基姆（Christopher Kojm）。他们都曾在高级政策岗位任职，因而具备与国家安全委员会、国务院和国防部同行密切合作的独特优势地位。国家情报顾问委员会本身包括国家情报官及其副国家情报官、长期评估组（负责一系列国家情报顾问委员会情报产品的制作）。国家情报顾问委员会的组织架构中主要包括以下负责区域、职能领域的国家情报官：

- 区域：非洲、亚洲、欧洲、西半球、近东地区、俄罗斯/欧亚大陆和南亚
- 职能领域：大规模杀伤性武器、网络威胁、跨国威胁（如恐怖主义）、全球经济、技术

国家情报顾问委员会的突出之处在于拥有军事、外交、学术或私立部门工作背景的诸多专家。正如国家情报顾问委员会的一位前任主席所指出的，国家情报顾问委员会不仅吸引了中央情报局和国防情报局的高级官员，还吸引了情报界其他机构、美联储、西点军校教员和著名智库的专家。[10]正如他所说，国家情报顾问委员会“需要那些在政府内外都得到广泛认可且因其专业
知识而受到尊重的人员”[11]。国家情报官的工作职责不仅是作为一个实务专家， 122

而且还是情报分析界的领导者、连接政界的桥梁。国家情报官代表的是情报界在国际问题上的集体观点，而不仅是他们的个人判断。因此，国家情报官经常参加其各自领域的跨部门政策委员会会议，并经常作为后座议员支持国家情报总监参与首长委员会会议。国家情报官定期与国家安全委员会、国务院和国防部高级官员会面，向他们介绍情报界的情报评估，并制定符合他们需要的情报研究议程。

在大多数情况下，国家情报官会根据对决策者需要的理解，为《国家情报评估》及国家情报顾问委员会其他情报产品提出研究主题。或者，高级决策者甚至国会委员会可能请求其作出国家评估。然后由国家情报顾问委员会和国家情报官负责按照请求者的思路和时间表制作这些文件。国家情报官负责为每个项目制定大纲（即“职责范围”），分配、管理评估的起草工作，领导跨部门“协调”会议（审查和修订草案的分析师们参加），并最终进行这些情报产品的编辑和定稿工作。在流程结束时，国家情报官将提交评估报告供国家情报委员会（National Intelligence Board，简称 NIB）审查，该委员会由情报界各个机构的负责人组成，并由国家情报总监主持。这将是最后一步，届时将审议对《国家情报评估》的任何修正或异议。

自 2005 年起，国家情报顾问委员会成为国家情报总监办公室的一部分，现在直接向国家情报总监报告。作为情报界负责人，国家情报总监将批准由国家情报顾问委员会作出的所有《国家情报评估》。虽然决策者认为《国家情报评估》是情报界最具权威的报告，但它绝不是国家情报顾问委员会最受广泛阅读或最流行的出版物。一般来说，《国家情报评估》需经历最详尽无遗的起草和审查过程，通常耗时几周甚至几个月。从以往来看，《国家情报评估》往往是冗长的、详细的研究，即使没有几百页甚至几卷，也有几十页，这取决于某些技术主题（比如武器技术）的复杂程度。在某些情况下，决策者并不愿意阅读这些文件，因此国家情报官们经常诉诸更快捷的备忘录，即《共同简报含义》(sense of the community memoranda)，这些备忘录更侧重于当前的重点问题，不需要国家情报总监和其他情报界负责人进行冗长的审查。最近一个这样的跨部门备忘录的例子是 2017 年 1 月的情报界评估，题目为“评估俄罗斯在近期美国大选中的活动和意图”[12]。这些情报产品，加上为特定政策用户制作的个别国家情报官备忘录，每年总共会有 700 多份出版物。[13]此外，最近的国家情报顾问委员会主席规定，《国家情报评估》的长度不应超过 20 页，并附有三页的“关键判断”（主要结论）作为序言。这是为了让《国家情 123
报评估》更实用，并提升繁忙的决策者阅读情报产品的可能性。

《国家情报评估》：流程及产品

权威性战略情报的制作需要情报界具备一批能够对重大的长期问题敏锐洞察的资深分析师。同时，还需要一个严谨的流程对过去与该主题相关的评估进行检阅，对最近的趋势和动态进行评估，并对相关问题未来 6 个月甚至数年的可能形势形成预测。这一过程包括权衡过去与现在的报告并确保情报界各机构的所有观点都能得到呈现。最后的结果是形式多样的：从《国家情报评估》到针对性更强的跨部门情报产品和国家情报官备忘录，再到现在被称为《全球趋势》系列的精心制作的、持续数年的项目。

流　程

由于在所有情报界产品中经过了耗时最长和层级最高的审查，《国家情报评估》被认为是最权威的战略情报形式。典型的《国家情报评估》通常因以下情况而产生：高层决策者对某一必须进行决策的主题的关注；国家情报官认为需要制作《国家情报评估》对某一优先主题过去的判断进行回顾，或需要对政界的可能决策进行预测。《国家情报评估》的关注点通常源自国家情报官与国家安全委员会、国务院和国防部的同行之间的互动。一旦就某一主题达成一致，国家情报官将主持召开一次情报界内的专家会议，以便就《国家情报评估》要解决的关键问题制定一个大纲。国家情报官将把起草任务分配给中央情报局、国防情报局、情报研究局等部门的一名或数名分析师。国家情报官或其副职将监督起草过程并担任一级审查者和编辑。初稿完成后，国家情报官将把《国家情报评估》初稿分发给情报界各机构征求意见，并结合反馈意见对其进行修改。大多数《国家情报评估》需要举行几次当面会议（这是**协调过程**的一部分），分析师将代表其所在机构在会上对草案进行逐条审查。根据《国家情报评估》的复杂程度和范围，这个过程可能会耗时一天，也有可能要经历长达一周时间。尽管有“协作”一词，但这一过程不仅困难重重，而且并不总是高度团结或平等的。

最终，国家情报官将确定是否就有关问题达成共识，或是否需要进一步审查以及是否需要标明部分“异议”以记录各个机构的不同意见。在过去，《国家情报评估》经常被写成共识文件，当个别机构对某些问题有不同意见时再在其中插入不太显眼的脚注。这些脚注被标记在页面的底部，以指出异议
124 机构并简要论述理由。然而，在后伊拉克大规模杀伤性武器时代，这些异议在文中得到了着重强调，使得各机构能够更详细地说明其判断为何不同，以及他们认为是否有证据支持多数人的论点。

如今，国家情报顾问委员会高级官员不愿为了达成共识而将分歧最小化。相反，他们看重每个机构所持观点的“清晰度”。重要的是，每个机构都有投票权，这些机构的负责人必须在国家情报委员会（NIB）的最终会议上书面确认其赞成票。这一程序设立于2002年伊拉克大规模杀伤性武器评估报告出现纰漏之后，目的在于强制各机构从头至尾审查他们之前作出的关于某一主题的判断，并在国家情报总监批准、发布之前始终坚持其观点。在国家情报委员会最终会议上，不仅机构负责人需要确认同意相关判断，而且收集机构也需要审查其原始资料的使用情况并确认其对信息有效性的置信度及信息在《国家情报评估》中的使用。所有这些流程旨在表明《国家情报评估》在准确性方面的权威和责任。

评估性产品

《国家情报评估》有各种形式和篇幅。在冷战时期，对苏联战略核力量的每项评估通常需要数卷数百页的篇幅。这确实是最基本的战略研究。对苏联战略力量的评估系列命名为“《国家情报评估》11-3/8”（见窗6.1中的摘录），国防部利用这些年度评估调整美国战略力量并制订战略计划以阻止苏联核打击。基于这些评估，美国决策者开发了美国陆基、海基和空中运载系统的核三位一体系统，以应对苏联的“抢先攻击”企图。这些评估在20世纪70年代也引起了争议，当时尼克松总统和国家安全顾问基辛格正在推动缓和，并与苏联签署了第一份重大的限制战略武器会谈（Strategic Arms Limitation Talks，简称SALT）协议。中央情报局和国防情报局在未来苏联军力预测上的分歧导致后来有人指责称，中央情报局为了迎合基辛格的缓和政策而对其较低的军力预测进行政治化处理。外界批判者对这些评估进行了抨击，声称中央情报局的分析师倾向于通过假设莫斯科会满足于在战略力量上对等而不是优势来“最好地包装”苏联的计划。[14]

窗6.1　苏联应对洲际攻击的武装力量 125

（主要发现）

本文研究的洲际攻击力量包括洲际弹道导弹（intercontinental ballistic missiles，简称ICBMs）、潜射弹道导弹（submarine-launched ballistic missiles，简称SLBMs）和重型轰炸机。在过去的10年里，苏联对其军事设施的这些要素斥巨资大力建设。这一时期内，所有国防开支都有所增加，其中分配给这些武装力量的预算翻了倍，1960年有5%左右，后几年增加到10%以上。1969年的水平估计为23亿卢布（相当于56亿美元），是1960年水平的3倍多。在这整个10年中，用于洲际攻击武装力量的开支累计约160亿卢布（约360亿美元），其中洲际弹道导弹占80%……

作为其建设活动的成果，据估计，苏联于1970年10月1日在可用洲际弹道导弹综合设施中有1291个可用洲际弹道导弹发射器，而到1972年中期他们将有1445个洲际弹道导弹发射器可用。而在1972年中期的1445个洲际弹道导弹发射器中，可能有306个大型的SS-9型和850个较小的SS-11型……

20世纪60年代初，苏联领导人在政治和意识形态上对美国怀有敌意，并且在思想和行为上都扮演着一个大国的统治者，他们意识到在这方面的军事力量明显不如他们最危险的对手（美国）。因此，苏联领导人决心改变这种不平衡，至少达到一种大致对等的关系。这种意义上的对等是无法客观衡量的，它本质上是一种思想状态。我们掌握的这些证据（其中大部分来自限制战略武器会谈）表明苏联领导人认为，至少就洲际射程武器而言，他们已经或即将达到这一对等地位。

资料来源：《国家情报评估》11-8-70的解密摘录，参见美国中央情报局：《意图和能力：对苏联战略力量的估计（1950—1983年）》（*Intentions and Capabilities: Estimates on Soviet Strategic Forces, 1950-1983*），华盛顿特区：情报研究中心，1996年，第263—267页。

长篇的《国家情报评估》以及关于苏联军事理论和军事力量的经久且冗长的分歧早已成为过去。现在的战略评估涉猎范围很广，从短篇的、关注外国政府存续能力等狭窄问题，到关于美国本土威胁的长期前景。一直有源源不断的短篇《国家情报评估》就阿富汗和伊拉克等热点地区的和平前景作出评估，成为国家安全委员会关于美国应对此类冲突之战略的跨部门讨论的一部分。其中一个例子是2007年1月关于伊拉克前景的《国家情报评估》（见窗6.2），该评估极大地推动了美国“急剧”增兵以击败逊尼派叛乱的决策。

窗6.2　2007年1月《国家情报评估》：
《伊拉克稳定前景：艰辛之路》（节选）

关键判断

伊拉克社会日益两极分化，安全部队和整个国家的持续软弱，各方随时准备诉诸暴力，这些共同导致了团体暴力、叛乱者暴力以及政治极端主义的增加。除非扭转这些状况的工作在本评估期间（即在今后12—18个月内）取得显著进展，否则我们预计，总体安全局势将继续恶化，其速度与2006年下半年相当。如果更忠于政府并得到联军支持的加强的伊拉克安全部队（Iraqi Security Forces，简称ISF）能够减少暴力程度并为伊拉克人民建立更有效的安全，则伊拉克领导人将有机会开启长期稳定、政治和经济复苏所必需的政治妥协进程。

- 然而，鉴于当前胜者为王的态度和影响政治局势的宗派仇恨，即使暴力减少，伊拉克领导人也将很难在本评估的时间范围内实现持续的政治和解。

一些可能有助于反转伊拉克消极趋势的重大动态包括：

- **逊尼派更广泛地接受当前的政治结构和联邦制……**
- **什叶派和库尔德人作出重大让步……**

一些重大的国内安全和政治触发事件，都有可能造成伊拉克安全环境的剧烈震荡，如持续的大规模宗派屠杀、重要的宗教和政治领导人被暗杀以及逊尼派完全背叛政府。

注意：原文中粗体部分。

资料来源：国家情报总监办公室：《国家情报评估——伊拉克稳定前景：艰辛之路》（*National Intelligence Estimate*：*Prospects for Iraq's Stability*：*A Challenging Road Ahead*），2007年1月，https://www.fas.org/irp/dni/iraq020207.pdf。

布什总统留意到《国家情报评估》记载的日益恶化的安全局势，他几乎同时宣布了一项新战略，将驻伊美军增加两万人，并将其纳入伊拉克安全部队，而《国家情报评估》也认为这是一个主要弱点。这一评估后很快又有跟进评估，不断更新情报界对增兵成效和是否有新进展的判断。例如，2007年8月，国家情报顾问委员会发布了一份名为“伊拉克稳定前景：安全方面进展及政治和解困境”（*Prospects for Iraq's Stability*：*Some Security Progress but Political Reconciliation Elusive*）的最新《国家情报评估》报告，从标题中可以看出
126 美国战略成果喜忧参半。这次更新报告以一月份的《国家情报评估》报告为

“基线”，研究了未来 6 个月至 1 年的安全与国家和解前景。[15]

其他的《国家情报评估》自然地把重点放在了恐怖主义对国土的威胁上。同样在 2007 年，国家情报顾问委员会制作了一份《恐怖主义对美国本土的威胁》（*The Terrorist Threat to the US Homeland*）的重要报告，认为美国将“在未来三年内面临持续不断且逐步发展的恐怖主义威胁”。在这一评估中，情报界专家认为：“过去五年大幅增加的反恐力量限制了基地组织对美国本土的再次袭击，并使得恐怖组织认识到，与“9·11”事件时相比，美国本土变得更难以受到袭击了。”像其他前瞻性《国家情报评估》一样，该报告预测了“激进主义（特别是萨拉菲主义）网站可能的扩散，反美论调与行动更富有攻击性， 127
西方国家自发激进组织数量增加，都表明包括美国在内的西方国家穆斯林人口中的激进和暴力分子在增加。”[16]此类评估报告再次增强了布什政府对打击海外恐怖主义、加强国内监控和边境安全的工作成效的信心，然而这也让华盛顿的决策者们注意到激进的宗教极端主义正在蔓延。随后在欧洲甚至美国发生的由“ISIS”引发的袭击事件表明，基地组织并不是唯一威胁美国安全的组织。

《全球趋势》：非典型战略评估

战略情报有关的最后一个例子是国家情报顾问委员会发布的一种非机密的重要报告，该报告类似于一种推测性的“世界评估”。其《全球趋势》系列战略评估讨论了未来 5—20 年的重要趋势和不确定因素会如何影响世界，其目的是促使决策者在制定当前战略和政策时考虑长远发展。此类出版物与其他情报产品几乎都不一样。第一，与国家情报顾问委员会其他情报产品不同，《全球趋势》文件不依赖于秘密或机密信息。显而易见的是，几乎没有任何机密信息聚焦于今后 20 年。第二，《全球趋势》的撰写主体并不仅仅局限于情报分析师和机构，其撰写方式也并非常见的情报界合作起草。相反，国家情报顾问委员会同美国、外国专家就各类主题进行探讨交流，这些主题远远超出了通常意义上国家安全或情报主题的范畴。例如，《全球趋势》报告定期评估诸如人口结构、能源、气候变化、生物医学进步及医疗、金融与商业趋势以及信息技术等因素的现实状况和未来影响。这就要求国家情报顾问委员会与人类学家、社会学家、人口学家、流行病学家、技术专家以及通常意义上的安全专家进行交流。

最后一点与其他情报产品不同的是，《全球趋势》系列越来越多地将“美国角色”纳入推测分析的范围。众所周知，由于其任务是关注外交政策的发展，美国情报分析师通常不分析美国。然而，当美国成为核心主体对外国对手和盟友的政策及行动都具有巨大影响力时，几乎不可能不考虑华盛顿的行为对其他主体未来行动的影响。因此，《全球趋势》已经将美国视为主要的“规则颠覆者”之一，尤其是现在美国局势似乎正处于不断变化之中。[17]此外，将外国参与者对当前美国政策的看法纳入考量，对构建对未来的启发式推测
128 尤其重要。

国家情报顾问委员会目前已发布了5版《全球趋势》，发布时间被安排于新一届政府上任的一月份以供其参考。主要起草人委托各种智库和专家们进行研究，在多个大洲安排一系列会议，并在网上发布他们的初步报告和草稿供受邀专家进行评论。其目的是，就影响当今和未来世界的最重要的已知因素提出各种观点，并强调可能从根本上改变当前地缘政治环境的关键不确定性。其成果是一系列发人深省、具有开创性的文章。例如：

- 1997年，《2010年全球趋势》（*Global Trends* 2010）预测，战后的国际秩序即将结束，这将导致三大重要趋势：一是冲突将主要发生在国内，而不是国家之间；二是弱国将会衰退，导致种族冲突和难民流动；三是随着全球化进程和技术革命的推进，即使是大国也会难以完全掌控自己的命运。
- 2001年，《2015年全球趋势：关于未来的对话》（*Global Trends* 2015：*A Dialogue about the Future*）强调了全球变化的驱动因素（如人口趋势、自然资源、全球化甚至美国扮演的角色）并介绍了各种合理的未来情景，描述了在各种不确定条件下可能会出现的一系列结果。
- 2004年，《2020年全球趋势：描绘全球未来》（*Global Trends* 2020：*Mapping the Global Future*）深入介绍了将重大不确定性（如全球化、管理）结合起来的实践，展现了各种虚构情景。“达沃斯世界”（Davos World）预见了维持全球化积极方面的挑战，“美式和平”（Pax Americana）探讨了美国的单极时代能否继续下去，“新哈里发”（A New Caliphate）说明了新身份

政治的影响，“恐惧的循环”（Cycle of Fear）完美描绘了大规模杀伤性武器扩散、国际恐怖主义和全球权力转移的风暴。

- 2008 年，《2025 年全球趋势：转变后的世界》（*Global Trends 2025: A Transformed World*）预见了多极世界，印度、巴西、伊朗以及有可能复苏的俄罗斯将兴起成为与美国竞争的大国集团。战后的国际体系将不再有效，也不再被新兴大国视为合法，这意味着全球秩序需要进行重大变革。
- 2012 年，《2030 年全球趋势：不一样的世界》（*Global Trends 2030: Alternative Worlds*）定义了可能会产生的四种截然不同局面的“大趋势”及“规则颠覆者”（包括美国在世界上的角色）。赋权的增强、技术的广泛应用、权力在国家间的进一步扩散、城市化以及欠发达国家青年群体膨胀，这些都可能会产生一些非常严峻的国际形势。该文章进一步明确了十几 129
个关键的新兴和颠覆性技术及其对世界形势的影响。

《全球趋势》系列在每一份新出版物中都尝试了不同的讨论形式，比如与即将上任的国家安全团队以及外部专家进行交流，或者使用线上社交媒体。这些非机密的评估对华盛顿和世界各地的决策者产生了意想不到的重要影响。新任政府会在文件正式发布前拿到文件，而且新任政府常常在制作自己的《国家安全战略》文件的过程中掺杂一些对《全球趋势》的思考。国家情报顾问委员会前主席冯稼时还指出，通过让数百名外国参与者加入文件的制作过程，增强了在他们本国政府使用该出版物和将出版物翻译成外文的兴趣。一些北大西洋公约组织（North Atlantic Treaty Organization，简称 NATO）成员国采纳或呼应了其中一些调查结果，并开始了自己的“未来”计划。[18]

最新版本的 2017 年的《全球趋势：进步的悖论》（*Global Trends: Paradox of Progress*）或许是国家情报顾问委员会作出的最宏大的战略分析。该研究为期两年，涉及委托外部研究以及测试各种假设，涵盖了各种主题，由来自 35 个国家的 2000 多名参与者参加。具有开创性的是，该研究不仅包括传统的智库专家和外国官员，还将一些国家的学生、妇女团体和企业家纳入了讨论小组。与过去的《全球趋势》不同，本次研究同时关注 5 年和 20 年的时间范围，认为这样更能让决策者看到可能会实际影响其政策和优先事项的推测，激发其思考这些政策将如何改变未来。根据所概述的一系列主要趋势和影响（见窗 6.3），该研究文件列出了三种主要情景（总结如后）。这三种情景被称为“孤岛”、“势力范围”和“共同体”，是主要政府和其他国际主体对预计出现的短期波动作出反应的结果：

- **孤岛**（Islands）是对增长缓慢或无增长的全球经济的重大改组过程，这一情景中全球化和改变工作与贸易的新兴技术遭到普遍排斥，考验各国对物理安全和经济安全的社会需求的反应。政府采取贸易保护主义政策并减少对多边合作的支持。
- **势力范围**（Orbits）是主要竞争大国在保持国内稳定的同时寻求影响范围的一种世界，其驱动因素是日益高涨的民族主义、颠覆
130 性技术以及削减全球合作的各种冲突的演变形式。这一情景预见了迫使国际利益相关者反思自身行动的核武器使用可能性。
- **共同体**（Communities）反映的是这样一种世界，尽管面临国家政府的阻力，但国家能力的不断下降为地方政府和私有非国家主体腾出了建立合作关系网的空间。这一情景设想了信息技术如何成为公司、倡导团体和地方政府有效提供服务及为其议程提供支持的
131 关键推动力量。[19]

窗 6.3　2017—2035 年的全球趋势和主要影响

富裕国家老龄化，贫穷国家并未如此。在富裕国家和俄罗斯等国，适龄劳动人口正在减少。但在发展中国家、较贫穷的国家，特别是在非洲和南亚，适龄劳动人口在增加，经济、就业、城市化和福利压力不断增加，更加刺激了移民。培训和持续教育对发达国家和发展中国家都至关重要。

全球经济正在转变。短期内，疲软的经济增长将持续下去。从2008—2009年的金融危机中恢复过来的同时，在高负债、低需求和对全球化的质疑等因素下，主要经济体将面临劳动力萎缩和生产率增长下降的问题。低增长将威胁到发展中国家的减贫。

技术加速进步但也造成了间断。快速的技术进步将加快变革的步伐并创造新的机会，但也将拉大赢家和与劣势者的差距。自动化和人工智能可能以超出经济适应能力的速度改变产业，且有可能替代工人并限制贫穷国家的常规发展路线。基因编辑等生物技术将给医学和其他领域带来革命，同时加剧伦理分歧。

思想和身份认同推动排斥浪潮。在增长疲软的情况下，全球互联互通的日益增强将加剧社群内部和社群之间的紧张关系。民粹主义大概率会抬头并威胁到自由主义。一些领导人将利用民族主义来加强控制。宗教的影响将越来越重要，甚至比许多政府更加权威。几乎所有国家都将目睹经济力量提升女性地位和领导作用，但也会出现反弹。

治理愈发困难。公众将要求政府保障安全与繁荣，但财政收入不景气、信任问题、两极分化以及越来越多的新问题将妨碍政府工作。科技将扩大可以阻止或规避政治行动的参与者。随着主体的增多（包括非政府组织、公司和被授权个人），管理全球问题将变得更加困难，从而产生更多的特别工作和更少的笼统工作。

冲突的性质改变。由于大国之间的利益分歧、不断扩大的恐怖威胁、弱国的持续动荡以及致命与破坏性技术的传播，冲突的风险将会增加。远程精确制导武器、网络和机器人系统从远处瞄准基础设施，大规模杀伤性武器制造技术变得更容易获得，社会混乱将更加普遍。

气候变化、环境和健康问题需要关注。尽管合作变得越来越困难，但一系列全球性风险造成的各种近期或长期威胁仍需要采取集体行动来应对。极端天气、水和土地压力以及食品安全问题的加剧将破坏社会。海平面上升、海洋酸化、冰川融化和污染将改变生活方式。气候变化引发的紧张局势将加剧。人口流动的增加和有限的医疗基础设施将使传染病更难管控。

资料来源：摘自美国国家情报总监办公室：《全球趋势：进步的悖论》，2017年1月，https://www.dni.gov/files/documents/nic/GT-Full-Report.pdf。

诚然，《全球趋势》系列并非协同完成的、机密的且获得国家情报总监办公室和其他美国情报机构负责人认可的《国家情报评估》。然而，它引入了一种新型的战略分析，更接近于对美国政策与外国政府行动之间相互作用以及情报界能够设想（尽管并非预测）的趋势的“净评估”。尽管国家情报顾问委员会的确会对每一个新项目进行自我审查，但它并不会为其推测中的“一些错误”而道歉。当然，这些战略推测必须就不代表情报界官方观点这一点进行警告说明。此外，尽管外国专家很高兴能参与制作《全球趋势》的评估，但许多人感到困惑的是，情报界会制作评估来预想美国所不愿见到的世界，或预想相对弱化的美国地位。最好的说法是，这种战略分析遵循的格言是，尽可能设想其能够推断的未来，而不迎合决策者偏好。[20]

关键问题：影响、准确性和质量

战略情报工作是情报界一项重要但并不总是得到广泛重视的职能。批评者认为，战略情报与日常决策的相关性较低，很少对战争与和平问题发挥关键性作用。虽然这些说法有些道理，但需要记住的是，良好的战略研究是提供良好的时事情报和及时预警的基础。如果情报界对战略环境的理解有误，则其极有可能对当前事件和重大威胁的看法也会有偏差。因此，尽管国家情报顾问委员会、中央情报局、国防情报局和其他机构并不总是能处理决策者的全部短期情报需求，但无视其做好战略情报工作的重要性，这种行为也是愚蠢的。即便如此，为了更全面公正地理解战略情报能为决策者提供什么和
132 不能提供什么，我们要考察这一论点的以下几个方面。

战略情报是否具有影响和相关性

决策者通常不理会美国情报机构，甚至不阅读重要的《国家情报评估》。这并不是一个新问题了。从 20 世纪 50 年代至今，情报官员们一直在感叹，忙碌的决策者很难去阅读冗长的《国家情报评估》或其他情报产品。决策者通常只想了解能证明他们已知事物为真的“要旨”。一些情报研究学者推断，在现实中，战略情报对国家安全决策的影响非常有限。情报学者史蒂芬·马林说：“战略情报对美国外交政策的影响比很多人预期的要小。”[21]马林的主要观点是决策者也是情报分析者。像分析师一样，决策者有自己的认知倾向和偏好的信息来源，但他们也希望获得更高的确定性，而这是情报分析师无法给予的。基于这些原因，决策者会倾向于认同自己的世界观，而不是情报界的，特别是当情报界的结论与他们自己的观点不一致的时候。由于存在众多不同意识形态消息来源，决策者如今在许多方面更能掌控局势。决策者还可以利用自己的原始情报渠道（这进一步使得决策者成为自己的分析者），选择那些支持自己当前意识形态观点的报告。

决策者轻视战略情报的例子不胜枚举。前高级情报经理道格拉斯·麦凯钦详细列举了决策者忽视战略情报而遭遇所谓“战略意外”的众多案例。[22]在其研究中，一些常见的原因有：

- 阻碍其他政策方法的静态的政策思维定式；
- 忽视异议情报分析或政策建议的思维定式所驱动的决策过程；

- 缺乏对实地专业知识和实地调研的理解；
- 阻碍情报流向决策者的过度信息分割；
- 贬低情报发现或扭曲决策过程的组织文化要求；以及
- 因时间紧迫而减少对情报发现、专业建议的关注。

这些发现表明，尽管战略情报是具有启发性的，但会由于与其质量、准确性或缺乏相关性的原因而被忽视。

同样地，如果试图将某一特定情报产品与某一特定政策决定联系起来，
那么战略情报通常不会被视为决策的影响因素。如前所述，有关重点情报主 133
题（如冷战时期苏联军事挑战和当今恐怖主义威胁）的战略情报不断在各种情报产品和论坛中出现。因此，我们更有理由相信，决策者所接收到的情报作为一个整体间接地、潜在地影响着其对国际问题的总体看法。在整个冷战期间，决策者们都被有关苏联的《国家情报评估》淹没，其主题覆盖了从战略核力量、常规军事力量到民用和国防工业的各个领域。这些源源不断的信息使得历届政府形成一贯性观点：中央计划经济体制运行糟糕，苏联军事造成了沉重的经济负担。

最近，有消息声称 2002 年伊拉克大规模杀伤性武器评估与布什政府决定进攻伊拉克无关。[23]然而 2005 年伊拉克大规模杀伤性武器委员会报告也得出结论，情报界在 20 世纪 90 年代末为克林顿政府提供了基本相同的关于伊拉克计划的评估。这凸显了一个事实：现有的战略情报已成为华盛顿大多数决策者（不仅仅是布什政府）关于萨达姆威胁的思维定式的一部分。[24]如果说《国家情报评估》并没有推动入侵的决定，那就忽略了一个事实，即其结论在当时已成为传统观点的一部分。事实上，也正是因为这些原因，布什政府的许多官员认为并不需要《国家情报评估》，《国家情报评估》的产生只是因为参议院情报特别委员会（Senate Select Committee on Intelligence，简称 SSCI）在投票授权使用军事力量前需要这一文件。[25]正如其他从业者所指出的，《国家情报评估》往往不是传达战略情报的最佳或最有效工具，因为其反映的观点一般已通过其他公开渠道被广泛知悉。正如国家情报顾问委员会前主席冯稼时指出的那样："大多数评估产生的时候，决策者在这些问题上已经获得了大量的信息，不仅包括原始情报和分析产品，还包括一些简报及其与定期互动的情报分析师间的交流。"[26]

可以肯定的是，虽然不总是能够引导决定性措施，但战略情报至少可能促进探讨和辩论。正如肯特在美国情报机构成立之初所辩称的那样，此类分析应该是对话的一部分，但这并不一定意味着决策者总是会同意情报界的观点或采取情报界可能支持的行动。此外，即使决策者对战略情报并不重视，情报界也有制作战略情报的理由。第一，战略情报记录了情报界对重要主题的官方观点。实际上，经常有必要回顾以前的评估并决定是否需要为了分析的严谨性和完整性而修改这些判断。[27]这样的战略评估成为未来对情报界判断
134 的演变过程进行检查和事后调查的一个来源，也成为检验一段时间内情报质量的一种方式。

第二，对于那些本身不是该领域主题专家，但希望掌握情报界如何评估问题的工作知识的决策者来说，《国家情报评估》可能非常有用。根据作者的经验，若外交官和军官被派往中东大使馆或驻该地区的指挥部，伊朗、伊拉克、阿富汗等相关情报主题就会变得对他们重要起来，想要对这些情报主题“变得精通”的外交官和军官就会经常阅读近期的《国家情报评估》以及其他情报产品。同样，新任命的政治官员（如大使）也渴望阅读最新的《国家情报评估》或其他最终情报产品以了解自己在担任境外职务开展美国外交时将面临何种挑战。

第三，情报界制作战略情报有一个利己的缘故。此类工作对于培养分析师的技能是必要的，这些技能包括：将有说服力的论点整合在一起、用严谨的方式权衡证据以及通过接受同行评价和外部审查来检验自己的判断。就后者而言，《国家情报评估》及其他战略层面的分析通常是与外国情报机构进行交流。国家情报委员会通常会向“五眼联盟”其他成员机构（英联邦国家）以及北约其他亲密盟友发布净化版本报告（即不包含最敏感情报的报告）。[28]这样的交流不仅有助于美国分析师对比其他观点来检验自己的假设，而且往往能以对美国有利的方式塑造外国政府对某一问题的看法。

战略情报必须有多准确

战略情报的重点不是预测，而是尽可能减少不确定性。然而，许多决策者和外界评论家都期望情报界作出不切实际的精确预测。从决策者的角度来看，不确定性使采取行动更具有难度。如果情报评估称事件发生的可能性小于50%，那么决策者是否应该为此制订计划呢？如果一个小于50%概率的事

件确实发生了，是否说明情报界对某一事件预测“失败”？决策者们可能不想冒比 50%概率还低的这样的风险：伊朗可能在三个月到一年内制造出核武器，或者俄罗斯考虑对波罗的海国家之一发动混合战争。即使伊拉克让恐怖组织获得核武器的发生概率只有 1%，副总统切尼仍建议美国将其作为确定事实对待并采取行动入侵伊拉克。[29]决策者渴望确定性，而这通常是情报分析师无法给予的。那么战略情报应该努力达到何种程度的准确和精度呢？

“国家情报评估”一词包含了部分答案。“评估”不是事实也不是预测。
即使有很大的确定性，未来仍是不可知的。评估是基于可利用的最佳信息作 135
出的知情判断，但这些信息通常是不完整的，而且常常包含相互矛盾的证据。事实很少会存在绝对的确定性。正如一位中央情报局前副局长所指出的，这些判断“不是刻在石头上的”，不是永远不变的。[30]相反，当有新的信息证实、改变或推翻先前的判断时，评估就需要修正。

决策者必须充分认识到，通常情况下评估和情报判断应超越可利用的少数事实，并对未来可能呈现的情况精心推断。情报评估有助于罗列可能改变未来的关键因素，甚至还能表明另一组看似合理的不同条件如何产生不同的结果。如此，战略情报可以使决策者了解他们应该注意的政治、经济和军事因素之间的关系。开发备选结果也可以让决策者为他们之前没有考虑到的情况做好准备。反过来，这可以让军事和文职领导人模拟美国可能需要如何改变政策和行动以应对这些不同的情景，同时也强调了哪些因素最成问题且易受美国防御措施的影响。

什么是高质量的战略情报

战略情报的质量一直是衡量其是否具有影响和相关性的重要标准。当情报界不能提供高质量的分析时，不仅会影响重要的外交政策决定，还会削弱决策者对未来情报评估的信任。考虑不周（ill-conceived）的 2002 年 10 月伊拉克大规模杀伤性武器《国家情报评估》就是一个典型案例。一经得知评估发生严重错误，国会和公众就开始不信任美国情报机构，并将伊拉克战争的主要责任归咎于中央情报局的劣质分析。具有讽刺意味的是，尽管他们的决策在《国家情报评估》发表之前就已经作出，布什政府的一些官员还是选择藏身于有缺陷的《国家情报评估》背后。然而事实是，由于对证据审查不力以及有缺陷的论证，这份特殊的《国家情报评估》至今仍困扰着情报界。

• 2002年《国家情报评估》的起源

因为凸显了制作高质量情报分析面临的主要障碍，2002年伊拉克大规模杀伤性武器《国家情报评估》的失误之处值得研究。2005年伊拉克大规模杀伤性武器委员会审查了90多页的《国家情报评估》，也审查了其他情报产品和制作评估时用到的所有报告。其调查结果是对用于汇总评估的报告和分析质量的强烈控诉。我们可以从委员会的报告以及同样关注《国家情报评估》
136 缺陷的参议院情报特别委员会调查中吸取很多教训。[31]

这份《国家情报评估》是在9月中旬应参议院情报特别委员会要求编制的，其要求国家情报顾问委员会最迟在10月1日前对伊拉克的大规模杀伤性武器计划作出一个大致的评估。参议院希望在10月3日投票批准布什政府申请的“使用军事力量授权”前得到该评估。这份“加速”《国家情报评估》在不到3周的时间内就完成了，使得情报界研究大规模杀伤性武器和伊拉克问题的专家只有一天的时间来协调评估。此外，这份仓促的评估并未来得及对过去的报告进行自下而上的检查，但本质上却是对过去伊拉克大规模杀伤性武器计划的情报判断的“复制粘贴”。这份《国家情报评估》的主要结论如下[32]：

- 伊拉克正在恢复其核项目，可能在未来几年内拥有核装置。
- 伊拉克的生物武器（biological weapons，简称BW）比1991年海湾战争前力量规模更大，技术更先进。
- 伊拉克重新生产了化学武器（chemical weapons，简称CW），并拥有100—500吨芥子气、沙林毒气、乙基毒气和其他危险的神经毒素。
- 伊拉克还拥有可以运送生物武器的无人机和射程超过联合国禁止的150公里的弹道导弹。

几乎所有这些关键判断在大多数方面都被证明是错误的。后来，伊拉克调查组（Iraq Survey Group，简称ISG）的检查员没有发现任何化学武器或生物武器研究或存储的证据，最重要的是，没有活跃的核武器研发活动。[33]这些无人机极有可能不是为了传播生物毒素而设计的，而且被发现的弹道导弹中只有部分射程超过150公里。最令人震惊的是，尽管大规模杀伤性武器活动存在的证据都被证实是如此之少而且大多是虚假的，但该评估却轻率地将许多判断标为“高置信度”和“中等置信度”。

情报界怎么能把这么重要的评估搞错呢？第一，在 1998 年联合国检查员从该国撤出后，情报收集工作未能提供有关萨达姆大规模杀伤性武器活动的重要且确凿的信息。大规模杀伤性武器委员会推断，中央情报局在伊拉克没有专门的人力情报来源，而且其所拥有的少量线人也不可靠。因此，中央情报局收集到的少量新信息被证实是虚假的、夸大的，或者是基于间谍个人目的而捏造的。伊拉克调查组随后得出结论，萨达姆已经在 1991 年单方面销毁了他所储备的大规模杀伤性武器。[34]

第二，在缺乏高质量信息的情况下，分析师转而假设萨达姆很可能拥有大规模杀伤性武器且非常聪明地隐藏了这些武器使其不被检查员和情报界发现。由于在 1990 年低估了萨达姆大规模杀伤性武器的力量，大规模杀伤性武 137
器分析师在接下来的 10 年里一直假定伊拉克在搞什么阴谋，以至于委员会觉得这不再只是一个假设，而是一个确定的结论。[35]正如报道的那样，“分析师没有独立地权衡证据，而是接受了符合主流理论的信息，并拒绝了与之相矛盾的信息。”[36]此外，分析师将一个判断“层层叠加”在另一个判断之上，所以有一系列未经证实的假设被伪装成证据。这种叠加效应掩盖了这样一个事实：那些以前的判断也是基于有限和不确定的信息作出的。[37]

第三，情报分析师没有很好地理解萨达姆政权所承受的削减（而不是重启）其大规模杀伤性武器计划的压力。武器分析师并不是伊拉克区域问题的专家，他们根本没有考虑到政治、文化和地区动态会使得萨达姆故作姿态地阻止针对他不再拥有的大规模杀伤性武器的核查。分析师没有相信“萨达姆实际上讲的是真话”的观点，也没有重新回顾表明其计划已经被取消的早期情报。[38]

第四，这份评估提出调查结果时没有解释其“高等到中等置信度”的判断。尽管在冗长的评估报告中有多处警告来强调部分既有情报缺口，但关键判断本身包含的限定语句要少很多。因此，国会和布什政府官员无法知道得出结论的根据是什么。这份报告的读者几乎都不知道，由于收集者对大多数分析师隐瞒了相关信息，分析师对自己依靠的情报来源几乎一无所知。在那之前，泛化的“需要知道”原则阻止了人力情报收集者向分析师透露间谍的身份及其他特征。因此，可供判断间谍可靠性的信息很少。[39]

• 战略情报的改善

在 2002 年伊拉克大规模杀伤性武器评估之后，许多评论家主张改革战略情报的制定和分发方式。2005 年大规模杀伤性武器委员会的长篇报告给出了一系列建议，这些建议不仅推动了重大的组织改革，使得国家情报总监和相关分析中心得以成立，而且还指导情报界改进其收集和分析流程。在这些建议中，有五条最为突出：

- 接受“需要共享”原则，避免对间谍信息的过度分割，以供
138 分析师在评估报告可信度时使用。
- 强调战略分析，并在国家情报顾问委员会下建立长期研究和分析单位，以领导涉及深度分析和扩大与外部专家联系的跨部门项目。
- 为分析师和其管理者设立全情报界范围的职业培训项目。
- 通过鼓励替代假设和建立专门的独立分析部门，在整个情报界促进多样化、独立性分析。
- 开发和整合新的情报技术工具以协助分析师处理和审查数量巨大的报告。
- 确保分析师参与竞争分析，对最终情报进行例行检查，并将从事后调查中获得的“经验教训”纳入培训计划。

情报界在所有这些领域都取得了长足的进步，但仍需进一步改善。国家情报顾问委员会最初成立了长期评估组，授权其进行对广泛主题的长期评估。这个小组（后来更名为战略未来组）现在基本上承担了整理和起草《全球趋势》系列报告的责任。这些努力或许正是在广泛的国家安全问题上需要广泛接触非情报专家的最好例子。这些努力可能是广泛联络国家安全问题领域的非情报专家并利用其知识的最好例子。情报界还致力于对分析师进行更深入的培训，以确保其了解分析不足的风险并能使用更严谨的分析方法来检验其假设和判断。开设能够使分析师利用更为结构化的分析方法（其中一部分已在第五章介绍）的多种课程，其周期为数周，其目的在于揭示关键假设、批判性地审查报告以及作出替代假设。传授这些所谓的情报技术已经成为中央

情报局、国防情报局和其他数个情报机构的标准培训目标。中央情报局和国防情报局也建立了经验教训中心，用来对战略分析的成功和失败进行秘密的事后调查。这些调查研究也经常用于情报界培训课程。

中央情报局和国防情报局已成立了一些红方团队，其任务是制作替代分析从而对情报分析师所持传统观点质疑，或者在关键情报问题上提供非常规观点。正如第五章所描述的，这种技术帮助分析师摆脱他们的美式思维定式。基于这种定位，红方团队将设计破坏美国利益的战略，从而揭示出敌人的反应与计划者预期可能有何不同。情报界的红方团队经常被要求扮演对手的“国家安全团队”并设计假想的决定备忘录及政策，从而向美国决策者说明敌方计划和意图会如何偏离自己的假设。 139

最后，国家情报总监已经采取了一些措施来改进《国家情报评估》流程，以确保在2002年伊拉克大规模杀伤性武器评估中所犯的错误不再重演。第一，国家情报总监命令情报收集机构必须审查分析师所用信息的全部来源，并信守这些来源的信度和效度；在国家情报委员会对《国家情报评估》的每次审查中，收集机构必须说明他们的产品是如何在最终评估中使用的。与此同时，国家情报总监向人力情报和信号情报收集者反复强调，要求他们向分析师提供更多关于所用情报来源的性质和可靠性方面的信息。第二，国家情报总监和国家情报顾问委员会承诺，未来的《国家情报评估》将着眼于对情报问题进行更多的零基础审查，避免以过去的判断作为起点。可以带来不同观点的外部评审员被重新启用。此外，情报问题中的替代观点在《国家情报评估》中受到平等对待，而不是像过去那样被轻描淡写或者减缩为简短的异议脚注。

国家情报总监的第三项举措是发布了几项重要的跨部门情报界指令（Intelligence Community Directives，简称ICDs），鼓励提高分析的严谨性以及与非情报专家的更为广泛的学术外联。例如，在2007年，国家情报总监发布了《第203号情报界指令：分析标准》，该指令要求所有情报界产品应当：

- 恰当地描述所有来源、数据和方法；
- 恰当地表达和解释与主要分析性判断相关的不确定因素；
- 恰当地区分潜在信息与分析师的假设、判断；
- 论证清晰且符合逻辑；
- 解释分析性判断中的一致性或变化性。

同样，国家情报总监也在 2008 年颁布了《第 205 号情报界指令：学术外联》，这呼应了大规模杀伤性武器委员会关于更多使用外部专业知识的建议：

- 分析师应将利用外部专业知识作为其工作的一部分；
- 情报界的每个组成机构都应设立一个独立的学术外联协调员；
- 情报界应尽可能利用外部专家为其内部产品和分析提出批评、质疑，并提供替代观点。[40]

这些指令有助于设定情报界目标，但各机构和高级管理者仍然可以选择
140 鼓励或抵制这种努力。在对培训进行改进的情况下，整合新的情报技术方法的计划在继续，但其中一些技术仍未经过测试，无法判明其是否真的能提高分析效能。[41]然而最令人担忧的是，情报界的预算被削减，以前的一些情报技术培训的经费也被削减了。在学术外联方面，鼓励更多分析师与智库、学术界和私营部门的同行进行交流的意图并没有真正扩大。事实上，维基解密和爱德华·斯诺登时代已经导致高级情报管理者们不愿让所属分析师接触外部专家。具有讽刺意味的是，由《第 205 号情报指令》创建的学术外联协调员在某些情况下反而成为学术交流拓展的障碍，因为他们给分析师带来了太多的繁文缛节和焦虑情绪，以至于分析师常常放弃联系非政府专家的尝试。[42]

说到底，高质量的战略情报依赖于高级情报官员和分析师在他们能够获取的信息范围内认真对待、及时准确和令人信服地提供评估的任务。分析师有责任对自己的分析偏见保持自我警觉，并愿意根据新证据的需要改变其评估。正如理查德·科尔（Richard Kerr）等高级情报官员所指出的那样，建立和提高战略情报能力不是一朝一夕就能实现的："专业技能的建立不可能迅速或轻易实现。分析是一项'人才事业'，需要雇用、培训和领导最优秀的思考者。中央情报局一直在寻找具有区域专业知识和语言技能、受过技术培训的分析师，以收集关于重要安全问题的最完整的知识"。[43]

此外，尽管决策者持续要求更多的时事情报报告，但应当确保将战略分析放在足够优先的地位。正如另一位中央情报局前高级官员道格拉斯·麦凯钦所主张的那样，编制一幅"包罗万象且工于细节的绣帷，并不应被视为'非此即彼'式权衡的组成部分，而这种'非此即彼'式的权衡则存在于简明产品中并

流向高级政策官员”。战略情报对整个情报事业来说更多的是一种资本投资。[44]

有用网站

中央情报局情报研究中心：https：//www. cia. gov/library/center-for-the-study-of-intelligence，包含大量已经解密的案例研究、《国家情报评估》及其他战略分析。

国家情报总监办公室，全球趋势网站：https：//www. dni. gov/index. php/global-trends-home，包含最新及往期《全球趋势》出版物。

国家情报总监办公室，国家情报顾问委员会：https：//www. dni. gov/index. php/who-we-are/organizations/nic/nic-who-we-are，包含非涉密的《国家情报评估》及国家情报顾问委员会其他产品。 141

延伸阅读

理查德·贝茨：《情报之敌：美国国家安全中的知识与权力》纽约：哥伦比亚大学出版社，2007 年。作者对战略情报的作用和难以避免的失败的评论汇编。

情报研究中心：《谢尔曼·肯特和国家评估委员会：文集》(*Sherman Kent and the Board of National Estimates*：*Collected Essays*)，华盛顿特区：情报研究中心，2007 年。对肯特如何构建《国家情报评估》流程以及其如何看待战略情报进行了精彩描述。

美国大规模杀伤性武器情报能力委员会（Commission on the Intelligence Capabilities of the United States regarding Weapons of Mass Destruction)：《致总统报告》(*Report to the President*)，2005 年 3 月 31 日。https：//fas. org/irp/offdocs/wmd_ report. pdf，这是对重大战略问题中情报失败的最彻底的事后调查。

冯稼时：《减少不确定性：情报分析与国家安全》，加利福尼亚州斯坦福：斯坦福大学出版社，2011 年。一名从业者对战略情报如何为政策提供信息的研究，提供了有用的案例记录。

哈罗德·P. 福特（Harold P. Ford)：《预估情报》(*Estimative Intelligence*)，华盛顿特区：前情报官员协会（Association of Former Intelligence Officers)，

1993 年。中央情报局一知名高级评估官员对国家评估如何进行的较早的描述与评价。

格雷戈里·F. 特雷弗顿：《恐怖时代的情报》(*Intelligence in the Age of Terror*)，剑桥：剑桥大学出版社，2009 年。前高级官员关于战略情报如何适应后“9·11”世界的观点。

注 释

引语一：谢尔曼·肯特：《评估与影响》(Estimates and Influence)，载唐纳德·P. 斯图里 (Donald P. Steury) 主编：《谢尔曼·肯特和国家评估委员会：文集》，华盛顿特区：情报研究中心，1994 年，第 34 页。

引语二：冯稼时：《减少不确定性：情报分析与国家安全》，加利福尼亚州斯坦福：斯坦福大学出版社，2011 年，第 72 页。

❶ 关于气候变化的情报评估示例，参见国家情报总监办公室下设的国家情报顾问委员会：《全球气候变化对国家安全的影响》(*Implications for National Security of Global Climate Change*)，2016 年 9 月，https：//www.dni.gov/files/documents/Newsroom/Reports%20and%20Pubs/Implications_for_US_National_Security_of_Anticipated_Climate_Change.pdf。

❷ 国家情报总监办公室：《美国情报界的全球威胁评估》，2017 年 5 月 11 日，在参议院情报特别委员会上的证词，https：//www.dni.gov/files/documents/Newsroom/Testimo-
142 nies/SSCI%20Unclassified%20SFR%20-%20Final.pdf。

❸ 这些文件可以在国家安全档案馆 (http：//nsarchive.gwu.edu/) 以及国土安全数字资料馆 (https：//www.hsdl.org/? collection&id=4.) 中找到，括号内的多个日期表示历届政府都发布了类似主题的国家战略文件。这也说明了这些国际问题的持续性与发展性的特点。

❹ 白宫：《打击大规模杀伤性武器国家安全战略》(*National Security Strategy to Combat Weapons of Mass Destruction*)，2002 年 9 月 17 日，https：//fas.org/irp/offdocs/nspd/nspd-17.html，这个简短版本后来随着 2003 年 2 月发布的第二部《国家反恐战略》(National Strategy for Combating Terrorism) 的颁布而被更新、拓展，https：//www.cia.gov/news-information/cia-the-war-on-terrorism/Counter_Terrorism_Strategy.pdf。

❺ 谢尔曼·肯特：《评估与影响》，载《情报研究》，1968 年夏，2007 年解密，https：//www.cia.gov/library/center-for-the-study-of-intelligence/csi-publications/books-and-monographs/sherman-kent-and-the-board-of-national-estimates-collected-essays/4estimates.html。

❻ 唐纳德·P. 斯图里:《谢尔曼·肯特和国家评估委员会》，华盛顿特区：情报研究中心，1994 年，第 22 页。

❼ 斯图里:《谢尔曼·肯特和国家评估委员会》，第 15 页。国家评估办公室由分析师和支持人员组成，包括规模小得多，但精英云集的国家评估委员会。肯特和 6 名从一流大学、智库抽取的顾问在国家评估委员会任职。

❽ 从历史上看，中央情报局和国防情报局对苏联导弹生产率、导弹精度和国防负担的评估一直是政府内部意见分歧的主题，这些数据在某些情况下会被公开。在 20 世纪 80 年代，国防情报局率先制作了一系列题为《苏联军事力量》(*Soviet Military Power*) 的非机密报告，该报告由五角大楼推动，旨在强调其威胁并为美国更大规模的军事计划和预算提供支撑。参见国防部:《苏联军事力量》，1981 年，http：//edocs. nps. edu/2014/May/SovietMilPower1981. pdf。

❾ Pub. L. No. 108-458，118 Stat. 3657，50 U. S. C. 403-3b.

❿ 克里斯托弗·A. 科姆 (Christopher A. Kojm):《变革与连续性：国家情报顾问委员会 2009—2014 年》(Change and Continuity：The National Intelligence Council 2009-2014)，载《情报研究》，2015 年 6 月第 59 卷第 2 期，第 7 页。

⓫ 科姆:《变革与连续性：国家情报顾问委员会 2009—2014 年》，第 8 页。

⓬ 国家情报总监办公室:《2017 年情报界评估》(Intelligence Community Assessment, ICA-2017),《评估俄罗斯在近期美国大选中的活动和意图》(*Assessing Russian Activities and Intentions in Recent US Elections*)，2017 年 1 月 6 日，非机密，https：//www. dni. gov/files/documents/ICA_2017_01. pdf。

⓭ 任国家情报顾问委员会主席一职至 2017 年的格雷戈里·特雷弗顿博士，在 2016 年 3 月 4 日面向战略与国际研究中心观众的《战略情报：来自国家情报顾问委员会的观点》(Strategic Intelligence：A View from the NIC) 的演讲中引用，https：//www. csis. org/events/strategic-intelligence-view-national-intelligence-council-nic。

⓮ 杰拉尔德·福特总统与时任中央情报局局长乔治·H. W. 布什同意进行所谓的对照组演习 (Team A/Team B exercise)，该演习令中央情报局分析的一群外部评论家与《国家情报评估》(NIE 11 / 3-8) 的起草者进行竞争，以揭示用于分析苏联战略计划的不同假设。普遍认为这次演习失败了，因为从一开始就很明显，对手有自己的坚定看法。更完整的讨论，请参见唐纳德·斯图里:《意图与能力：对苏联战略力量的评估 (1950—1983 年)》，华盛顿特区：情报研究中心，1996 年，第 335—336 页，https：//wwwcia. gov/library/center-for-the-study-of-intelligence/csi-publications/books-and-monographs/Est% 20on%20Soviet%20Strategic. pdf。

⑮ 国家情报总监办公室:《伊拉克稳定前景: 安全方面进展及政治和解困境》,《国家情报评估》(《伊拉克稳定前景: 艰辛之路》的更新版),2007 年 8 月,https://www.dni.gov/files/documents/Newsroom/Press% 20Releases/2007% 20Press% 20Releases/20070823 _ release. pdf。

⑯ 国家情报总监办公室:《恐怖主义对美国本土的威胁》(The Terrorist Threat to the US Homeland),《国家情报评估》,2007 年 7 月,http://nsarchive2. gwu. edu//nukevault/ebb270/18. pdf。

⑰ 据国家情报顾问委员会的一位前任主席表示,除了《全球趋势》系列之外,国家情报顾问委员会还试图在其他产品中论述"美国因素"问题。 与前高级官员的私人电子邮件,2017 年 6 月。

⑱ 冯稼时:《减少不确定性: 情报分析与国家安全》,第 55 页。

⑲ 参见国家情报总监办公室:《国家情报顾问委员会全球趋势: 进步的悖论》(*NIC Global Trends: Paradox of Progress*),2017 年 1 月,https://www. dni. gov/files/documents/nic/GT-Full-Report. pdf。

⑳ 国家情报顾问委员会前主席冯稼时也对作者表示,当外国官员被要求分享他们对美国未来可能做什么的看法时,许多人起初都很高兴被询问,但最终拒绝提供任何负面意见。 来源于个人邮箱,2017 年 6 月。

㉑ 史蒂芬·马林:《为什么战略情报分析对美国外交政策影响有限》(Why Strategic Intelligence Analysis Has Limited Influence on American Foreign Policy),载《情报与国家安全》,2017 年第 32 卷第 6 期: 第 725—742 页。

㉒ 道格拉斯·麦凯钦和珍妮·诺兰(Janne Nolan):《话语、异议和战略意外: 在不确定时代制定美国安全政策》(Discourse, Dissent, and Strategic Surprise: Formulating US Security Policy in an Age of Uncertainty),华盛顿特区: 外交研究院,2006 年。 研究的案件包括: 1979 年美国对伊朗的政策,1998 年对美国驻东非大使馆面临的威胁,1979 年之前苏联在阿富汗的军事准备,1989 年阿富汗穆斯林游击队员("圣战者")的崛起以及 1998 年亚洲金融危机。

㉓ 保罗·皮拉尔:《情报、政策和伊拉克战争》(Intelligence, Policy and the War in Iraq),载《外交事务》,2006 年第 85 卷第 2 期,第 15—27 页。

㉔ 情报导致了对萨达姆大规模杀伤性武器计划的普遍观点,相关的进一步资料请参见肯尼斯·波洛克(Kenneth Pollock):《威胁风暴: 入侵伊拉克的理由》(The Threatening Storm: The Case for Invading Iraq),纽约: 兰登书屋,2002 年。 本书中,中央情报局前分析师比布什政府更好地说明了为什么当时对萨达姆的遏制不够充分。

㉕ 一个有趣的事实是，少数的确阅读过这份《国家情报评估》的参议员几乎全部投票反对授权使用军事力量，这大概是因为整个《国家情报评估》含有很多对其判断的警告以及国务院与能源部分析师的异议。这表明，如果确实认真阅读《国家情报评估》，则其可能会产生影响。

㉖ 冯稼时：《减少不确定性：情报分析与国家安全》，第 108 页。

㉗ 冯稼时：《减少不确定性：情报分析与国家安全》，第 85—87 页。

㉘ 基于第二次世界大战期间美国和英联邦国家之间的国防和情报合作，五眼论坛包括美国、英国、加拿大、澳大利亚和新西兰。在这个论坛上，跨国机密情报交流最为坦诚、完整。

㉙ 罗恩·萨斯金德（Ron Suskind）：《百分之一主义》（*The One Percent Doctrine*），纽约：西蒙与舒斯特出版公司，2006 年。

㉚ 约翰·麦克劳林（John McLaughlin）：CNN（美国有线电视网络）访谈，2007 年 12 月 10 日。 144

㉛ 另请参阅参议院情报特别委员会：《情报界对伊拉克大规模杀伤性武器的战前评估报告》（Report on the Intelligence Community's Pre-war Assessments of Iraq WMD），2004 年 7 月 7 日，https://fas.org/irp/congress/2004_rpt/ssci_iraq.pdf。

㉜ 美国大规模杀伤性武器情报能力委员会：《致总统报告》，2005 年 3 月 31 日，概述部分第 8—9 页。https://fas.org/irp/offdocs/wmd_report.pdf。

㉝ 伊拉克调查组由 1400 名检查员和辅助人员组成，就调查结果发表了一份全面的最终报告。在 3 卷中，伊拉克调查组系统地评估了伊拉克政权的意图和战略，也审查了伊拉克的运载系统和核计划、化学计划和生物计划的状况。参见伊拉克调查组：《中央情报总监特别顾问关于伊拉克大规模杀伤性武器的综合报告》（Comprehensive Report of the Special Advisor to the DCI on Iraq's WMD），2004 年 9 月 30 日，https://www.cia.gov/library/reports/general-reports-1/iraq_wmd_2004/。该报告的结论是，萨达姆在 1991 年放弃了核计划，认为解除经济制裁更为重要。此外，伊拉克调查组没有发现任何化学武器或生物武器的证据，并得出结论，萨达姆希望欺骗敌人相信自己保留了一些大规模杀伤性武器以阻止他们的攻击。

㉞ 伊拉克调查组：《综合报告》，第 151 页。

㉟ 伊拉克调查组：《综合报告》，第 9 页。

㊱ 伊拉克调查组：《综合报告》，第 169 页。

㊲ 伊拉克调查组：《综合报告》，第 172 页。

㊳ 伊拉克调查组：《综合报告》，第 174 页。

㊴ 伊拉克调查组：《综合报告》，第 176 页。

㊵ 第 205 号情报界指令（ICD 205）自 2008 年以来进行了修订，但没有公开发布。一些情报官员暗示说，新版比原来的版本更加谨慎。

㊶ 参见史蒂夫·阿特纳（Steve Artner）、理查德·S. 吉文（Richard S. Girven）、詹姆斯·B. 布鲁斯（James B. Bruce）：《评估结构化分析技术对美国情报界的价值》（*Assessing the Value of Structured Analytic Techniques to the U. S. Intelligence Community*），华盛顿特区：兰德公司，2016 年，第 1—15 页，https://www.rand.org/content/dam/rand/pubs/research_reports/RR1400/RR1408/RAND_RR1408.pdf。

㊷ 参见苏珊·尼尔森：《分析外联：专业技能建设和职业化的途径》（Analytic Outreach: Pathway to Expertise Building and Professionalization），载罗杰·Z. 乔治、詹姆斯·布鲁斯：《分析情报：国家安全从业者视角》，华盛顿特区：乔治敦大学出版社，2014 年，第 331 页。作者着重指出了开展外联活动时遇到的一些挑战，并呼吁在反情报问题和分析师对外部观点的期望之间采取更加平衡的方法。对于更悲观的看法，请参见罗杰·Z. 乔治：《关于中央情报局分析的思考：完成了吗？》（Reflections on CIA Analysis: Is It Finished?），载《情报与国家安全》，2011 年 3 月第 26 卷第 1 期：第 78 页。http://www.tandfonline.com/doi/abs/10.1080/02684527.2011.556360。

㊸ 理查德·J. 科尔、迈克尔·沃纳：《中央情报局分析的业绩记录》（The Track Record of CIA's Analysis），载罗杰·Z. 乔治、詹姆斯·布鲁斯：《分析情报：国家安全从业者视角》，第 50—51 页。

㊹ 道格拉斯·麦凯钦：《分析与评估》（Analysis and Estimates），载詹妮弗·E. 西姆斯、伯顿·格伯主编：《改变美国情报》，华盛顿特区：乔治敦大学出版社，2011 年，第
145 126 页。

第七章
预警的挑战

成功的预警本质上是一个双重的过程。如果要想预警有效，则不仅必须发出警报，而且情报用户也必须认识到自己实际上已得到提醒。

——中央情报局前局长约翰·麦肯（JohnMcCone）， 1962 年

每一次危机过后，媒体上都会出现一些晦涩的情报报告，或有分析师声称自己曾预测过危机，结果却被决策者愚蠢地忽视了。这些说法没有提及的是，当预警变得过于常规时，它们就失去了所有的意义。当报告没有引起高领导层的特别注意时，它们就被湮没在官僚体制的嘈杂之中了。对于每一份预警性报告，人们很可能在文件中找到相悖的观点时尤为如此。

——亨利·基辛格， 1979 年，《白宫岁月》

预警在美国情报机构中具有特殊的优先地位。若没有 1941 年日本偷袭珍珠港事件，中央情报局于 1947 年的紧急成立，或如今庞大的情报事业当初是否会被鼓励发展，就都是值得探讨的了。如果没有 12 月 7 日的“突然袭击”，美国情报机构可能在很大程度上仍然只承担军事职能，而一些外交报告则由国务院提供。相反，人们对“另一个珍珠港”的担忧与日俱增——无论是来自冷战时期的苏联战略核导弹、“9·11”这样的灾难性恐怖袭击还是对美国本土基础设施可能发动的大规模网络攻击，都使预警成为美国情报界的一项重要任务。本章将介绍何为**预警分析**以及如何进行和组织预警过程。此外，本章还将对主要的预警案例进行简短的考察，分析这些案例可以为未来提供
一般性经验教训和挑战。 146

何为预警

并非所有的战略分析都包含预警。然而，预警总是涉及对情报的详细审

查，分析师可从中得出结论，揭示某些特定趋势正朝着危险方向发展。历史上，预警总与军事威胁联系在一起。事实上，最著名的“战略意外”通常都与直接的军事袭击有关，如珍珠港事件，阿道夫·希特勒（Adolf Hitler）1941年东进袭扰约瑟夫·斯大林（Joseph Stalin）军队，1950年朝鲜战争，1979年苏联入侵阿富汗。在冷战的大部分时间里，美国情报机构都把重点放在苏联对美国或其盟友在欧洲、亚洲发动的常规攻击或核攻击的危险上。例如，中央情报总监1975年对“战略”预警提出的权威定义是：“战略预警是指，对于‘苏联、华约或朝鲜以可能引起与美国军事冲突的方式，考虑使用武装力量于境外发起军事行动，或正在境外部署其军事力量’尽可能早地预警。”[1]对“突如其来”的常规攻击或核打击的恐惧，促使美国国防规划者主张建立一个能够及时向华盛顿提供苏联备战迹象警报的严密的预警系统。因此，无论对于情报官员还是决策者来说，预警任务都是最重要的。

与其他形式的战略分析一样，情报和政策之间必须有强有力的联系。长期从事军事情报工作的分析师辛西亚·格拉博（Cynthia Grabo）在20世纪60年代著成关于预警的重要论述，时至今日依然具有很高的价值。在论述中，她将预警分析描述为“最优秀的分析头脑基于对所有可用迹象的详尽和客观的回顾而作出的深思熟虑的判断，这种判断通过具有充分说服力的语言向政策官员传达以使其相信判断的有效性并采取适当行动保护国家利益”[2]。在这段引文以及本章开头的两段引语中包含了高质量预警的三个关键特征：（1）对所有可用信息进行详尽研究；（2）开发一套能够提醒预警分析师即将发生的威胁指征；（3）成功且令人信服地向决策者传达了这种威胁，使其能够采取行动。对预警过程的这种看似简单的描述掩盖了一个令人很难达到的结果。

在许多方面，预警仍然是战略分析中最困难的一种类型。第一，预警要求理解有效预警含义的分析师进行深入的战略情报研究。预警情报的独特之处在于，它不仅是对收到的最新或最骇人的情报进行报告，更是就对手能力
147 和意图进行细致梳理（格拉博和其他人称之为“详尽的”研究）。预警需要仔细了解过去和现在的行为，通常来说，这会形成数项指征（与敌对意图相关的独特且可观察到的行动或行为），预警分析师正是对这些指征在一定时间内进行监控。正如格拉博指出的，“（分析师）很少会凭单一的报告或指征来警告情报界。”[3]

第二，预警需要很好地理解可能会严重损害美国国家利益的动态。在冷战时期，预警分析师理解了苏联战略导弹部队的运作方式，以及苏联使用核武器的战略军事理论。军事分析师还对苏联与北大西洋公约对抗的地面军事力量以及苏联战争计划的可能后果有很深刻的判断。对于诸如政治动荡、金融危机或种族冲突等非军事情况，这些指征将大不相同且在大多数情况下更难评估。政府内外的分析师都试图制定能够预测国家失败或政治动荡的高概率指征。中央情报局曾一度成立了政治动荡工作组，试图开发一个模型来预测下一次政府危机或政变在发展中国家的可能发生地点。这些工作的重点是识别可能导致更广泛政治动乱的“触发因素”（事件）或可能导致弱国陷入危机的关键“薄弱环节”。[4]而与军事指征方法不同的是，非军事情况的高概率预测因素似乎少得多。将经济表现、人口变化、失业趋势或权力滥用联系起来，并不一定能作为国家失败的良好指征。观察了朝鲜经济状况、生活水平和人权状况的严峻统计数据后，一些专家预计该政权几十年内会垮台，但这种预测却一直没有成为现实。因此，指征在社会经济领域的作用可能不如在军事领域。

第三，预警有赖于分析师是否能成功说服决策者美国利益正面临威胁。此处面临的挑战是，提供足够的证据所证明的可信的结果将导致针对美国及其利益实际面临军事敌对状态、军事政变、政府崩溃或经济衰退。此类信息不应该埋没于易于丢失的冗长的评估中，而应当成为评估的头条或者成为特别预警备忘录的一部分以引起决策者的注意。举一个简单的例子，分析师必须提出一个有说服力的论点说明为什么所观察到的军事活动，其意图不仅是训练演习或企图胁迫对手。然后，这一论点必须说明这次军事行动的后果。例如，如果预警表明可能发生有限的军事冲突而非大规模入侵，那么决策者可能不会感到必须采取行动。相反，如果预警内容是敌人在几天内已经调集 148
了足够的兵力进行快速入侵，这可能会引起更多的关注。这样的风险总是存在：太多此类预警会被视为“狼来了”①，决策者随着时间的推移将不再予以重视。决策者们可能会担心情报机构往往会提供“最坏情况分析”并使得自己在这些情况下反应过度。

第四，预警需要说服决策者采取行动以尽可能避免或至少减少这一事态

① 即重复谎报危险情况。——译者注

的影响。决策者往往希望在被迫采取行动之前有更多的时间进行深思熟虑并获得更多的确认信息。高质量的战略预警有时需要让决策者清楚“我们已经提示过你，我们不太可能给你太多的战术预警了”。高级官员或军事指挥官必须理解，若现在不采取行动，所面临的局势可能会以多快的速度恶化。举一个最近的例子，北约专家曾表示，俄罗斯可能很快入侵波罗的海国家，且能在美国或其他北约部队到达战场之前很早就完成行动。知道了这一点，决策者必须权衡利弊，让更多的北约部队靠近波罗的海国家和（或）提增当时在波罗的海国家轮值的北约部队的反应速度和规模，以显示北约捍卫这些国家的决心。[5]总之，为时过晚的预警既没有战略意义，也没有实效。

预警：术语和方法

预警情报有非常独特的术语。首先，必须区分战略预警和战术预警。在对手的敌对意图发生重大转变之前，情报专业人士希望提供尽可能多的时间以便决策者能够采取行动，建立美国的防御系统，或调整防御系统布局，或至少分散防御系统，从而减弱可能的军事攻击。同样，其他类型的战略预警会就主要国家的不利经济和政治趋势提醒决策者们，这类情况也许会因美国及时采取行动而得到缓解。战术预警本质上是一种表明军事敌对行动或其他危险事件正在发生，且美国必须准备好应对任何军事冲击或政治经济破坏的情报。即使已经向决策者发出了明显的战略预警，缺乏准确性或不及时的战术预警往往会引发许多战略意外。

战略预警的特点

149 战略预警也许是最难准确界定的概念。这种情报至少有三个重要维度。第一，“战略”一词表明，此类预警关注的是以物理方式（如直接攻击美国或其亲密盟友、伙伴的国土或军队）对美国国家利益产生重大影响或会破坏美国经济繁荣、海外政治影响力的特定事件或趋势。第二，分析师需要有充分的信息和足够的置信度来确认对决策者意义重大的事态在给定的时间范围内有相当的发生概率。第三，这种战略预警需要事前给予足够的时间以便决策者能够采取行动阻止危险或至少减轻其后果。

这三个特征都面临着激烈的争论：什么才算是战略威胁；令分析师和决策者感到担忧的相当概率是多大；为了让决策者采取措施避免某种灾难或负

面趋势，预警需要提前到何种程度（即准备时间）。上述问题的简要答案是：这取决于具体问题与其周围的一系列条件，以及美国当前的政策和决策者。例如，冷战期间，决策者认为其最大威胁是与苏联的核战争。因此，为了阻止莫斯科抢先实施核打击的预谋，决策者围绕能够给予本国最大生存能力和预警时间的战略，设计了美国军事力量和情报系统。[6]分析师普遍认为，只要美国保持多元化的核系统，苏联抢先攻击的概率就不大，但即使概率很低，一旦发生，其后果也非常严重，因而恰当的预警被认为是给总统留出时间决定是否发动美国反击的关键。今天，针对俄罗斯进攻的战略预警的绝对重要性已经降低，当然，在普京时代这种重要性并未降至零。相反，与朝鲜军事对抗或伊朗拥有核武器的后果似乎比再一次与莫斯科进行核对抗更具威胁性且可能性更高。

军事威胁并不是唯一需要战略预警的威胁。在当今世界，有各种可能情景需要提供早期预警：

1. 军事攻击：预警的重点是查明敌对国家之间指示其备战状况的持续变化的作战序列。通常，良好的指征是基于对过去军事演习、重新部署或理论变化的分析。

2. 军事或科学突破：此类预警对武器实验室和试验设施中发现的主要军事力量（如核爆炸、导弹试验和反弹道导弹拦截）进行通
告或预报。 150

3. 内部动荡：对可能的军事政变、国家失败或缺乏有效治理的预警，如预报重大暴力事件、种族灭绝或种族清洗运动的爆发。

4. 跨国威胁：由于缺乏良好的指征，对恐怖分子阴谋和袭击、大流行性病暴发、金融崩溃或指向重要基础设施或金融机构的网络攻击的预警也成为棘手问题。

存在易于观察的指征（如大规模部队的移动或集结，清晰的战线，需要时间、大量设备、人员的大规模行动）时，预警是最容易的。美国侦察卫星和信号情报系统更容易观测到这些指征。美国情报系统在很大程度上以军事类型的**指征和预警**（indications and warning，**简称 I&W**）分析为基础。分析师需确定像之前的苏联或者现今的俄罗斯等对手可能会在欧洲或亚洲采取何

种军事行动，而这建立在对那些国家军队已经实施的军事训练或实战进行观察的基础之上。例如，2008 年俄罗斯与格鲁吉亚的战争及俄罗斯对乌克兰的混合战争使人们了解到俄罗斯可能对波罗的海国家采取的行动，以及俄罗斯为了掩盖其在乌克兰东部的意图或实际军事力量所能采取的措施。

指征和预警分析近似于研究对手如何制定计划或曾如何使用其军事力量。按照格拉博的定义，指征清单是某一国家为应对战争或其他敌对行动而可能采取的计划行动、预期行动或假设行动的合集。[7]但这些指征必须与一些有计划的行动明确相关并且是可视的或可收集的。军事敌对行动的典型指征可能包括：

- 将民用工业生产重新分配用于军事用途；
- 战略物资（如石油、医疗用品、食品）定量配给计划；
- 突然取消军事休假或者调动预备役部队；
- 关键军事哨所的搬迁或加固；
- 强化军事设施周边的运营安全；
- 战地指挥官和司令部之间的通信异常频繁；
- 提高防空部队的警戒级别；
- 针对特定军事目标增加情报收集活动。[8]

对于军事或技术突破等其他类别预警而言，由于通常涉及知名研究所或
151 工业设施的大量研发活动，有关指征可能相当易于观察、可靠。外国军方自己对这些测试活动的高度技术监控通常对美国情报收集者而言是可探测或可收集的。正如一位前中央情报局高级官员指出的，对苏联等国军事计划进行监控的业绩记录是相当不错的。尽管情报界因对手能够比预期更快地获得军事武器而感到惊讶，但鲜有军事或科技突破被其完全遗漏。[9]正如朝鲜最近的核试验和导弹试验所表明的那样，一个致力于获得军事武器的穷国，只要有足够的隐蔽性和保密性，对其有关计划的准确预测也会变得复杂。

对国内政治动荡（如国家失败、内战或种族灭绝）的战略预警往往不如对军事技术威胁的预警更有说服力或准确性。判断某一政府或国家何时到达走向混乱或政变的“转折点”，取决于对外国政治文化及其领导层的独有特征的理解。许多情报评估预测了美国支持或反对的政府面临的政治挑战。在前

一类中[1]，许多保守的《国家情报评估》书写了 20 世纪 60 年代和 20 世纪 70 年代南越政府的稳定局势。但是 1979 年情报机构未能就伊朗国王日益优柔寡断的态度或可能死亡作出预警。就对手而言[2]，中央情报局和情报界因没有预测（即预警）苏联可能崩溃而经常受到不公正的指责。最近，对伊拉克和阿富汗的情报预测充满了对宗派和宗教仇恨、严重腐败、有限政治合法性政府等问题面临民众支持减弱的预警。开发能够让分析师（更不用说决策者）相信政府崩溃或军事政变即将到来的可靠指征要困难得多。分析师通常会借助于描述一系列结果，包括相当极端的或最坏的情景。在少数情况下，虽然已经作出明确的提示，但决策者可能仍会选择不及时采取行动。

对跨国威胁（包括恐怖主义、金融危机、气候变化和大流行病）进行预警的业绩记录更惨淡。可以说，尽管对实际阴谋的战术预警的成果毁誉参半，但其对重大恐怖主义威胁的战略预警一直相当不错。就金融危机而言，当一家濒临破产的银行、投资公司或一场货币危机将演变成全面的全球金融危机时，由于需要掌握过多中介变量，很少有预警能准确预测到。这些都属于“黑天鹅”范畴，纳西姆·塔勒布（Nassim Taleb）通俗化地使用这一术语描述独特的、难以预测的不连续现象，这些不连续现象会产生巨大的后果而且似乎毫无征兆地会突然出现。[10] 152

这种“黑天鹅”的定义也如此模糊，以至于很难概括其特征从而让分析师开发出由多个指征构成的指征和预警式清单。如果目标是恐怖主义，像基地组织（al-Qaeda）或“ISIS”[11]（Islamic State of Iraq and Syria，简称 ISIS）这样的大型、多层面组织，则其可能被用于此类分析。在许多方面，这两个组织的运作更像是军事组织（其成员认为自己是“士兵”），拥有分工明确的后勤专家、金融家、炸弹制造者和使用各种通信系统和地点的指挥官。“伊斯兰国”甚至会使用坦克和野战炮兵作战，在叙利亚和伊拉克组织了作战旅，并认为自己是一个国家而不仅仅是一个组织。因此，通过技术和人力手段进行监控可能会产生一些关于计划和能力的指征。事实上，在基地组织发动“9·11”袭击之前，中央情报局局长乔治·特尼特曾表示，“系统在闪烁红色”，这意味着许多被截获的通信聊天都表明有大事要发生。[12]另一方

---

① 即美国所支持的政府。——译者注

② 即美国所反对的政府。——译者注

面，小型自我激进化组织或“独狼”个体更难以被监控，预测其是否有攻击未受保护目标的意图和军事力量会更困难。地震、海啸和大流行病等自然发生的事件更像是一个谜，没有可靠的方法可以精确地预测。有人可能会争辩说加州已经收到了“大地震”姗姗而来的战略预警，因此唯一的问题是市民是否做好了准备以及是否有更好的地震监测系统能给市民足够的战术预警令其躲避。

战术预警：难以提供

战略预警的业绩记录显示其成功和失败的次数一样多，而相比之下战术预警要困难得多。如上所述，若战略预警已经发布，情报的任务就变成收集足够的信息来回答“何地、何时、如何以及何人”等问题。在许多情况下，情报界无法对这些问题给出高置信度的答案。即使分析师和决策者知道存在一般性威胁，战术意外也会发生。在导致此类情报失败的众多原因中，以下是最常见的：

1. 在威胁发生的方式、呈现形式、时间或地点等方面总是存在**收集缺口**。

2. 对手维持良好的运营安全、散布虚假信息迷惑分析师并掌握了掩盖其准备工作的其他欺骗技术时，**欺骗与拒止**可能会扩大现有的收集缺口。

3. **误解和思维定式**可能导致分析师错过信号，或因其不符合自
153 己对对手行为的预期而将其作为“噪声”或虚假信息忽视。

4. 对预警**沟通不畅**会使信息被削弱或混淆，从而使决策者未能意识到自己已经收到预警。

5. **决策者愿望思维**①可能会导致其认为这些预警意味着情报界作最坏打算或“狼来了”的综合征而对预警置之不理。

不断发展的预警哲学

美国情报机构以两种基本方式发出预警，一种是通过专门的预警幕僚，另一种是将预警任务分配给每一个分析师。这两种方法有时会并用。简单地

---

① “愿望思维”是被愿望而不是被事实和逻辑驱动的思考。——译者注

说，在冷战期间，重点是事关美苏两极竞争的苏联等国的军事威胁和有关冲突。面对欧洲、亚洲长期存在的核战争及大规模陆地战争的威胁，美国情报机构建立了一套专门的情报单位致力于对可能发生的攻击发出预警。几十年来，这些组织有各种各样的名字，比如观察委员会（Watch Committee）、国家指征中心（National Indications Center）和国家预警幕僚（National Warning Staff）。但从本质上说，他们的任务是建立一套指征供分析师进行监控以确保苏联及其盟国并未进行战争准备。这些组织可以发布他们自己的“预警备忘录”，列出发生变化的军事状况，比如美国对手（如苏联、北越、朝鲜等）提高了军事战备水平。这些预警也可能被插入每日情报出版物中，如《总统每日简报》、加急的特别《国家情报评估》或由中央情报局和国防情报局制作的其他机密日常出版物。

国防部自然会特别强调对军事攻击的预警，而且在历史上也组织了自己的预警系统作为更广泛的情报界工作的一部分。每个作战司令部（如欧洲司令部、太平洋司令部、战略司令部）都设有预警幕僚，五角大楼联合参谋部的情报部也有。这些预警幕僚从信号情报、图像情报及其他收集者那里获取关于一套特定指征的信息，使得预警官员能够确定是否有足够的因素发生了重大变化而使军事敌对的概率更高。20 世纪 60 年代与 70 年代，这套系统被称为全球指征和预警系统，90 年代更名为国防指征和预警系统，2008 年再次更名为全球预警事业并延续至今。[13]

国家情报顾问委员会还通过发布关于对手军事力量、意图的《国家情报评估》来提供预警。关于苏联战略及常规力量动态的年度更新评估持续地介绍苏联新的军事力量并解读苏联战争计划方面的军事理论，这些本质上都带有重要的预警信息。例如，1962 年恶名远扬的关于苏联在古巴军事建设的 154
《国家情报评估》等特别报告所包含的预警，不足以让决策者意识到莫斯科方面支持菲德尔·卡斯特罗（Fidel Castro）政权的意图。2002 年伊拉克大规模杀伤性武器《国家情报评估》也可以被归类为对萨达姆·侯赛因恢复其核计划及其他计划的预警分析，尽管该评估存在缺陷。

1979 年，随着中央情报总监斯坦斯菲尔德·特纳（Stansfield Turner）创建了国家预警情报官（national intelligence officer for warning，简称 NIO/W），国家情报顾问委员会便开始更进一步参与预警过程。在伊朗国王倒台的战略意外之后，斯坦斯菲尔德·特纳建立了这个新职位来领导业已存在的国家预警系统。国家预警情报官彼时即负责向中央情报总监和政界提供预警分析。因此，其职责包括了成为情报界各分析机构预警工作的倡导者，以及提升情报收集以减少情报缺口并改善情报分析。当然，国家预警情报官还要负责监督国家预警系统，并协调其他区域和职能领域国家情报官的预警活动。相应地，各个国家情报官负责监测其责任区内的情况并主持月度“预警会议”，各机构可在会上呼吁对可能导致政治动荡、军事冲突或其他负面后果的动态进行关注。国家情报官的这些报告，将成为国家预警情报官向中央情报总监提交的月度报告的信息来源。此外，若国家预警情报官认为国家情报官所负责领域正在发生需要额外关注的动态，则其可以独立地提请该国家情报官关注。通过这种方式，当分析师们对安全问题存有过度共识或自满时，国家预警情报官可以提供“第二种意见”或充当“魔鬼代言人”[①]。这自然会在国家预警情报官与其同行之间引起摩擦，后者可能会将这种干预视为“狼来了”或微观管理[②]。在国家预警情报官性格的影响下，其所属部门与其他国家情报官所属部门之间的关系可能是紧密协作或冷冰冰的。

这种由国家预警情报官管理国家预警系统的集中式系统于2011年结束，国家情报总监詹姆斯·克拉珀取消了国家预警情报官的职位，并指示“每个分析师都是预警分析师”。预警是每个情报分析师的重要职责，这一点并不新鲜。即使在冷战及其集中式预警系统运行时期也一直存在这样的准则：每个分析师都必须撰写突出决策者面临的威胁和机遇的评估报告。然而，随着两极军事竞争的结束和许多非军事威胁的扩散，国家预警情报官似乎已成为过去时代的遗产。国家预警系统及其整个指征和预警方法都以持久的苏美军事
155 竞争为依据。国家预警情报官和国家预警幕僚同样被更多地视为军事分析师，而非政治动荡、经济危机或其他许多跨国挑战方面的专家。因此，情报官员开始认为，负责每一具体问题的分析师最能够对任何可能危及美国国家利益的变化发出预警。

尽管如此，国家情报官仍要继续负责各自区域和职能领域的预警。然而，

---

① 即唱反调的人。——译者注

② 微观管理中，管理者透过对被管理者的密切观察及操控，使被管理者完成管理者所指定的工作。微观管理者会监视及评核每一个步骤。这个名词一般在使用上带有负面色彩。——译者注

最重要的是，新的准则是“整合”工作使情报界一体化运转。因此，将预警从其他分析和收集职能中抽离出来与国家情报总监克拉珀建立更加一体化的国家情报事业的设想相冲突。为了实现这一目标，克拉珀还建立了一个由国家情报经理（national intelligence managers，简称 NIMs）组成的新群体，其职责大体上反映了国家情报官各自所负责的区域和职能领域，但这一群体负责确保情报界包括预警在内的许多职能得到整合，而不是相互独立运作。因此，国家情报经理负责确保充分的情报收集和分析资源以促进及时预警。

胜负参半的预警业绩

在阐明了战略预警和战术预警之间的区别及其特点和挑战之后，思考一些重要的成功和失败的预警案例是有益的。在此之后，本章的其余部分将评估从这些案例中可以学到什么。

1941 年日本偷袭珍珠港

日本对位于珍珠港的美国太平洋舰队的袭击被认为是一次典型的与“战略意外”相关的预警失败，不仅给美军造成了重大损失，也对美国人的无敌感产生了强烈心理打击。其原因仍一直被学者争论。研究这次袭击的早期作者认为，有充分的信息表明日本可能在太平洋地区某个地方发动对美国的敌对行动，然而这一战略预警信息被湮没于其他报告的“噪声”中，因此没有被美国及时获取。[14]其他学者则强调了大多数分析师和军事领导人的思维定式，即日本在军事上处于劣势，没有受过攻击类似珍珠港等港口的训练，也没有能够在如此浅的水域中使用的鱼雷。许多批评还强调了美国陆军和海军在协调、信息共享和情报分发方面的不足，导致决策者和军事指挥官没有意识到备战的紧迫性。还有一派认为，由于日本军事运营安全措施极佳，情报很难获得。[15]最终可以说有关日本进攻计划地点、时间和方式的战术信息是不足的， 156
因此即使知道美日冲突不可避免，也很少有华盛顿高级官员和驻夏威夷的军事指挥官认为战争会从那里打响。

1950 年朝鲜战争

由道格拉斯·麦克阿瑟将军（Douglas MacArthur）领导的驻韩美军曾看到关于战争可能爆发的报告，但往往置之不理，因为他们认为朝鲜军队处于劣势。最重要的是，分析师确信莫斯科主要关注的是德国和中欧地区的冷战危机，因而怀疑斯大林对华盛顿方面发生冲突的意愿。总的来说，表明袭击的证据参差不齐，这些情报报告大多不明确且被主流的朝鲜战争言论所掩盖。[16]当麦克阿瑟将军向鸭绿江挺进时，中央情报局提醒了美国决策者、指挥官注意中国为维护朝鲜利益所做的介入准备，这在一定程度上是有所进步的。然而，和以前一样，麦克阿瑟对这些预警置之不理，直到为时已晚。

1962 年古巴导弹危机

古巴导弹危机已成为一个被广泛讨论、剖析和重新审视的曾经的预警失败案例，但又在后续情报助力下最终成为危机管理的成功案例。[17] 1962 年 9 月，国家评估委员会发布了其特别《国家情报评估》(SNIE 85-3-62)，断定苏联因忌惮挑起美国的入侵，将避免在岛上部署进攻性核导弹的危险举动。这一令人放心的消息很快就被两周后 U-2 侦察机的复原图像所粉碎，这些图像显示出数十枚中程导弹正处于准备部署中。事后调查重点指出，美国有限的人力情报、苏联有效的欺骗与拒止（更不用说苏联高级外交官对肯尼迪总统公然撒谎），加上情报分析中的主要思维定式，表明这一举动与苏联过去对在苏联境外部署核导弹的谨慎态度不符。谢尔曼·肯特为其分析师辩护，称他们不应为尼基塔·赫鲁晓夫（Nikita Khrushchev）总理对美国会如何反应的误判负责。[18]尽管我们都意识到了潜在风险，但除了中央情报局局长约翰·麦肯外，
157 我们基本上同意了分析师的意见，认为赫鲁晓夫不敢在美国的后院发起挑战。

1967 年以色列与阿拉伯国家六日战争

一个成功的预警案例是中央情报局曾预测以色列将击败与之对立的阿拉伯军事联盟。由于感受到来自埃及、叙利亚和约旦联合军队不断加剧的威胁，以色列对其情报部门所认为的阿拉伯国家会对其南部和东部边境发动联合进攻采取了抢先攻击。战前，苏联的武器运输行为威胁到了以色列在当时保持的良好的军事平衡。其后，1967 年 5 月，埃及关闭了以色列通往红海的主要通道亚喀巴湾，使紧张局势进一步升级。美国及以色列先后声称这是一种战争行为。

当时，中央情报局已经对该区域军事平衡进行了评估，预测以色列能够“成功防御阿拉伯国家同时发动的攻击”。第二份关于以色列和阿拉伯国家军事力量的中央情报局与国防情报局联合文件预测，以色列需要 7—9 天时间才能到达苏伊士运河。当 6 月 5 日战争爆发时，林登·约翰逊总统已经知道情报

界认为以色列将获胜，因此他选择对以色列总理果尔达·梅厄（Golda Meier）的紧急军事补给请求（白宫认为这是不必要的）不予回应。这一系列的评估被当时的中央情报局局长理查德·赫尔姆斯认为是“相当大的胜利”[19]。这应归功于有关阿拉伯军备状况的良好情报以及分析师对交战军队作战序列的出色理解。这一成功也使许多中东军事分析师信服以色列的空战优势，令他们相信，除非军事平衡发生巨变，否则另一场战争是不可能发生的。

1973 年埃及袭击以色列（赎罪日战争）

与前一个案例不同的是，1973 年 10 月埃及在赎罪日期间袭击西奈半岛，以色列和美国情报机构完全措手不及。1972 年和 1973 年年初，依靠良好人力和信号情报来源的预警使以色列进行了军事动员，而埃及并没有发动袭击。根据有关埃及战争计划的高质量情报、以色列情报和军事官员推断，只要埃及缺乏足够的防空系统以抵挡以色列强大的空军，埃及就不会发动攻击。因此，即使埃及军队当时正准备进攻，以色列官员仍允许士兵回家度假。美国情报机构也彻底错误地采纳了以色列认为不会发生战争的分析。这则消息是在 10 月 6 日上午传送给国家安全顾问亨利·基辛格的，当时西奈半岛的袭击刚刚开始。

官方对此次预警失败的事后调查发现，主要原因不仅在于埃及对其进行的大规模演习的出色隐瞒，还在于以色列和美国乐观假设埃及不会发动一场它无法打赢的战争。许多评论认为，这种假设弱势埃及部队没有能力攻击以 158
色列空军基地或防御以色列空袭的“观念”，加上过去被视为“虚假预警”的埃及袭击，使得以色列军队没有被再次动员。[20]这些决策导致以色列几乎溃败及随后对其情报部门进行重大改组。此外，美国和以色列的分析师未能理解埃及总统安瓦尔·萨达特（Anwar Sadat）的战争动机：他并不认为自己会赢，但他可以对以色列的军事实力和安全感造成严重打击，从而重新获得外交主动权。赎罪日战争也警示美国，过分依赖外国政府的评估可能是危险的，这一问题在 1990 年伊拉克入侵科威特时再次出现。

1979 年苏联入侵阿富汗

卡特政府认为莫斯科不愿破坏与华盛顿最新达成的第二阶段限制战略武器会谈协议，因而忽略了苏联侵入阿富汗的可能性，故 1979 年圣诞节苏联对阿富汗展开的全面军事入侵令卡特政府大为震惊。由于受到伊朗人质危机以及关于苏联针对北约部署中程核导弹的日益激烈的争论的干扰，高级官员陷入了愿望思维。这次入侵也让大多数美国情报分析师感到意外。由于已经对不断集结的军队进行了监测及报告，分析师几乎一致认为苏联军队能够进行大规模干预，但大多数分析师对于莫斯科是否会致力于在一片遥远的土地上进行长期、代价高昂且可能失败的交战持怀疑态度。当时发出的预警认为苏联军队将适度、逐步地进入。根据一份 1979 年 9 月的跨部门情报备忘录，莫斯科面临两个选择，逐渐增加援助力量至“一两个师”，或在一次无限制行动中“投入大量常规地面部队”。[21]随着苏联在 11 月和 12 月加强军备，卡特的一些顾问开始警觉，但分析师之间的分歧和对其他问题的关注阻碍了对政策选择的讨论。一些参与者遗憾地表示，情报界没有“预测”一场入侵以迫使卡特政府考虑采取更强硬的反应，从而可能阻止莫斯科进行干预。[22]

1990 年伊拉克入侵科威特

情报界未能对萨达姆·侯赛因入侵科威特的意图发出及时预警，这对分析师来说是一个重要警示，即有时低概率事件可能会迅速转变。1989 年对伊拉克军事潜力进行评估时，中央情报局的分析认为“对该地区的威胁减少
159 了”，这主要是由于伊拉克和伊朗之间长达 8 年的相互消耗的战争。分析师认为，伊拉克是一个厌战的国家，需要科威特和其他海湾国家的贷款来维持其与伊朗的战争，因此负债累累。在评估萨达姆对科威特的看法时，分析师一致认为，萨达姆对科威特有领土和经济上的不满，但其叫嚣式军事集结更像是一次“敲诈勒索”，而不是战争准备。在萨达姆入侵科威特的十天前，海湾地区主要盟友（尤其是埃及总统穆巴拉克和约旦国王侯赛因）发出的信息称萨达姆在虚张声势，这让美国决策者及分析师感到放心。乔治·H. W. 布什政府官员对威胁的严重性似乎存在分歧，倾向于研究问题，而不是采取行动。1990 年 7 月中旬，国防情报局和中央情报局分别评估说，伊拉克不太可能对科威特使用“大规模武力”。[23]

然而，随着萨达姆的集结加速，一些（如果不是所有）情报思维定式者开始察觉到，若其贷款免除和领土让步的要求不被接受，萨达姆就有入侵的意图。7 月 25 日，在伊拉克军队进入科威特的一周前，国家预警情报官向白宫发出了关于这一风险的预警。中央情报局其他分析师转而接受这种新观点的过程却很缓慢，这或许解释了为什么布什政府没有发表更强硬的声明或采

取一些准备行动来阻止萨达姆。然而，国防部长迪克·切尼在为政府辩护时告诉参议员们，“我们从那些最受直接影响的人那里得到的所有报告都特别强调萨达姆·侯赛因绝不会入侵科威特。”[24]

苏联解体与政变可能

随着冷战的结束，情报界为预测苏联的未来而绞尽脑汁。在整个 20 世纪 80 年代，苏联经济持续下滑，社会和政治问题日益严重，华约盟国躁动不安（波兰、匈牙利和捷克斯洛伐克的持不同政见者正向其共产党政府施压，要求进行政治和经济改革），情报界对这些问题一直保持着关注。《国家情报评估》和中央情报局的评估发布了大量相关问题的预警，甚至对米哈伊尔·戈尔巴乔夫这样的改革者也是如此。[25]乔治·H. W. 布什总统在准备 1989 年在马耳他与戈尔巴乔夫举行的首脑会议时说，中央情报局的一份文件给他留下了深刻印象，这份文件预警说，戈尔巴乔夫的经济和政治改革足以破坏旧体制，但不能够产生任何益处，因而使其处于某种危险之中。[26]当戈尔巴乔夫勉强从一场失败的政变中幸存下来时，从 1988 年至 1990 年《国家情报评估》中挑选出的一组标题印证了众多情报评估中所蕴含的预警：

- 《国家情报评估》 11-23-88，1988 年 12 月，**戈尔巴乔夫的经济计划：未来的挑战** 160
- 《国家情报评估》 11-18-89，1989 年 11 月，**危机中的苏联体制：未来两年的前景**
- 《国家情报评估》 11-18-90，1990 年 11 月，**苏联不断加深的危机：下一年的前景**

若问题可以归咎于情报界，那可能是因为其过分关注莫斯科的经济问题，而没有想到政治体系会如何被经济问题摧毁。然而，1991 年 4 月，苏联分析办公室主任乔治·科尔特（George Kolt）制作了一份富有先见之明的分析报告，阐述了政治崩溃的可能性，其中包括强硬派通过武力赶走改革者并恢复共产主义政权的举措。这篇题为“苏联局势”的分析预警说，戈尔巴乔夫深陷困境，改革的文职和军事反对者已经采取行动，军事政变迫在眉睫（参见窗 7.1 了解更完整的调查结果）。在克里米亚度假的布什总统已经对戈尔巴乔夫的危险处理有所警觉，因此对 1991 年 8 月宣布的针对这位不幸的改革者的政变并不感到震惊。布什站在戈尔巴乔夫一边，他也注意到其他报告称政变策划者组织不善，没有得到广泛支持。

161 窗 7.1 1991 年 4 月中央情报局分析：苏联局势（节选）

经济危机、独立愿望和反共势力正在瓦解苏维埃国家和治理体系。

然而，戈尔巴乔夫试图在没有大范围使用武力的情况下保留中央集权联邦、苏共统治和中央计划经济的实质，这迫使他采取战术上的权宜之计，而这些权宜之计并不能解决基本问题，仅能阻碍但不能阻止新制度的发展。

在推动苏联摆脱失败、僵硬旧体制的艰难尝试中，戈尔巴乔夫确实面临着可怕的选择。到目前为止，他的权宜之计使他继续留任，并彻底改变了这一体制，但也延长了过渡时期的痛苦并使之复杂化……

反对者的准备工作已经从两个方面展开：

- 军方、内务部和克格勃领导人正在为政治进程中大范围使用武力做准备。
- 一场旨在让倾向于改革的官员退休或至少让他们离开关键职位的运动已经持续了一段时间。

即使是一场政变也不太可能阻止多元势力在本十年结束前占据主导地位。

当前的苏联形势和短期内可能发展的各种方向，为我们展现了苏联来年的三种可能形态：

- 如果当前政治僵局继续下去，西方目前面临的与竞争势力发展适当混合关系的困境就会持续下去。
- 试图恢复共产主义政权将使西方面对1981年波兰事件的重演，但无疑将面临更多的残暴行径和流血冲突。
- 多元主义者的迅速突破将为建立在合作协议基础上的内外部稳定创造最佳前景。

资料来源：节选自情报研究中心乔治·科尔特撰写的一份长达 10 页的评估。乔治·科尔特：《中央情报局备忘录，苏联局势》（CIA Memo，The Soviet Cauldron），载情报研究中心（Center for the Study of Intelligence）：《冷战结束：1989—1991 年美国对苏联和东欧的情报》（*At Cold War's End：US Intelligence on the Soviet Union and Eastern Europe，1989-1991*），华盛顿特区：情报研究中心，1993 年，https://www.cia.gov/library/center-for-the-study-of-intelligence/csi-publications/books-and-monographs/at-cold-wars-end-us-intelligence-on-the-soviet-union-and-eastern-europe-1989-1991/art-1.html#rtoc7。

1990 年南斯拉夫解体

这是一个“我们告诉过你，但你没有听”的成功预警案例。当苏联解体、乔治·H. W. 布什政府正在进行海湾战争时，情报界也在监控南斯拉夫社会主义联邦共和国各民族地区之间日益发酵的争端。在铁腕人物斯洛博丹·米洛舍维奇（Slobodan Milošević）的领导下，庞大的塞尔维亚共和国正与克罗地亚、斯洛文尼亚和波斯尼亚等共和国展开斗争，以保护和控制约瑟普·布罗兹·铁托（Josip Broz Tito）元帅在 1979 年去世前一直统治的联邦体系。1990 年 10 月，情报界发布了异常鲜明和准确的预警：“南斯拉夫将在一年内不再是一个联邦国家，并可能在两年内解散”（见窗 7.2 了解全部要点）。预警还得出结论，该国可能会从零星的民族暴力恶化为共和国之间的内战。然而，预警中最不祥和最具争议的表述是“美国将几乎没有能力维护南斯拉夫的统一”。 162

窗 7.2　1990 年 10 月《国家情报评估》15—90：南斯拉夫转型（要点）

- 南斯拉夫将在一年内不再是一个联邦国家，并可能在两年内解散。经济改革无法阻止其解体。
- 塞尔维亚将阻止斯洛文尼亚人和克罗地亚人建立全南斯拉夫联邦的企图。
- 科索沃的阿尔巴尼亚人将进行持久的武装起义。一场全面的、共和国间的战争不太可能发生，但严重的内部冲突将伴随着解体发生且持续下去。暴力冲突将很难解决且后果严峻。
- 美国及其欧洲盟国在维护南斯拉夫统一方面几乎无能为力。南斯拉夫人将认为这种努力与倡导民主、自决相矛盾。

资料来源：中央情报总监：《国家情报评估 15-90：南斯拉夫转型》(*DIE 15-90*：*Yugoslavia Transformed*)，1990 年 10 月 18 日，iii。

这一评估发布时，布什政府正全神贯注于苏联的解体，并无意愿使另一个联邦国家的解体合法化。预警信息毫无疑问被接收了，但几乎没有引起政府的政策关注，尽管政府中有大量高级官员曾在南斯拉夫任职且对局势了如指掌。[27]相反，政府认定自身任何战略利益都未受到威胁（如国务卿詹姆斯·贝克称“这场战斗与我们的利益无关”），并依赖于承诺管理这场危机的各欧洲盟国。这一预警并未引发美国的任何重大政策举措或政策转变。后来的关于波斯尼亚可能爆发暴力事件的国家评估也没有引起多少政策回应，直到比尔·克林顿总统上任后，塞尔维亚领导的种族清洗运动震惊了全世界的良知，迫使克林顿政府更多地参与进来。

事后表明，这一评估对政治解体的预警与其对暴力的不祥预言一样准确。然而，这一评估未能推动决策者尝试阻止1991年至1995年持续的暴力事件。一些评论家认为，《国家情报评估》关于美国无法阻止南斯拉夫解体的假设不仅有缺陷，而且接近于政策禁止。其他人则把这一评估作为一个例子，说明当一个政府已经形成了观点并且拒绝重新审视这些观点时，战略预警分析是多么没有意义。

2001年基地组织袭击

基地组织劫持客机对纽约双子塔和五角大楼发动的骇人袭击，并不是对于基地组织针对美国的恐怖主义的第一次情报失败。在此之前还有1993年对双子塔的失败袭击、1998年美国驻东非大使馆爆炸以及2000年发生于也门的美国军舰“科尔”号船载爆炸物袭击。到20世纪90年代中期，恐怖主义已成为一个重要的情报目标和主要的预警问题。事实上，中央情报局局长乔治·特尼特在1998年给其他情报机构负责人的备忘录中宣称“我们正在与基地组织开战”，克林顿政府曾对新当选的乔治·W. 布什团队告诫说恐怖主义将构成其上任后最严重的威胁。[28]特尼特在多次会议上阐述，在这些会议上，高级情报官员向新的白宫国家安全团队表达了他们的担忧。2001年7月，一名高级执行官员向国家安全顾问康多莉扎·赖斯汇报了本·拉登的意图，说道：“在未来几周或几个月内，将发生一次重大的恐怖袭击。”中央情报局不知道袭击的具体日期，但用这名官员的话说，“这将是惊人的”，可能发生多起、
163 同时袭击。[29]

从这个意义上说，情报界已然发出“战略预警”。关于恐怖主义的1995年《国家情报评估》等出版物已经对恐怖袭击（甚至是在美国境内的恐怖袭击）作出预测。[30]从1998年开始，中央情报总监每年向国会提交的《全球威胁评估》报告都将本·拉登的秘密组织列为头号恐怖威胁。此外，2001年8月，在回答乔治·布什总统的问题时，《总统每日简报》刊登了一篇题为“本·拉登意图袭击美国本土”的头条新闻（见窗7.3）。袭击事件发生后，“9·11”委员会进行了一项广泛调查，结论认为，情报界未能将自己的预警方法应用于“基地”组织，这导致了“想象力缺乏”。同时，该委员会还归咎于中央情

报局和联邦调查局的信息共享不足，其本来能够查明已经进入美国并接受飞行指令的19名策划者中的一些人。

窗7.3 2001年8月6日关于本·拉登的《总统每日简报》（节选）

来自秘密渠道、外国政府和媒体的报告显示，本·拉登自1997年以来一直想在美国发动恐怖袭击。1997年和1998年本·拉登接受美国电视采访时表示，其追随者将效仿世贸中心爆炸案制造者拉姆齐·尤瑟夫（Ramzi Yousef）并"将战斗带到美国"。

1999年在加拿大的千禧年阴谋可能是本·拉登第一次正式尝试在美国实施恐怖袭击的一部分。

尽管本·拉登没有成功，但他在1998年对美国驻肯尼亚和坦桑尼亚大使馆的袭击表明，他早已提前数年准备行动且并没有因挫折而退缩。

基地组织成员（包括一些美国公民）多年来一直居住在美国或前往过美国，该组织显然维持着一个能够协助袭击的支持结构。

我们不能证实一些更耸人听闻的威胁报道，例如，1998年一家外国情报机构说，本·拉登想要劫持一架美国飞机交换"盲眼谢赫"奥马尔·阿卜杜勒·拉赫曼（"Blind Shaykh" Umar Abd al-Rahman）及其他被美国控制的极端分子。

资料来源：《本·拉登决心打击美国》，载《总统每日简报》，2001年8月6日，https://nsarchive2.gwu.edu/NSAEBB/NSAEBB116/pdb8-6-2001.pdf。

面对"9·11"受害者家属和许多普通公众的强烈批评，许多情报专家为情报界的表现进行了辩护，因而"9·11"委员会的调查结果仍然是有争议的。[31]中央情报局与其反恐中心（Counterterrorism Center，简称CTC）[32]以及其他机构曾多次就本·拉登袭击美国的计划发出预警，这一事实被这些辩护者视为情报界已经发出战略预警的证据。他们认为，情报部门很少能收集到足 164
够详细的关于"何地"、"何时"、"何人"以及"如何"防止此类袭击的情报。

在抓捕或击毙本·拉登过程中，中央情报局付出得最多，但由于未能设想到如此冒险的袭击，中央情报局受到尤为不公的对待。此前，反恐中心曾有十几次对本·拉登的追捕计划，但大部分都被克林顿政府否决了，因为克林顿政府担心情报的不确定性以及此类行动可能产生的潜在后果。布什政府的错误可能在于，迟迟没有采纳时任高级反恐顾问理查德·克拉克（Richard

Clarke）推荐的更严厉的反恐战略，也没有推动其他联邦机构（如联邦航空管理局、海关官员和联邦调查局）采取更多的反恐措施。

预警的重要教训和挑战

预警的成功与失败案例中，总是凸显一些反复出现的“意外”生成模式，即使在决策者已得到提醒的情况下亦是如此。有效预警面临的症结和挑战通常是认知偏见、组织障碍以及决策者对接受预警并依其行事的抗拒。而第四项教训在于，在预警过程中，对手经常会通过有效使用欺骗、虚假信息、拒止利用前述弱点。

认知偏见：思维定式问题

前述许多案例中，分析师以及决策者倾向于忽视事关军事攻击或美国利益面临的其他挑战方面的现有证据。珍珠港事件中军事分析师的思维定式在于，认为处于劣势的敌人最有可能在东亚寻找一个易受攻击的目标，而不是在美国太平洋舰队所属本土水域对其发动挑战。同样，以色列和美国的分析师也有一种先入为主的看法，认为阿拉伯军队太弱，无力挑战比其强大的以色列国防军。结果，虽然这些分析师对以色列最终胜利的预测是正确的，但他们未能意识到埃及并没有指望自己能够击败以色列，而只是想给以色列造成冲击并迫使其进行谈判（埃及成功做到了这一点）。

事实证明，思维定式是很难改变的，尤其是挑战传统观点的信息相对匮乏时。因此，美国分析师在 1962 年 9 月报告说，他们相信苏联不敢在古巴部署战略导弹，而且 10 月下旬 U-2 侦察机执行任务前几乎没有可信报告汇报导弹已经就位。克服此类认知偏见所需的确实信息比分析师或决策者通常已掌
165 握的要多。2002 年，分析师预警称，萨达姆拥有大量大规模杀伤性武器库存并可能正在核武器研发中取得进展。几乎没有确切消息指向大规模杀伤性武器得到重建，但收集者也并未提供任何否定消息。所以，在缺乏良好信息的情况下，分析师们总是会退回到他们对对手能干且狡猾的假设之中。杰出的政治学家、经常担任情报机构顾问的罗伯特·杰维斯，曾就决策者认知与错误想法的影响进行过论述，而这种影响可能非常离谱。[33]

高质量的预警要求分析师、决策者注意自身对待世界及其运行方式时所存在的偏见与未经证实的假设。美国人常常想当然地认为，外国领导人会像

华盛顿那样掌控及计算采取某些行动的风险与收益。在这种情况下，分析师通常会得出结论认为，就像美国决策一样，对手在无法获胜的情况下不会发动战争，风险过大时也不会采取行动。分析师必须警惕这种“镜像”认知。外国领导人身处于不同的文化环境之中，其对风险与收益的评估方式也不同，理解外国领导人或许是分析师们面临的最艰巨的任务。若不能借助不同的文化和心理透镜，将很难对外国领导人的不稳定行为（或某些人所认为的不理性行为）进行预警。至少，预警分析需要利用能够对美式分析思维定式质疑的结构化分析技术（如对抗分析、**对立主张**、假设检验）。

组织影响

预警形成过程中，情报界自身的运营与组织文化对最终的成败有一定影响。冷战期间，集中式的预警系统运行良好，美国因而免受与核武器相关的战略意外。国家预警系统足够可信，且美国核力足够顽强，这使得苏联确信突然的“抢先攻击”并不能使美国放下武器。国家预警系统（包括相当规模的专业预警幕僚以及国家预警情报官的行动）在提醒决策者注意重大军事集结方面表现得相当好。在苏联威胁的性质这一问题上，中央情报局和国防情报局这两大机构倾向于分化为明显的、意料之中的两个阵营。中央情报局倾向于对苏联的战略计划持和善态度，认为莫斯科将推断出核战争“无法取胜”
并因此满足于与美国实现战略对等。与此相反，国防情报局及军事情报机构 166
倾向于认为苏联领导层具有宏伟目标，想要实现战略优势并“赢得”核战争。两者都并非完全正确。中央情报局有时会低估苏联的战略计划，而国防情报部门通常被认为采取了最坏情况立场。

对于预警问题，情报机构还倾向于形成“党派路线”。1973 年，中央情报局确信以色列优势军队不可能被击败，因此埃及总统萨达特将不敢攻击以色列。中央情报局还倾向于听从以色列情报机构，后者业已形成的观念认为，除非埃及军队极大提升其防空力量，否则埃及将不会考虑对以色列再次发动攻击。一旦某一机构发布了特定分析性判断，这一判断就为以后的分析奠定了重要的基础。几乎没有分析师愿意对公认的官方看法提出异议。此后，“关键”假设（中央情报局某一高级官员如此命名）将不会受到任何质疑，因为其反映了以往结论，机构的分析师们觉得应当予以捍卫。于个体分析师而言，对“萨达姆隐藏了大规模杀伤性武器”“埃及若不能获胜就不会发动战争”

“苏联不会在古巴部署进攻性导弹”等公认观点进行质疑尤为艰难，更不要说对其进行批判了。

机构信息共享也不够充分，这会有损于有效预警。正如1941年的“珍珠港事件”所呈现的那样，陆军和海军的密码破译人员竞相向少数获准知情的华盛顿官员提供已破译的信息，而官僚机构的内斗拖延了他们与决策者之间的沟通。“9·11”事件中，中央情报局在海外收集到有关策划者的信息但未共享给联邦调查局，而联邦调查局的外勤办事处也收集到信息，但没有提供给其华盛顿总部或中央情报局。由于种种原因，每个机构都认为没有理由相互传递“独家”信息。这妨碍了分析师全面了解这一威胁，而这一威胁既有国内方面的，也有国际方面的。“9·11”事件以来，人们一直在努力软化长期存在的将信息分隔于各组织甚至是组织内的各个部门“需要知道”原则。国家情报总监呼吁的“需要共享”有助于打破部分组织障碍，但如今有如此多的情报机构共同参与对一系列国际威胁的监控，信息共享仍旧是一个不小的挑战。

值得考虑的是，从依靠预警专家的中央指挥的预警系统向将主要预警责任交由所有分析师承担的转变是否有效。这项转变的前提是对何为预警以及预警应如何传达给决策者有充分的理解。然而，目前很少有正式的预警培训，
167 尤其是在中央情报局等民用情报机构。此外，这项转变的前提还在于，通过标准的分析制作方法可以产生有效的预警，但事实上预警既是一门艺术又是一门科学。[34]令人不安的是，国家情报总监将旧式预警转向现在被称为“预测”情报（anticipatory intelligence）的诸多举措创造出一个需要进一步定义的新概念。正如国家情报总监所述，“预测情报是对趋势、事件和不断变化的情况进行情报收集和分析而产出的结果，其目的是识别和描述潜在的或即将发生的中断、重大事件、重大机会或对美国国家利益的威胁。”[35]

对一些分析师来说，预测情报不过是长期以来被称为战略和预警分析的新术语。而前述定义并未凸显出向分析师提供先进技能的必要性，也没有凸显出建立新机制将此类预测情报传递给有权采取行动的决策者的必要性。但至少，不论其称呼如何，都需要采取更多的行动来培养这些技能从而实现相关任务。由于在一定程度上认识到有必要采取更多行动，国家情报顾问委员会如今设立了一个预警特别顾问，其使命似乎是倡导对预警问题的更多关注。

在笔者撰写本书时，该顾问似乎缺乏国家预警情报官以前所拥有的大量幕僚或权力。

决策者的愿望思维

在审查向总统及其国家安全团队提供的诸多预警时，出现了这样一种新模式，即一些决策者不愿相信情报界发布的预警信息。正如谢尔曼·肯特在本章开篇所言，国家安全决策者会故意忽略情报。在一定程度上，决策者不愿根据不完整的信息作出决定，因为这些信息表明，假设的威胁会发生，但并不确定。通常，为防止某些灾难而采取的措施有其自身后果和成本。如今，阻止朝鲜核计划的困境凸显了决策者面临的一系列的糟糕选择。已有战略预警发布称，朝鲜最终将拥有以搭载核弹头的洲际弹道导弹打击美国的军事力量。而事实上，自从比尔·克林顿担任总统以来，这一预警就一直在发向白宫。克林顿及其继任者都尝试了除了抢先攻击以外的措施（如利用制裁或是经济激励来停止核计划）以阻止这一威胁。然而，唐纳德·特朗普总统也面临着同样糟糕的选择：将威胁最小化或者利用经济制裁向金正恩（Kim Jong-un）施压以停止其核计划，或者考虑采取军事行动摧毁该计划，或者至少令其延缓。而这样的军事行动将对韩国、美国以及美国的其他亚洲盟友与伙伴产生巨大的影响。因此，根据情报预警采取行动并没有看起来那么容易。 168

前述部分预警案例也说明，面对越来越多的表明可能的军事冲突（如1979年苏联入侵阿富汗）或前南斯拉夫种族暴力的证据（1990—1995年解体及波斯尼亚战争），卡特政府和布什政府都不愿采取行动。在前一案例中，莫斯科不愿损害其与华盛顿的关系属于愿望思维。此外，如果苏联入侵，将会对战略武器条约造成破坏，国会很可能会否决该条约。后一案例中，布什政府寄希望于欧洲人管理南斯拉夫危机，并希望美国在应对苏联解体与海湾战争等更紧迫问题时能够避免卷入南斯拉夫危机。这两个案例中都曾发布了预警信息但却并未据此行动。在分析师来看，这有些优柔寡断甚至是不负责任。但在决策者看来，这正是他们必须做的选择。然而，通常发生的情况是，决策者在后期可能会感叹情报界未有效地传达其关注点、未强调影响、贬低了极端事件发生的可能性。

对手的干预

将预警失败归咎于分析师或决策者并不完全正确。其中一些原因在于对手针对美国的迷惑和奇袭等各类行为。必须认识到，对手往往非常聪明地利用美国分析师和决策者的认知偏见、组织障碍和愿望思维。这里所讨论的许多案例中，对手能够使用欺骗与拒止来隐藏自己的真实意图和准备，或者至少能玩弄分析师的既有思维定式和决策者的愿望思维。珍珠港事件前，日本人便有效利用了欺骗与拒止技术，美国人因而无法掌握日本舰队的航向。苏联数月以来一直隐瞒运往古巴军事装备的性质，直到最终被空中侦察机发现。埃及在赎罪日前后巧妙地宣布并实施了起初似乎是年度例行军事演习的突袭。1990 年海湾战争前，萨达姆更是成功地向美国隐瞒了大规模杀伤性武器计划。

在军事领域，分析师必须特别警惕那些为可能的军事攻击准备而打掩护的欺骗与拒止技术。许多对手已经将这些隐藏技术发展成一门艺术。伊朗在地下据点建造了许多核设施，不仅是为了隐藏它们，同时也是为了使它们不那么容易受到攻击。同样，朝鲜也将许多军事装备放入地下或是洞穴之中，避免这些装备被发现，更不用说被摧毁了。俄罗斯人一直在利用各种技术掩盖其军事行动，如“小绿人”（穿着没有部队名称的制服的武装人员）或利用
169 “志愿军”进行的混合战争。

运营安全措施（防止情报界拦截秘密通信所采用的措施）也已成为敌对军队和恐怖组织的常用技术。日本人在东京和太平洋上的舰队之间保持无线电静默。[①] 苏联和俄罗斯军方经常对通信系统进行加密以保守军事计划秘密，还经常发布虚假信息来掩盖其真实意图。就连基地组织和“伊斯兰国”也清楚运营安全的方式。他们学会了避免使用手机或任何易受美国情报收集影响的互联网网站，转而选择情报员和其他低技术的通信方式。通过使用“暗网”或大量加密技术可以保护恐怖分子或其他非法活动免受美国情报和执法部门影响。同样，若此类群体怀疑正在被情报界监听，他们就会使用委婉语或暗语描述其预谋的行动。恐怖组织及其网络本质上是去中心化的，这使得通过抓获关键头目或缴获恐怖组织的电脑、手机来揭露他们的阴谋变得更加困难。

有效预警能够实现吗

总而言之，预警仍然是情报部门最困难且最重要的任务。正如前述案例所

---

① 无线电静默是指基于安全、保密或其他理由，某一区域固定式或移动式的无线电发射设备不发送信号。——译者注

表明的那样，情报界预警业绩中既有成功，也有失败。改善预警业绩已被证明是困难的，尤其是当预警问题的类型从严格的军事问题转移到跨国问题（谜团更多而秘密更少）的情况下。在情报和战略意外方面著作颇丰的理查德·贝茨总结道“情报失败是难以避免的”。在他看来，决策者无力或不愿接受预警并依其采取行动，才使得意外时有发生。所以，只要预警信息依然模糊不清（即并不能完全确定），决策者便会怀抱错觉认为情报本应以某种方式变得更好或有待改进。[36]另外，情报方面的失误也不应该被完全原谅。其他学者认为，提供战略预警很难足以避免战略意外。[37]但高质量的战略预警可以提醒情报界投入更多的收集和分析资源从而形成战术预警。因此，可以采取具体措施扩大情报收集、减少战略预警问题的信息缺口。此外，战略预警应该让分析师注意重新审视那些可能让他们感到自满的假设和思维定式。 170

与此同时，决策者必须更加适应情报界所传达的信息，并告诉情报同行哪些问题是其最关心的，哪些问题是需要警惕的。正如一位经验丰富的情报分析师所总结道：“指望预测或预防任何和所有意外都是不合理的。指望情报分析师不会犯错误是不合理的，决策人员亦是如此，不论过去或是将来”[38]。

有用文件

《提升中央情报局分析业绩：战略预警》（*Improving CIA Analytic Performance：Strategic Warning*），2002 年，https：//www. cia. gov/library/center-for-the-study-of-intelligence/kent-csi/kent-vol1no1/html/v01n1p. htm，中央情报局一名高级情报顾问兼训练官员对于如何避免情报失败的看法。

联合军事情报学院（Joint Military Intelligence College）:《情报预警术语》（*Intelligence Warning Terminology*），2001 年 10 月，https：//archive. org/stream/JMICInteligencelwarnterminology/JMIC_ intelligencewarnterminology_ djvu. txt，国防部使用的专业预警概念及术语合集。

《“9·11”委员会报告》（*The 9/11 Commission Report*），https：//www. 9-11commission. gov/report/911Report. pdf，一部介绍“9·11”事件如何发生及在此期间美国情报机构有关工作的佳作。

延伸阅读

埃里克·达尔（Erik Dahl）:《情报与突袭：从珍珠港到“9·11”及其后

的成败》(*Intelligence and Surprise Attack*: *Failure and Success from Pearl Harbor to 9/11 and Beyond*)，华盛顿特区：乔治敦大学出版社，2013 年。作者认为在这两个案例中战术情报未能提供足够的预警。

约翰·A. 金特里（John Gentry）、约瑟夫·S. 戈登（Joseph Gordon）:《战略预警情报：历史、挑战及前景》(*Strategic Warning Intelligence*: *History*, *Challenges*, *and Prospects*)，华盛顿特区：乔治敦大学出版社，2019 年。两位知名预警从业者对预警进行的最新、最具权威性的讨论。

辛西亚·格拉博:《预测意外：战略预警分析》(*Anticipating Surprise*: *Analysis for Strategic Warning*)，马里兰州拉纳姆：美国大学出版社（University Press of America)，2004 年。一部最早的关于预警问题的经典之作（已解密）。

罗伯特·杰维斯:《情报为何失败：伊朗革命和伊拉克战争的教训》，纽约州伊萨卡：康奈尔大学出版社 2010 年。作者对这两个案例的预警失败进行比较并分析了其原因与影响。

珍妮·诺兰、道格拉斯·麦凯钦主编:《话语、异议与战略意外：在不确定时代制定美国国家安全政策》，华盛顿特区：乔治敦大学外交研究学院(Georgetown University Institute for the Study of Diplomacy)，2006 年。作者回顾了一系列鲜为人知的案例，在这些案例中，情报预警已提供给决策者，但决策
171 者并未注意。

罗伯特·沃尔斯泰特（Roberta Wohlstetter）:《珍珠港：预警与决策》(*Pearl Harbor*: *Warning and Decision*)，加利福尼亚州斯坦福：斯坦福大学出版社，1962 年。该研究仍是对情报预警失败的经典描述，认为太多的“噪声”掩盖了日本袭击的可用信号。

注 释

引语一：约翰·A. 麦肯在中央情报局历史情报收集网站上的语录，引自查尔斯·拉斯洛普:《文学间谍：谍报活动语录来源》，康涅狄格州纽黑文：耶鲁大学出版社，2004 年，第 411 页。

引语二：亨利·基辛格在其回忆录《白宫岁月》(White House Years) 中的语录，引自拉斯洛普:《文学间谍：谍报活动语录来源》，第 413 页。

❶ 美国情报委员会（US Intelligence Board）:《中央情报总监指令第 1/5 号》(DCI Directive No. 1/5)，《战略预警》(Strategic Warning)，1975 年 2 月 6 日，https: //

www.cia.gov/library/readingroom/docs/CIA-RDP91M00696R000600150012-2.pdf。

❷ 辛西亚·格拉博：《预测意外：战略预警分析》，马里兰州拉纳姆：美国大学出版社，2004 年。“迹象”是能够揭示对手侵略行动意图的新信息。它通常包括被定义为“指征”的行为或能力的具体变化。例如，显示部队沿着有争议边界转移、更高的军事准备状态、弹药库重大集结的新图像可能是意图开始军事行动的指征。

❸ 格拉博：《预测意外：战略预警分析》，第 37 页。

❹ J. 艾利·马戈利斯（J. Eli Margolis）：《评估国家动荡》（Estimating State Instabilty），载《情报研究》，2012 年 3 月第 56 卷第 1 期，第 13 页。

❺ 大卫·史拉帕克（David Shlapak）、迈克尔·约翰逊（Michael Johnson）：《加强对北约东翼的威慑》（*Reinforcing Deterrence on NATO's Eastern Flank*），兰德文件 1200（RAND Paper 1200），2016 年，https://www.rand.org/content/dam/rand/pubs/research_reports/RR1200/RR1253/RAND_RR1253.pdf。

❻ 核设计者认为，一旦侦测到苏联发射洲际弹道导弹，在其摧毁美国陆基核导弹之前，总统将只有不到 30 分钟的时间做出发射美国导弹的决定。

❼ 格拉博：《预测意外：战略预警分析》，第 365 页。

❽ 这些例子取自著作中的一套更全面的军事指征。约翰·金特里、约瑟夫·戈登：《战略预警情报：历史、挑战及前景》，华盛顿特区：乔治敦大学出版社，2019 年。

❾ 参见理查德·科尔、迈克尔·沃纳：《中央情报局分析的业绩记录》，载罗杰·Z. 乔治、詹姆斯·布鲁斯主编：《分析情报：国家安全从业者视角》（第 2 版），华盛顿特区：乔治敦大学出版社，2014 年，第 41 页。一个明显的例外是苏联的生物武器计划，直到一名高层叛逃者揭露了莫斯科违反了其对《生物武器公约》承诺的大规模研发活动，该计划才被发现。 172

❿ 纳西姆·塔勒布：《黑天鹅：极不可能的影响》（*The Black Swan: The Impact of the Highly Improbable*），伦敦：企鹅出版社，2008 年。

⓫ 罗杰·乔治、詹姆斯·维尔茨（James Wirtz）：《不确定时代的预警》（Warning in an Age of Uncertainty），载乔治、布鲁斯主编：《分析情报》，第 225 页。

⓬ 参见乔治·特尼特，《身处风暴中心：我在中央情报局的岁月》（*At the Center of the Storm: My Years at CIA*），纽约：哈珀柯林斯出版集团（Harper Collins），2007 年，第 133—174 页。虽然是“事后思考”，但题为“他们来了”的一章讲述了这位中央情报局局长为使人们注意 2001 年春季、秋季重大袭击的严重危险所付出的未获成功的努力。这说明预警信息可能因说服力不足而无法引起行动。

⓭ 有关指征和预警方法及战略预警的精彩介绍，参见约翰·A. 金特里、约瑟夫·S.

戈登：《战略预警情报：历史、挑战及前景》，华盛顿特区：乔治敦大学出版社，2019年。

⑭ 罗伯特·沃尔斯泰特：《珍珠港：预警与决策》，加利福尼亚州斯坦福：斯坦福大学出版社，1962年。

⑮ 埃里克·达尔：《情报与突袭：从珍珠港到“9·11”及其后的成败》，华盛顿特区：乔治敦大学出版社，2013年。

⑯ 参见埃里克·达尔：《测试论点：突袭的经典案例》(Testing the Argument: Classic Cases of Surprise Attack)，载达尔：《情报与突袭》，第69—70页。

⑰ 格雷厄姆·艾里森(Graham Allison)、菲尔·泽里科夫(Phil Zelikow)：《决策的本质：解释古巴导弹危机》(*The Essence of Decision: Explaining the Cuban Missile Crisis*)，纽约：朗文出版社，1999年。本书是关于肯尼迪及其顾问们如何在13天的危机中谈判拆除导弹的权威性论述，至今仍被广泛阅读。

⑱ 其辩护内容，参见谢尔曼·肯特：《重温关键评估》，载《情报研究》，1964年春，已解密，https://www.cia.gov/library/center-for-the-study-of-intelligence/csi-publications/books-and-monographs/sherman-kent-and-the-board-of-national-estimates-collected-essays/9crucial.html。

⑲ 大卫·S. 罗伯奇(David S. Robarge)：《中央情报局对1967年阿拉伯-以色列战争的分析》(CIA Analysis of the 1967 Arab-Israeli War)，载《情报研究》，2007年4月第49卷第1期，https://www.cia.gov/library/center-for-the-study-of-intelligence/csi-publications/csi-studies/studies/vol49no1/html_files/arab_israeli_war_1.html。

⑳ 参见以法莲·卡哈纳(Ephraim Kahana)：《早期预警概念：1973年赎罪日战争案例》(Early Warning Concept: The Case of the Yom Kippur War 1973)，载《情报与国家安全》2002年第17卷第2期，第81—104页。

㉑ 节选自跨《部门情报备忘录：苏联在阿富汗的行动》，载珍妮·诺兰、道格拉斯·麦凯钦主编：《话语、异议和战略意外：在不确定时代制定美国安全政策》，华盛顿特区：外交研究院(Institute for the Study of Diplomacy)，2006年，第55页。

㉒ 诺兰、麦凯钦：第62—63页。

㉓ 中央情报局、国防情报局评估的介绍，分别参见约翰·戴蒙德(John Diamond)：《中央情报局和失败文化：从冷战结束到伊拉克入侵的美国情报》(*The CIA and the Culture of Failure: U. S. Intelligence from the End of the Cold War to the Invasion of Iraq*)，加利福尼亚州斯坦福：斯坦福大学出版社，2008年，第141—156页、第126—127页。

㉔ 戴蒙德：《中央情报局和失败文化》，第139—140页。

㉕ 对中央情报局追踪苏联衰落记录的有关辩解，请参见布鲁斯·伯科维茨:《苏联解体的情报评估：认知与现实》(*Intelligence Estimates of the Soviet Collapse: Perception and Reality*)，载《国际情报与反情报期刊》，2008 年第 21 卷，第 237—250 页，https://www.cia.gov/library/readingroom/docs/20080229.pdf。 173

㉖ 乔恩·米查姆(Jon Meacham)的《命运与权力：乔治·赫伯特·沃克·布什的美国历程》，纽约：兰登书屋，2015 年，第 383 页。

㉗ 国家安全顾问布伦特·斯考克罗夫特是一位退休的美国空军中将，于 20 世纪 60 年代早期曾在南斯拉夫担任助理空军武官，副国务卿劳伦斯·伊格尔伯格(Lawrence Eagleburger)则在 20 世纪 70 年代后期在那里担任大使。

㉘ 参见特尼特:《身处风暴中心》。

㉙ 特尼特:《身处风暴中心》，第 151—152 页。

㉚ "9·11"委员会(9/11 Commission):《美国遭受恐怖袭击国家委员会最终报告》(*Final Report of the National Commission on the Terrorist Attacks against the United States*)，第 341 页，https://www.9-11commission.gov/report/911Report.pdf。

㉛ 请参阅保罗·皮拉尔对"9·11"委员会工作的评论，他批评了中央情报局以及利用"9·11"袭击为由的不必要的情报改革(这次改革创建了国家情报总监办公室、国家反恐中心)。保罗·皮拉尔:《情报与美国外交政策：伊拉克、"9·11"及被误导的改革》(Intelligence and US Foreign Policy: Iraq, 9/11, and Misguided Reform)，纽约：哥伦比亚大学出版社，2011 年。

㉜ 中央情报局反恐中心主要负责收集恐怖组织的人力情报，拥有少量的目标分析师。国家反恐中心成立于 2004 年并由国家情报总监管理，该中心全面负责协调反恐政策、制作反恐威胁方面的最终情报分析。作为 2015 年重要机构现代化的一部分，反恐中心与行动处的部分机构合并，并更名为反恐任务中心(Mission Center for Counterterrorism)。

㉝ 罗伯特·杰维斯:《国际政治的认知与误解》(Perception and Misperception in International Politics)，新泽西州普林斯顿：普林斯顿大学出版社，1976 年。

㉞ 参见金特里:《战略预警情报》，第 82—89 页。作者基本上对国家预警体系的弃用持批判态度。在该系统中，受过训练的"预警分析师"将其全部注意力投入于监控令人担忧的趋势，对预警方法和外国欺骗与拒止技术的正式培训得到重视。

㉟ 国家情报总监办公室:《美国国家情报战略》(*The National Intelligence Strategy of the United States*)，2014 年 2 月 7 日，https://www.dni.gov/files/2014_NIS_Publication.pdf。

㊱ 理查德·贝特:《情报之敌：美国国家安全中的知识与权力》(*Enemies of Intelli-*

gence: Knowledge and Power in American National Security)，纽约：哥伦比亚大学出版社，2007 年，第 19 页。

㊲ 达尔：《情报与突袭》，第 176 页。

㊳ 约翰·赫德利（John Hedley）：《从情报失败中学习》(Learning from Intelligence Failures)，载《国际情报与反情报杂志》(*International Journal of Intelligence and*
174 *Counterintelligence*)，2007 年 2 月第 18 卷第 2 期，第 447 页。

第八章

作为政策促进因素的情报支持

情报的最终目的是使行动最优化。个人或机构在作出行动决定前需要掌握对手的相关信息，这可能是决策过程中至关重要的因素。这些信息能够表明采取行动的合理规模的大小，甚至是另一种相对优化的行动计划。

——1989 年，R. V. 琼斯，《情报与指挥》

现时行动情报是指在发生冲突或危机时，为军事、外交、国土安全、政策用户的强时效需求提供必要支持的情报，它还为塑造未来的行动及理想的行动结果提供了机会。

——2019 年，《美国国家情报战略》

与长期战略情报预测或紧急预警分析相比，政策决策或政策行动所需的情报要显得无形得多，也没有更多的争议。但是，在许多方面，这种类型的**政策支持**（Policy Support）正是情报的命脉所在。它通常体现在时事情报报告、分析师简报以及与各国家安全部门决策者就广泛主题展开的讨论中。因此，本章将回顾情报促进国家安全政策制定、执行以及运行的一些主要途径。首先考察时事情报的作用，然后再进一步讨论对危机管理、外交谈判、行动定位进行政策支持的几种独特形式。提供此类战术支持也引发了一些极为困难的选择问题，例如，如何将有限的资源分配给大量的目标以及如何同时满足国家情报用户和军事情报用户的需求。

决策者评估某一问题、考虑相关情报、衡量自己可能采取的行动方案后，就会宣布一项政策或开始采取外交、经济或军事行动。但是，情报对政策的支持并未结束。以朝鲜为例，对平壤施压以阻止并最终令其放弃核计划的总统决策，可能包括新的外交措施以孤立朝鲜，或达成国际协议以施加新的经济制裁。还可能涉及采取军事措施以加强韩国的导弹防御系统或其他非战争措施。在最坏的情况下，为避免朝鲜获得可能直接威胁美国本土的洲际射程核武器系统，总统可能会决定采取一些必要的抢先行动。情报将在美国对平壤行动的各个方面发挥作用。

在本案例中，我们可以想象出多种情报分析或行动，能够在不同方面支持美国防止和限制朝鲜核扩散威胁的战略。表 8.1 列出了决策者可能期望或要求的直接情报支持的部分类型。通过这些方式，情报成为美国外交、军事、经济和信息等政策工具的“促成因素”。外交领域中，在联合国安理会和亚洲地区安全组织等国际论坛上，情报能够评估主要外国政府对美国提议可能的反应。与此同时，情报可能会被要求提供评估朝鲜核计划的简报或非机密白皮书（并未被视为由情报机构撰写的官方报告）[1]，这些文件可以作为“公共外交”活动的一部分与盟国政府、公众共享。以美国为首的国际社会对朝鲜的贸易和金融交易实施了严厉的经济制裁后，情报应监测、报告这些制裁的影响以及是否发生了应予应对的任何违反行为。潜在的军事行动将要求情报界识别关键的核和导弹设施、这些设施的漏洞及其对旨在破坏或摧毁平壤核与导弹计划的军事攻击或潜在非动能攻击（如网络攻击）的敏感性。

正如下一章将谈到的那样，某些情报计划可能会启动隐蔽行动，其目的是败坏或削弱朝鲜政权的稳定或地位并破坏其军事计划。在各种情况下，情报都可以提供“机会”分析，凸显出朝鲜政权在军事或经济上的弱点、内部压力点，或者能够被美国行动利用的朝鲜与其主要伙伴的不良关系。

176 表 8.1 情报作为政策支持的“促成因素”（以朝鲜为例）

外交政策	经济政策	信息政策	军事政策
国际组织 • 为联合国安理会成员起草简报 • 支持大规模杀伤性武器的有关措施 • 发布白皮书	外国援助 • 监控非法贩运 • 识别关键缺口	公共外交 • 起草大规模杀伤性武器白皮书 • 审查政府声明/致辞 • 监控外国媒体	武力行动 • 支持大规模杀伤性武器禁止行动 • 构建网络行动 • 筹划隐蔽行动
国际法 • 报告侵犯人权情况 • 支持引渡/非常规引渡	经济制裁 • 监控边境交通 • 报告违反制裁的情况 • 评估区域影响	政治行动 • 识别政治漏洞/机会 • 协助战略沟通计划	准军事行动 • 支持特种作战部队缴获大规模杀伤性武器设备的计划 • 预警、识别朝鲜攻击韩国的计划

续表

外交政策	经济政策	信息政策	军事政策
联盟/联合体 • 评估日本和韩国的计划、意图 • 预测外国公众对美国行动的反应	国际贸易政策 • 监控国际市场 • 支持自由贸易谈判	情报共享 • 与国际原子能机构共享信息 • 连接反扩散行动	非战争武力 • 定位疑似大规模杀伤性武器场所、设施 • 支持侵入式检查方法
国际谈判 • 评估朝鲜、俄罗斯等国的谈判风格、态度 • 传达美国谈判立场	人道主义行动 • 监控流入中国的朝鲜难民 • 预测冲突时的伤亡数字	软实力 • 评估朝鲜公共外交活动 • 监控朝鲜虚假信息、网络行动	战争计划 • 提供目标信息 • 进行炸弹损伤评估

注：此图改编自罗伯特·莱文（Robert Levine）博士在国家战争学院教授情报课程时的用图，经许可使用。 177

如表 8.1 所示，分析师提供与各种政策行动相关的零散信息和分析，决策者则设法确定如何最好地使用某一种工具，或美国发起旨在增加其影响力的特定行动时对手可能采取哪些对抗措施。这些情报活动很少对外部观察者公开，但却对推动美国政策取得成功作出了至关重要的贡献。

简单地说，情报分析可以使决策者选择最佳的行动方案。然而，情报界之外的作者很少能认识到情报分析在形成政策过程这一需要广泛分析的阶段中所作的贡献，这种贡献与对重要国际动态的关键情报预警或前瞻性战略分析相比，并不太引人注意。正如长期从事情报工作的专业人士、教育家杰克·戴维斯所指出的那样，在分析师与决策者之间实际上有成千上万种所谓的“业务”属于政策支持的范畴。[2]此类政策支持活动的范围几乎是无止境的，其日常需求也是无休止的。情报界分析师在跨部门会议上通过一对一汇报或在与决策者进行重要电话或电子邮件对话后，会收到此类请求或“任务”。此时，分析师是最为客观的，也最不可能被认为是在通过批判性分析动摇现行政策。分析师的最主要作用是提供信息以“促成”当前政策目标的实现，而无论政策本身正确与否或是否可能成功。

时事情报

时事情报一直是向决策者提供情报支持的主要产品。与本书第五章讨论的战略分析相比，时事情报更多地关注当前而不是未来。但与此同时，事实上大多数决策者处理的当前事务要比未来事务多。情报界生产的大部分情报产品必须应对决策者们每天早上到达办公室或军事总部时面临的一系列当前问题。时事情报的优点在于，它可以迅速生成且聚焦于每位决策者短期议程上的具体问题。如本书前面所述，情报用户及其情报需求的范围非常广泛。因此，需要由多个机构以各种形式起草时事情报。很大程度上，各政策机构所属情报部门生产的这些产品都是根据其主要用户的具体需要量身定制的。

中央情报局和国防情报局等大型情报机构都有各自专属的时事情报出版物。中央情报局在 20 世纪 50 年代创建了时事情报办公室，致力于日常出版物
178 的制作。与国家评估办公室不同，时事情报办公室专注于突发事件。其《时事情报通告》(*Current Intelligence Bulletin*，简称 CIB）专为总统和高级官员制作。随着时间推移，时事情报办公室扩大了其每日出版物的发行范围，同时还专门为总统撰写了一个版本（后被称为《总统每日简报》）。这些《时事情报通告》出版物以其简短、浅显而著称，旨在对突发事件进行快速更新，而不是对长期趋势进行战略评估。

随着决策者要求报告冷战更多方面的内容，中央情报局时事情报产品变得愈发冗长、复杂。起初的《时事情报通告》演变成《每日国家情报》(*National Intelligence Daily*，简称 NID）并被分发给国家安全委员会、国务院和国防部以及其他情报机构的数十名高级官员。数十年来，《每日国家情报》一直是中央情报局分析师每日报告内容的记录文件。在接下来的几年里，信息技术革命和决策者对快速情报支持的需求，促使《每日国家情报》转型成更快捷的名为《高级官员情报摘要》(*Senior Executive Intelligence Brief*，简称 SEIB）
179 的出版物。该出版物后来演变成更为复杂的《**全球情报报告**》(Worldwide Intelligence Report，简称 WIRe） 的每日情报产品。正如其首字母缩略词所表达的，这一产品非常易于使用且通过电子方式分发至政府及海外的文职决策者、军事指挥官、情报机构。

而其他情报机构也为各自的部门用户提供每日出版物及简报。在国防情报局，情报分析师会起草关于世界各地政治军事动态的每日概要。国防情报局有责任向国防部长、整个国防部的文职防务专家以及联合参谋部、全球各地的军事作战指挥官提供支持。名为“国防情报通告”（*Defense Intelligence Notices*，简称 DINs）的短小文章被编入《国防情报摘要》(*Defense Intelligence*

Summary，简称 DINSUM）和《军事情报摘要》（*Military Intelligence Digest*，简称 MID）这两份日常出版物。这些产品旨在当美国国防力量或美国利益受到威胁时提供“态势感知”，因而其主要对外国军事力量、威胁以及可能影响美国国防政策的相关政治和经济动态进行报告。相比而言，《国防情报摘要》和《军事情报摘要》相当于中央情报局的《每日国家情报》和《高级官员情报摘要》及后来的《全球情报报告》。与中央情报局类似，国防情报局为国防部长和参谋长联席会议主席会提供更为独家的情报摘要即《早间摘要》，在其敏感性和狭窄传递范围方面效仿了《总统每日简报》，并未广泛传播。国防情报局还对参谋长联席会议情报部日常的《主席简报》（*Chairman's Brief*）提供支持，该简报通过幻灯片以口头陈述形式对重要主题进行汇报，幻灯片随后会以电子方式传递给国防部其他部门。[3]国防情报局还设立了一个特别办公室，通过一套情报官系统向国防部的高级用户提供直接支持。

对关涉美国国防利益的政治军事事件进行更新时，这些情报产品可能长达 20 多页，其用户可能是五角大楼、联合参谋部的官员或海外的欧洲、亚洲或中东地区指挥官。根据各用户的关注点，某些日常文章具有直接的相关性，而其他更新内容则远远超出了上述人员的职责范围。由于流通范围广，这些情报产品通常不包含最敏感的国防信息。

国防情报局和中央情报局等大型情报机构会为其众多用户制作有关各类 180
安全主题的时事情报产品，小型情报机构则往往不会制作每日报告，而是在
形势需要或在特定决策者指定任务时发布时事情报报告以评估其追踪的特定
主题。例如，国务院情报研究局就采用了这种模式。情报研究局曾一度竭力
制作与国防情报局、中央情报局出版物类似的每日时事情报产品。当然，其
所关注的是国务卿及负责地区外交政策、谈判或其他政治军事事务的助理国
务卿所关心的一系列主题。这份文件被称为“国务卿早间摘要”（*Secretary's
Morning Summary*）。像《每日国家情报》和《国防情报摘要》一样，《国务卿
早间摘要》涵盖了十几个或更多的主题，但必须在十来页内完成。由于关涉
国务卿所关心的事项，《国务卿早间摘要》受到众多国务卿的欢迎，但其在许
多方面也与中央情报局出版物出现重复。此外，情报研究局只有少量情报分
析师，因此其领导层在 21 世纪初决定停止生产每日情报产品，并转而为特定
高级外交官员提供更有针对性的情报报告。即便如此，仍有白宫官员常常抱 181

怨说，他们喜欢《国务卿早间摘要》中的写作风格并从中了解到比中央情报局出版物更多的内容。如窗 8.1 所示，这份已停止发行的情报产品可能更专注于强制性外交行动，如 1994 年美国爱国者反导系统部署到韩国（“DPRK”指的是朝鲜民主主义人民共和国或朝鲜）。

窗 8.1　1994 年《国务卿早间摘要》
（关于朝鲜事务的节选）

朝鲜：对爱国者导弹的反应

平壤对有关美国计划在韩国部署爱国者导弹报道的反应，将在一定程度上取决于未来几天或几周内发生的其他事情。目前，朝鲜仍未作出选择。

首次回应：朝鲜对爱国者部署消息的最初回应是昨日发表的一篇未署名的评论文章，这是平壤在新形势初期所做的典型举动：朝鲜希望声明自己的强烈反对而不承诺采取任何行动，同时厘清自己的选择。一个更高层次、更明确的回应（如《劳动新闻》社论或外交部声明）正在等待领导层的决定，通常需要几天时间。

尽管基本上是对过去一个月其他评论中出现主题的拼凑，但对爱国者导弹的首次回应显然是为了表明，至少目前还没有决定放弃与美国在核问题上的外交接触。

回旋的空间

评论指出，爱国者尚未抵达，部署仍只是一个“计划”。通过将这一进程描述为处于早期阶段，朝鲜给了自己回旋的空间……将引入爱国者的计划描述为“不可原谅的重大军事优势”，并警告称对朝鲜施加压力可能导致“灾难”，这并不罕见，尤其是在此类低级别且未署名的文章中。

资料来源：国务院审查局（State Department Review Authority），2008 年 8 月 11 日解密。

《总统每日简报》：重要情报产品

在大体上介绍了目前在国家安全机构中生产和广泛传播一系列情报产品之后，我们应当承认的是，这些出版物的目的不是从根本上塑造或改变美国的主要政策。然而相比之下，《总统每日简报》可能是情报界制作的最具影响
182 力、付诸行动的时事情报出版物。自哈里·杜鲁门首次要求从全部政府来源中制作统一摘要以来，此类面向总统的每日时事摘要就一直是美国情报机构的一项特色。自 1946 年 2 月 15 日起，中央情报局制作了首份情报报告汇编，当时被称为“每日摘要”。这份简单、篇幅为两页的文件主要关注源自德国、

南斯拉夫、土耳其等国的冷战问题。[4]自此，每届总统每天都会收到一份关于威胁美国国家安全利益的全球热点问题的最敏感报告的摘要。早期，这本每日出版物有各种名称（如《时事情报通告》及《总统情报清单》）和格式，直到 1964 年才正式称为《总统每日简报》。鉴于总统的繁忙日程，这份文件一般很少会超过十几页。由于其努力报告过去 24 小时重要的世界事件，中央情报局前局长艾伦·杜勒斯（Allen Dulles）称其“精练、简短但同时又相当全面”[5]。直到 20 世纪 80 年代，《总统每日简报》才广为人知。

《总统每日简报》最初是由中央情报局独家发行的，尽管其他机构的分析师也会被定期邀请提交文章或对中央情报局的分析提出评论及反对意见。2005 年之后，设立了国家情报总监并由其开始负责起草《总统每日简报》。因此，《总统每日简报》变成了情报界的共同产品，其所含文章可能由情报研究局、国防情报局及其他机构的分析部门起草。对中央情报局的许多分析师来说，将《总统每日简报》的独立控制权转交给国家情报总监是一记情感上的打击，虽然他们现已经逐渐从中恢复过来。事实上，中央情报局分析师仍在起草《总统每日简报》的大部分文章。而在现实中，大多数其他机构的分析师都认为各自部门的官员（而非白宫）是其主要用户，并且他们对复杂而耗时的《总统每日简报》协调过程感到恐惧。尽管国家情报总监负责监督其起草，但《总统每日简报》却是由中央情报局总部审查、编辑和组稿。因此，在实践中，《总统每日简报》在很大程度上仍然是中央情报局的产品，且正如前中央情报局局长罗伯特·盖茨所说的那样，“为《总统每日简报》撰稿……是我们存在的理由”[6]。

《总统每日简报》与其他时事情报报告有几个方面的区别。第一个特点是其具有独家性地允许该简报包含极度机密的情报以及对情报来源进行更详细的解释（包括严格受限制的信号情报和人力情报），而在政府范围内广泛分发的日常出版物中这种情况并不会被允许。几十年来，《总统每日简报》的存在从未在总统办公室或中央情报局之外公开。这份文件被认为是极敏感的，所以通过情报员发送，在总统处理完之后收回。

《总统每日简报》确实是专属于总统的文件。因此，每位总统都建立了自己的接收者名单。在一届政府刚开始执政时，这一名单的范围会非常狭窄， 183
这并不罕见。在某些情况下，最初只有总统及其国家安全顾问会收到《总统每日简报》。在杰拉尔德·福特当政之前，副总统并不经常审阅《总统每日简报》。但是，通常情况下，随着总统任职时间越长，名单上将会增加越多的接收者。这几乎是不可避免的，原因在于《总统每日简报》中的事项可能会促使总统就某一问题与国务卿、国防部长展开讨论。因此，事实很快证明，除了国家安全顾问人员之外，名单上还必须包括这些高级官员。

通常情况下，最终的分发名单除了总统、副总统和国家安全顾问，还包括白宫办公厅主任、国务卿、国防部长和参谋长联席会议主席。在大多数情况下，上述官员的各个副职（参加讨论总统决策的次长委员会会议的人）也会收到《总统每日简报》。因此，根据总统的风格及对情报共享的舒适度，这份名单可能囊括政府中少数的十几个或者更多的高级官员。自“9·11”以来对恐怖主义关注的程度日益增强，由于如今肩负着保护国土的主要国家安全责任，联邦调查局局长和国土安全部部长也会收到《总统每日简报》。

《总统每日简报》第二个独有特点是会根据每位总统的喜好而重新设计。为适应每一任喜欢或不喜欢阅读的总统，其格式和长度会发生变化。图表、地图和照片的使用可以增强这一出版物的吸引力。例如，一份典型的《总统每日简报》可能会展示某国家最新导弹发射场或核试验的照片。如果总统对某个主题特别感兴趣，《总统每日简报》可能会提供有关该主题的一份专门分析，或包含原始秘密报告、外交报告。在其最新迭代中，《总统每日简报》如今提供了加密的平板电脑，每一篇文章都可以通过电子方式获得。其优点在于包含了优质的图表及更多的存储空间，若接收者对《总统每日简报》的某一事项产生进一步问题，则可以将补充报告和其他情报产品加载到平板电脑上。[7]

《总统每日简报》的第三个独有特点是其生产流程和展现方式。每天早晨，分析师将审查信息流并确定是否需要起草某一时事情报报告，只有少数报告会被认为值得“总统级别”的关注。例如，特朗普总统可能会关注朝鲜领导人金正恩发表的声明及其正确解读，或者是伊朗进行的最新导弹试验。分析师及其主管将对这些报告进行大量的审查，因为他们知道这些报告必须达到高级情报官员的要求后才会被纳入《总统每日简报》。分析师可能要花一
184 天或更多的时间与各自机构或情报界的其他分析师撰写、修改、协调报告。一旦报告定稿，《总统每日简报》的编辑将审查该报告以确定其是否符合高层关注点，并提供一些对总统而言相对新颖的关键信息或分析。编辑人员编辑

并批准报告之后，分析师的工作仍未结束。假设这篇报告将出现在第二天的《总统每日简报》中，分析师应在第二天很早的时候到达办公室，检查夜间收到的可能需要修改报告的任何新信息。

此外，《总统每日简报》已成为目前唯一由“情报官”（briefer）定期传达的时事情报产品。因为《总统每日简报》通过情报员传递，这些情报员现已成为《总统每日简报》接收者的高级情报官。根据总统（及其他接收者）的情况，情报官可以只是简单地传递文件，或者可以口头强调或概括关键报告。这意味着总统（及其他接收者）将被指派几名分析师向其提供日常情报简报。担此工作的分析师不仅应当是优秀的分析师，还得学得快、说得好、脸皮厚，以应对那些来自苛刻的上级提出的严厉意见。这些简报任务是令人垂涎的位置，因为居其位者能够掌握总统的关注点、总统对特定主题的已知信息以及总统对已接收的《总统每日简报》的正面或负面评价。

日常反馈对于分析师调整情报以适应总统需求十分重要。同样重要的是，分析师得知自己的工作产生影响时，这种日常反馈还能激励他们承担起为总统及其他高级官员制作《总统每日简报》的繁复流程。因此，起草《总统每日简报》的分析师会在当天早上和总统的情报官会面，以便帮助情报官对总统可能提出的关于报告的后续问题做好准备。通常，《总统每日简报》的情报官还希望从分析师那里听取情报来源的可靠情况，以防总统追问“我们如何知道某事”或询问情报界对这些判断的置信度。

每天一大早，《总统每日简报》的情报官们就在整个华盛顿特区朝着各自的接收者散开，准备移交文件、解释报告、回答后续问题，然后返回办公室向高级情报官员及分析师汇报《总统每日简报》的接收情况。以白宫为例，向总统汇报之前，若国家安全顾问、副总统或白宫办公厅主任等其他人也在场，《总统每日简报》的情报官通常会分别向国家安全顾问和在可能情况下向副总统作汇报。乔治·W. 布什总统的《总统每日简报》情报官迈克尔·莫雷尔（Michael Morell）用以下方式介绍其准备过程：

> 我的职责是传递《总统每日简报》，过渡期间每周工作5天，就
> 职典礼后每周工作6天。 我在凌晨四点开始工作，筛选时事情报和 185
> 分析其中最关键的部分，确定要提交的内容和顺序，将每个相关主
> 题的补充信息塞到我的脑袋中，以防总统或办公室里的其他任何人

>（几乎总是副总统迪克·切尼、国家安全顾问康多莉扎·赖斯和白宫办公厅主任安迪·卡德）会像往常一样提出后续问题……这就像每天都要为几篇研究生论文做口头答辩一样，一周6天。[8]

最后，《总统每日简报》富有指导意义的特色值得一提。新任总统接受首次《总统每日简报》汇报时，通常是其第一次接触情报。传统上，在竞选活动中，主要竞选人将收到几份一般性简报。然而，当选总统只有在选举之后才开始获得完整的《总统每日简报》。因此，《总统每日简报》流程成为一种指导总统和其他接收者的途径，这不仅包括各类国家安全主题，而且还涉及情报界能够提供的其他内容。在4年或可能8年的总统任期内，总统的学习曲线将趋于平缓，因此，在一届政府开始时，《总统每日简报》中呈现的材料对于一个经验丰富的总统来说，很可能过于笼统和分散。随着时间推移，总统会对外国事务更加了解，且可能对情报的要求更加苛刻。如果总统每天都接见《总统每日简报》的情报官并建立良好的工作关系，则此类总统可以推动情报部门提供更多的见解，远甚于那种不与情报官经常会面的总统。

《总统每日简报》流程同样使情报界了解总统风格和需求。这一流程可以帮助确定新任总统期望的信息数量和形式。遗憾的是，这一过程需要一段时间，新总统才能开始相信情报界是为自己（而非其前任）服务的。尽管如此，由于知道总统、副总统和国家安全顾问会进行阅读，大多数有权知晓《总统每日简报》的内阁官员仍觉得有必要对其进行审核。目前尚不清楚特朗普总统是否已与情报官建立了真诚的关系，或是否熟悉了这份文件是如何为其服务的。少量关于特朗普如何处理情报的媒体报道表明，《总统每日简报》的作者们努力关注经济主题并尽可能地使用图表的方式。[9]

政策支持的特殊类型

在情报界的工作中，《总统每日简报》和《国家情报评估》获得了外部观
186 察者最多的关注，但还有更多专门的政策支持工作很少被注意或了解。这些类型的政策支持范围广泛，包括提供给外交官进行谈判的情报、对军事和民政危机管理者提供支持的情报、对抵制其他威胁（如恐怖主义、扩散和毒品贩运）的实时行动提供支持的情报等。介绍一些这样的例子是为了说明此类活动与战略分析、预警或时事情报报告的不同之处。

对外交谈判的情报支持

政策支持也可以被描述为分析师向高级官员提供的一种“侦察”功能。多年来，在许多谈判场合，美国外交官都希望站在对手或盟友的立场上，了解他们的谈判策略可能是什么。分析师经常会被要求设想另一方在这些谈判中会如何表现，他们的底线是什么以及他们可能愿意做出哪些妥协。在其他情况下，分析师会为核武器、化学武器或常规武器的军备控制谈判提供技术分析或评估。美国驻联合国大使的前任情报顾问玛德琳·奥尔布赖特说，“情报是外交工作的隐名合伙人，很少得到承认或认可。情报对于外交来说是一种支持功能，而不是一种同伴关系”[10]。分析师（作为美国代表团的顾问或以书面评估的形式）往往能够间接地说明如何在一个问题上发挥美国的最大优势或者提供可以提升美国谈判地位的信息，而不必给出美国应该做什么的建议。

在整个美苏军备控制谈判期间，中央情报局分析师参与了谈判过程。这些分析师利用自己对敌对苏联军事力量、以往谈判行为的掌握以及对克里姆林宫政治的理解，帮助美国制定有效的国家战略。在双边外交谈判中，军事分析师就苏联军事力量的构成及能力向美国外交官提供建议——经常出人意料地提供俄罗斯军方也未向其内部谈判人员公开的有关苏联核武器的详情。此外，情报支持还必须评估战略武器条约中具体条款的影响。第一个问题是，该条约会提升莫斯科相对于美国的军事力量吗？分析师必须预测苏联军队如何能够在条约条款下实现现代化。而情报界经常面临的第二个问题是，情报界是否可以充分监控军备控制条约的实施并能够发现任何重大的违反条约的军事行为。20 世纪 70 年代，对限制超级大国核武库的主要军备控制协定进行的监控主要依靠运用**国家技术手段**（national technical means，简称 NTM）。[11]
简单来说，这意味着各方的情报资产将用于监控遵守情况（见窗 8.2）。关于
这些条约的大部分争论都与情报界能否监测到苏联军备行为有关。政府不得 187
不经常承诺资助额外的国防计划（包括情报收集）以使心存疑虑的参议员们相信，批准这些条约符合美国的最大利益。

BOX

窗 8.2　国家技术手段

国家技术手段是众多美苏双边军备控制协议中提到的术语，指各国依靠自己拥有的国家情报资产，从而监控对《限制战略武器条约》、《反弹道导弹条约》(ABM)、

《中程核力量条约》(INF)、《第一阶段削减战略武器条约》(START Ⅰ)等条约限制的遵守情况。美国对其国家技术手段的依靠实际上意味着运用各类跨科目情报收集系统。但是，从传统上讲，这意味着严重依赖非侵入性空中侦察卫星，这些卫星收集武器地点、试验区域、生产设施以及特定条约所涵盖的对手军事力量的其他重要方面的信号情报和图像情报。事实上，20世纪70年代和80年代空中监控系统的设计和部署基本上集中于对苏联军事力量的监控且促进了军备控制协议的达成。

在其中一些条约中，各方还同意某些“合作措施”，允许国家技术手段对关键条约限制的遵守情况进行监控。其中一些措施包括：禁止在导弹场址上使用伪装或覆盖物，或禁止对一方用于监控武器系统作战能力的遥测信息加密。许多协议还要求进行信息交流以促进武器数量和位置的核查。

除国家技术手段之外，某些美苏条约还包括一定数量的现场检查，旨在核查违禁系统销毁或拆除情况。事实上，目前还有一项协议允许俄罗斯和美国彼此的侦察机进行少量的空中飞越以核实一些仍然有效的条约的某些方面情况。

资料来源：艾米·伍尔夫(Amy Woolf):《军备控制中的监控与核查》(*Monitoring and Verification in Arms Control*),美国国会研究局,2011年12月23日,https://fas.org/sgp/crs/nuke/R41201.pdf。

为了支持限制战略武器会谈，中央情报局起初成立了一个军事分析师小组，称为“限制战略武器会谈支持幕僚”(SALT support staff)。对计划军备控制谈判形成跨部门一致意见时，这支幕僚队伍及其较大规模的继任者们负责代表情报界，就该协议对美苏军事平衡的影响发表观点。情报分析师将参与跨部门流程，提供有关苏联军事水平和计划的介绍，并代表情报界就监控某一条约所必需的条款发表观点。很多时候，这些关于监控需求的跨部门“谈判”与那些必须与苏联敲定的谈判一样重要而又难以达成一致。在现场检查方面，情报界可能提议对苏联项目采取侵入性措施，其程度远甚于五角大楼
188 对美国国防项目能允许的侵入程度。[12]

一旦美国形成了谈判战略，这支幕僚队伍的任务就变成向在日内瓦举行的限制战略武器谈判小组提供最新的情报评估。这支“限制战略武器会谈支持幕僚”还可以为美国代表团成员提供建议。在为后来的《第二阶段限制战略武器条约》(SALT Ⅱ)批准做准备时，时任中央情报局局长的斯坦斯菲尔德·特纳进一步强调了情报界在三个方面的作用：

- 评估受协议限制的苏联战略力量的规模、能力和未来潜力
- 在确立美国立场和协商条约过程中，为决策机构和官员提供及时、积极的支持
- 评估美国监控拟议条约条款的能力[13]

就监控责任而言，这项活动包括：确保情报收集和分析资源被充分分配给这支幕僚队伍，以便其能够报告苏联的遵守情况并支持美国官员对苏联的违反行为作出决定。高级情报官员还必须在国会军事委员会和外交委员会面前作证，说明情报界可以在多大程度上监控这些协议。许多昂贵的空中侦察计划获得批准，很大程度上是为了确保军备控制条约可以得到参议院的充分监督和批准。

后来，随着军备控制在20世纪80年代的重要性日益提高，这支幕僚队伍得以扩张并被称为“军备控制情报幕僚”（Arms Control Intelligence Staff，简称ACIS），当时美国在欧洲参与了多项关于战略核武器与中程核力量（即《中程核力量条约》）的谈判，也参与了在维也纳举办的欧洲常规武装力量削减［即《欧洲常规武装力量条约》（CFE）］的谈判。[14]军备控制情报幕僚系统成为情报界的（而不仅是中央情报局的）专门信息收集中心，负责收集和分析情报以回答谈判小组的问题、监控和评估条约遵守情况、向高级行政部门官员和国会监督委员会汇报各种军备控制协议对情报的影响。就中程核力量和欧洲常规武装力量的条约谈判而言，为了建立欧洲对美国人谈判的支持，军备控制情报幕僚还积极向北约盟友介绍苏联立场和进行现场条款检查。在这方面，情报对美国政策发挥了直接外交支持作用。

同样地，如今仍有许多分析师致力于支持针对朝鲜、伊朗和其他国家的艰难谈判，解读这些国家的意图和行动需要认真的全面分析和深入的专业知识。在20世纪90年代和21世纪初，中央情报局中负责对这些问题提供政策支持的主要部门是武器情报、防扩散和军备控制中心（Weapons Intelligence，
Nonproliferation，and Arms Control Center，简称WINPAC）。该部门拥有充分了 189
解大规模杀伤性武器（包括核、化学和生物计划）开发过程的分析师。顾名思义，该部门还对从事大规模杀伤性武器技术扩散预防工作的政策机构的需求服务，这也包括为此目的可能需要进行的谈判。在奥巴马总统任职期间，时任中央情报局局长利昂·帕内塔，通过兼并武器情报、防扩散和军备控制

中心大部分分析力量与行动处所属的分散的反扩散中心（负责追踪和破坏扩散网络），从而对武器情报、防扩散和军备控制中心实现了改组。因此，这个新的反扩散任务中心（以前称为反恐中心）成为中央情报局所属的、与国家情报总监下设的国家反扩散中心相对应的机构，类似中央情报局反恐任务中心（分析处与行动处的联合业务）对国家情报总监管理的国家反恐中心的补充。

在防扩散领域，美国一直积极参与《防止核扩散条约》(Non-Proliferation Treaty，简称 NPT) 以及《禁止化学武器公约》和《生物武器公约》。美国外交官进入外交讨论或正式谈判时，可以依靠情报界对他们的情报需求提供服务。美国驻国际原子能机构（International Atomic Energy Agency，简称 IAEA）代表团在维也纳的运作方式，就是对国际谈判提供情报支持的一个典型例子。美国驻国际原子能机构大使负责领导美国代表团。[15]除协助和平利用核能源外，该代表团主要负责限制和监控《防止核扩散条约》非成员国的核活动。[16]大使以这种身份代表美国对伊朗、朝鲜和早先的叙利亚等地的可疑核活动发表看法。为了有效地做到这一点，大使在很大程度上依赖大规模杀伤性武器分析师提供的情报支持，其中一些人是他在维也纳团队的成员。

驻国际原子能机构大使与情报界有着独特而密切的关系。美国高度重视监控防扩散威胁及向国际原子能机构理事会提出有关国家（如伊朗、朝鲜）扩散威胁的有力论据。这使得情报支持必不可少。相应地，大使可以依靠其情报团队关注每天通过中央情报局支持线路送达的最新情报（包括原始情报和最终情报）。此外，鉴于伊朗和朝鲜核计划的重要性，若需要额外的或特殊类型的情报支持，驻国际原子能机构大使可以联络华盛顿并与大规模杀伤性武器的高级情报专家对话。除了维也纳的小型情报团队，其他大规模杀伤性武器分析师也可以被短期派遣至驻外使团跟进具体项目，或向在国际原子能
190 机构的美国代表团以及在某些情况下向外国代表团提供深入介绍。

重要的是，国际原子能机构严重依赖美国等成员国向其提供相关信息以起草关于《防止核扩散条约》保障措施遵守状况的报告。当然，美国一直是国际原子能机构在监控伊朗和朝鲜可疑活动方面的一个重要伙伴。作为交换，美国代表团还可以向情报分析师提供外国政府对国际原子能机构保障措施的遵守情况以及对可疑场所检查所持态度方面的重要见解。这条双向道路

表明，在专注于执行美国政策时，情报与政策的关系或许是最亲密、最稳定的。

目标分析：扩展中任务

本章前述关于情报促进作用的讨论中提到，情报对涉及威胁或武力使用的许多美国活动提供了支持。历史上，军事情报机构一直以来都在参与为外国军事生产工厂、基地、装备及军队本身制定目标。在各军种或后来的国防情报局工作的军事情报分析师被指派负责识别军事威胁和敌方军事系统中任何可能被利用的漏洞。在冷战的大部分时期，这些技能在苏联等国及其盟友处得到训练。美国在朝鲜战争、越南战争和其他战争中，**目标分析**（target analysis）这一形式在削减敌方军事生产、后勤补给和兵力集中方面发挥了主要作用。例如，在越南，必须进行广泛的军事目标分析，才能对北越进行轰炸并且封锁河内通往南部的补给线。近来，军事目标分析被用于为北约空袭行动识别波斯尼亚及塞尔维亚主要军事目标，其目的是迫使交战各方就波斯尼亚和科索沃的和平解决方案进行谈判。

此类目标锁定活动要求分析师结合从人力情报、信号情报、公开来源获得的信息来识别和监控各类物体甚至个人。国防情报机构（国家地理空间情报局、国家安全局、国防情报局）的工作在许多军事行动中发挥了主要作用。但是在大规模行动中，中央情报局也被要求提供此类目标分析。例如，就波斯尼亚而言，比尔·克林顿总统将情报的首要重点放在美国的“武力保护”上，这意味着即使是中央情报局也被要求确定可能的塞尔维亚目标。此外，中央情报局还参与了炸弹损坏评估，要求军事分析师核查被美军袭击的目标，以确定其是否已被摧毁。但是“9·11”事件之前，中央情报局认为目标分析只是次要责任。

在“9·11”恐怖袭击后，这一切都改变了。在中央情报局反恐中心内，
曾有一支由行动人员和分析师组成的团队负责追踪恐怖分子组织网络。早在 191
1995年，中央情报局分析处的一些分析师联合行动处的一些官员，启动了对阿富汗的工作以及对后来被称为阿尔盖达组织（基地组织）的调查。中央情报局的这个小组（被称亚力克站，即 Alec Station）成为基地组织目标分析团队的核心。它已经制作了大量的关于一个不太知名的沙特人的报告，而此人曾在阿富汗对抗苏联并资助过“圣战者”组织。这一团队研究了行动情报报

告并很好地掌握了基地组织网络的融资、招募、领导和运营能力。这些为数不多的目标分析师仍在为决策者撰写一些《总统每日简报》的文章及其他较长的报告，但他们也越来越多地被纳入对行动处行动的支持工作中以协助对已知恐怖分子的追踪、定位和逮捕。中央情报局分析处的大多数分析师几乎很少与行动官员有日常联系，与其不同的是，目标分析师则专注于与收集者进行行动层面的讨论。目标分析师比中央情报局几乎任何其他分析小组都更了解自己的情报来源。[17]他们的人数一直很少，1998 年美国驻肯尼亚和坦桑尼亚大使馆爆炸后有所缓慢增长，“9·11”恐怖袭击后开始迅速扩张(见窗 8.3)。

BOX

窗8.3 目标分析：突袭本·拉登

在 2010 年夏季和初秋，我不知道中央情报局的一个分析师小组已经获得被认为与本·拉登有联系的情报员的线索。本·拉登最终被找到并不是通过 2500 万美元奖金或巴基斯坦人的任何帮助，而是中央情报局的专家们通过旧式的侦查工作及长期、艰苦地分析找到了他。在突袭本·拉登的行动中有很多英雄，在华盛顿更多的人将其归功于自己，但是如果没有中央情报局那些杰出的分析师，就不会有突袭行动。

——国防部前部长罗伯特·盖茨于 2014 年

资料来源：罗伯特·M. 盖茨：《责任：美国国防部前部长罗伯特·盖茨回忆录》，纽约：克诺普夫出版社，2014 年，第 538—539 页。

为了改变反恐中心目标分析师数量稀少的状况，中央情报局将目光转向其所属的犯罪和禁毒中心的分析师，这些分析师还在追踪毒贩和有组织犯罪集团，并协助行动官员和执法部门对罪犯进行逮捕等方面受过训练。此类技能被很好地转用到反恐中心及后来的国家反恐中心的扩张的反恐行动中。禁毒中心一位前任负责人这样解释目标分析：“情报界内部目标分析师应基于行动目的致力于形成对个人、组织网络、机构的详尽理解，而不是关注分析性评估的制作进而为政策决策过程提供支持。这些行动目的包括制订计划以收集
192 相关人员或组织的深入情报、设计行动以破坏其活动等。”[18]

如今，目标分析已被视为与政治、军事和经济分析同等的一门主要分析科目。各国防情报机构以及中央情报局正在为这些艰巨任务招募和培训分析

师。分析师接受的大部分培训都有很强的技术相关性，如权衡证据、评估来源、识别欺骗行为、填补情报缺口以及运用结构化分析技术。目标分析的独特之处在于，与众不同的数据集和数据源、部分专门的数据挖掘工具以及针对系列目标使用的网络分析技术。因此，目标分析能够运用于恐怖主义、大规模杀伤性武器扩散、叛乱、贩毒、反情报或网络威胁。尽管目标分析师仍然会为决策者撰写威胁评估，但他们更多地是为负责识别和消除这些威胁的情报行动人员、军方和执法官员提供紧密支持。

危机管理：工作组报告

在危机期间，当高级官员试图了解遥远地区迅速变化的事件时，日常战术情报支持可能是最关键的。为了管理这些危机，决策者通常需要的不仅仅是常规情报报告。因此，当重大事件发生时，中央情报局和其他机构通常会建立一支由各机构不同部门分析师组成的特别工作组，从而对特定问题提供更加深入和全天候的报道。一个较早的例子就是中央情报局在古巴导弹危机期间提供的报道。发现苏联的导弹运输后，中央情报局迅速组建了一个团队以扩大情报收集范围并就莫斯科、哈瓦那和岛国周围水域的动态编写**形势报告**（situation reports，简称 sit-reps）。在这场著名的 13 天的危机中，高空收集系统被重启，针对靠近古巴岛的苏联船只和疑似导弹发射场内苏联导弹部队的信号情报覆盖范围被扩大。人力情报间谍所能透漏的关于导弹战备状态的任何信息都被逐一盘问。分析师提供了频繁的包括导弹发射场本身图像在内的最新信息。

美国大使阿德莱·史蒂文森（Adlai Stevenson）向联合国安理会提交了苏联导弹的图像证据，证明美国已经当场发现了苏联的行为，这可能是对高度机密的 U-2 侦察机照片最著名的一次公开使用。军事分析师频繁向约翰·F. 肯尼迪（John F. Kennedy）总统的国家安全委员会执行委员会通报情况，并被要求对这些导弹何时可能投入使用进行评估。所有这些信息都直接影响到肯尼迪自己评估他有多少时间来谈判导弹撤回问题。 193

由于其资源需求庞大，工作组只在危机最严重的短期时间内成立。当中东可能爆发或已经爆发战争时，工作组就会被组建起来。类似地，当危机在苏联势力范围内发生时（如苏联 1968 年镇压“布拉格之春”及 1981 年在波兰实施军事管制），工作组亦被用来监控和报告苏联外交和军事行动。[19]当迫切需要对政策需求作出迅速、协调响应时，工作组特别有用。它们可以汇集某一问题上的所有专业知识，加快对许多不同收集者的收集需求，并确保情报反映出有关危机形势的一致的、共同的情况。

此类政策支持的一个较早的例子是诞生于 1990 年南斯拉夫解体时的巴尔干工作组（Balkan Task Force，简称 BTF）。成立于 1992 年 6 月的巴尔干工作组是情报界历史上第一个也是持续时间最长的跨部门工作组。30 多个月以来，巴尔干工作组密切关注南斯拉夫解体，这一事件始于乔治 · H. W. 布什总统任内并贯穿了克林顿总统首个任期的大部分时间。时任中央情报局局长罗伯特 · 盖茨宣布成立该工作组以协助布什总统应对可能蔓延至整个巴尔干地区的动荡局势。[20]在实际操作中，其大部分工作集中在波斯尼亚战争和反塞尔维亚制裁上。

巴尔干工作组的组织结构说明了情报能够为总统及其军事和文职顾问提供的广泛的政策支持功能。巴尔干工作组具有三个主要功能：（1）集中和协调加强型情报的收集以应对巴尔干危机；（2）集中和协调对塞尔维亚及其盟国的经济制裁监督；（3）协调对美国政策的普通情报支持及战术军事情报支持。实际上，这使得中央情报局将来自国家安全局、国防情报局和其自身下属行动处的高级情报收集代表纳入工作组，以确保总统决策所需的高优先级情报的收集任务。巴尔干工作组还成立了 3 个独立的分析小组密切关注这些活动并为美国政策的各个方面提供直接支持：

- 政治小组：起草该地区政治动态方面的时事情报、长期评估以及领导力分析。对重大事件按日、按周制作最终摘要。
- 经济小组：每周发布一份制裁监控报告，研究制裁产生的影响并评估区域邻国的遵守情况。
- 军事小组：通过普通作战序列数据库、军事评估、监控流入前南斯拉夫武器的形式，向联合国维和人员及后来的美国军队
194 提供战术情报支持。该小组还将撰写每周军事更新报告。[21]

巴尔干工作组下设的这些独立小组起了重要作用：向布什政府及克林顿政府的决策者提供了军事冲突的最新评估并直接协助了对塞尔维亚的经济禁运和武器禁运。情报用户不仅有行政部门的官员，还有主要国会委员及其幕僚，他们密切关注着这场冲突并要求政府官员对巴尔干冲突的各个方面加以

说明。巴尔干工作组对克罗地亚和波斯尼亚的种族清洗运动的评估虽不突出但同样重要，这些评估促进了向波斯尼亚流离失所者提供人道主义援助的决策，也有助于记录最终将对波斯尼亚塞族高级官员及其他官员提出的战争罪指控。[22]巴尔干工作组以一种更为传统的方式为《总统每日简报》和《每日国家情报》等每日出版物撰写文章。但是，它也会每 8—12 小时通过电子方式向负责巴尔干政策的美国高级官员分发一份形势报告。

克林顿政府上任时，波斯尼亚只是几个高度优先事项之一，但很快便在克林顿总统任内占据主导位置。克林顿政府召开了前两次首长委员会会议专门讨论波斯尼亚问题，在会上巴尔干工作组的军事评估成为关键情报产品。[23]在锁定特定经济部门作为制裁目标的过程中，克林顿政府高级官员还着重依赖于巴尔干工作组对塞尔维亚经济脆弱性的评估。巴尔干工作组有责任从多个方面对制裁措施进行关键评估，从而确定若是克林顿政府实施全面性制裁且与塞尔维亚的邻国建立密切关系的措施，如何才能达到最大效果。有一个对政策产生实在影响的例子，巴尔干工作组的评估悲观地认为，在即将到来的严冬季节波斯尼亚流离失所者的数量将超过 10 万人，这一评估使次长委员会决定将美国空军计划空投至这些地区的帐篷、毯子、食物和燃料增加了一倍。由于巴尔干工作组负责人作为中央情报局局长的后座议员出席国家安全委员会、首长委员会、次长委员会会议，此类直接支持变得相对容易。[24]随着 1995 年美国（北约）轰炸波斯尼亚塞族部队和波斯尼亚-克罗地亚联合军事胜利将贝尔格莱德推上谈判桌，巴尔干工作组还帮助美国谈判人员了解各方谈判红线和各种解决方案的复杂性。巴尔干分析师对决策者提出的停火能否持续的问题给出了更具历史性的看法（见窗 8.4）。

BOX

窗 8.4　1995 年 9 月巴尔干工作组评估（节选）

中央情报总监跨部门巴尔干工作组

1995 年 9 月 27 日

巴尔干停火：历史回顾

先前持续时间最长的全国性停火，要么是因为交战各方在暂时减少暴力程度方面有一些共同利益，要么是因为天气限制了任何战斗。维和部队的存在可能在某种程度上影响了停火的持续时间，但并不是决定性的。

驻波斯尼亚的联合国部队只要享有完全的行动自由，就足以监控停火协议的执行情况。然而，它们并不是为了阻止交战各方决定是否放弃和平进程。

双方遵守停火协议的动机（可能包括试图在重新战斗之前集结部队）一直是维持停火的关键因素。迄今为止的数次“成功”停火表明当任何一方都无法从进攻行动中获益时才会有停火的意愿…

如果谈判各方真诚地达成停火协议，联合国就能利用现有的维和人员和军事观察员相对较快地监控遵守情况。只要已经身处该国的观察员享有行动自由且制定出旨在简化核查遵守情况的和平协议条款（如非军事区、限制训练和演习、在划定区域对重型武器的现场检查），就不需要立即派遣大批外部部队。

资料来源：中央情报局资料馆（CIA Library）：《波斯尼亚、情报和克林顿总统：情报和政治领导在终结波斯尼亚战争中的作用》（*Bosnia, Intelligence and the Clinton Presidency: The Role of Intelligence and Political Leadership in Ending the Bosnian War*），https://www.cia.gov/library/readingroom/collection/bosnia-intelligence-and-clinton-presidency; boldface and italics in original。

巴尔干工作组的范围和规模是非比寻常的，在近3年的运作中涉及多个机构和数十名分析师。然而，每当世界各地发生政治动荡或极端暴力时，组建
195 不同持续时间及规模的工作组是很常见的。特别工作组现象最近的一个新变化是，中央情报局和国防情报局向中东和南亚作战人员提供的紧密战术军事支持和镇压叛乱支持有所增长。国防情报局作为国防部的作战支持部门，对战场上的军事指挥官提供了重要的情报支持。通常情况下，中央情报局并不总是战场上军事行动的主要参与者。但是，对中央情报局1990年海湾战争中表现的批评使得有关当局反思应如何向军方提供支持，并致使中央情报局设立了由二星上将领导的军事事务办公室，由其增强中央情报局与军方之间的合作及信息流动。中央情报局还开始为各个联合司令部和专门司令部派遣高级分析师，并向参谋长联席会议主席办公室指派一名中央情报局高级代表，
196 以确保对军方的密切支持。

在阿富汗和伊拉克近20年的战争中，对作战司令部的情报支持显著增加。如今，大量的中央情报局和国防情报局分析师被派遣至战场以提供从目标分析到评估当地及区域政治军事动态的一系列服务。反过来，这些分析师也能增长区域专业知识并向各自的总部发送报告，而这些报告可能被纳入当前或长期评估中进而为华盛顿官员提供支持。

政策轮值：值班支持

若不谈将中高级分析师以及（有些情况下）行动官员借调至主要政策机构的实践做法，则为决策者提供情报支持类型的讨论终将是不完整的。此类做法的最佳示例可在国家安全委员会找到，在这里，情报官员被要求花费一到两年的时间在区域或职能部门任职。情报官员在国家安全委员会受到重视的原因之一是他们没有政策偏见或机构偏见（即情报官员接受过不倡导政策的训练）。因此，与职业外交官或军官不同，人们并不认为情报官员将国务院或国防部的政策偏好带入白宫。另一个优势在于其专业知识。在国家安全委员会供职的大多数情报官员都已在区域或技术问题上工作许久且本身就是知名专家。一个典型的例子是前中央情报局中国问题高级分析师丹尼斯・韦德宁（Dennis Wilder），他曾在乔治・W. 布什政府国家安全委员会任职。韦德宁是中国区域研究的博士，在许多危机中都扮演了核心角色。

国务院和国防部的政策轮值也是惯例。中央情报局前副局长约翰・麦克劳林指出，这些安排受到了政策机构及其情报部门的高度重视。[25]一方面，国务院或国防部获得了知名情报专家提供的其职责范围内政策问题的服务。政策轮值可以让政策官员更直接地向情报界提出情报问题和任务分配。另一方面，职业情报官员得以鸟瞰政策过程并能够建立政策联系网络，这在之后对其职业生涯可能大有帮助，同时也可以深入了解可能对政策机构有用的情报类型。

通常，在此类政策轮值中表现出色的情报官员会得到晋升，因为其对政策过程的了解以及其与高级决策者的联系被认为是有价值的。以本书作者为例，国务院的政策轮值使笔者被选作为国家情报官，这一职位在很大程度上取决于笔者是否在国家安全委员会、国务院和国防部的高级官员中享有良好声誉以及是否为这些部门所熟知。约翰・麦克劳林在其职业生涯早期曾在国 197
务院任职，他也将自己的部分职业成就归功于更加了解政策流程的运转、向高级政策官员证明了自己的能力，然后帮助中央情报局与众多市中心用户建立了更好的关系。

主要挑战：平衡相互竞争的情报优先事项

如本章所述，对决策者政策制定和执行的情报支持有多种形式，这取决于具体用户及其特殊情报需求。前几章谈到，情报是一种有限资源，对信息与分析的需求超过供给时，必然会作出一些权衡。在收集领域，至少有国家情报优先框架从理论上依据等级（从 1 到 5）对政策用户的当前需求和长期需求进行排序。当然，在实践中，当前需求与紧急需求往往会排挤其他重要优先事项。分析资源当然也是如此，作为有限资源，其必须分配至同样广泛的情报主题和政策需求中。情报界面临的众多挑战中，时事分析与战略分析、全球覆盖与特定威胁、军事情报需求与国家情报需求之间的权衡问题最为突出。不幸的是，在通常为零和的情况下，这些选择绝非易事。

时事分析与长期分析

如本章所述，时事情报支持已成为一系列多方面的活动。从历史上看，情况并非如此，因为中央情报局非常重视所谓的战略研究（并为此设有专门的办公室）。在战略研究办公室旁边是时事情报办公室。二者共存了十多年，直到中央情报局分析处改组为一系列区域办公室与职能办公室前。随着时间推移，特别是随着冷战的结束和全球反恐战争的来临，新的重点放在了及时且可行动情报（即可以依其迅速采取行动的信息）的供给上。这一转变的缩影就是《总统每日简报》不断上升的地位。这成为中央情报局及后来的国家情报总监与总统及其顾问关系的象征。一直以来，对《国家情报评估》及其他长期评估报告的批评是（且将继续是）其制作时间过长、内容冗长沉闷且很少有人读。其中一个例子是众所周知的事件，即在参议院投票授权对萨达姆使用武力之前，只有 6 位参议员阅读了存在缺陷的 2002 年关于伊拉克大规模杀伤
198 性武器计划的《国家情报评估》。具有讽刺意味的是，这一评估正是参议院情报特别委员会自己早先要求制作的。其他评论家经常抱怨，长期评估很少关注他们当前的议程。因此，存在一种风险趋势，即贬低长期、深入评估的重要性，而青睐于更多的时事情报产品（如《总统每日简报》和《全球情报报告》）。

虽然很明显的是，情报机构应该提供对决策者有用且及时、简洁的报告，但优先考虑短期报告生产却忽视了进行长期研究的重要性，而长期研究对于建立情报分析师的专业知识是必不可少的。对情报问题的深入理解和对潜在变化或新趋势的展望能力，使分析师能够在决策者尚能及时行动之时关注到新出现的问题。“9・11”事件发生后，对中央情报局和情报界的批评之一就是其自 1995 年以来再未撰写过专门针对恐怖主义或基地组织的《国家情报评估》，这表明，由于分析师忙于支持反恐中心当前的追踪行动，对本・拉登的

长期研究受到了不利影响。

"9·11"委员会报告的建议之一是在国家情报顾问委员会内部重建一个情报单位，以便对那些可能没有引起《总统每日简报》及其他情报产品制作部门重视的主题进行长期研究。如第六章所述，这一单位如今主要负责制作国家情报顾问委员会的《全球趋势》系列以及其他可能被认为超出正常情报主题范围的特殊项目。中央情报局的高级分析部（Senior Analytical Service，简称 SAS）是在"9·11"前不久设立的，目的是让分析师有机会在自己偏好的区域或技术领域保持专家地位，从而增进在最高优先级主题上的深度专业知识。高级分析部是由数百名高级官员组成的一支精英团队，经常被要求指导复杂的分析任务、与总统或内阁官员就俄罗斯、伊朗等主题进行"深入"探讨。

但问题仍然在于，是否有足够的分析师（尤其是中央情报局和国防情报局的分析师）在进行长期研究以增强其专业知识，进而为那些需要更深入理解的主题作好应对准备。由于大多数分析师的职业轨迹会在不同的部门和情报目标之间转移，故而如今出现了一种轻深度专业知识而重通才技能组合的趋势。如果高级情报经理不能确保足够的分析资源被分配到这些未来可能变得更为严峻的问题，这种趋势就会造成大量情报缺口。

全球覆盖与特定威胁

美国情报机构为自己作为全球情报机构而自豪。鉴于美国在全球范围内的广泛利益，有一种倾向认为，情报界必须密切关注任何政策制定者可能希望了解的每一个国家、目标和主题。即使是庞大的情报界也无法轻易实现这 199
一目标。通常情况下，关于所谓的"全球覆盖"的决策是以所需要收集的情报数量为中心的。伊朗、朝鲜等被美国视为特定威胁通常会产生对信息和分析的永不满足的需求。因此，对于美国利益似乎遥不可及的许多发展中国家，很难说明对其高情报优先级的判断理由。例如，20 世纪 90 年代初期，情报界预算及人员衰减过程中，情报收集被削减，非洲部分地区的各国防武官办公室和中央情报局驻该地各站被关闭。1994 年卢旺达发生了种族灭绝大屠杀，这强烈凸显了对非洲中部地区动态在情报收集和覆盖方面的相对不足。尽管当时有一些外交报告，但直到大规模屠杀已经发生后这一事件才得到应有的关注。[26]

在许多情况下，将某一主题置于全球覆盖类别中时，它依然不在覆盖范围内。通常情况下，本能反应是将那些低优先级的任务委托给开源企业，以便收集无线电广播、电视广播及在线媒体博客等材料。然而，在依赖这些公开来源的情况下，可能很难迅速加大需要国防武官、外交官或中央情报局情报官员提供报告的其他类型情报收集工作。当一个国家被认为是低优先级事项时，通常还意味着很少有分析师留意该地区动态。例如，从历史上看，中央情报局通常会让更多的分析师密切关注俄罗斯、伊朗等大型目标，而只剩少数分析师对非洲和拉丁美洲的大部分地区进行报告。这种做法随后常常需要对某一问题（如卢旺达或其他热点地区问题）突然加强情报收集工作和派遣额外的分析师，从而回应增加情报的请求。这一问题的最新例子是对突尼斯的有限覆盖，2010 年针对当地政权的暴力和叛乱在此爆发，后来被称为“阿拉伯之春”的活动也始于这里。

此类权衡尚无快速解决方案，因为太多的发展中国家很容易陷入动荡或失败的状态。2017 年津巴布韦（Zimbabwe）推翻了长期执政的国家元首罗伯特·穆加贝（Robert Mugabe），这个案例表明，看似稳定的局势也可能迅速恶化并需要更多的情报关注。为了加深对低优先级情报主题的了解，有时必须利用大学的外部专家或在咨询公司工作的前情报专家。实际上，情报界必须具有足够的灵活性和弹性才能将其注意力迅速转移到新出现的问题上，无论是以工作组的形式还是以拓宽时事情报覆盖的方式。

军事情报需求与国家情报需求

与上述挑战密切相关的问题是情报界的注意力应该如何在军事用户与高
200 级文职领导人之间分配。双方的情报需求既有重合又有分歧。由于国防部控制着很大一部分情报资源，因而存在这样一种偏爱军事用户而轻视民用情报机构及其他部门的国家情报事项的倾向。具体来说，国防部控制着主要的空中卫星收集系统（由国家侦察局管理并由国家地理空间情报局利用）和国家安全局的信号情报活动。可以得出这样一个强有力且已被反复证明的论点，即对作战人员的支持必须是最高情报优先事项。1990—1991 年的“沙漠盾牌”行动和“沙漠风暴”行动、20 世纪 90 年代中期的巴尔干战争以及 21 世纪的前 20 年的伊拉克和阿富汗战争很好地印证了这一论点。从海湾战争中学到的教训之一是，指挥官需要国家情报界为战场上的情报需求提供更多支持。例如，指挥官经常抱怨中央情报局的分析往往高度机密，以致无法将情报提供给缺乏适当许可的战地指挥官。如今，由于阿富汗和伊拉克的战争使更多的分析师进入前线作战区域，而这些分析师能够迅速确定所需信息，因而将军事情报下沉用于战场的过程要有效率得多。

即便如此，中央情报局长期以来仍一直担心国防部的情报优先事项会使其忽视对其他政治和经济信息的关注，这些信息对华盛顿的决策来说利益攸关，但对军事用户来说却不那么重要。2004 年《情报改革与恐怖主义预防法》（IRTPA）的颁布引起如此争议的原因之一在于，**总统情报顾问委员会（President's Intelligence Advisory Board，简称 PIAB）**的早期建议要求将国家安全局和国家侦察局置于强化后的中央情报总监的领导之下。[27]参议院军事委员会（Senate Armed Services Committee）的成员与国防部部长唐纳德·拉姆斯菲尔德强烈反对这一建议，因此上述机构依然为国防部的作战支持部门。[28]但这也凸显了情报机构之间势力范围问题的敏感程度。

未来，美国情报机构可能仍将面临艰难的抉择，即需要平衡对其有限的情报收集和分析资源的所有竞争需求。如果美国继续在全球范围内处理如此多的国际问题，不难想象对时事情报和军事情报的关注不会发生重大变化。作为权宜之计，情报界将不可避免地把赌注押在下一个热点地区或危机可能出现的地方，并努力开发足够灵活的人力系统和情报收集系统，以应对信息和分析需求激增的地方。对于面临新抉择及行动需要的决策者而言，建立新的危机应对工作组的做法也可能仍然是确保情报充足的一项重要工具。 201

有用文件

中央情报局资料馆：《波斯尼亚、情报和克林顿总统：情报和政治领导在终结波斯尼亚战争中的作用》，https：//www. cia. gov/library/readingroom/collection/bosnia-intelligence-and-clinton-presidency，情报得以发挥重要作用的一场重大危机的相关解密政策文件和情报评估的最佳汇编。

中央情报局资料馆：《总统每日简报：2016 年尼克松和福特〈总统每日简报〉》（*President's Daily Brief*：*Nixon and Ford PDBs Released in* 2016），https：//www. cia. gov/library/readingroom/presidents-daily-brief。

本书最新的一卷收录了反映尼克松和福特总统任内情报优先事项的《总

统每日简报》节选文章。

延伸阅读

彼得·伯根（Peter Bergen）:《刺杀本·拉登》(*Manhunt: The Ten-Year Search for Bin Laden from 9/11 to Abbottabad*)，纽约：百老汇出版社（Broadway），2012年。一位著名反恐专家对中央情报局如何追踪并最终锁定本·拉登的回顾。

艾伦·莱普森（Ellen Laipson）:《情报：外交的关键伙伴》(*Intelligence: A Key Partner to Diplomacy*)，外交研究所案例研究系列第337案例（Case 337, Institute for the Study of Diplomacy Case Study Series），华盛顿特区：乔治敦大学出版社，2017年。一位前官员对情报在重大谈判中的作用的看法。

迈克尔·莫雷尔：《我们时代的大战争：中央情报局从基地组织到"伊斯兰国"的反恐战斗》(*The Great War of Our Time: The CIA's Fight against Terrorism—from al Qa'ida to ISIS*)，纽约：哈切特图书集团，2016年。历任《总统每日简报》情报官、高级官员的作者讲述了日常的可行动情报如何被提供给总统并由其使用。

大卫·普里斯（David Priess）:《总统秘籍：美国总统情报简报秘闻——从肯尼迪到奥巴马》(*The President's Book of Secrets: The Untold Story of Intelligence Briefings to America's Presidents from Kennedy to Obama*)，纽约：公共事务出版社（Public Affairs），2016年。系从业者对《总统每日简报》核心作用的记录和评价。

注释

引语一：R. V. 琼斯（R. V. Jones）:《情报与指挥》（"Intelligence and Command"），载《情报与国家安全》，1988年7月第3卷第3期，第288页。

引语二：国家情报总监办公室《2019年美国国家情报战略》(*National Intelligence Strategy of the United States: 2019*)，第10页，https://www.dni.gov/files/ODNI/documents/National_Intelligence_Strategy_2019.pdf。

❶ 例如，提炼了2002年伊拉克大规模杀伤性武器评估中非机密调查结果的白皮书，国防情报局编写的有关20世纪80年代苏联军事力量的系列白皮书。

❷ 杰克·戴维斯：《事实、发现、预测和算命》，载《情报研究》1995年第39卷第3
202 期，第25—30页。

❸ 作者于 2017 年 11 月与一位从事时事分析和长期分析的国防情报局前高级官员的电子邮件通信。

❹ 大卫・普里斯:《总统秘籍: 从肯尼迪到奥巴马的美国总统情报简报秘闻》, 纽约: 公共事务出版社, 2016 年, 第 5 页。 这也许是前中央情报局历史学家撰写的关于《总统每日简报》最全面的评估。 作为其研究的一部分, 他采访了众多《总统每日简报》工作人员并审查了许多《总统每日简报》。 本书也许是对《总统每日简报》最全面的研究。作者是一位前中央情报局历史工作者, 曾采访过数位《总统每日简报》情报官, 并将许多《总统每日简报》作为其研究的一部分进行了回顾。

❺ 大卫・普里斯:《总统秘籍》, 第 25 页。

❻ 大卫・普里斯:《总统秘籍》, 第 54 页。

❼ 大卫・普里斯:《总统秘籍》, 第 283 页。

❽ 迈克尔・莫雷尔:《我们时代的大战争: 中央情报局从基地组织到"伊斯兰国"的反恐战斗》, 纽约: 哈切特图书集团 (Hachette), 2016 年, 第 32 页。

❾ 朱利安・E. 巴恩斯 (Julian E. Barnes)、迈克尔・ S. 施密特 (Michael S. Schmidt):《为了讨好持怀疑态度的特朗普, 情报官员们谈论经济而不是间谍》(*To Woo a Skeptical Trump, Intelligence Chiefs Talk Economics Instead of Spies*),《纽约时报》, 2019 年 3 月 3 日 https: //www.nytimes.com/2019/03/03/us/politics/trump-daily-intelligence-briefing.html?smid=nytcore-ios-share。

❿ 艾伦・莱普森:《情报: 外交的关键伙伴》, 外交研究所案例研究系列第 337 案例, 华盛顿特区: 乔治敦大学出版社, 2017 年。

⓫ 有关当前美俄核军备控制谈判和监督条款的更完整介绍, 参见艾米・伍尔夫:《新削减战略武器条约: 核心限制和关键条款》, 国会研究局, 2017 年 10 月 5 日, https: //fas.org/sgp/crs/nuke/R41219.pdf. Recent American approaches rely primarily on NTM, data exchanges and notifications, and scheduled and short-notice on-site inspections of deployed systems to confirm the accuracy of the data exchanges。

⓬ 1987 年, 国防部成立了一个新的现场核查局 (On-Site Inspection Agency), 负责管理国防部在各项条约下的条约执行职责。 后来, 该机构成为国防威胁压制局 (Defense Threat Reduction Agency) 的一部分, 每年控制近 30 亿美元以履行美国在众多军备控制条约和大规模杀伤性武器协议下的义务。

⓭ 参见中央情报局:《记录备忘录》(Memorandum for the Record),《1981 年 1 月 21 日海军上将特纳对<限制战略武器条约>的贡献》(Admiral Turner's Contribution to SALT, January 21, 1981), 2003 年 7 月 3 日经批准发布, https: //www.cia.gov/library/readingroom/docs/CIA-RDP86B00269R000800040001-8. pdf。

⑭ 这段讨论得益于与曾在 20 世纪 80 年代直接负责监督军备控制情报幕僚活动的前高级分析师的交流。

⑮ 美国驻维也纳代表团（US mission in Vienna）正式称为美国驻维也纳国际组织代表团（US Mission to International Organizations in Vienna），它代表美国参加国际原子能机构及其他与联合国相关的国际组织，例如全面禁止核试验条约组织（Comprehensive Test Ban Organization）和国际麻醉品管制局（International Narcotics Control Board）。

⑯ 国际原子能机构由联合国于 1957 年成立，已成为促进和平利用核能以及发展保障措施以核实各国没有将其核能项目用于军事目的的最重要的科学和技术组织。因此，它有一个负责核查和平利用核能的保障部门。国际原子能机构可以要求其技术检查组进行文件和现场检查，以核实会员国的核设施没有违反《防止核扩散条约》的义务。

203 ⑰ 这些信息来源于与 1995 年至 2013 年在反恐中心工作的两名前目标分析师的通信。

⑱ 约翰·克林根（John Kringen）：《为高级军事用户服务：国家机构的观点》（Serving the Senior Military Consumer：A National Agency Perspective），载罗杰·Z. 乔治、詹姆斯·布鲁斯主编：《分析情报：国家安全从业者视角》，华盛顿特区：乔治敦大学出版社，2014 年，第 108 页。

⑲ 据作者采访的前军事分析师称，通常会设立更多的非正式的办公室级别的工作组以加强对多种事件的报告，如阿根廷和英国之间的福克兰战争、古巴参与安哥拉内战。

⑳ 参见副中央情报总监（Deputy DCI）：《国家国外情报委员会局备忘录》（Memorandum to National Foreign Intelligence Board），《建立巴尔干工作组》（Establishment of the Interagency Balkan Task Force），1992 年 6 月 12 日，载中央情报局资料馆：《波斯尼亚、情报和克林顿总统：情报和政治领导在终结波斯尼亚战争中的作用》，https：//www.cia.gov/library/readingroom/collection/bosnia-intelligence-and-clinton-presidency。

㉑ 副中央情报总监：《国家国外情报委员会备忘录》，第 33 页。领导力分析侧重于描述个别外国领导人的个性、决策风格以及意识形态或政治信念。与外国官员进行谈判的外交官和军事指挥官对领导力分析非常重视。

㉒ 由于巴尔干工作组的工作，中央情报局建立了自己的战争罪行小组，该小组通过情报报告和移民情况汇报收集目击者的证词，这是国务院支持前南斯拉夫问题国际刑事法庭工作的计划的一部分，该法庭使塞尔维亚总统斯洛博丹·米洛舍维奇、波斯尼亚塞族政治家拉多万·卡拉季奇（Radovan Karadžić）和波斯尼亚塞族军事领导人拉特科·姆拉迪奇（Ratko Mladić）等知名人士归案受审。

㉓ 丹尼尔·瓦格纳：《中央情报总监跨部门巴尔干工作组第一年》（Year One of the DCI

Interagency Balkan Task Force)，载《波斯尼亚、情报和克林顿总统》(Bosnia，Intelligence and the Clinton Presidency)，第18页。据巴尔干工作组高级经理说，第一次会议的重点是波斯尼亚塞族人将穆斯林关押在拘留集中营的消息，而当时巴尔干工作组已经制作了一张显示可疑集中营的地图。

㉔ A. 诺曼·辛德勒(A. Norman Schindler)：《反思跨部门巴尔干工作组》(Reflections on the DCI Interagency Balkan Task Force)，载《波斯尼亚、情报和克林顿总统》，第25页。

㉕ 约翰·麦克劳林：《为国家决策者服务》(Serving the National Policymaker)，载乔治、布鲁斯：《分析情报》，第81—92页。

㉖ 有关卢旺达危机报告的详细信息，请参阅国家安全档案馆，其中包括一些有关危机发展过程的解密时事情报报告，例如，可参见威廉·费拉吉亚罗(William Ferragiaro)：《美国与1994年卢旺达种族灭绝：信息、情报及美国反应》(The United States and the Genocide in Rwanda 1994：Information，Intelligence，and the U. S. Response)，2004年3月24日，国家安全档案馆，https：//nsarchive2. gwu. edu/NSAEBB/NSAEBB117/。 204

㉗ 据说，在布什总统任内领导总统情报顾问委员会的布伦特·斯考克罗夫特提出了这一建议，但遭到了国防部长唐纳德·拉姆斯菲尔德的强烈反对。参见菲利普·泽里科夫：《情报改革的演变：个人的思考》(The Evolution of the Intelligence Reform：A Personal Reflections)，载《情报研究》，2012年第56卷第3期第6—9页，https：//www. cia. gov/library/center-for-the-study-of-intelligence/csi-publications/csi-studies/studies/vol. -56-no. -3/pdfs/Studies56-3-September2012-18Sep2012-Web. pdf。

㉘ 关于情报与国防的势力范围问题的精彩讨论，参见迈克尔·艾伦：《闪烁的红色："9·11"事件后美国情报的危机与妥协》，华盛顿：波托马克图书出版社，2013年，第14—15页。 205

第九章 作为政策支持的隐蔽行动

暗中干涉他国内政是令人反感的，这与我们的国内安排和价值观念相悖。此外，不管美国人觉得这个世界如何，这个世界总有令人厌恶的地方。所以，如果我们要参与竞争，那么我们可能必须变得像对手一样讨厌。

——格雷戈里·特雷弗顿，《隐蔽行动》

中央情报局最大的失误确实涉及隐蔽行动。但是事实上，这些失误涉及的行动都是基于总统的错误政策而实施的。对于每一次失败得令人吃惊的隐蔽行动而言，仍不乏其他一些行动能够使总统及决策者用一只看不见的手来达到实现国家利益的目的，而这总比留下深刻印迹更好。

——负责多次隐蔽行动的中央情报局前高级官员杰克·迪瓦恩（Jack Devine）

本章将探讨，中央情报局作为政策执行者，以隐蔽行动的方式对总统领导下的特殊行动进行支持时所起到的作用。隐蔽行动通常被称为“第三条道路”，介于“不采取行动”与“使用武力”之间，是总统和国家安全委员会可以动用的另一项政策工具。在隐蔽行动这一领域，执行政策的中央情报局也作为举足轻重的决策者参与进来，这使得中央情报局在如何制定政策方面有着特殊的利害关系。同时，中央情报局应根据严格的准则采取行动，这一准则规定了比军方实施自身特殊行动更多的总统介入和国会通知程序。本章将探讨隐蔽行动的目的、范围和流程，尤其会对总统、国家安全委员会和国会在问责和监督方面的作用进行讨论，也会介绍一些主要的成功案例、失败案例及其经验教训。最后，本章将重点介绍隐蔽行动给中央情报局和美国政府带来的特殊挑战。

何为隐蔽行动

随着时间的推移，在美国的语境中，隐蔽行动的含义已经演变为：由美国政府采取的、有意使自身角色被隐蔽或可否认的一系列措施。根据《1947年国家安全法》第503(e)条，隐蔽行动是“美国政府为了影响国外政治、经济或军事状况而采取的，有意使美国政府自身角色不容易被察觉或不被公开的特定行动或系列行动”。如后详述，此类行动可能是长期或短期的，可能具有军事、外交或经济性质，可能牵涉或多或少的人力与资源，这些都完全取决于总统及其顾问制定的目标。

20世纪40年代末冷战爆发，杜鲁门总统及其顾问非常担心苏联在欧洲进行颠覆运动。1946—1949年莫斯科介入希腊内战、1948年苏联支持的政变推翻捷克斯洛伐克政府以及共产党在西欧的势力日益增强，都促使华盛顿寻求对抗措施。美国新兴遏制政策之父、援助欧洲马歇尔计划（Marshall Plan）的起草者乔治·凯南（George Kennan），就是主张政治攻击者中的一员。为紧密配合已对外公布的援助欧洲脆弱经济的马歇尔计划，杜鲁门批准了国家安全委员会4/A号（NSC-4/A）指令，该指令授权中央情报局作为政府的“共同关注机构”进行秘密的“心理战”。除其他方面外，中央情报局还向意大利和法国的基督教民主党提供资金，为了支持其竞选活动以击败在1948年选举中复兴的共产党。

一年后，这项授权扩展至更广泛的被称为“隐蔽行动”的活动。新指令国家安全委员会10/2号（NSC-10/2）要求中央情报局各部门开展“由本国政府组织或资助的针对敌对国家和组织或者支持友好国家和组织的行动，但是此类行动的计划和执行方式，使得未经授权者看不出美国政府对其负有任何责任，或者即使被发现，美国政府也可以合理地否认对其负有任何责任”[1]。因此就产生了这一概念，即隐蔽行动是指秘密采取且能够被合理否认的措施
(即使是与支持战后欧洲薄弱民主体制的马歇尔计划等公开计划相结合使用)。 207
正如凯南本人所说的那样，隐蔽行动应当是“预防性的直接行动”，包括对敌对国家的破坏、颠覆，对抵抗运动和游击队的协助，对当地反共分子的支持。[2]

尽管隐蔽行动一开始就被认为是抵抗莫斯科的颠覆活动的必要手段，但这一行动仍有争议。第一，有人担心将这一责任正式交给中央情报局，这可能会使中央情报局过分独立，并将此类行动扩展至国务院批准范围之外，或者可能妨碍美国的外交政策目标。通过任命凯南本人为国务院跨部门监督组的首席代表［又称政策协调处（Office of Policy Coordination，简称OPC）高级顾问（Senior Consultants）］对中央情报局所有隐蔽行动计划进行审查，这些

反对意见在一定程度上被消解。[3]第二项担忧在于，中央情报局是否为准军事行动的适合部门，中央情报局起初对此亦存在疑问，但凯南似乎坚持如此。鉴于中央情报局起源于战略情报局，令其实施准军事行动的预期似乎合情合理，但是战略情报局的战时表现却并没有那么令人印象深刻。因此，国防部官员并不希望让中央情报局的“牛仔”① 情报官在其控制之外活动。多年来，这个问题一直是国防部与中央情报局之间摩擦的根源，本章稍后将进行探讨。

然而，也有其他因素支持将隐蔽行动职责分配给中央情报局。第一，对“合理否认”的坚持需要保守秘密的能力，这一能力非常契合新成立的中央情报局。与国务院或国防部相比，中央情报局的行动更加悄无声息。此外，与其他国家安全组织不同，中央情报局的预算和计划完全是保密的。第二，种类繁多的隐蔽行动最好集中在一个部门，而不应根据其政治、经济或军事性质在不同的机构间分配。在这一点上，中央情报局同样处于合理位置。第三，中央情报局意图与世界各地的其他情报机构建立密切的联络关系。因此，它致力于建立全球性的海外机构，拥有众多管理间谍、能说当地语言且对反情报威胁了如指掌的情报官员。第四，因为中央情报局局长直接向总统汇报工作，所以能够确保总司令②完全负责所有的隐蔽行动。

在冷战初期，从杜鲁门到约翰逊的历届总统都广泛利用隐蔽行动。据一位学者称，截至 1952 年，美国仅在中欧就进行过 40 多次隐蔽行动。[4]根据另一份解密的研究报告，中央情报局在杜鲁门政府时期进行了 80 多次行动，艾森豪威尔时期超过 100 次，肯尼迪短暂执政时期将近 160 次，约翰逊任期内超过了 140 次。尽管行动规模和持续时间迥然各异，但总计有数百次，这着实令
208 人震惊。[5]

隐蔽行动的形式

隐蔽行动事实上是一种政策工具。与一系列常规的公开性政治、军事、经济或信息等治国手段不同，隐蔽行动应保持秘密状态。简而言之，隐蔽行动包括中央情报局在总统领导下秘密使用和管理的所有治国手段。因此，隐蔽行动的范围可能非常广泛。无论规模大小，这些行动都可以运用一种或融

① 意指莽撞的人。——译者注

② 即总统。——译者注

合多种美国常用的治国手段。隐蔽行动的部分形式可能包括以下手段：

- 政治：通过收买或施压促使外国官员采取亲美立场；支持或影响政党、联盟或其他利益集团；资助亲政府或反政府的示威活动；支持政变预谋。
- 经济：资助相关团体使其实施对美国有利的行动；对外国军事或工业生产进行经济破坏；扰乱敌对政府或组织的金融交易。
- 军事：资助外国军队中的亲美派系；向支持美国的反叛者或政府提供武器和军事训练；派遣准军事力量与美国的对手作战；暗中削弱或摧毁敌方军事力量。
- 信息：进行秘密的心理战或宣传战；通过收买外国记者来宣传对美国政策的正面看法；在外国报纸上刊登新闻报道；资助对拒止区域的无线电广播；向对手开展网络战。

20 世纪 40 年代末期在西欧较早使用的隐蔽行动就说明了部分上述隐蔽行动形式。1947 年，随着共产主义对西欧政府控制能力的增强，美国开始向欧洲数个国家中被选中的团体秘密提供资金。[6]除了众所周知的公开帮助外国政府抵制共产主义的“杜鲁门主义”（Truman Doctrine）之外，中央情报局还资助了所谓的“黑色宣传”，其形式为通过散发小册子宣传苏联红军在战争期间的残忍战术以及宣传在共产党领导下国家的所谓“惨状”。[7]虽然其焦点主要集中在 1948 年
的意大利大选上，但是中央情报局也向希腊政府提供过类似的隐蔽援助。 209

上述大多数隐蔽行动形式主要是针对苏联活动的回应。同时，杜鲁门政府也希望采取一些谨慎的积极行动。例如，1948 年 6 月的苏联与南斯拉夫决裂（当时斯大林因南斯拉夫不服从莫斯科领导而将南斯拉夫从苏联支持的共产国际中驱逐出去），这为美国提供了机会，使其能通过中央情报局向贝尔格莱德提供秘密援助以增强其抵抗苏联的可能性进攻的能力。[8]杜鲁门政府随后的决策不仅包括向铁托领导的脆弱经济提供公开贸易援助，还包括中央情报局与南斯拉夫的军事情报部门的秘密联络。[9]此外，为了鼓舞南斯拉夫军队的士气，国家安全委员会还至少批准了两次秘密运输军事装备的行动，由中央情报局隐蔽行动的负责人弗兰克·威斯纳（Frank Wisner）负责安排。[10]在更宽

广的范围内，杜鲁门政府希望通过向东欧广播新闻的方式同苏联进行心理战。为此，中央情报局向国家自由欧洲委员会（National Committee for a Free Europe）提供资助，该委员会设立了自由欧洲电台（Radio Free Europe，简称RFE），该电台从1950年开始向捷克斯洛伐克广播新闻，最终还有另一个独立机构名为“自由电台”（Radio Liberty，简称RL）向苏联进行广播。中央情报局一直秘密资助自由欧洲电台和自由电台，直到1971年这一资助行动才被揭露，这一职能随后被移交至国务院并作为其公开的公共外交计划的一部分。[11]

隐蔽行动计划的规模取决于美国特定的政治目标、隐蔽行动的可行性和成本，以及此类行动的失败或暴露可能给美国带来的风险和损害。风险最小的是使用宣传，其范围涵盖“白色”到“灰色”，再到“黑色”行动（见窗9.1）。当政府希望快速取得成果并且愿意为此冒更高风险时，通常会采取政治行动。使用最少也最具争议的是准军事行动，此类行动往往成本高、时间长且隐蔽性差。通常，即使政府未公开承认，这类准军事行动也会为人知晓。例如，到20世纪80年代初，美国政府已难以掩盖其扩大对阿富汗“圣战者”支持范围的事实，否认仅仅是名义上的。美国政府也明白，苏联知道是谁在向阿
210 富汗供应美制“毒刺”（Stinger）防空导弹。[12]

窗9.1　隐蔽行动的类型

宣传行动：最常见的隐蔽行动形式。动用资源很少。通常需要更长的时间才能产生影响，且可能只是间接影响。包括以下具体类型：

- “白色宣传”：通常对外宣称为由美国政府机构负责，如美国新闻署（US Information Agency），大多是公开且真实的。美国之音（Voice of America）广播电台就是美国提供真实信息的一个很好的例子。
- “灰色宣传”：通常会掩盖信息来源于美国的事实，但是专家们往往知道背后有美国支持。若从支持美国的立场看，这些信息通常是准确的。自由欧洲电台和自由电台是最早的灰色宣传的例子。
- “黑色宣传”：通常信息来源被严密隐藏，且提供虚假信息以诋毁或削弱对手。伪造文件宣称对手采取恐怖行动是黑色宣传的一种经典形式。

政治行动：常被用于直接影响外国政府政策和行动。旨在对决策者产生更直接的影响。例如，发展能够在外国政府或机构内工作的有影响力的间谍。还包括以下具体类型：

- 支持媒体：收买或资助外国报纸等媒体以影响外国舆论和政府决策。
- 支持民间社会组织：资助与反美政权敌对的特殊利益集团，为其活动提供资源。
- 支持政党：资助官员及其竞选活动，并向其提供其所缺少的信息、政治技能和竞选物资。
- 影响选举：在选举过程中，通过宣传、示威游行或暗中干预支持具有特定影响的活动，以左右对特定参选人或政党的支持或反对的民意。

经济行动：暗中使用经济手段（货币、金融操纵或破坏）直接支持反美势力的对手或者从经济上削弱反美势力。包括以下具体类型：

- 向与对立政府作斗争的政治团体提供资金和其他资源。
- 蓄意破坏外国政府的经济实力或工业生产能力。
- 通过冻结银行资金或转账等手段操纵敌对主体的货币和金融交易。

准军事行动：为削弱或推翻敌对政府或其他主体而使用的未经公开的准军事协助或实际动用武力。因为准军事手段通常需要更多的资源，带来更多的后果，且通常很难掩盖美国在其中扮演的角色，所以是最少采用的隐蔽行动。包括以下具体类型：

- 提供给叛乱团体可以直接使用的、通常不易看出是美国制造的武器、弹药和其他军备（如无线电广播设备、医疗补给）。 211
- 为叛军或游击队进行军事训练，以提高其军事效能。
- 提供情报以协助搜索敌对政府高价值目标的准军事行动。

致命军事行动：政治暗杀行动在法律上是被禁止的，但是在特定战乱地带和恐怖分子活动地区，以隐蔽方式使用致命军事力量则是被允许的。其中包括：

- 利用武装无人机对已知的恐怖分子进行定点攻击。
- 配合美国军方特种作战部队行动开展特殊隐蔽军事行动以消灭已知的恐怖分子。

隐蔽行动的成败原因

人们对隐蔽行动的评价褒贬不一，至少就公众已知的或认为的隐蔽行动而言，是这样的。在现实中，绝大多数隐蔽行动仍然是不为人知的。自 1945 年以来总统批准的数百项（现在可能是数千项）隐蔽行动，只有一小部分被

211 公开披露或被承认，当然，最受关注的是那些失败的或可能涉及不当行为的隐蔽行动。从一些最声名狼藉或最负盛名的案例中也许可以得出一些教训，如 1953 年的伊朗政变、1961 年的猪湾行动、1986 年的伊朗门丑闻以及 1980 年至 1988 年的援助阿富汗对抗苏联行动。

1953 年伊朗政变：侥幸还是短暂成功

中央情报局协助策划伊朗政变，使沙阿（旧时伊朗国王的称号）重新登上了德黑兰的王位。这次行动导致了很多关于中央情报局有能力推翻政府的谣言。而 1953 年的事实表明，在最初由英国支持的推翻穆罕默德·摩萨台（Mohammad Mosaddegh）首相的行动中，中央情报局投入的努力几乎失败。穆罕默德·摩萨台首相对英伊石油公司（Anglo-Persian Oil Company）的国有化以及对由苏联支持的人民党（Tudeh Party）的日益倚重，使其在西方国家很不受欢迎。英美两国政府都坚信，即使他本人不是共产党员，也很容易受到苏联的影响。作为回应，英国撤走了石油工程师，使伊朗无法运营自己的油田，艾森豪威尔政府则阻止国际机构向伊朗提供贷款直至德黑兰撤销其国有化决定。仅仅是这些措施就给伊朗带来了严重的财政危机。

英国和美国早期计划让年轻的礼萨·沙阿（Reza Shah）罢免摩萨台，但由于担心日益严峻的政治动荡，沙阿流亡至巴黎，导致英美两国这一计划破灭。罢免摩萨台首相的前景曾一度看起来遥不可及。但此时摩萨台政府已经非常不受欢迎，失去教士和军方的支持。同时，摩萨台对社会秩序维持的无能最终成为真正的麻烦，第二次中央情报局隐蔽行动（代号为阿贾克斯行动，即 AJAX）正是以此为契机。通过秘密资助和组织反政府示威游行以及负面新闻报道，中央情报局得以说服沙阿回国。此后，效忠于沙阿的军队将摩萨台赶
212 下台，一位比较容易受摆布的首相得到任命。此次行动的策划者之一克米特·罗斯福（Kermit Roosevelt）谈到了行动需要具备的条件：“如果我们要再次实施类似行动，我们必须绝对确定我们想要的就是人民和军队想要的。”[13]

尽管伊朗发生政变主要还是由于自身原因，但是其成为之后美国利用心理和宣传行动迫使其他反美领导人下台的典范。危地马拉的领导人雅各布·阿尔本斯（Jacobo Árbenz）在 1954 年被罢免的过程如出一辙。像摩萨台一样，阿尔本斯也表现出对抗华盛顿的意愿，他没收美国的公司并动过念头接受来自莫斯科的援助。美国行动（代号为胜利行动，即 PBSuccess）仅通过少量的资

金和人力，就使阿尔本斯误以为爆发了重大的反革命政变。凭借动用两架飞机、在大型阅兵场上投下一枚大型炸弹并通过无线电广播发布大量士兵正向首都进军的消息，中央情报局使得阿尔本斯在惊恐中提出辞呈并向墨西哥大使馆寻求庇护。

小规模行动再次产生了令人意外的结果。可见，中央情报局可以轻易地实现此类政变而无须花费重大代价。据估算，这场持续不到 6 个月的伊朗政变，中央情报局仅有少数官员参与而且仅耗资约 100 万美元。[14]当时，该行动被认为取得了巨大成功，沙阿对美国政策的大力支持（包括其反苏联、亲以色列的倾向）使得他统治下的政府成为美国中东政策的支柱。但当时暗中扶持沙阿的前景并不被看好，因为这会使美国成为许多伊朗人眼中的“大撒旦”，这些伊朗人后来对沙阿的西方化计划及其安全机构萨瓦克（SAVAK）心存怨恨。1953 年的政变仍然是 1979 年后伊朗政府极度怨恨及强烈反美态度的关键因素。类似地，推翻阿尔本斯政府这一次规模相对较小的准军事行动尽管具有反共基调，但同样未能给危地马拉带来更好的治理。

1961 **年猪湾事件惨败：愿望思维**

猪湾事件背后的故事凸显了总统应当为之负责的自身对隐蔽行动监督不充分（而非监督不存在）所带来的危险。1959 年古巴革命推翻了富尔亨西奥·巴蒂斯塔（Fulgencio Batista）总统，取而代之的是年轻而富有号召力的革命者菲德尔·卡斯特罗。但是，卡斯特罗政府与艾森豪威尔政府之间敌对情绪日益加剧，导致哈瓦那在 1960 年接受莫斯科的庇护。当时，艾森豪威尔总统要求中央情报局局长艾伦·杜勒斯提出一项推翻卡斯特罗政权的隐蔽行动计划。在他任期快要结束时，中央情报局的几名高级官员制订了一套精密的准军事计划（代号为萨帕塔行动，即 Operation Zapata），将 1500 名训练有素、装备精良的流亡者派往古巴岛，这些流亡者将成为预期中的大规模起义的先锋，反对本应“不得民心”的卡斯特罗。肯尼迪总统始终坚持不暴露美国在其中 213
充当的角色，也不批准某些军事顾问认为非常必要的对海滩登陆的空中力量支援。[15]杜勒斯及这次隐蔽行动的负责人理查德·比塞尔（Richard Bissell）在同肯尼迪总统以及其弟弟司法部长罗伯特·肯尼迪（Robert Kennedy）的谈话中对这一需求轻描淡写，且杜勒斯与比赛尔认为，若侵入行动进展不顺利，总统将被迫派出更多公开部队。入侵行动确实几乎在一开始就变得糟糕，但肯尼迪却不允许 6 架轰炸机的出动时间超过 1 小时，导致局势无法扭转。

因此，这些流亡者很快发现自己身处孤立无援的滩头阵地（这片区域被称作猪湾）。被派去轰炸古巴机场的寥寥数架无标识的轰炸机未能成功摧毁古巴空军飞机，这些古巴空军飞机很快就对海滩登陆的流亡者发动攻击。为数近两万人且配备坦克的古巴地面部队轻而易举地获胜并击毙或俘虏了这些流亡者。正如事后调查所证明的那样，认为卡斯特罗不得人心且大范围造反会自动爆发的愿望思维使得这次隐蔽行动蒙受损失。此外，由于拉丁美洲的报纸一直在报道将要发动入侵的流亡部队的训练情况，这次行动本身已不是什么秘密。最后，中央情报局内部对这次行动的严密划分使真正研究该国的专家无法对行动假设及细节进行质疑。然而，肯尼迪总统最后承认过于依赖中央情报局少数几位高级官员是自身的失误，这些高级官员对这次行动如此投入以致无法对行动的成功可能性进行客观分析。

这次行动的彻底失败让肯尼迪总统认识到，需要对未来的隐蔽行动进行更多的监督。他并未放弃推翻卡斯特罗的隐蔽行动，并授权他的弟弟监督未来的计划以确保杜绝失败。大量作品就中央情报局另一项推翻卡斯特罗的多方位计划（隶属于猫鼬行动，即 Operation Mongoose）进行介绍。虽然该计划侧重经济破坏，但也确实包括数次暗杀计划，不过没有一次被执行。[16]

1986 年伊朗门行动：国家安全委员会行事反常

1985 年，里根政府在中美洲尼加拉瓜执行一项重要的准军事行动时[1]，试图解救被伊朗支持的真主党（Hezbollah）劫持的人质，由此引发了伊朗门事件[2]。在这两个行动中，政府都面临着一些政治和法律障碍。就伊朗门行动而言，美国政府的一贯原则是不与恐怖分子就人质进行谈判。但是当时真主党在黎巴嫩关押了 7 名美国人，里根总统迫切希望救他们回国。就尼加拉瓜行动而言，里根政府一直在进行一项由中央情报局支持但国会已经不再认同的准
214 军事行动，因而里根总统需寻求方法规避立法机构的限制。

里根总统早些时候已经批准了中央情报局一项资助反桑迪诺叛军（简称“反政府武装”）的隐蔽行动计划，目的是令其侵扰被视为中美洲亲古巴据点的尼加拉瓜政府。继中央情报局的一些失误（包括在尼加拉瓜港口非法采矿

---

① 即支援尼加拉瓜反政府军。——译者注

② 美国向伊朗秘密出售武器一事被揭露，从而造成里根政府严重政治危机。——译者注

活动）之后，国会开始逐步限制中央情报局对尼加拉瓜反政府武装的支持，从最初只允许进行非杀伤性援助，到限制援助资金，最后在 1985 年通过《博兰修正案》(The Boland Amendment）完全禁止了这种援助。美国海军陆战队中校奥利弗·诺斯（Oliver North）被派至国家安全委员会，负责寻找新渠道资助尼加拉瓜反政府武装。他成功地从“第三国”（主要是中东）筹集到了资金，但很快就开始将向伊朗出售武器的利润用以援助尼加拉瓜反政府武装，这两项行动后来均被视为意图规避国会或相关法律。

在大多数中央情报局官员以及大部分美国国家安全机构不知情的情况下，诺斯与中央情报局局长威廉·凯西（William Casey）及其他一些人共同策划了这个详细的非法隐蔽计划（被称为“事业”）。中央情报局的高级官员（包括当时的副局长）都反对中央情报局参与该计划。本质上，是美国国家安全委员会在进行隐蔽行动。诺斯与时任国家安全顾问、海军中将约翰·波因德克斯特（John Poindexter）主要负责计划、管理此次行动，并根据需要从国家安全局和中央情报局招募个别官员提供后勤支持。最重要的是，此次行动是在未获得总统明确批准的情况下进行的。波因德克斯特后来承认有一项事后才获批准且附有中央情报局不得通知国会的限制性条款的总统指令，但实际上里根从未签署过该指令。[17]经过国会和特别检察官的长期调查，诺斯、波因德克斯特以及其他国家安全委员会、军方和中央情报局的官员被指控犯有一系列罪名，包括妨碍司法公正、销毁证据、向国会撒谎或隐瞒证据。其中许多人后来被乔治·H. W. 布什总统赦免。

这一丑闻凸显了应对隐蔽行动采取更多行政和立法限制的必要性。此外，里根总统授权一个特别总统审查委员会（被称为“托尔委员会”①）调查国家安全委员会对这次行动失败的主要责任。托尔委员会的建议在改革里根的继任者乔治·H. W. 布什所建立的国家安全委员会体系职能方面发挥了重要作用。正如一些前官员当时所指出的那样，“托尔报告得出了重要的结论，即在得到书面决定之前向伊朗出售武器的隐蔽行动是不符合美国法律的。行政部门未能遵守‘及时’将隐蔽行动通知国会的法律要求。”[18]托尔报告还在其他方面暗示伊朗门是一种“反常行为”，从而委婉地减轻了里根政府的压力。即便如此，里根领导下的国家安全委员会体系明显是管理最差的体系之一，8 年

---

① 以其主席约翰·托尔（John Tower）参议员的名字命名。——译者注

215 内有 6 任国家安全顾问被调换。

1980—1988 **年阿富汗行动：成功但不隐蔽**

正如一位参与者所说，里根旨在扭转 1979 年苏联入侵阿富汗的计划被证明是冷战时期规模最大也是最后的隐蔽行动。[19]由卡特总统发起并被里根总统接手的这一计划规模很小。起初目的仅仅是“侵扰”而不是打败苏联，主要内容是花费几百万美元购买李–恩菲尔德步枪，并通过巴基斯坦将这些枪支转移给反苏联的“圣战者”。而执政后的里根总统及其顾问则作出决策，准备扩大目标并让苏联人付出惨重的政治和军事代价。[20]该计划的预算从 1981 年的 1.2 亿美元增长到 1988 年的 7 亿多美元，最终成功地将苏联红军赶出了阿富汗。[21]起先只是购买数量有限的步枪和迫击炮，后来则演变为大规模转移先进武器、弹药以支持 12 万名“圣战者”。最终，成千上万名苏联士兵在阿富汗丧生，克里姆林宫为此头痛不已，苏联军队最终于 1988 年撤出。这一成功行动的一个重要特点是从一开始就获得了国会的大力支持。事实上，在这场针对克里姆林宫的本应采取秘密方式的战争中，国会议员查理·威尔逊（Charlie Wilson）等一些支持者受到公众极大关注并与这场战争密切相关。[22]

而这场胜利的副作用在于维系合理否认所面临的更大障碍。在该计划的鼎盛时期，阿富汗工作组内中央情报局官员人数超过了 100 人。该计划最初主要依靠埃及和其他邻近国家制造的武器。然而，苏联动用的全副武装的 M-24 雌鹿（M-24 Hind）直升机使得美国跨越众多山口运输武器的过程变得艰难且代价高昂。中央情报局经审议后决定用美国制造的先进的毒刺肩扛式防空导弹（shoulder-fired Stinger surface-to-air missiles）来武装“圣战者”。事实证明，这种武器能够有效地迫使苏联直升机退至直升机武器射程之外，进而令其无法阻止来自巴基斯坦方向的对阿富汗武装分子的补给。而问题恰在于，这些武器的先进程度戳破了该计划初期就已经很牵强的“合理否认”的说辞。但到了 20 世纪 80 年代后期，里根政府已经不再费心保持援助的秘密性，而是更加坚信这种强有力的隐蔽行动计划极大地挫败了苏联人，应该大肆宣扬。

教训总结

数十年、数百次行动之后，可以从总统指示的隐蔽行动成败事例中吸取
216 明显的教训。第一，隐蔽行动绝不应是“首要手段或最后手段”。这意味着最

好将隐蔽行动作为一系列全面政策行动的一小部分进行，既不能替代良好的治国之道和公开的外交手段，也不能作为缺乏其他适宜选择时采用的替补方案。隐蔽行动是介于无为或参战之间的“第三种选择”，这句谚语曲解了它可以实际产生的影响力。

第二，隐蔽行动通常在保持规模小且谨慎的情况下最有效。运用宣传和一些适当的政治行动可以有助于强化美国公开的政治、经济和军事行动。在隐蔽行动保持规模较小和秘密的情况下，隐蔽行动被揭露并损害美国外交政策的可能性就很低。同样，用有限的资源设定适度的目标也可以保障其成功的可能性。

第三，隐蔽行动若得到国会两党的支持则其效果最佳。反之，总统则可能有充分的理由重新考虑行动的可行性或价值。若国会坚决反对，则可能存在深层次的外交政策分歧，而不仅仅是关于隐蔽行动本身。国会甚至国家安全机构内部的强烈反对，也会增加举报者向媒体披露的风险，而这有可能导致此类计划失败。

第四，良好的隐蔽行动需要优质的情报和严谨的分析。对实施行动所处的地缘政治环境理解得不透彻必将导致失败。此外，中央情报局内部的其他专家以及与行动无关的国家安全官员应该对行动支持者的乐观评价进行检验。

最后也是最重要的是，隐蔽行动提议必须在其道德、法律方面与此类行动假定的政治利益之间保持平衡。美国在世界上所冒的道义、政治地位风险与隐蔽行动计划可能产生的短期收益之间，应具备相称性。在许多情况下，成功背后所潜藏的意外后果很可能带来比短期利益更大的代价。但是，就像公开使用军事力量一样，为了保护美国及其机构、人民，隐蔽行动只应针对严重的外部威胁。因此，英国前高级情报官员大卫·欧蒙德（David Omand）爵士等部分从业者建议适用一套“正义情报”（*jus intelligentia*）原则。这些原则是适用于致命军事力量使用的正义战争理论在情报领域的反映。相应地，这些原则包括：

- 充分而持久的原因（重大的威胁或机会）；
- 正直动机（美国行动是合法和合道德的）；
- 相称性手段（美国行动是合理的，并且效果有限）；
- 合法的权威（总统授权和国会通知）； 217

- 合理的成功可能性（美国行动周密构想、计划）；
- 作为最后手段（其他选择被认为是不充分的而需要此类补充性方法）[23]。

若将这些原则应用于隐蔽行动决策，则总统必须权衡威胁的性质、美国行动的合法性和道德性、成功的概率、可能的长期后果，以及是否存在其他风险较小的能够达到相似或更好结果的选择。

隐蔽行动管理历程

在中央情报局成立的前30年中，隐蔽行动在没有正规限制或法规的条件下进行，且监督也不均衡。从杜鲁门到卡特等历任总统尽管都各自成立了国家安全委员会的下设委员会来监督隐蔽行动计划并提供建议，但总统们想要对中央情报局隐蔽行动计划进行监督的程度各不相同。这些委员会被冠以多种名称，通常带有隐晦头衔（如艾森豪威尔的“特别协调小组”、肯尼迪的“特别小组”）或被赋予编号（如尼克松或福特的“40委员会”、约翰逊的“303委员会”）。[24]这些委员会通常包括中央情报局的隐蔽行动管理者、国务院和国防部的代表以及一名代表总统的国家安全委员会幕僚。

通常，总统会发布国家安全委员会决议文件来授权中央情报局实施针对某些一般性政治目标的隐蔽行动，而不会审查计划的所有细节。当然，对于某些大型的高风险或敏感性行动（例如1953年的伊朗政变和1962年的猪湾事件），总统的作用会更加突出。总统们让自己远离行动细节在一定程度上是为了保持合理否认性。实际上，对于许多规模较小且争议较少的隐蔽计划，只要国家安全委员会的监督委员会认为这些计划与美国外交政策目标一致，中央情报局局长就可以在未经总统正式批准的情况下授权实施。在特定几届政府中，中央情报局局长可自行决定成本低于25000美元且被认为风险较小的行动。

对隐蔽行动的立法监督实际上直到20世纪70年代中期情报监督委员会成立之后才开始存在。至此，两院的军事委员会和拨款委员会的小组委员会才签署中央情报局的预算授权和拨款（其中包括隐蔽行动计划）。早期，国会唯恐对隐蔽行动了解过多。军事委员会和拨款委员会的小组委员会主要关注中
218 央情报局是否有足够的资源对抗共产主义，而不甚注重其行动监督。国会在

20世纪50年代到60年代提出对中央情报局建立真正的监督的几项倡议（如呼吁成立一个联合监督委员会）从未获得太多支持。在大多数情况下，监督是由中央情报局局长与个别有权势的委员会主席之间的私下、非正式对话组成的，这些人通常不想知道太多。[25]

当前立法监督

一系列事件和披露导致如今国会一直对情报活动特别是对隐蔽行动实行监督。其一，越南战争之后国会认定，尼克松总统曾在未通知国会的情况下，在一定程度上利用了中央情报局的隐蔽行动力量对老挝和柬埔寨进行了秘密战争。因此，国会在1974年通过了《对外援助法》(Foreign Assistance Act) 的《休斯-瑞安修正案》(Hughes-Ryan Amendment)，迫使总统对每项隐蔽行动计划的决定进行核准，并要求将这些决定在行动开始前“通知”军事委员会和拨款委员会的特定成员。这项措施并没有赋予国会否定任何计划的权力，但它确实防止了未来总统在某项隐蔽行动被曝光后否认自己的参与。随后的1980年《情报监督法》(the Intelligence Oversight Act) 加强了最早《休斯-瑞安修正案》关于通知的要求，将“提前”通知改为“及时”通知。

其二，水门事件听证会（Watergate hearings）还揭露中央情报局、国家安全局和联邦调查局针对反越战活动人士的重大失策乃至某些情况下的非法活动，导致1975年参议院特别委员会举行听证会，研究政府在情报活动方面的行动。除了其他事项，以其主席弗兰克·丘奇（Frank Church）参议员命名的丘奇委员会还广泛地研究了中央情报局的隐蔽行动计划。丘奇委员会批评总统没有取消一些较极端的计划，如暗杀菲德尔·卡斯特罗的计划等。丘奇参议员曾在听证会上提出中央情报局是“暴戾的大象”这一颇为出名的警告。然而，为期一年调查的最终结论却从根本上驳回了对中央情报局未经总统批准而进行隐蔽行动的指控。虽然其中部分行动可能遭受误导、执行不力或存在违法，但很明显，所有行动都得到了尼克松总统或约翰逊总统的支持。听证会结束时，国会确实成立了独立的参议院和众议院情报委员会，以期能比过去更全面地了解中央情报局的隐蔽行动计划。

其三，1986年的伊朗门丑闻使国会进一步加强了对隐蔽行动的监督力度。当国会向尼加拉瓜反政府武装提供反共战争资金的热情日渐消退的时候，它

219 通过了关键立法以增加总统就重大隐蔽行动向监督委员会发出通知的新要求。尤其是，1988 年和 1991 年情报立法要求，总统必须在 48 小时内通知国会委员会，总统必须签署书面决定且不能事后签发（如在伊朗门事件中那样），总统还需列出所有参与的美国政府机构（如国务院或国防部）及外国实体。这些新的限制措施大多是为了防止类似在伊朗门事件中规避国会意图的行为再次发生。[26]

实际上，对隐蔽行动的决定进行国会通知并不能阻止总统推进行动。然而，当政府面临被国会谴责的风险时，这确实对政府试图暗中从事的行动施加了一定程度的约束。最坏的情况是，监督委员会可能会拒绝来年向他们不支持的隐蔽行动计划提供资金，或者对该计划施加严格的资金或行动限制。从积极的方面看，总统可以从国会对隐蔽行动计划的认可中获益，特别是当这些计划具有争议或者有可能失败时，白宫至少可以将责任分摊给国会。最后，在某些情况下，外界点评可以终止欠缺考虑的提议，或是在一个项目可能带来政治争议而行政部门顾问们未能指出时警示总统。

隐蔽行动的现行核准程序

20 世纪 90 年代后期，隐蔽行动计划通过形成已久的跨部门流程进行审查和批准，这在前面章节中已有介绍。像其他政策决定一样，一项隐蔽行动提议通常会在白宫或其他国家安全委员会的讨论中被提出来。大多数政府部门都制定了机密的国家安全指令，概述其预期的提议、审查和批准隐蔽行动的跨部门流程。虽然自 1990 年以来，每一届政府都在某种程度上修改了流程，但每一届政府都有一个更加审慎的流程，确保中央情报局及国家安全委员会对隐蔽行动进行严格的内部审查，向总统全面汇报并得到总统的正式授权，最后通知有关国会监督机构。

为了说明这个复杂的审核过程，以下将介绍乔治·W. 布什任职期间隐蔽行动的处理过程。[27]根据布什总统的要求，国家安全顾问通常会向中央情报局局长起草一份备忘录（2005 年以后由国家情报总监起草）。几乎无一例外，若
220 没有国家安全委员会的授权，中央情报局的计划就无法启动。然后，中央情报局行动处将指派有关区域或职能行动部门（或 2015 年后的有关任务中心）起草提议（见窗 9.2）。例如，涉及中东国家的隐蔽行动提议自然由中央情报

局负责中东国家的区域任务中心制定，而反恐隐蔽行动计划自然由反恐任务中心发起。

BOX

窗 9.2　典型的隐蔽行动授权程序

1. 总统要求获得隐蔽行动的选择方案（由国家安全顾问向中央情报局提出的备忘录）。

2. 中央情报局的隐蔽行动幕僚与区域行动部门和机构法律顾问一起制定选择方案（如范围、方法、成本和风险）。

3. 来自中央情报局、国家安全委员会和国务院、司法以及国防部门的跨部门法律小组核准隐蔽行动的法律依据和适当性。

4. 转交总统之前，首长委员会和次长委员会的专门小组审核、批准隐蔽行动提议。

5. 总统审核后，决定是否批准或者修改总统决定。

6. 白宫向国会监督委员会通知总统决定。

在几乎所有的情况中，律师都会广泛参与隐蔽行动的计划和监督，以确保其符合情报界标准规定、行政命令和美国法律。中央情报局总法律顾问办公室（Office of General Counsel）必须先签字批准所有提议，然后再由国家安全委员会法律顾问以及国家安全委员会律师团（Lawyers Group，简称 LG）进行审查。其中，国家安全委员会律师团由国家安全委员会法律顾问主持，拥有来自国务院、国防部和司法部的律师。

律师团还参与对每个正在进行的隐蔽行动计划的跨部门年度审查。之后，总统将以这一审查为基础，向国会情报监督委员会发送报告，指出来年将继续实施、调整或终止的计划。这一周密流程消除了中央情报局能未经总统及其高级政策顾问知晓或批准而独立发起隐蔽行动的想法。

一项中央情报局的隐蔽行动提议通常会考虑多个可能实现预期政策目标的备选方案。每个方案都将从以下方面进行评估：

- 资源（所需人员、资产或设备专用资金）；
- 行动方法和行动范围；
- 行动风险和人为风险； 221
- 成功和/或妥协的可能性；
- 其他机构或外国情报机构的参与程度。

中央情报局可能会提出一系列选择方案或者就自认为最有希望满足总统目标的方案提出建议。提议获得行动处批准后，隐蔽行动审查小组（即向中央情报局局长报告的跨局审查小组）将对该提议进行审查、修改或批准。如果中央情报局局长批准了该计划，则会将其移送至白宫进行跨部门审查。[28]

在白宫，国家安全委员会的情报高级主任（通常为被派至国家安全委员会的中央情报局官员）将主持专门的跨部门政策委员会审查隐蔽行动计划。出席会议的将仅限于国务院、国防部和联合参谋部的特别授权代表以及律师团的代表。[29]白宫与会者通常包括负责隐蔽行动区域或重点的国家安全委员会高级主任、副总统办公室的高级代表、国家安全委员会法律顾问以及行政管理和预算局的高级代表。有时，若隐蔽行动涉及金融交易，则可能还包括一名财政部代表。

跨部门政策委员会将重点关注计划的成本、收益、风险、成功概率和合法性等突出问题。国务院情报研究局也将了解隐蔽行动如何适应和影响现行外交政策，以及行动区域内的大使可能会如何反应或受到何种影响。在准备将其移交次长委员会、首长委员会逐级批准及总统最终签署之前，这项潜在决定可能需要数次会议及数稿修改草案。根据法律规定，总统签署一项决定后，就必须将其传送给国会监督委员会。除非有特殊情况，通知程序通常都会在48小时内完成。在高度敏感且易失败的行动中，可以只通知由众参两院及两个情报监督委员会多数派和少数派领导人组成的所谓的八人帮（Gang of Eight）。[30]

后“9・11”时代隐蔽行动关键问题

“9・11”袭击再次将隐蔽行动提升为国家安全政策的一类重要工具。这一过程中的一项措施就是中央情报局预算的大幅度增加，而这种增加的部分原因在于数届总统在伊拉克、阿富汗和叙利亚等国开展的全球反恐战中使用隐蔽行动。这些隐蔽行动更多地依赖于一些新形式，包括非常规引渡、审讯
222 以及武装无人机行动。先前关于这些准军事行动应当归属于中央情报局还是国防部的问题也再次被提出。此外，外国情报机构不仅将网络行动应用于间谍目的，还将其应用于反对美国及其他国家的隐蔽信息行动，由此产生的担忧日渐增长。

非常规引渡、拘留和审讯

随着“9·11”悲剧的发生和对后续袭击的恐惧，美国总统乔治·W. 布什授权中央情报局开展隐蔽行动以瓦解恐怖主义阴谋，并拘留、审问可能掌握任何未来阴谋信息的基地组织嫌疑成员。[31]这些隐蔽活动并不完全符合隐蔽行动定义和跨部门审查程序，实际上相当于一系列高度敏感的收集行动。司法部当时批准的权限包括从战场上进行秘密非常规引渡，以及在未公开的海外地点进行严酷审讯。大约有100名被拘留者在战场上被捕并在这些地点受到关押和审讯。布什总统于2006年9月6日公开承认将部分被拘留者关押并转移到古巴关塔那摩湾海军基地（Guantanamo Bay Naval Base）的计划。

据中央情报局前局长迈克尔·海登介绍，大约有三分之一的被拘留者被施以**强化审讯技术**（enhanced interrogation techniques，**简称EITs**），包括剥夺睡眠、压力姿势、拍打身体、浸入水中，在少数情况下还有“水刑”（waterboarding）。海登声称，中央情报局对“基地”组织的了解大约有一半是来自这些被拘留者。[32]其他官员则并不太认为**强化审讯技术**是有效的、合法的或道德的，其中包括奥巴马总统的首位国家情报总监、退役海军上将丹尼斯·布莱尔（Dennis Blair）。[33]奥巴马的首位中央情报局局长莱昂·帕内塔（Leon Panetta）在提名听证会上也作证认为水刑构成了酷刑。奥巴马总统上任后不久就发布了一项行政命令，将审讯手段仅限于现存的《陆军战地审讯手册》，他还特别禁止了水刑。[34]

审讯计划的有效性和适当性仍然是有争议的命题。参议院情报特别委员会对审讯计划长达6000页的审查报告（其中包括一份600页的解密摘要）声称，中央情报局的审讯计划存在严重缺陷。具体来说，该报告指控审讯计划运行不善，比向白宫或国会监督委员会领导层所描述的更为残酷，并且没有阐述证明其存在理由的情报。[35]中央情报局局长约翰·布伦南虽然对该报告中的一些调查结果表示异议，但同样也认为水刑是不适当的。[36]

就像许多有争议的隐蔽行动计划一样，中央情报局在批评中首当其冲。
在2001年残酷的客机袭击事件发生后不久，布什总统要求中央情报局采取一
切必要手段确保恐怖组织其他阴谋不会展开。中央情报局已经承认，审讯计 223
划的最初阶段存在管理不善的问题。媒体的曝光使中央情报局失去了信誉，
还可能让其失去那些同意主办“秘密监狱”（部分强化审讯技术在此实施）的

情报伙伴的支持。总而言之，总统的紧迫感压倒了对这些行动有效性和道德性的谨慎思考。不足为奇的是，记者们开始报道称，人们担心政治风向发生转变后中央情报局将再次成为“替罪羊”。[37]

唐纳德·特朗普总统上任初期曾暗示他可能会考虑恢复一些较为严酷的审讯方法，但其时任国防部长的詹姆斯·马蒂斯（James Mattis）表示自己并不认为这是必要的或有效的。包括迈克尔·海登在内的其他前情报官员都表示，恢复水刑的做法会迫使军官们拒绝《统一军事司法法典》(Uniform Code of Military Justice）所规定的“非法命令”。到目前为止，没有任何迹象表明特朗普政府恢复了这种隐蔽收集行动。

无人机和定点杀戮

“9·11”后隐蔽行动的第二个新维度就是军用无人机（通常称为无人机）的出现。自20世纪90年代的巴尔干危机以来，中央情报局一直将无人机用于情报收集，如监控战场并追踪军事行动。这些监控计划已经成为中央情报局识别、追踪嫌疑恐怖分子和其他战斗人员任务的标准组成部分。在基地组织袭击了美国驻非洲大使馆和科尔号驱逐舰（USS Cole）后，比尔·克林顿政府紧急要求开始武装一些无人机以用于可能的隐蔽行动。在“9·11”袭击发生前不久，白宫、五角大楼和中央情报局之间的高层讨论集中在武装当前捕食者无人机（Predator UAV）来打击本·拉登的优点上。中央情报局前局长乔治·特尼特描述这些发生在20世纪90年代后期的讨论时称：“国家安全委员会授权我们（中央情报局）在9月1日之前，开始以武装或非武装侦察模式部署捕食者无人机……我们希望下次当它飞过阿富汗发现本·拉登时，能够保证配置齐全以立即采取行动。”[38]尽管美国的盟国以色列长期以来一直实行定点杀戮，但这对美国来说还是一项新政策。在“9·11”袭击之后，关于武装捕食者无人机的所有犹豫都消失了。

无人机袭击在布什政府时期正式开始。美国空军在阿富汗实施了这些战
224 场行动，当然，这主要依赖于中央情报局和其他机构提供的情报。奥巴马总统上任后明显提高了使用无人机袭击的频率，一些观察人士认为这是为了从地面作战战略转向反恐战略。外部观察人士认为，在无人机袭击升级的同时，由无人机袭击导致的附带损害也在增加。几份报告声称，由无人机造成的平民伤亡保守估计有250人，或高达400人至900人。[39]此后，中央情报局局长

布伦南公开辩护称，奥巴马总统制定了一个严格得多的程序，要求在批准打击行动之前必须有几乎完全确定的结果，因而秘密无人机计划并没有造成平民伤亡。[40]怀疑者仍然不相信无人机袭击近乎完美的记录，关于无人机袭击是否有效的争论仍在继续。支持者认为，无人机袭击远比空中轰炸或地面行动更精确，对美国军方来说风险更小，且无人机袭击也不那么显眼。反对者则认为，无人机袭击会鼓励对没有构成重大风险的目标施加更多攻击，因为这类袭击对美国人员不会构成重大风险，如此一来会产生道德风险。他们还认为，袭击造成的附带损害远超美国政府所承认的，而平民伤亡则会导致恐怖组织招募人数增加。

据新闻报道，奥巴马政府最终减少了无人机袭击，部分原因是美国成功消灭了关键目标。2016 年 7 月，奥巴马总统还发布了一项行政命令，要求各机构制定更精确的交战和目标选择规则，借此平息有关大量平民伤亡的指控。[41]与此同时，国家情报总监还发布了一份年度报告，说明在实际战斗地区以外的袭击次数、战斗人员和非战斗人员伤亡人数、非政府组织和美国政府对无人机导致非战斗人员伤亡估计数之间存在差异的原因。在 2018 年，有迹象表明特朗普政府可能正在考虑将这种无人机行动用于阿富汗。无论如何，美国对武装无人机和定点杀戮的使用开创了先例，其他国家最后可能以此作为本国杀伤性无人机行动的正当化理由。即使是现在也不乏叙利亚反对派武装企图利用武装无人机袭击俄罗斯主要军事基地的案例报道。[42]

准军事行动：中央情报局或国防部?

阿富汗和伊拉克战争使长期以来一直存在的问题被重新提出，即应由美国军方还是中央情报局主要负责重大准军事行动。“9·11”事件发生时，中央情报局已经准备好了一项计划，即将中央情报局官员派到阿富汗与北方联盟（Northern Alliance）合作并发动针对塔利班（Taliban）的军事行动。中央情报局当时拥有有关境外情报及阿富汗情报网络，且能够隐蔽、迅速地落实这一计划。然而，国防部长唐纳德·拉姆斯菲尔德（Donald Rumsfeld）却不满于中央情报局领导行动，并坚持要求就中央情报局隐蔽行动地位与美国中央司令部（United States Central Command）行动间的未来协调问题达成些许一
致。双方在一份谅解备忘录中规定了各自的行动领域和职责范围，其中就包 225
括合作以及消除行动冲突的承诺。[43]

虽然这种分工在阿富汗似乎起了作用，但它从未完全解决问题。国防部还是会定期采取措施加强对准军事行动的控制权。1995年，国防部前副部长约翰·多伊奇（John Deutch）成为中央情报总监和中央情报局局长时，曾试图对中央情报局的行动进行更多的军事控制，但并未成功。他的助理中央情报总监丹尼斯·布莱尔（Dennis Blair）（后来成为奥巴马总统的国家情报总监）上将也认为隐蔽准军事行动应该由军队开展。[44]但是，他们的努力都未能获得白宫或国会的支持。在“9·11”袭击之后，五角大楼的许多官员和顾问认为，国防部需要更多地参与反恐战争中的隐蔽活动，因此建议大量增加特种作战部队并扩展作战任务。[45]国防部长拉姆斯菲尔德则试图将军事行动的范围扩张至囊括类似隐蔽的政治影响行动以及国会尚未批准的隐蔽的人力情报行动的措施。[46]

实际情况是，中央情报局和国防部似乎在进行类似的活动，目标和结果大多是相同的，只不过通过不同的机构实现。中央情报局的行动由《美国法典》(United States Code）第50篇规定。除战争的其他方面外，该篇明确规定任何隐蔽行动均应由总统书面决定的形式予以批准并通知国会监督委员会，这与中央情报局其他情报收集任务有所区别。在实施此类隐蔽行动时美国官方总是指望能否认其在之中的责任且中央情报局人员并没有身着军装人员通常具有的法律保护。

根据《美国法典》第10篇，传统的军事活动包括非常规战争形式的动态（致命）行动以及为应对战场环境所必需的特殊行动。因此，国防部特殊行动受这些法规的制约。但是，在大多数情况下，军人如果穿着军装被俘，则受到《日内瓦协议》的保护，并且必须遵守战争规则。通常情况下，军人仅在阿富汗和伊拉克等已宣战的地区开展行动，且通常获得国会授权动用某种形式的武力。最重要的是，美国特种作战司令部（Special Operations Command）并没有义务将这些特殊行动提前通知国会。图9.1说明了《美国法典》第10
226 篇和第50篇中使用的不同指挥链。

2011年5月击毙本·拉登的行动极大地模糊了上述区别。中央情报局局长利昂·帕内塔（Leon Panetta）宣称这次成功的行动是根据第50篇的授权进行的，他本人对隐蔽行动负整体责任。同时，他和奥巴马总统承认，特种作战部队在海军中将威廉·麦克雷文（William McRaven）的指挥下也进行了隐蔽打击行动。许多国家安全法律专家指出，现代战场导致情报行动与军事行动比以往更深层地融合，同时模糊了这两项功能之间明确的界限："根据法律，总统可以通过总统决定授权任何机构进行隐蔽行动。或者，总统必须根据国内法和国际法中的'诉诸战争权'理论为在传统军事活动中使用武力进行辩护。"[47]

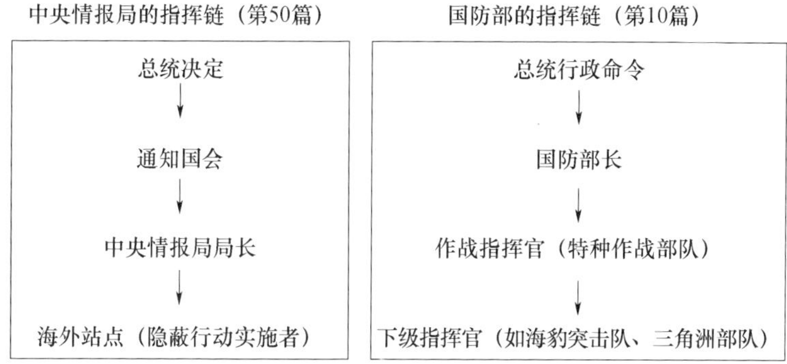

图 9.1　中央情报局与国防部隐蔽行动指挥链比较

模糊界限的另一个例子是在叙利亚冲突中进行的准军事行动。2013 年，奥巴马总统并不愿介入被许多人视为一场混乱内战的叙利亚冲突，而是选择鼓励土耳其和沙特阿拉伯等国家在支持叙利亚总统巴沙尔·阿萨德（Bashar al-Assad）的反对派方面发挥更大的作用。观察人士认为，奥巴马试图结束伊拉克冲突，而不是让美国军队介入邻国叙利亚。正如奥巴马的几位前高级顾问在回忆录中描述的那样，他们力劝总统以公开及隐蔽方式支持叙利亚反对派组织。之所以会有多个计划，部分原因在于冲突的性质正在发生变化。ISIS 对伊拉克构成更大威胁后，奥巴马政府不得不采取公开的军事行动来击败它，而不是仅仅依靠其他隐蔽手段迫使阿萨德交出权力。五角大楼的计划旨在支 227
持伊拉克军队对抗 ISIS，而不是支持叙利亚反对派武装。但是，在同一个国家，由不同的机构同时运行的计划最终都失败了，这只会凸显出军事行动和情报行动之间的模糊界限（分别依据第 10 篇和第 50 篇）。

如果未来的总统考虑采取更多的联合军事-情报行动，则两者的界限可能会进一步模糊，或许还需要由新的行政命令或立法创建一种新型的隐蔽联合军事-情报行动。若没有行政命令或立法作出规定，国防部的秘密行动将缺乏总统和国会对特殊军事活动的监督。奥巴马政府曾被指责过于谨慎地进行

“微观管理”，而特朗普总统就职后不久就授予国防部长马蒂斯（Mattis）更大的权力进行反恐军事行动。[48]从那以后，有数次特殊行动遭遇严重伤亡，其中包括美国海军海豹突击队一名队员在也门的一次拙劣行动中丧生，2017 年美国陆军特种部队 4 名队员在尼日尔遭伏击。在尼日尔的人员伤亡引发了对国防部开展此类特殊活动的准备工作的新关注，这类活动此前一直未获得行政部门最高层或国会监督委员会的批准。特朗普总统对此事的反应是，他给了他的将军们更多的回旋余地，并没有明确授权这项任务。[49]国会对这些事件的调查可能会导致更多的争论，即国防部和中央情报局哪一方更适合从事隐蔽准军事活动，或者是否应该找到一些更好的组合这些机构力量的方式。

未来的隐蔽行动：网络行动

未来的隐蔽行动还会越来越多地涉及网络空间。尽管未公开承认，但美国的近几任总统很可能已经批准了一些隐蔽行动以攻击对手信息系统及通过这些系统运行的军事计划。情报界长期从事渗透及利用对手重要信息系统的情报收集任务。这项情报收集任务使得中央情报局和国家安全局等其他情报机构在接到指令后，能够进一步破坏或摧毁敌方军事力量。当然，国防部也参与网络行动。在过去的几年中，国防部高级官员已经承认，为了保护本国的军事信息系统，美国不仅准备进行防御性网络行动，还将考虑进行攻击性
228 网络行动。[50]

人们对美国隐蔽网络行动的性质和程度知之甚少。美国网战司令部负责保护国防部的信息系统免受攻击并负责进行军事网络行动。而目前，领导国家安全局的四星上将同时负责网战司令部的运行，这样的安排使得一名高级军官身兼两职，同时管理一个重要的情报机构和一个单独的军事指挥部，这进一步模糊了情报和军事行动之间的界限。奥巴马政府曾考虑将这两项职责分开，未来的政府仍有可能这样做。

另外，作为自身情报任务的一部分，中央情报局也一直参与了所谓的信息行动。作为 2015 年机构组织结构现代化计划的一部分，中央情报局成立了数字创新处（Directorate of Digital Innovation），负责收集与网络相关的情报并管理日益重要的“大数据”开发。[51]与此同时，中央情报局很可能会被要求制定涉及网络行动的隐蔽行动。一些新闻报道指出，针对基地组织关键成员个人计算机的小型网络行动可能已经发起。[52]

鉴于网络空间对大多数政府民用部门和军事计划日益重要，网络行动注定将成为一种重要的新形式的隐蔽行动。美国曾经专注于通过报纸投放和黑色广播进行经济破坏或军事“破坏”以及“政治影响”，现在还可以通过网络来实现。私人安全公司对2010年伊朗核计划遭受的攻击进行了分析，认为攻击如此复杂，更有可能是政府所为，而非个人或黑客组织。

俄罗斯干预2016年美国总统大选这一事例表明，暗中利用网络空间入侵选举计算机系统及操纵社交媒体网站制作虚假新闻，甚至能够左右选民。国家安全局、中央情报局、联邦调查局、国家情报总监的联合评估认为，俄罗斯的政治影响活动是一场得到官方认可的、高度有组织的行动，目的是利用隐蔽的网络行动以及公开的俄罗斯媒体、第三方和社交媒体博主，动摇希拉里·克林顿的竞选团队而支持唐纳德·特朗普的竞选团队。[53]随着时间的推移，可能还会出现其他类似事例，这表明网络行动将成为美国以及其对手的潜在工具。 229

总而言之，隐蔽行动仍然可能是未来总统的有力工具，但也包含了一些行动、政治和法律伦理上的风险。正如在本章开篇前官员格雷戈里·特雷弗顿的评论所指出的那样，美国人不希望他们的政府搞肮脏的把戏，但敌视美国的政府会这么做，这一事实将使得美国总统或高级官员以同样的方式回应。采纳本章前部分大卫·欧蒙德爵士所提到的那一套原则，也许是确保将隐蔽行动维持在美国民众可以接受范围内的一种方法。

有用文件

马歇尔·柯蒂斯·欧文（Marshall Curtis Erwin）:《隐蔽行动：立法行动和可能政策问题》（*Covert Action*：*Legislative Actions and Possible Policy Questions*，*Congressional Research Service*），美国国会研究局，https：//fas. org/sgp/crs/intel/RL33715. pdf。

国家情报总监办公室、国家情报总监：《“评估俄罗斯在美国近期选举中的活动和意图”的背景：分析过程和网络事件归因》（*Background to “Assessing Russian Activities and Intentions in Recent US Elections”*：*The Analytic Process and Cyber Incident Attribution*），2017年1月6日，https：//www. dni. gov/files/documents/ICA_ 2017_ 01. pdf。

美国参议院情报特别委员会（United States Senate，Select Committee on Intelligence）:《中央情报局拘留和审讯计划委员会研究报告执行摘要》(*Committee Study of the Central Intelligence Agency's Detention and Interrogation Program*)，《执行摘要》(Executive Summary）部分，https：//fas. org/irp/congress/2014_ rpt/ssci-rdi. pdf。

延伸阅读

威廉·多尔蒂（William Daugherty）:《行政秘密：隐蔽行动与总统职权》(*Executive Secrets*：*Covert Action and the Presidency*)，列克星敦：肯塔基大学出版社（University Press of Kentucky)，2004 年。本书介绍了从业者对早期隐蔽行动的看法，对经过适当授权和执行的隐蔽行动运用进行了辩解。

杰克·迪瓦恩:《完美猎杀：美国间谍大师的故事》(*Good Hunting*：*An American Spymaster's Story*)，纽约：法拉-斯特劳斯-吉鲁出版公司，2014 年。本书描述了中央情报局一名隐蔽行动从业者的职业生涯以及他从成功和失败的行动中吸取的主要经验教训。

罗伊·戈德森（Roy Godson）:《肮脏的诡计或制胜的王牌：美国的隐蔽行动与反情报》(*Dirty Tricks or Trump Cards*：*US Covert Action and Counterintelligence*)，新泽西州新不伦瑞克省：交易出版社（Transaction)，2001 年。本书介绍了 1945 年以来隐蔽行动的类型及其使用的利弊。

理查德·伊默曼：《隐藏之手：中央情报局简史》，纽约：威利出版公司(Wiley)，2014 年。本书介绍了有关隐蔽行动的早期决策以及中央情报局历史上一些重大成败的讨论。

詹妮弗·D. 基贝（Jennifer D. Kibbe)：“隐蔽行动”（Covert Action)，《牛津学术百科》(*Oxford Research Encyclopedias*)，http：//internationalstudies. oxfordre. com/view/10. 1093/acrefore/9780190846626. 001. 0001/acrefore-9780190846626-
230 e-135，对关于隐蔽行动的文献进行了广泛回顾，并强调了其中的一些挑战。

彼得·科恩布卢（Peter Kornbluh）:《猪湾解密：中央情报局对入侵古巴的秘密报告》(*Bay of Pigs Declassified*：*The Secret CIA Report on the Invasion of Cuba*)，纽约：新出版社（New Press)，1998 年。本书讲述了最常见的由中央情报局发起的隐蔽行动失败的报道。

格雷戈里·特雷弗顿：《隐蔽行动：战后世界干预的限度》(*Covert Action: The Limits of Intervention in the Postwar World*)，纽约：基础图书出版社（Basic Books），1987 年。本书介绍了一位 1975 年丘奇委员会工作成员对听证会举办之前的中央情报局隐蔽行动的看法。

注 释

引语一：格雷戈里·特雷弗顿：《隐蔽行动：战后世界干预的限度》，纽约：基础图书出版社，1987 年，第 11 页。

引语二：杰克·迪瓦恩：《完美猎杀：美国间谍大师的故事》，纽约：法拉-斯特劳斯-吉鲁出版公司（Farrar，Strauss and Giroux），2014 年，第 5 页。

❶ 参见历史研究办公室（Office of the Historian）：《关于隐蔽行动的说明》（Notes on Covert Action），载《1964—1968 年美国对外关系：西欧》（*Foreign Relations of the United States，1964-68；Western Europe*）中，第 12 卷，https：//history.state.gov/historicaldocuments/frus 1964-68v12 / actionsstatement。

❷ 参见理查德·伊默曼：《隐藏之手：中央情报局简史》，纽约：威利出版公司（Wiley），2014 年，第 19—29 页。

❸ 政策协调处曾是中央情报局内部隐蔽行动的核心部门。高级顾问包括来自国务院、国防部以及参谋长联席会议的代表。

❹ 特雷弗顿：《隐蔽行动》（Covert Action），第 38 页。

❺ 参见中央情报局资料馆：《隐蔽行动的协调和批准》（*Coordination and Approval of Covert Operations*）“历史发展”（History of Evolution）部分，1967 年 2 月 23 日，2002 年 5 月解密，https：//www.cia.gov/library/readingroom/docs/DOC_0000790232.pdf。

❻ 参见詹姆士·卡拉南（James Callanan）：《冷战中的隐蔽行动：美国政策、情报和中央情报局行动》（*Covert Action in the Cold War：US Policy，Intelligence and CIA Operations*），伦敦：伊拉杰·巴盖尔扎德-陶里斯出版社（I. B. Tauris），2010 年，第 37—38 页。

❼ 参见卡拉南：《冷战中的隐蔽行动》，第 41 页。

❽ 当时，中央情报局认为此次决裂是苏联势力范围内最严重的一次，斯大林可能会考虑攻打南斯拉夫以迫使其回归。

❾ 参见科尔曼·梅塔（Coleman Mehta）：《中央情报局面对铁托和斯大林的分裂》（The CIA Confronts the Tito-Stalin Split），载《冷战研究》（Cold War Studies），2001 年冬季第 13 卷第 1 期，第 101—145 页。

⑩ 梅塔:《中央情报局面对铁托和斯大林的分裂》。

⑪ 约翰·普拉多斯:《中央情报局的秘密战争》(CIA's Secret Wars),纽约:威廉·莫罗出版社(William Morrow),1986 年,第 17 页、第 312—313 页。

⑫ 迪瓦恩:《完美猎杀》。

⑬ 引用自威廉·多尔蒂:《行政秘密:隐蔽行动与总统职权》,列克星敦:肯塔基大学出版社,2004 年,第 138 页。

⑭ 特雷弗顿:《隐蔽行动》,第 45 页。

⑮ 美国军方对入侵古巴有更详尽的计划,且认为唯有采取重大行动才能将卡斯特罗赶下台。但是,军方认为,肯尼迪最终将不得不提供进一步军事支持并由此对军方更公开的入侵计划持开放态度,因而甘愿让中央情报局继续自己的计划。这是古巴导弹危机期
231 间军方认为入侵必不可少的一个主要背景。

⑯ 多尔蒂:《行政秘密》,第 154 页。

⑰ 特雷弗顿:《隐蔽行动》,第 226 页。

⑱ 前国务卿赛勒斯·万斯(Cyrus Vance)于 1987 年 3 月 1 日在《纽约时报》(New York Times)上引用。

⑲ 迪瓦恩:《完美猎杀》,第 25—42 页。

⑳ 1985 年 3 月 27 日,《国家安全决定指令第 166 号:美国在阿富汗的政策、计划和战略》(National Security Decision Directive 166: U.S. Policy, Programs, and Strategy in Afghanistan)规定,"我们的隐蔽计划将避免阿富汗成为苏联在该地区进一步部署力量的安全基地"。

㉑ 多尔蒂:《行政秘密》,第 206 页。该项目资金的另一个特点是,沙特阿拉伯承诺,无论美国国会准备拨款多少,都将提供相应的资金。

㉒ 由于查理·威尔逊对这个计划的强烈主张,一些媒体、书籍和电影把阿富汗的行动描述为"查理·威尔逊的战争"。

㉓ 改编自大卫·欧蒙德爵士:《基于公共安全使用秘密情报的道德准则》(Ethical Guidelines in Using Secret Intelligence for Public Security),载《剑桥国际事务评论》(*Cambridge Review of International Affairs*),2006 年第 19 卷第 4 期,第 613—628 页。

㉔ 每一位总统通常都会发布一份国家安全备忘录,详细说明隐蔽行动监督小组的职责和代表。"NSDM 40"是尼克松任内负责审查和批准隐蔽行动提议的国家安全委员会小组的名称。

㉕ 参见特雷弗顿:《隐蔽行动》,第 232 页。

㉖ 多尔蒂:《行政秘密》,第 100 页。

㉗ 作者感谢一位负责监督隐蔽行动的国家安全委员会前高级官员,他详细阐释了布什政府处理过程的一些细节。

㉘ 多尔蒂:《行政秘密》,第 103—104 页。

㉙ 出席人数可能会根据主题和地区而扩大。 若涉及联邦调查局、缉毒局或商务部等其他机构的利益,则其同样可能被包括在内。

㉚ 据一位参与隐蔽行动决定的国家安全委员会前成员透露,国会的高级官员可能会强烈反对一项提议,如果总统继续行动,泄密风险将会增加。

㉛ 参见中央情报局监察长办公室(Office of the Inspector General):《未经授权审讯的技术》(*Unauthorized Interrogation Techniques*),2003 年 10 月 29 日,https://www.cia.gov/library/readingroom/docs/0006541525.pdf。

㉜ 迈克尔·海登:《边缘游戏:恐怖时代的美国情报工作》,纽约:企鹅出版社,2016 年,第 223—225 页。

㉝ 海登:《边缘游戏》,第 223—225 页。 海登和其他前任官员指出,十种技术的完整清单至今尚未透露,审讯计划和水刑的存在被曝光后,清单被删减,水刑也被删掉了。

㉞ 美国于 1994 年批准了《联合国禁止酷刑和其他残忍、不人道或有辱人格的待遇或处罚公约》(UN Convention against Torture and Other Cruel, Inhuman or Degrading Treatment or Punishment),其中将酷刑定义为"蓄意使某人在肉体或精神上遭受剧烈疼痛或痛苦的任何行为"。 2002 年 8 月,美国司法部为布什总统制定了一项批准了多种技术的法律备忘录,该备忘录认为"虽然其中许多技术可能构成残忍、不人道或有辱人格的待遇,但它们不会产生满足酷刑定义的必要强度的疼痛或痛苦"。 232

㉟ 参议院情报特别委员会:《中央情报局拘留和审讯计划委员会研究报告》(Committee's Study of the CIA's Detention and Interrogation Program)中执行摘要、关键发现以及解密后的修订,2014 年 12 月 3 日,https://www.feinstein.senate.gov/public/_cache/files/7/c/7c85429a-ec38-4bb5-968f-289799bf6d0e/D87288C34A6D9FF736F9459ABCF83210.sscistudy1.pdf。

㊱《布伦南局长对参议院情报特别委员会以往拘留和审讯报告的声明》,2014 年 12 月 9 日,https://www.cia.gov/news-information/press-releases-statements/2014-press-releases-statements/statement-from-director-brennan-on-ssci-study-on-detention-interrogation-program.html。

㊲ 马克·马泽蒂:《美利坚刀锋:首度揭开无人机与世界尽头的战争》(The Way of the Knife: The CIA, a Secret Army, and a War at the Ends of the Earth),纽约:企鹅出版社,2013 年,第 120 页。

㊳ 乔治・特尼特:《身处风暴中心:我在中央情报局的岁月》，纽约:哈珀柯林斯出版集团，2007 年，第 158 页。

㊴ 新美国基金会（New America Foundation）声称，到 2017 年，美国在巴基斯坦进行了 400 多次袭击，在各地造成 245—303 名平民伤亡，总伤亡人数达 2359—3685 人。参见新美国基金会:《美国的反恐战争:无人机袭击巴基斯坦》（America's Counter Terrorism Wars: Drone Strikes Pakistan），https://www.newamerica.org/in-depth/americas-counterterrorism-wars/pakistan/，新闻调查局（Bureau for Investigative Journalism）报告称，巴基斯坦已确认发生 429 次袭击，导致 2514—4023 人死亡，其中 424—926 人是平民。参见调查新闻局:《巴基斯坦的袭击》（Strikes in Pakistan），2017 年 1 月 5 日，https://www.thebureauinvestigates.com/drone-war/data/pakistan-covert-us-reported-actions-2017。

㊵ 斯科特・沙恩（Scott Shane）:《中央情报局因无人机袭击中的平民伤亡受质疑》（CIA Is Disputed on Civilian Toll in Drone Strikes），《纽约时报》，2011 年 8 月 11 日，http://www.nytimes.com/2011/08/12/world/asia/12drones.html。

㊶ 参见《行政命令:美国涉及武力使用的行动中应对平民伤亡的打击前与打击后措施的政策》（Executive Order: United States Policy on Pre- and Post-Strike Measures to Address Civilian Casualties in U.S. Operations Involving the Use of Force），2016 年 7 月 1 日。

㊷ 尼尔・麦克法夸尔（Neil MacFarquhar）:《俄罗斯称其叙利亚基地击退了 13 架无人机的袭击》（Russia Says Its Syria Bases Beat Back an Attack by 13 Drones），载《纽约时报》，2018 年 1 月 8 日，https://www.nytimes.com/2018/01/08/world/middleeast/syria-russia-drones.htm。

㊸ 特尼特:《身处风暴中心》，第 216 页。

㊹ 多尔蒂:《行政秘密》，第 65—68 页。

㊺ 格雷格・米勒（Greg Miller）:《五角大楼被力主扩展间谍职能》（Wider Pentagon Spy Role Urged），《国家报》（*The Nation*），2002 年 10 月 26 日，http://www.washingtonpost.com/wp-dyn/articles/A29414-2005Jan22.html。

㊻ 巴顿・盖尔曼（Barton Gellman）:《秘密部队扩大了拉姆斯菲尔德的势力范围》（Secret Unit Expands Rumsfeld's Domain），《华盛顿邮报》，2005 年 1 月 23 日，http://www.washingtonpost.com/wp-dyn/articles/A29414-2005Jan22.html。

㊼ 参见杰夫・穆斯丁（Jeff Mustin）、哈维・里希科夫:《21 世纪的突出力量:合法性与法治》（Projecting Force in the 21st Century: Legitimacy and the Rule of Law），第 50 篇、第 10 篇、第 18 篇和第 75 条，载《罗格斯法律评论》（*Rutgers Law Review*），2011 年夏第 68 卷:第 1251 页。

[48] 吉姆·迈克尔斯（Jim Michaels）：《特朗普给予国防部长马蒂斯战争管理空间》（Trump Gives Defense Chief Mattis Running Room in War-Fighting），《今日美国》（*USA Today*），2017 年 4 月 5 日，https：//www.usatoday.com/story/news/world/2017/04/05/mattis-trump-syria-iraq-yemen-isis/100016758/。

[49] 约翰·哈尔蒂旺格（John Haltiwanger）：《特朗普就四名军人遇伏击牺牲问责将军》（Trump Blames Generals for Ambush That Got Four Servicemen Killed），新闻周刊（Newsweek），2017 年 10 月 25 日，http：//www.newsweek.com/trump-blames-generals-niger-ambush-four-us-soldiers-killed-693227。

[50] 参见联合参谋部（Joint Staff）：《网络行动》（Cyberspace Operations），《联合出版物 3-12》（Joint Publication-3-12），2013 年 2 月 5 日，II-2，https：//fas.org/irp/doddir/dod/jp3_12r.pdf，其中展示了网络行动将如何进行，亦提到“进攻性行动”。 233

[51] “大数据”（Big data）通常是指需要通过先进软件分析和利用其所含信息的极其庞大和复杂的数据集。出于情报目的，大数据分析可以从网站、博客或社交媒体搜集的大量信息中揭示隐藏的趋势、模式或关系。

[52] 大卫·E. 桑格：《奥巴马下令加速对伊朗的网络攻击》（Obama Order Sped Up Wave of Cyberattacks against Iran），《纽约时报》，2012 年 6 月 1 日。

[53] 国家情报总监办公室：《关键判断》，《评估俄罗斯在最近美国总统选举中的活动和意图》，《美国情报界 2017-01D》（ICA 2017-01D），2017 年 1 月 6 日，https：//www.dni.gov/files/documents/ICA_2017_01.pdf。另参见《穆勒报告》（*Mueller Report*），正式名称为《俄罗斯干涉 2016 年总统选举调查报告》（Report on the Investigation into Russian Interference in the 2016 Presidential Election），第 1 卷和第 2 卷，由特别检察官罗伯特·S. 穆勒三世（Robert S. Mueller Ⅲ）于 2019 年 3 月提交，https：//www.justice.gov/storage/report.pdf。

234

第十章

情报政策关系的挑战

总统及其国家安全团队通常对情报力量知之甚少。因此，他们往往对情报机构能为他们做些什么抱有不切实际的期望，特别是当他们听说美国情报机构在收集和处理信息方面确有非凡能力时。

——中央情报局前局长罗伯特·盖茨，1989 年

我们常常渴望影响政策且……仅仅希望这种影响力就可以，有时也确实可以将情报带到它原本没有任何影响力的地方。在这个方向上努力过了头，情报可能会变成另一种政策声音，而且是一种不受欢迎的声音。

——谢尔曼·肯特，1968 年，《评估与影响》

美国情报机构为总统和国家安全团队提供了数量惊人的信息以及关于一系列国际挑战的深刻见解。正如前几章所阐明的，情报在战略和战术层面上均对外交和安全政策的形成与执行发挥了作用。此外，情报部门有时必须以隐蔽行动的形式实施政策。尽管如此，情报与政策之间的关系仍然存在争议且难以预测。尽管决策者和情报官员共同服务于国家安全事业，但他们有时
235 似乎同时存在于平行的世界中，受到不同的政治利益和官僚需求的驱动。本章将对这种关系的演变过程及持续性摩擦进行说明，对情报“政治化”的发生过程进行特别介绍，也将聚焦于部分重大案例并提出一些有关未来情报政策关系的问题。

相异职业群体：政策与情报

在美国情报界形成早期，负责决策的官员与负责向国家安全团队提供情报的官员之间就有明确的区分。正如 1947 年《国家安全法》明确指出中央情报总监（2004 年情报改革立法之后为国家情报总监）并非决策官员，而是

"情报顾问"。这表明，那些有权作出国家安全决策的人与那些仅从各自专业领域提供建议的人之间具有明确的界限，且情报和军事建议一样，对决策者来说更多的是一种工具而非政策本身。中央情报局局长和后来的国家情报总监将给总统及其高级政策官员带去最好的信息及其分析结果。在正式意义上，任何情报官员都无权决定美国的国家安全政策。这显然把政界和情报界分开了。

正如第三章所述，政策顾问及其所属机构负责战略制定的决策以促进美国国家安全利益，同时还负责对这些利益所面临的重大威胁和机遇制定应对措施。政策"通道"明显区别于情报"通道"中所形成的信息和分析供应。决策者总是对情报篡权非常忌讳，而可能动摇决策者偏好政策或表明决策者选定行动方案可能不会产生预期结果的《国家情报评估》及其他评估，也会使决策者地位被复杂化进而令决策者反感。决策者首先要保护他们的"决策空间"，在最佳情况下，这意味着其行动自由不受任何限制。

许多总统和高级政策官员来自政界、法律界和商界，且都是实干家。他们对自己的能力高度自信，对自己的信念十分坚定。因此，他们倾向于持乐观态度，并会对任何认为他们的政策可能无效、不可持续或风险过大的建议感到不满。正如政治学家、情报学者罗伯特·杰维斯（Robert Jervis）所指出的，决策者不得不向国内外受众过度推销自己的政策，这不可避免地导致情报的扭曲并进而与情报界发生冲突。[1]决策者的另一个需求是对未来重要事件"确定性"的期望，他们害怕意外以及自己的政策议程出现预料之外的复杂
情况。[2] 236

相比之下，情报官员在性格上更为谨慎，甚至对宏大政策举措的可行性保持怀疑，对提出关乎未来的高置信度判断或预测保持警惕。"这很复杂"就是抓住情报世界的本质。分析师尤其倾向于用灰色眼镜来看待世界，而非黑白分明的方式。不确定性可以被限制，但不能减少为零。最重要的是，情报被设计成"政策中立"，或不受任何特定政策议程的影响。事实上，建立一个独立的情报机构的全部目的，就是确保全面的事实和分析可以用于处理非常复杂的外交政策问题。在最佳的情况下，这些信息可能会向决策者提供麻烦的事实以及关于对手能力、意图或其对美国政策反应的另类评估；在最坏的情况下，情报可能会对一项政策决定的基本前提或结论提出疑问。然而，对

于情报官员来说，陈述事实比寻求决策者的认可更为重要。

情报政策的替代模式：肯特与盖茨

在冷战之初，人们对情报学科的理解比较匮乏，政策和情报之间的清晰界限也没有界定得那么仔细。然而，一位战略情报局（中央情报局的前身）高级情报专家（后来成为中央情报局早期评估流程的关键官员）为情报界在政策过程中的行动制定了基本规则。谢尔曼·肯特在其 1949 年《战略情报：为美国世界政策服务》一书中阐述了情报工作应该“提高决策桌上的讨论水平”这一基本原则。在肯特看来，情报部门不应该主张特定的政策立场；相反，它应该为政策提供信息。情报分析师应该认识到具体的政策议程，但要与它们保持距离。肯特知道，激烈的辩论会诱使意志坚强的决策者篡改情报结果。因此，情报分析师必须努力客观地提供信息，而不考虑高级官员是否喜欢这些信息。

但是，陈述这项原则并不是说它在实践中很容易实现。当战争或和平问题在一定程度上取决于这些调查结果时，情报评估也并非毫无争议。几十年来，美国情报机构由于偶尔的错误及对总统政策的偏见而饱受批评。情报机构经常卷入有关战略的争论，有时会被正确或错误地指责为“政治化”（即被政治议程扭曲）。

肯特模式对决策者采取一种“保持距离”的方式，旨在避免卷入这种政
237 治争论。然而，它也倾向于在分析师中灌输一种态度，即他们可以想写什么写什么，随便决策者是采纳还是放弃他们的分析。这种对政策的“象牙塔式”的情报态度有时可能近乎傲慢。决策者会指责分析师一味对其不赞同的政策进行隐晦的批评。此外，中央情报局经常对一些主题进行分析，不仅是为特定政策讨论提供信息，更是为提高其分析师的技能，加深他们的专业知识。因此，决策者时常抱怨情报与其政策需求不相关。早期情报评估往往冗长且过于详细，难以被疲惫不堪的决策者所消化。的确，中央情报局和其他机构总是认为自己和政策机构一样是情报产品的受众。[3]

随着冷战结束和苏联解体，情报界比以往任何时候都更难为其庞大的行动提出正当根据。一些评论家以中央情报局未能预测到苏联解体为例，断言若主要威胁已经消失则中央情报局根本就没有必要存在。20 世纪 90 年代初，

参议员丹尼尔·莫伊尼汉（Daniel Moynihan）提出了著名的建议：要么将中央情报局并入国务院，要么完全废除它。[4]然而，甚至在此之前，包括罗伯特·盖茨（Robert Gates）在内的高级官员就已经开始阐释一种不同的情报政策模式，意图用“相关性”取代曾经占据首要地位的“客观性”。作为曾在数任总统的国家安全委员会幕僚任职的苏联问题分析师，盖茨曾在评论中指出太多的分析并未能针对当前的政策议程。他写道，尽管情报机构以了解外国政府的运作方式为荣，但几乎没有分析师了解美国政府如何运作或知晓推动美国外交政策的政策流程。[5]在 20 世纪 80 年代任中央情报局副局长时，盖茨指示其高级经理和分析师把更多的时间花在“市中心”的跨部门会议以及国家安全委员会、国务院、国防部决策者的办公室。[6]只有这样，分析师才能理解政府真正的情报需求。

从那时起直到现在，中央情报局特别致力于接近决策者以便了解他们正在考虑什么政策，从而针对最重要的问题制定情报。高级分析师越来越多地被派遣至政策机构轮值，以便接近政策讨论并帮助提供直接情报支持。作者本人于 1989—1991 年被指派到国务院担任政策规划幕僚，以便向国务卿詹姆斯·贝克（James Baker）的亲信顾问提供情报。[7]由于明确聚焦于总统对情报的需求，《总统每日简报》的制作过程（第八章有详细说明）或许是盖茨行动模式的最佳实例。随着《总统每日简报》成为关键情报产品，《总统每日简报》情报官这一工作日益受到分析师们的追捧，这些分析师经常因担任总统或其他内阁官员的情报官时的表现而被提拔为高级管理者。例如，迈克尔·莫雷尔 238
（Michael Morell）曾是乔治·W. 布什总统的《总统每日简报》情报官之一，后来陆续担任高级办公室经理、执行局长（第三号职位），并最终成为中央情报局副局长。在实践中，情报官与高级政策官员的接触使其深入了解跨部门流程的运作方式以及高级官员提出的情报问题类型。此外，他们个人也获得了白宫、国务院和国防部同僚的信任，为未来建立了重要的情报政策关系。

然而，这种模式给情报分析的客观性、完整性所带来的内在风险并没有那么明显。难道分析师不会由于密切靠近政策而无意中偏向现任白宫主人的政策偏好吗？正如理查德·贝茨（Richard Betts）所指出的，“捆绑式情报效率更高，但使得和政策选择相关的事项与支持政策选择的事项之间更加难以划清界限。”[8]里根执政时期担任中央情报局副局长的罗伯特·盖茨成为强烈指责的对象，人们批评他迎合中央情报局局长威廉·凯西（William Casey）和里根总统的鹰派观点而“歪曲”分析（见窗 10.1）。总统还倾向从个人顾问和政治支持者而非从事业狂中选择中央情报局局长，这也加剧了情报可能更易于**政治化**的问题。

窗 10.1　盖茨任命听证会及政治化指控

1991年秋天，罗伯特·盖茨被提名担任乔治·H. W. 布什政府的中央情报局局长。在参议院特别情报委员会的提名听证会上，几名中央情报局高级分析师指责盖茨强迫分析师重写对苏联的分析，进而增强里根政府对米哈伊尔·戈尔巴乔夫所谓的“新思想”的怀疑态度。这些分析师声称，作为中央情报局副局长，盖茨把戈尔巴乔夫表现出的迹象误判为单纯的战术，夸大了苏联的军事威胁，对苏联的动荡轻描淡写。

盖茨的辩解主要集中于自己确保中央情报局分析尽可能严谨并在分析过程上具有正当性的审查责任上。他承认自己曾批评一些评估“软弱、自满”，批评一些分析师“思想保守、自以为是，对合理的问题（予以）傲慢回应”。*在他20世纪90年代的回忆录中，他也承认自己与当时的国务卿乔治·舒尔茨有很大的分歧，后者抱怨盖茨利用他的中央情报局局长身份质疑戈尔巴乔夫的能力并间接地质疑舒尔茨对戈尔巴乔夫的外交友好姿态。**

* 伊莱恩·西奥利诺（Elaine Sciolino）：《盖茨听证会：布什的中情局人选于参议院听证会上反击》（The Gates Hearings：Bush's C. I. A. Choice in Counterattack at Senate Hearing），载《纽约时报》（*New York Times*），1991 年 10 月 4 日，http://www.nytimes.com/1991/10/04/us/the-gates-hearings-bush-s-cia-choice-in-counterattack-at-senate-hearing.html? pagewanted=all。

** 罗伯特·盖茨：《亲历者：五任美国总统赢得冷战的内幕》（*From the Shadows：The Ultimate Insider's Story of Five Presidents and How They Won the Cold War*），纽约：西蒙与舒斯特出版公司（Simon & Schuster），1996 年，第 443—447 页。

239

总统及其情报顾问

鉴于中央情报局局长及后来的国家情报总监被定位为总统和国家安全委员会的主要情报顾问，他们与总统的关系对更广泛的情报政策关系来说往往至关重要。那些对情报更为理解和重视的总统倾向于与其情报顾问建立牢固的联系，而那些对情报感到不太熟悉或不太自在的总统则对这些顾问个人及其所属情报机构保持着距离。

对情报持成熟看法的总统中，德怀特·艾森豪威尔和乔治·H. W. 布什尤为突出。作为一名军事指挥官，艾森豪威尔在其全部战争活动中一直使用情报，并将情报视为冷战期间与共产主义斗争的力量倍增器。他负责开发了一批最早的空中图像项目（U-2“间谍飞机”和第一个卫星项目）。此外，作为一名军事指挥官，他善于利用秘密行动，后来又热衷于使用中央情报局局长艾伦·杜勒斯（Allen Dulles）制订的隐蔽行动计划。杜勒斯指挥了战略情报局战时的海外行动并推进了中央情报局的隐蔽行动计划，因而深受艾森豪威尔信任。

乔治·H. W. 布什是另一位对情报有独特理解的总统，原因在于他曾在杰拉尔德·福特（Gerald Ford）手下担任中央情报局局长。由于曾担任过美国驻联合国大使和首任驻华使节，布什在担任总统职务前就具有丰富的国际经验。后来，在里根总统任期内担任副总统的布什更有权阅读《总统每日简报》，并且与他的个人情报官关系融洽。因此，当他在 1988 年就任总统时，他将每天阅读《总统每日简报》作为一种惯例，使得这份文件的地位比以往任何一位总统任期内都要高。他对中央情报局历史幕僚说，“我在担任总统时，一天中最喜欢的时间就是与情报官同坐并通读《总统每日简报》。”[9]联邦调查局前局长威廉·韦伯斯特（William Webster）曾接替颇具争议的威廉·凯西而担任里根总统的中央情报局局长，布什上任后决定让威廉·韦伯斯特继续留任。卡特总统上任时布什曾未能保住自己中央情报局局长的职位，所以布什也想传达这一信息：这个职位应当是非政治性的。[10]

许多总统对情报的了解、支持或适应程度远远不够。英国情报历史学家克里斯托弗·安德鲁（Christopher Andrew）曾形容哈里·杜鲁门就任时“几乎完全不懂”情报。[11]众所周知，杜鲁门担心创建一个可能成为“美国盖世太保”的中央情报局，但也迫切希望有一个独立机构为自己整理并提供情报。约 240
翰·F. 肯尼迪上台时基本上对情报行动一无所知，但却信任并依赖艾伦·杜勒斯等事业狂。然而，猪湾事件的惨败迅速摧毁了肯尼迪总统对其的信任，他指派自己的弟弟司法部长罗伯特·肯尼迪监督中央情报局，以确保其不会让自己陷入麻烦。林登·约翰逊（Lyndon Johnson）表达自己对情报的问题时也许是最接地气的：“有一天，我辛勤劳作并得到了满满一桶牛奶，但一个不留神，老贝西（Bessie）[①] 就用她那污迹斑斑的“S”形尾巴甩翻那桶牛奶。现在，你知道这些情报人员都做什么工作了。你努力工作并让良好的计划或政策运转起来，但他们却甩来一条“S”形的脏尾巴。”[12]

正如约翰逊的话所表明的那样，总统们经常会因为情报评估不支持自己的政策议程而感到恼火。尤其是理查德·尼克松，他怀疑中央情报局反对自己任职总统，认为该机构在某种程度上与自己在 1960 年总统选举失败有关，而且那里充斥着鄙视他本人及其保守主义观点的“乔治敦自由派人士”。[13]鉴于中央情报局对总统情报需求的关注，新入主白宫的总统一般而言会对中央情报局持警惕态度。新总统们常常怀疑，中央情报局和情报界总体而言为其前任（通常来自反对党）工作了太长时间，以至于成为这位前任总统政策的俘虏甚至是倡导者。在选举后就职前的过渡时期，当选总统就开始与高级情报官员会面并可能看到自己的第一份《总统每日简报》。新总统开始揣摩现任情报官员及其观点。这些高级情报官员同样急于证明自己有能力为新总统工作并渴望了解新总统的情报优先顺序，而不论其党派或政策观点如何。这种“试验航行”有时是平稳的，但通常是非常颠簸的。

从乔治·H. W. 布什到比尔·克林顿的过渡显然是坎坷的。克林顿总统任命了在前几届民主党政府中连任国防要职的詹姆斯·伍尔西（James Woolsey）担任国防部长。然而，克林顿从未见过伍尔西，两人也无法建立亲密的关系。克林顿从来没有成为《总统每日简报》的热心读者，也并未与其情报顾问融洽相处。伍尔西成了政治漫画的嘲讽对象，这些漫画显示他无法进入椭圆形办公室并最终在沮丧中离开。为了拥有一个和自己关系良好的共事者，克林顿试图任命其第一位国家安全顾问安东尼·雷克作为中央情报局的下一任局长，却在提名过程中失败了，克林顿最终选择了国防部副部长约翰·多伊奇，然而后来多伊奇在中央情报局的任期也同样曲折而短暂。乔治·特尼特曾任克林顿国家安全委员会的负责情报的高级主任，其后任中央情报副总监，最终身居头号位置。事实证明，特尼特更适合克林顿，而且他也足够聪明，得
241 以在乔治·W. 布什总统任期的头几年被留任。[14]然而，克林顿总统在任期内极少与《总统每日简报》情报官会面，而是满足于让他的国家安全顾问阅读

[①] 贝西是传闻中伊利湖的一种怪兽，又称“南湾贝西”（South Bay Bessie）。约翰逊总统在此处用以隐喻情报人员的鲁莽行径。——译者注

《总统每日简报》并提醒他应该阅读的重要文章。尽管承认情报的重要性，但克林顿从未对情报特别感兴趣。

向乔治·W. 布什总统任期的过渡中，情报界及其领导层不得不再次向一个几乎没有外交政策经验或兴趣的总统证明自己。不过，他身边有一个经验丰富、对情报有深刻见解的资深顾问团队。美国国务卿科林·鲍威尔（Colin Powell）对中央情报局的情报判断表示支持但有时也持怀疑态度，副总统迪克·切尼和国防部长唐纳德·拉姆斯菲尔德则持怀疑态度并经常批评中央情报局的判断。小布什则思想开放，深受其父亲在中情局任职以及与中央情报局协作的积极经验的鼓舞。在其“得克萨斯白宫”① 举行的早期的情报发布会上，这位当选总统表示希望自己最终任职时能够得到“好东西”。[15]这句话让自认为已经在竭力提供最佳情报的中央情报局陷入高度焦虑。不过，时任中央情报局局长乔治·特尼特依然决定亲自向总统介绍简报，以便让其了解中央情报局使用的惊人的情报来源和方法并与新总统建立稳固的私人关系。这种关系在灾难性的“9·11”袭击中得以维系，但特尼特最终成为伊拉克大规模杀伤性武器错误调查结果的牺牲品。

特尼特的继任者、国会议员波特·戈斯（Porter Goss）在与总统或自己的员工建立融洽关系方面则不甚成功。此外，国家情报总监一职的设立降低了中央情报局局长戈斯的地位并使其经常与第一任国家情报总监约翰·内格罗蓬特（John Negroponte）发生冲突。由于挑战内格罗蓬特重新调整中央情报局部分反恐活动的权力但未获成功，戈斯在那之后不久就辞职了。[16]随着伊拉克战争陷入旷日持久的内战，布什政府试图让中央情报局 2002 年错误评估为失败政策承担大部分责任。白宫也没有采取什么措施来保护中央情报局免受国会对于其执行总统批准的秘密拘留和审讯计划的谴责。美国空军上将迈克尔·海登当选中央情报局局长有助于平息中央情报局因“酷刑”引起的骚动，因为他承诺将使该机构从头版中消失。海登长期的情报背景及国家安全局局长的供职经历使他成为国家情报总监内格罗蓬特适宜的合作伙伴。最重要的是，海登与布什总统建立了良好的关系。

奥巴马总统领导下的情报工作开始时也面临自身的争议。他对政治经验及影响力强大但缺乏情报背景的莱昂·帕内塔的任命使很多人感到困惑甚至

---

① 即位于得克萨斯州克劳福德，有“西部白宫”之称的布什总统私人牧场。——译者注

觉得有风险。奥巴马总统曾公开谴责布什政府的伊拉克政策以及使用强化审
242 讯技术的反恐政策。这导致总统和中央情报局专业人员之间起初关系冷淡。然而事实证明，帕内塔是一个老练的官僚领导人且能在总统那里说得上话。他迅速地恢复了中央情报局的士气以及中央情报局在白宫的信任。

如果说有什么不同的话，那就是帕内塔的光芒盖过了奥巴马的第一位国家情报总监、退休的海军上将丹尼斯·布莱尔，后者多次与中央情报局发生冲突（尤其是在驻外站长的任命问题上）并失去了白宫的信任。事实证明，在高级情报官员之间建立有效合作关系方面而言，职业军事情报专家詹姆斯·克拉珀对布莱尔的接替堪称天才之举。情报领导层与国家安全委员会的反恐和情报高级主任约翰·布伦南一起，组建了有效的团队并赢得了总统的信任。奥巴马开始重视情报，尤其是隐蔽行动和特殊行动运用，正是这些行动击毙了本·拉登。奥巴马也是一个优秀的情报读者，他要求将《总统每日简报》通过自己经常使用的加密平板电脑传送。当奥巴马决定在第二个任期内改组内阁时，他选择了布伦南担任中央情报局局长。通过在兰利①安排一名国家安全委员会前高级顾问、老练情报专家，奥巴马确保了自己有一个能够提供严谨情报评估，监督积极反恐和隐蔽行动计划，并与国防、情报和执法部门的同行展开合作的人。

然而，爱德华·斯诺登令人震惊地泄露了国家安全局高度敏感的电子监控计划，给原来那些积极措施蒙上了一层阴影。这些长期以来的计划旨在从主要互联网和电话供应商那里收集数百万美国公民的元数据，情报界可以通过梳理这些元数据来追踪外国恐怖组织的可能联系，但现在情报界必须对这些计划作出解释。此外，被大规模公开的国家安全局拦截计划还暴露了针对盟国重要领导人的收集行动，其中最著名的是德国总理安吉拉·默克尔（Angela Merkel）。斯诺登泄密事件的外交余波不仅损害了美国的声誉，还使白宫与一些情报官员的关系变得紧张。政府被迫缩减这些计划，并制定针对关键盟友的情报收集新政策。一个由总统任命的委员会发现，国家安全局的这些计划可能已经越权了，事实上并没有发现有足够价值的信息来证明其入侵美国人个人通信的正当性。奥巴马政府随后指示，国家安全局不得收集这些数据，但互联网提供商必须将这些信息存档，以备《外国情报监控法》（Foreign

① 此处指中央情报局。兰利是位于美国弗吉尼亚州费尔法克斯县的一个社区，为中央情报局本部所在地。——译者注

Intelligence Surveillance Act，简称 FISA）授权令允许情报界访问个人用户的元数据（详见第十一章）。

在最近一次总统过渡期，当选总统唐纳德·特朗普显然不会轻易承认中央情报局、国家安全局、联邦调查局和国家情报总监的关于俄罗斯政府暗中干预 2016 年大选以削弱特朗普竞争对手候选资格的联合评估。对特朗普总统 243
来说，这些评估削弱了他对情报领导层以及情报界非政治性的信任。在 2016 年总统竞选期间，特朗普的竞选团队曾嘲笑情报界的调查结果是猜测，称“就是这些人曾说萨达姆拥有大规模杀伤性武器”[17]。在整个竞选过程中甚至在就职后，特朗普都对俄罗斯黑客事件持质疑态度。此外，与以往任何一位总统不同的是，他抨击了联邦调查局在揭发俄罗斯“积极措施”计划方面的独立性和可信度。[18]与之前的许多总统相同的是，特朗普总统希望领导情报机构的人能与自己观点一致并忠于自己。他选择共和党国会议员迈克·蓬佩奥（Mike Pompeo）作为自己的首位中央情报局局长，这种选择符合其政治任命的风格。同样地，前外交官约翰·博尔顿（John Bolton）被任命为特朗普总统的第三任国家安全顾问，这也敲响了政治化的警钟，因为这名强硬政策倡导者曾有过歪曲情报的记录。[19]

从积极的一面来看，任命一位称职但颇具争议的专业情报官员吉娜·哈斯佩尔（Gina Haspel）为中央情报局首位女性局长，可能会对政策与情报关系产生混合影响。[20]因为参与了名声不佳的中央情报局“酷刑”计划，她在提名听证会上饱受批评，还有参议员诉说她可能无法抵挡特朗普总统似乎对更严酷审讯方法抱有的推崇态度。然而，她承诺以职业人员身份向权力说真话，且在 2019 年《全球威胁评估》听证会上似乎证明了这一点，当时她和国家情报总监丹·科茨（Dan Coats）介绍了关于俄罗斯、伊朗、朝鲜和“伊斯兰国”的情报界评估，媒体称这些评估与总统的观点有分歧。[21]现在看来，如果要求他们澄清事实，总统对情报和执法部门领导人的阶段性的不满几乎是可以预见的。

特朗普总统对《总统每日简报》也漠不关心。根据大量的新闻报道，他不喜欢阅读《总统每日简报》，只满足于听取有关情报问题的口头介绍。虽然他每天都会收到《总统每日简报》，但很明显，他并没有很专注于利用情报简报来制定议程。[22]一些中央情报局的事业狂为这种做法辩护，认为这与前几任总统并无太大的不同，前几任总统也没有阅读每一项内容，而是更喜欢口头简报，也会依赖国家安全顾问来告诉他们哪些情报报告是重要的。[23]据记者了解，总统的国家安全顾问和其他白宫主要官员一直是《总统每日简报》的读者。

处于政策争议中心的情报

情报评估在政策争议中发挥作用，往往是总统不信任和漠视情报的原因
244 之一。正如前面提到的，决策者有他们自己的政策议程和世界观。当情报部门对其中任何一项提出挑战时，冲突势必会爆发。由于情报把事实和独特的秘密信息带入政策讨论，它在支持或反对总统决定方面可以发挥不可思议的强大作用。长期研究情报政策关系的学者约书亚·罗夫纳（Joshua Rovner）指出，当情报界和政界对情报评估的质量、客观性和含义持有不同的评价时，二者之间自然会产生摩擦。在这种情况下，消息灵通的决策者完全有权质疑情报评估，并要求情报界解释和检验情况。然而，当政策官员试图操纵或挑选情报以迎合其政策偏好时，政治化最有可能发生。[24]在政治化实例中，决策者往往致力于制定一套政策，以至于任何表明情报可能质疑其政策依据的线索都将在政治上造成极大的破坏。有时，这些政治化实例反映出政策与可能支持它们的情报之间存在着真正脱节。在另一些政策化实例中，则是决策者指责情报官员们为了挑战他们反对的政策而专门作出评估。

政治化的具体动机和形式有很多，罗夫纳的研究表明，可以从政策假设和议程、官僚主义的狭隘性和组织过程以及情报与政策关系中嵌入的党派和替罪羊策略中找到它们（见窗 10.2）。

BOX

窗 10.2　罗夫纳对政治化的分类

嵌入式假设（Embedded assumptions）：分析师可能会接受决策者的政治和社会假设，这些假设限制了他们对情报问题的探索。 此类假设或可由传统观点驱动。

情报人员偏狭（Intelligence parochialism）：分析师可能会有意或无意地掩盖其分析以适应政策偏好、满足上级的需求并获得更多的积极反馈和可能的晋升。

官僚机构偏狭（Bureaucratic parochialism）：情报机构想要促进在预算和人事方面的官僚利益，可能会以有利于其自身组织利益的方式扭曲情报评估。

党派情报（Partisan intelligence）：政党可能为了党派政治利益而与情报部门联合或对其进行批评。 这可能会扭曲情报机构的工作，使其与特定的政治派系联系更紧密。

替罪式情报（Intelligence as scapegoat）：情报评估经常被指责为失败政策的罪魁祸首。 根据“华盛顿规则”（Washington Rule），只有政策上的成功和情报上的失败。

资料来源：摘自有关作品的长篇附录，参见约书亚·罗夫纳：《锁定真相：美国国家安全与情报战略》（*Fixing the Facts: National Security and the Politics of Intelligence*），纽约州伊萨卡：康奈尔大学出版社，2011 年，207—209 页。经作者许可后使用。

虽然对情报判断的公然操纵相对罕见，但并非不存在。许多时候，政治 245
化更加微妙，其意图和范围也颇具争议。下述案例展示了不同程度和形式的政治化。政治化有时明显有时微妙，有时由决策者的假设和偏好驱动，但也可能是情报人员对政策选择怀疑的结果，或是由官僚和组织过程所驱动。

约翰逊政府对越南战争的评估

20 世纪 60 年代中期，中央情报局对越南战争的评估是极其悲观的，而当时约翰逊政府则认为美国将取得胜利。在其政治评估中，情报界对南越政府的政治稳定提出了严重质疑，认为南越政府无能，脱离重要的人口群体且日益腐败。[25]具有讽刺意味的是，国防部长罗伯特·麦克纳马拉（Robert McNamara）在批准增加美军数量来支持南越军队的同时，竟还在吹捧军事行动的成功。中央情报总监约翰·A. 麦肯意识到这种差异，也意识到约翰逊政府对中央情报局评估的反对，于是他指示国家评估委员会重写评估以使之更符合美国驻西贡大使馆和军事指挥部的观点。[26]

然而，1965—1967 年一系列国家军事评估中，中央情报局的军事情报分析师对军事情报机构的作战序列表提出了质疑，政策和情报之间的冲突由此进一步升级。[27]来自西贡的军事情报评估显示，“非常规”作战人员要低得多（10 万人至 12 万人），这支持了美国正在通过消耗战逐步减少敌人力量这一观点。相比之下，中央情报局的军事分析师使用了不同的方法[28]，他们确信存在比国防情报部门承认的规模更大的非常规部队（25 万人至 30 万人）。双方并未能形成共识的情况下，高级军事指挥官要求中央情报局同意《国家情报评估》中国防情报局批准的较低数字。中央情报局高级代表向时任中央情报局局长理查德·赫尔姆斯（Richard Helms）报告说，“这个较低数字的理由似乎是，任何更高的数字将导致难以承受的媒体批评。”[29]在苦苦挣扎之后，赫尔姆斯命令这名官员同意较低数字，理由是中央情报局已经向军方和白宫说明了情况，现在是时候让军方按自己的方式行事。中央情报局分析师认为，赫尔姆斯屈服于政府压力，部分分析师一直是“叛徒”，但他们最终公开指控中央

246 情报局默许美军将情报政治化。[30]

回顾过去，中央情报局高级官员记录了他们是如何通过实地报告、中央情报局评估和《国家情报评估》持续提出南越政治状况恶化的预警，但约翰逊总统和麦克纳马拉部长认为这些预警过于悲观且易引发政治上的麻烦。直到很久以后，这位国防部前部长才在自己的回忆录中承认那些情报评估是正确的，而他“错了，大错特错”[31]。

尼克松和福特政府对苏联的评估

1969 年，美国总统理查德·尼克松及其国家安全顾问亨利·基辛格开始与苏联签订一系列规模宏大的军备控制协议。与此同时，尼克松大力推进反弹道导弹防御系统的发展，这在一定程度上成为限制战略武器谈判的筹码。在这些谈判中，中央情报局及情报界也在继续制定著名的关于苏联战略核计划的《国家情报评估》11-8 系列（NIE 11-8）。这些年度评估更新了现有的和预计的苏联进攻性战略部队的发射器数量、弹头载荷和瞄准精度。

在该系列 1968 年版本中，《国家情报评估》11-8-68（NIE 11-8-68）直接与尼克松政府的观点相抵触。尼克松政府认为，需要反弹道导弹防御系统对抗更强大的苏联 SS-9 导弹系统。情报界则认为，SS-9 导弹系统不会使俄罗斯具有美国国防部所称的“抢先攻击”能力，因而无法说明建造反弹道导弹防御系统的正当性。作为回应，基辛格愤怒地提议成立一个特别审查小组来检验这些情报，希望借此向中央情报局施压以改变其评估结果。根据约书亚·罗夫纳对政治化的大量研究，尼克松政府推动了旨在支持白宫而指责中央情报局存在政治偏见的泄密事件。[32]来自白宫和国防部的持续压力成功地改变了 1969 年《国家情报评估》11-8，中央情报局局长赫尔姆斯同意删除其中针对 SS-9 导弹系统多弹头分导再入飞行器能力的争议表述。[33]就像对越南作战序列的争议一样，赫尔姆斯认为他改变情报判断的理由是中央情报局将保持其独立分析立场并允许国防部按自己的方式行事。[34]

基辛格与情报界的争议在很大程度上是由于他希望缔结 1972 年的《限制战略武器条约》和《反弹道导弹条约》并将之作为尼克松政府实施缓和政策的关键部分。然而，这些政策在福特总统任期内遭到了猛烈抨击，当时共和党和鹰派民主党参议员攻击称这些协议基于中央情报局所谓的缓和倾向而让步于苏联的核优势。1975 年，这些批评者迫使福特总统和中央情报局局长乔治·H. W. 布什同意进行一次外部审查以检验中央情报局对苏联战略计划的评估，此类检验活动后来被称作**对照组演练**。对中央情报局直言不讳的阿尔伯特·沃尔斯泰特（Albert Wohlstetter）、保罗·尼茨（Paul Nitze）等知名批评者认为，中央情报局的评估未能预测苏联战略力量的持续增加，这是因为其对缓和政策持支持态度并错误地相信苏联对美国的相互震慑观点持同意态度。[35]同意沃尔斯泰特、尼茨观点者所组成的 B 对照组自然得出结论认为中央 247
情报局分析师（A 对照组）在预测苏联军力时使用了错误的假设，这反映了基辛格对缓和政策的偏爱。后来对整个对照组演练进行的检验得出结论认为，其调查结果很难称得上客观或独立于偏见本身。[36]

时任众议院军事委员会（House Armed Services Committee）主席莱斯·阿斯平（Les Aspin）提出更为公允的评价，认为中央情报局评估者对苏联规划者将如何淘汰旧武器系统使用了错误假设。中央情报局的分析师们也可能落入了镜像的陷阱，认为苏联规划者会倾向于淘汰过时武器，偏重质量而非数量，并通过生产少量可携带更多弹头的导弹发射器。然而，政治偏见并不是这些计算的基础。[37]

2002 年布什政府时期关于伊拉克的情报

注定失败的关于伊拉克大规模杀伤性武器计划的 2002 年《国家情报评估》及其在伊拉克入侵中的作用，已经有很多文章。在这一评估中，情报界得出错误结论认为，萨达姆·侯赛因已经重新启动了他的核、生物和化学计划并可能在 10 年内拥有核军事力量（更多细节见第六章）。伊拉克战争的批评者指责情报界制作“情报以取悦”布什政府推翻萨达姆政权意图。但事实上，从克林顿到布什总统时期，情报界对萨达姆大规模杀伤性武器计划的分析都显示出惊人的一致性。情报界的传统观点反映了一种根深蒂固的观念，即萨达姆像以前一样藏有武器，而且分析师们并不理解萨达姆为何会阻止联合国检查员确认不存在大规模杀伤性武器。2004 年，伊拉克调查组在详尽的《杜尔弗报告》（Duelfer Report）中记录了萨达姆是如何深藏不露地掩盖自己实际上已经终止所有核、化学和生物武器工作却试图维持计划正在运行的外观以威慑其敌人（如以色列和伊朗）。[38]

重要的是，2002 年 10 月的《国家情报评估》是在布什总统 8 月初决定入侵之后编写的，他曾秘密指示国防部在未经高级情报官员出席正式会议的情况下制订行动计划。[39]因此，断定《国家情报评估》推动了入侵决定在某种程度上是不合逻辑的。然而，评论家仍然认为《国家情报评估》曾被用于向国会和公众证明入侵的正当性，尽管情报界并不是基于这一理由而将其制作出来。事实上，它是应民主党人士、参议院情报特别委员会主席鲍勃·格雷厄
248 姆（Bob Graham）的要求编写的。格雷厄姆及其他民主党人曾预计参议院会就授权布什总统使用武力而展开激烈辩论。但结果只有6名参议员费心阅读了这份机密且冗长的评估，这也表明其并非国会决定是否发动战争的关键因素。

随后的2004年罗伯-西尔伯曼大规模杀伤性武器委员会（Robb-Silberman WMD commission）在评估政治化是否发生时认为，没有证据表明中央情报局受到明显的压力而改变情报判断以此来支持布什政府的政策。该委员会并未评估布什政府如何使用情报。事实上，这正是参与伊拉克评估的一些前情报官员认为的伊拉克问题政治化的核心所在。负责中东事务的国家情报官、2002年《国家情报评估》的作者之一保罗·皮拉尔称，由于协助了这一评估的编写，布什政府官员把对萨达姆大规模杀伤性武器计划的错误判断“藏入口袋”，白宫官员还进一步删减了任何与宣传战争合法性相冲突的情报判断。[40]

皮拉尔的观点是，布什政府高级官员合谋有选择地引用他们喜欢的情报报告，驳斥或质疑他们不喜欢的情报报告，并鼓励认同伊拉克卷入恐怖主义的其他情报评估。副总统切尼（Cheney）和国防部长拉姆斯菲尔德等高级官员经常出现在国会委员会或主要电视节目上，引用通常未经证实的情报报告，但宣称这些报告绝对可以证实萨达姆拥有核计划。与此同时，一些官员也在积极地质疑那些提出否定证据的人。特别值得一提的是，切尼的幕僚长曾试图惩罚前大使约瑟夫·威尔逊（Joseph Wilson），后者曾向中央情报局证实，伊拉克从尼日尔购买“铀黄饼”的报道完全是假的。最后，拉姆斯菲尔德的副部长们建立了一个国防部内设单位，负责制作替代情报评估旨在寻找伊拉克和基地组织之间的联系，而此类情报基本上被中央情报局驳斥。这一内设单位被称为政策反恐评估组（Policy Counter Terrorism Evaluation Group），其任务是收集尽可能多的关于这些可能联系的信息供公众使用，同时也用于削弱驳斥此类联系的情报界的评估。

鉴于这些不甚明显的政治化形式以及官方对只支持战争立场信息的持续性需求，皮拉尔认为，有一种强烈信息被传达给分析师：“情报官员不必受到

明确的威胁或压力，就会非常清楚地知道，制作决策者不愿听闻的情报会让自己的职业生活陷入不幸，但制作其乐意听闻的情报则会减少这种不幸。”[41] 249

在伊拉克问题上，情报政策关系的最后一条断层线出现在战争即将发动之际。国家情报官皮拉尔已委托进行了两次关于萨达姆下台对地区稳定和伊拉克国内未来影响的跨部门评估。应科林·鲍威尔（Colin Powell’s）的政策规划总监理查德·哈斯（Richard Haass）的要求，这两份评估报告对战争将给该地区和伊拉克未来带来的影响基本上持悲观态度。其中一份评估认为，入侵及占领可能会助长反美情绪并助长对基地组织的支持。另一份评估则发出预警，认为伊拉克实行代议制民主的前景渺茫，因为该国是一个逊尼派、什叶派和库尔德派严重分裂的社会，面临着巨大的经济复苏问题。[42]正如皮拉尔所述，“凡是接受并深思这些评估结论的人不可能会认为战争是一个好主意。”[43]不足为奇的是，布什政府并未理会这些评估忽视了美国会在提供安全与经济援助以确保伊拉克复苏方面承担的更为重要和长期的角色及其影响。

布什政府 2007 年 11 月对伊朗核问题的《国家情报评估》

即使深陷伊拉克战争泥潭，布什政府仍开始了一项新行动，就伊朗违反国际原子能机构核安全保障计划的行为向伊朗施压，要求伊朗申报核设施并进行现场检查。2005 年，国际原子能机构曾投诉伊朗没有报告其活动，并得出结论称德黑兰表现出“隐瞒模式”。同年，情报界还监测了两个未申报的核设施，并发布了一份情报备忘录称伊朗不顾其国际义务而决心研发核武器。然而，2002 年伊拉克大规模杀伤性武器评估中的错误使得情报界必须恢复其制作准确、严谨评估报告的信誉。因此，新设立的国家情报总监于 2005 年年初开始实施一套新的制作《国家情报评估》的分析标准和程序。这些分析变化包括：更严格的假设检验，给证据分配置信水平的新标准，经常使用“对抗分析组”（Red Cell teams）来挑战和验证情报评估者的判断。[44]

对这一新制度最早的测试之一是要求更新伊朗核计划的《国家情报评估》。国家情报顾问委员会对该评估项目进行了监督，布什政府则希望该评估项目能够重申 2005 年早些时候的结论。事实上，国家情报顾问委员会准备发布新评估时，获取的补充信息不仅推迟了《国家情报评估》的公布，而且还改变了评估中很小但很重要的一部分调查结果。2007 年 11 月《国家情报评估》发布时，其首项关键判断提出，“我们非常有信心地判断认为，德黑兰在

250 2003年秋季停止了其核武器计划。”[45]

在转化过程中遗漏了关于该判断的一个重要脚注，该脚注澄清，评估人员的意思是，被停止的只是核计划的“武器设计”方面，而非生产武器及燃料所需的隐蔽的大规模铀浓缩活动。此外，情报界在关键判断的后几部分得出结论认为，德黑兰同意签署核安全保障的附加议定书是由于“伊朗以前未申报的核活动被暴露所引起的国际关注和压力”。从本质上说，情报界认为这证明布什政府向伊朗施压的措施是有效的。在起草这些新的调查结果时，时任国家情报总监麦迈克尔·麦康奈尔还向白宫承诺并随后向媒体宣布了一项新政策，即不会像2002年伊拉克《国家情报评估》那样公布已解密的关键判断。

决策者的反应则截然不同。第一，白宫得出的结论是，这些关键判断的基调与2005年大不相同，似乎是有选择地透露，可能招致国会的抨击。因此，布什总统指示将全部关键判断解密以显示出伊朗核计划未受影响的部分。第二，布什政府发现自己陷入了一个两难境地：如果德黑兰武器研制计划的主要部分已经停止，为什么还需要对伊朗施加更多的压力？美国当时正在敦促欧洲盟国和俄罗斯采取额外的制裁措施，发布该评估的关键判断很可能会削弱这些国家的支持，而最后事实上也确实如此。国务院、国防部中对布什针对伊朗行动的辩护者指责情报界存有政治偏见，且试图阻止白宫利用更严厉的措施乃至军事打击来震慑伊朗的计划。[46]国会认为，军事选择已经不在讨论范围之内，且盟国也不太可能支持对伊朗采取更强硬的行动。[47]白宫虽然试图对《国家情报评估》作出最好的解释，但对这一评估的要旨和时机掌握以及情报界并没有就此向总统发出预警一事感到不满。

指责分析师在这一评估中注入政治偏见是没有根据的，情报专家为《国家情报评估》进行了辩解，称这一评估对证据进行了细致权衡，且分析师收到证实武器研制进程停止的新信息时的确感到意外。[48]高级情报官员确实想知道，已发布的关键判断的文字是否容易被不知情或未经许可的外部人士所理解。这一情报政策差异的事例凸显出两个群体所持观点的巨大分歧。时至2007年，高级决策者对伊朗核计划已经非常熟悉，不需要情报界对伊朗以往报告的一般指南，这就允许情报界直接报告变化部分。另外，公众、国会并不会以同样的方式阅读这一评估，他们也不会意识到这一评估仅仅指伊朗核计划的一个部分，而其他部分（如裂变材料的生产和弹道导弹的试验）则持

续不变。 251

对俄罗斯干预2016年大选的评估

越来越多的证据表明，俄罗斯政府指使了一场复杂巧妙的社交媒体活动来影响美国选民对候选人的看法并支持唐纳德·特朗普参选，这给美国情报和执法机构带来了巨大挑战。苏联和现在的俄罗斯既有能力也有可能采取积极措施来削弱或扭曲美国对外政策，这一点都不新鲜。在苏联时期，旨在将各种消极行动归咎于美国及其盟国的主动措施的例子不胜枚举。这些手段包括使用掩护组织、操纵新闻报道、伪造、秘密广播以及利用不知情的外国学者或商人。[49] 2016年大选干预活动的突出之处，不仅在于其规模、复杂程度及对社交媒体的迅速操纵，还在于其对美国民主所依赖的政治制度的集中破坏。情报机构可以毫不费力地向美国高级官员和国会报告俄罗斯旨在破坏美国外交政策的隐蔽行动，然而对美国总统选举干预活动的报告却将美国执法和情报机构直接推到国内和党派政治中。

由于认识到这些调查结果涉及政治敏感问题，情报界在选举前夕谨慎地宣布了其怀疑。然而，随着证据的增多，各机构发出警报已是必然。莫斯科干涉美国国内政治最早的公开迹象是在2015年秋季，当时美国联邦调查局秘密通知民主党全国委员会（Democratic National Committee，简称DNC），有证据表明俄罗斯黑客试图访问其数据。其后，总统竞选活动全面开展时，出现了一系列与维基解密有关的关于希拉里·克林顿个人电子邮件的帖子，这些邮件是由俄罗斯支持的“古奇费尔2.0”（Guccifer 2.0）集团获取的。维基解密发布2万封被盗电子邮件的时间接近克林顿将被提名为民主党候选人的7月份会议。此时，联邦调查局对民主党全国委员会网站遭到黑客攻击事件展开了全面调查。

到2016年秋初，未透露姓名的执法人员向新闻媒体暗示，俄罗斯政府受到了怀疑。这些暗示之后不久，国土安全部和国家情报总监联合声明直接指向俄罗斯政府：“美国情报界相信，俄罗斯政府指使了近期美国个人和机构（包括美国政治机构）电子邮件泄露事件。最近DCLeaks.com、维基解密等网 252
站及‘古奇费尔2.0’网络角色对一些据说被窃取的电子邮件的披露与俄罗斯指使活动的方法、动机一致”[50]。

这只是情报界评估的一部分。选举结束后，情报界报告称，除对民主党候选人、政党组织和选定的国家选举系统进行网络攻击外，俄罗斯神秘的互联网研究机构（Internet Research Agency）还操控了大规模的虚假信息和宣传活动。据各媒体报道，这场社交媒体活动涉及数百人且耗资数百万美元，更重要的是，可能已经有超过1.25亿的美国人经各种社交媒体网站受到影响。本次选举的结果由对总统选举团至关重要的3个州不到8万张选票决定，黑客攻击和社交媒体活动的共同影响引发了对这次总统选举结果的严重质疑。

在向奥巴马总统和当选总统特朗普汇报情况后，情报界于2017年1月发布了一份中央情报局、联邦调查局、国家安全局和国家情报总监联合报告（见窗10.3）。回顾这次竞选，观察者可以提出许多问题。第一，奥巴马总统及其政府是否本应在选举期间更积极地介入，从而提醒美国人警惕俄罗斯的干预？公众是否会把这样的行为视为现任民主党总统实质上介入正在进行的总统选举，从而使选民倾向于对自己有利的方向？与此相关的是，情报机构是否本应公开表态？一方面，情报机构不应该介入政治事务。另一方面，避免引起美国公众对俄罗斯干预的警觉，可能本身就有助于决定选举结果。

BOX

窗10.3 《评估俄罗斯在近期美国大选中的活动和意图》

《关键判断》（节选）

俄罗斯试图影响2016年美国总统大选的活动是莫斯科长期渴望破坏美国领导的自由民主秩序的最新表现，但与以往行动相比，这些活动在直接性、活动水平和措施范围方面都有了显著升级。

我们认为俄罗斯总统弗拉基米尔·普京在2016年下令针对美国总统大选实施干预活动。俄罗斯的目标是破坏公众对美国民主进程的信心，诋毁国务卿克林顿，损害了她当选和获得潜在总统职位的可能性。我们进一步认为普京及俄罗斯政府对当选总统特朗普有明显偏好……

我们还认为，普京及俄罗斯政府希望在可能的情况下帮助当选总统特朗普赢得选举，方法是抹黑国务卿克林顿并公开将她与特朗普进行不利对比……

我们认为，莫斯科将从普京下令的针对美国总统大选的干预活动中吸取教训并将其应用于未来全球各地的干预活动，其中包括针对美国盟友及其选举的活动。

资料来源：国家情报总监办公室：《评估俄罗斯在近期美国大选中的活动和意图》，《情报界评估》（*Intelligence Community Assessment*），2017年1月，https://www.dni.gov/files/documents/ICA_2017_01.pdf。

一个同样令人烦恼的问题是，当一位新当选总统的成功很可能得益于俄罗 253
斯的干预活动时，他将如何回应他的情报顾问向他提供的情报评估？特朗普总统的竞选姿态一直是否认与俄罗斯政府有任何联系，并断言情报界只是猜测俄罗斯政府是电子邮件泄露的幕后黑手。上任并获得正式汇报后，特朗普总统曾揣摩这些活动有可能是俄罗斯所为，但也可能是其他方面所为，对有关情报评估的真实性仍然持矛盾态度。然而，他坚信这些活动并没有影响选举。此外，他一再曲解有关情报评估和2018年众议院情报委员会的调查结果，称这些情报评估与调查结果证实俄罗斯活动对他没有帮助或与其竞选活动没有任何关联。[51]在这两种情况下，他都错误地陈述了情报界和国会委员会的结论。因此，特朗普总统为了自己的政治和个人利益对其所接收的情报进行了模糊处理。

或许与理查德·尼克松之外的其他总统不同，唐纳德·特朗普对执法界和情报界形成了敌意。特朗普表现得好像是，若后者提供了表明他可能从俄罗斯行动中获益的证据，他就会认为后者故意不忠。这使得情报界处于一个极其尴尬的境地：试图向一个不情愿的听众就持续不断的反情报威胁提供客观判断。虽然这种特殊情况在美国历史上是独一无二的，但它凸显了情报官员试图向高级政策官员提出令人不快的真相时所固有的危险。结果往往是，决策者会试图质疑这些报告以及提交报告的机构，以拯救自己的政策或个人声誉。在这种情况下，情报机构几乎没有能力保护自己。只有国会有能力公开纠正报告，且能够在情报的基础上采取行动。但国会目前也处于极化状态，无力对情报界的业绩进行更客观的审查。

情报政策关系面临的问题

情报政治化的上述案例表明，它可能因多种原因发生并由决策者、情报官员共同实施。在越南战争评估和尼克松时代关于战略核评估的争议中，公
然的政治化并不像普遍认为的那样经常发生。当“高层政治”发挥作用时， 254
通常会有更微妙的政治化形式在起作用。在伊拉克案例中，决策者有选择地利用情报来赢得支持，却忽视和驳回了其他可能破坏其公共外交的评估。这种对情报的挑拣经常发生，通常在随后进行非正式政策讨论时才发生。然而，这种做法有时会迫使高级官员通过解密其原本宁愿保密的评估来了解全部情况（如2007年关于伊朗问题的《国家情报评估》）。最后，相较于对行动不

负直接责任的情报机构而言，那些执行计划的机构有一种自然的倾向会以更有利于他们的计划的方式评估其行动。在少数情况下，军事情报倾向于更积极地评估，此类情报通常属于见仁见智且具有高度主观性的问题。一个人有倾向性的情报成为另一个人严谨分析材料。基于所有这些原因，一种无摩擦、无政治化的情报政策关系不太可能出现。

情报越来越政治化了吗

在目前极化的美国政治环境下，许多观察者担心情报会变得更加政治化。这种迹象可以从白宫和国会高级成员为赢得政治辩论而使用或滥用情报的方式中看出来。在过去的几十年里，越来越多的情报被纳入对国家安全政策的公共讨论。一方面，如果使用得当，这可以为辩论提供信息。然而，在某些情况下，情报已经成为错误政策的替罪羊（例如，在伊拉克战争中）或被指控拥有自己的政治议程（例如，最近联邦调查局被指控政治上腐败并对特朗普总统抱有偏见）。

除了这种高度紧张和极化的政治环境之外，无党派的国会监督也受到侵蚀。学者们注意到，这种效率较低的情报监督自 20 世纪 80 年代中期以来开始形成。[52] 2003 年入侵伊拉克及其后果在民主党和共和党之间造成了新的重大分裂，这加剧了围绕情报的党派之争。在奥巴马总统任职期间，分裂再次爆发，参议员戴安娜·范斯坦公布了一份长达 600 页的参议院情报委员会幕僚的调查结果的解密摘要，批评中央情报局使用的极端审讯方法为“酷刑”。[53]共和党少数派为此制作了一份措辞严厉的报告，声称该计划挽救了诸多生命而民主
255 党幕僚却在调查结果中歪曲了事实。[54]

2016 年，共和党控制了国会参众两院，局势发生了逆转。这一次，负责对俄罗斯干预近期美国大选进行情报调查的众议院情报特别委员会，受到了共和党和民主党高层成员之间严重分歧的阻碍。[55]多数派和少数派各自发布了报告，对于这些调查是否揭露了特朗普竞选团队与俄罗斯勾结一事存在分歧。众议院的主要民主党议员抨击共和党报告是在粉饰事实，而共和党人则呼吁迅速结束许多正在进行的调查，这在很大程度上是在电视上播出的。在撰写本书时，国会与特朗普总统及司法部就新发布的穆勒报告（Mueller Report）的斗争，有望引发另一轮有关情报和执法活动的质量、诚信的党派辩论。

另一个令人担忧的方面在于，前高级情报官员对国家安全主题的评论更

为公开。迄今为止，大多数离任的总监和副总监都避免直接参与党派辩论。他们大多满足于撰写关于自己过去供职经历的回忆录，或者在大型公司或智库的董事会任职。除了少数特例外，如果请求他们私下向立法者或行政部门官员提供建议，他们都会感到满足。2016 年的大选似乎改变了这一点。众多前布什政府、奥巴马政府的情报官员成为有线电视新闻网（CNN）、微软全国广播公司（MSNBC）和福克斯新闻（Fox News）的定期评论员。此前，新闻媒体曾利用退役高级军官对当下的国家安全议题发表评论。其中一些官员还决意成为总统候选人的有力支持者或批评者。2016 年，退役将军约翰·艾伦（John Allen）代表希拉里·克林顿在民主党大会上发言，退役将军迈克尔·弗林（Michael Flynn）在共和党大会上为唐纳德·特朗普发表了振奋人心的演讲。作为回应，参谋长联席会议前主席马丁·邓普西（Martin Dempsey）对这种行为提出了警告，因为这会造成军方本身被政治化且欠缺专业性的印象。[56]

2016 年年底，中央情报局前局长迈克尔·海登、约翰·布伦南和国家情报总监詹姆斯·克拉珀质疑特朗普总统对情报界（尤其中央情报局和联邦调查局）的攻击，并批评了特朗普对弗拉基米尔·普京的赞赏言论。卸任以来，布伦南和克拉珀远不仅为情报界辩护，还指责特朗普的言论或行为是危险的。他们还暗示，总统本人可能出于个人与非爱国动机而质疑情报机构并拒绝谴责俄罗斯行为。[57]作为回应，特朗普总统不仅公开攻击这些人，还终止了约翰·布伦南的安全许可，并威胁要对批评他或他的行为的其他前官员采取同样的行动。这些前官员的行为和总统的回应几乎都是史无前例的，揭示
了情报机构与其所服务的总统之间的深刻分歧。 256

虽然这些前官员有权行使言论自由，但他们的言论也造成了一种情报界准备参与政治的表象。如果这种情况变得更加普遍，就有可能出现这样的危险：前高级官员的言论可能会破坏这一公众见解——情报机构发布调查结果时应超越党派政治。同样地，总统对情报界和执法界一些过去甚至现任领导人的广泛攻击，将引发进一步的政治化指控，破坏公众对情报活动非政治属性的信任。

情报如何避免自身被政治化

如上所述，政治化仍然是一个严峻的挑战，特别是当华盛顿存在主要政党和政策分歧时。对政治化的补救措施相对较少。第一，正如许多学者指出的那样，若坚信情报是错误的，则决策者有权质疑情报并选择忽视。第二，

识别政治化往往是一个非常主观的过程。除了公然向情报界施压要求改变其判断之外，其他任何情况都很容易被归入单纯的关于情报界依赖特定分析假设、权衡可用证据、得出调查结果的分析性分歧。第三，当政策事关重大时（尤其是在战争与和平问题上），政治领导人自然希望情报机构站在他们这边。指望情报不会被卷入政策争议就意味着情报与这些决策无关，这就等于说情报没有存在的理由。

在大多数情况下，避免政治化的最佳处理办法是以尽可能严谨、透明的方式进行分析。继完全失败的伊拉克大规模杀伤性武器评估之后，一名前中央情报局高级官员对一群分析师发表讲话时提醒道，“如果我们不能有效地进行自我批评，别人会来做的”[58]。使用更严谨的分析技术方法（在第五章讨论过）为分析师提供了一种途径，使得其分析结果以及基于特定证据和关键假设得出判断的证明过程对决策者更加透明。此类分析技术方法以及对重要情报问题的替代对抗分析，能够帮助分析师避免由于隐蔽的政治或分析偏见而产生的思维定式。同样重要的是，向那些对情报调查结果持批评态度的决策者展示这种透明度，可以很好地避免分析师被指控存在政治偏见。

第二种结构性检验途径是由多个情报机构从各自的角度审查情报，这能
257 产生与共识观点不同的独立判断。尽管存在诸多缺陷，但 2002 年伊拉克大规模杀伤性武器评估中包含了国务院情报研究局和能源部情报办公室的重大异议，这些异议对萨达姆重组其核计划或者获得制造核离心机所需的合适钢瓶表示怀疑。自该评估以来所采用的程序也督促情报界更多地分享观点，更严谨地起草关键判断以突出反映其后的实际正文，也将情报界内所持的全部异议或少数派观点纳入关键判断。[59]

改善情报政策关系

上述讨论让人相对悲观地认为，在改善情报政策关系方面还有很多工作要做。正如一些学者总结的那样，“有理由认为，随着时间的推移，情报在战略和政策中的作用将越来越小，情报政策关系的质量将稳步下降。”[60]在大多数情况下，这种关系仍将取决于总统与其主要顾问未来的行为特征，以及他们面临的特殊政策和情报问题。尽管如此，从过去经历中吸取的一些教训可能将有助于改善这些关系。

第一，当国家安全决策过程的运作方式本身透明，而且能为情报的合法

贡献提供机会时，情报的作用和价值就会增强。当非正式的决策过程或总统的冲动驱动决策时，情报为决策者提供信息并对其决策后果发出预警的作用空间就相对狭小。情报界已经将谢尔曼·肯特的“保持距离”模式抛诸脑后，而更接近于政策辩论，此时就需要情报机构更加警惕政治化的危险。这意味着，情报界必须尊重决策者的领域及总统的议程，而不能自主审查或制作有倾向性的调查结果。与此同时，决策者必须明白，隶属并不意味着对其世界观或政策的“忠诚”。决策者有权不同意情报评估，最终在某些情况下是错误的。但如果决策者想获取自己所需要的支持，就必须尊重情报界的独立性和分析的完整性。

第二，鉴于许多决策者在进入政府机构时对情报了解有限，提供更多的机会令情报界在情报运行流程、分析制作过程及情报优缺点方面对当选总统和其他高级官员进行指导将使情报界受益。决策者的情报素养参差不齐且普遍较低。目前，情报界的培训计划集中于对分析师提供政策过程方面的指导， 258
许多情报界机构还争取为实力较强的分析师提供在政策机构任职的机会，以拓展其对决策者管理方式的理解。指导决策者了解情报界的类似措施尚不存在。目前实现这一任务唯一的机会是总统过渡程序，届时情报官员可以与当选总统及其可能的主要顾问会面并展开对话。在这一程序中，未来总统及其团队可能最容易理解情报机构是如何满足新政府的信息需求。情报官不仅应汇报最新情报，还应就情报问题进行高水平的指导，特别是针对那些以前没有在政府任职甚至可能从未拥有安全许可或见过机密信息的官员。

第三，选择既具备专题能力又得到白宫信任的高级情报官员，可以显著地影响情报政策关系。成功的情报领导层并不存在单一的秘诀。看起来消息灵通的前军事官员和文职官员在担任中央情报局局长和国家情报总监时都失败了，情报实践经验欠缺但拥有高超政治技能的另一些官员则在并没有将情报过度政治化的情况下取得了成功。然而，无论总统选择谁作为情报顾问，后者都应该了解自己的角色以及情报与政策之间的红线。由于情报已经成为决策过程中不可或缺的一部分，情报界的最高职位的归属与选任国家安全顾问、国务卿和国防部长一样重要。一些学者建议，为了减少这些工作的政治色彩，前述职位应该有固定的任期，就像联邦调查局局长一样。这是有好处的，但前提是总统和那些顾问之间能建立起相互信任的关系。

最后，考虑到对快速、持续情报支持的需求，指望情报界退回到肯特式的保持距离模式既不合理也不可能。正如一位学者指出的那样，在冷战时期，当主要战略是对低概率的苏联核打击进行“威慑”时，依赖这种模式是可能的。[61]在跨国威胁迅速出现的21世纪，情报必须近在决策者身边并承担其功能被政治化的风险。几乎没有人会认为一个欠缺前瞻性的情报界本可以阻止俄罗斯干预2016年大选。同样，作为美国外交政策辩论的一部分，在情报讨论中不断增强的公开性也不太可能减弱。挑战将在于确立两者间恰当的平衡点：为决策者提供决策优势而保守情报秘密的同时，也要为国会、公众就重大国
259 家安全决策进行知情辩论而提供足够的信息。

有用文件

《伊拉克大规模杀伤性武器的持续性计划：关键判断》(*Iraq's Continuing Program for Weapons of Mass Destruction: Key Judgments*)，出自2002年10月《国家情报评估》，https://www.dni.gov/files/documents/Iraq_NIE_Excerpts_2003.pdf。

国家情报顾问委员会：《伊朗：核意图与核力量》(*Iran: Nuclear Intentions and Capabilities*)，2007年《国家情报评估》，https://www.dni.gov/files/documents/Newsroom/Press%20Releases/2007%20Press%20Releases/20071203_release.pdf。

国家情报总监办公室、国家情报总监：《“评估俄罗斯在美国近期选举中的活动和意图”的背景：分析过程和网络事件归因》，2017年1月6日，https://www.dni.gov/files/documents/ICA_2017_01.pdf。

特别顾问罗伯特·S. 穆勒（Robert S. Mueller）:《俄罗斯干预2016年总统大选的调查报告》，第1—2卷，2019年3月，https://www.justice.gov/storage/report.pdf。

延伸阅读

理查德·贝茨：《情报之敌：美国国家安全中的知识与权力》，纽约：哥伦比亚大学出版社，2007年。系情报学者理查德·贝茨对情报分析、政治化以及情报政策关系的观点汇编。

詹姆斯·克拉珀：《事实与恐惧：情报生涯中的残酷真相》，纽约：企鹅

出版社，2018 年。本书讲述了前国家情报总监与决策者（包括不愿接受情报判断的总统）打交道的经历。

冯稼时：《减少不确定性：情报分析与国家安全》，加利福尼亚州斯坦福：斯坦福大学出版社，2011 年。本书介绍了与决策者紧密合作中所获得的经验教训以及历届政府如何使用和误解情报。

约翰·L. 赫尔格森（John L. Helgerson）:《认识总统：1952—2004 年总统情报简报》(*Getting to Know the President*: *Inntelligence Briefings of the Presidents*, *1952-2004*)，华盛顿特区：情报研究中心，2012 年。本书介绍了高级官员对中央情报局如何在最近几位总统的过渡期及任期内提供情报的研究。

保罗·皮拉尔：《情报与美国外交政策：伊拉克、“9·11”及被误导的改革》，纽约：哥伦比亚大学出版社，2011 年。一位从业者对情报政策关系的评论，研究了情报并非导致政策选择失败的原因但却为了迎合政策偏好而遭受政治化的过程。

约书亚·罗夫纳：《锁定真相：美国国家安全与情报战略》，纽约州伊萨卡：康奈尔大学出版社，2011 年。对政治化最严谨的研究，通过一系列案例研究表明，当情报触及高风险政策问题时，应对政治化这种现象有所预料。

格雷戈里·F. 特雷弗顿：《情报分析：“政治化”与不相关之间》(Intelligence Analysis: Between ‘Politicization’ and Irrelevance)，载罗杰·Z. 乔治、詹姆斯·布鲁斯主编：《分析情报：起源、障碍和创新》(第一版)（*Analyzing Intelligence*: *Origins*, *Obstacles*, *and Innovations*, 1st ed.），华盛顿特区：乔治
敦大学出版社，2008 年。主要讲述了可能发生的政治化类型以及其应对方法。 260

注释

引语一：罗伯特·盖茨：《亲历者：五任美国总统赢得冷战的内幕》，纽约：西蒙与舒斯特出版公司，1996 年，第 567 页。

引语二：谢尔曼·肯特：《评估与影响》，载唐纳德·P. 斯图里、谢尔曼·肯特和国家评估委员会主编：《文集》，华盛顿特区：情报研究中心，1994 年，第 42 页。

❶ 罗伯特·杰维斯：《情报机构与决策者为何冲突》，载《政治科学季刊》(*Political Science Quarterly*)，2010 年夏季第 125 卷第 2 期，第 185—204 页。

❷ 詹姆斯·斯坦伯格：《决策者观点：透明度和伙伴关系》，载罗杰·Z. 乔治（Roger Z. George）、詹姆斯·布鲁斯：《分析情报：国家安全从业者视角》(第 2 版)，华盛顿特

区：乔治敦大学出版社，2014 年，第 94 页。

❸ 作为分析师的作者曾检查了自己编写的大量评估的分发清单，发现分发给其他情报机构分析师的副本远远多于提交给政策机构的副本。

❹ 理查德·伊默曼：《隐藏之手：中央情报局简史》，纽约：约翰威利出版社（John Wiley），2014 年，第 150 页。

❺ 罗伯特·盖茨：《亲历者：五任美国总统赢得冷战的内幕》，纽约：西蒙与舒斯特出版公司，1996 年，第 56 页。盖茨还说，高级经理们劝阻他不要接受国家安全委员会的工作，因为该工作并不被认为对职业生涯有帮助，这与盖茨在尼克松、卡特和里根的国家安全委员会幕僚中任职后的想法正好相反。

❻ 据中央情报局前副局长约翰·麦克劳林说，盖茨坚持要求，任何想要竞争高级管理职位的分析师都必须在政策机构工作一段时间后才能得到晋升。参见约翰·麦克劳林：《为国家决策者服务》，载乔治、布鲁斯：《分析情报》，第 84 页。

❼ 作为政策规划幕僚的一员，作者能够将情报需求直接传达给中央情报局各部门并迅速得到给国务院顾问罗伯特·佐利克（Robert Zoellick）和政策规划总监丹尼斯·罗斯（Dennis Ross）的回复。这项任务还包括为这些官员整理高级情报简报。

❽ 理查德·贝茨：《情报之敌：美国国家安全中的知识与权力》，纽约：哥伦比亚大学出版社，2007 年，第 77 页。

❾ 转引自大卫·普里斯：《总统秘籍：美国总统情报简报秘闻——从肯尼迪到奥巴马》，纽约：公共事务出版社，2016 年，第 165 页。

❿ 布什哀叹，吉米·卡特当选总统后没有让布什留任，为的是让中央情报局局长的职位去政治化。布什后来力劝儿子留下中央情报局局长乔治·特尼特，在一定程度上是为了驱除中央情报局局长职位是一项政治性工作的观念。

⓫ 克里斯托弗·安德鲁：《总统之眼：秘密情报与美国总统——从华盛顿到布什》（*For the President's Eyes Only: Secret Intelligence and the American Presidency from*
261 *Washington to Bush*），纽约：哈珀永久出版社（Harper Perennial），1996 年，第 3 页。

⓬ 转引自罗伯特·盖茨：《一个无法实现的机会：白宫对情报的使用和理解》（*An Opportunity Unfulfilled: The Use and Perceptions of Intelligence at the White House*），《华盛顿季刊》（*Washington Quarterly*），1989 年冬季，第 42 页。

⓭ 参见埃文·托马斯（Evan Thomas）：《尼克松为什么讨厌乔治敦》（"Why Nixon Hated Georgetown"），载《政客》（Politico），2015 年 6 月 4 日，https://www.politico.com/magazine/story/2015/06/richard-nixon-georgetown-set-118607。

⓮ 约翰·L. 赫尔格森：《认识总统：1952—2004 年总统情报简报》，华盛顿特区：情

报研究中心，2012 年，第 170—171 页，https：//www.cia.gov/library/center-for-the-study-of-intelligence/csi-publications/books-and-monographs/getting-to-know-the-president/pdfs/U-% 20Book-Getting% 20to% 20Know% 20the% 20President.pdf。

⑮ 普里斯：《总统秘籍》，第 227 页。

⑯ 大卫・斯托特（David Stout）：《中央情报局局长戈斯辞职》（“CIA Director Goss Resigns”），载《纽约时报》，2006 年 5 月 6 日，https：//www.nytimes.com/2006/05/05/washington/05cnd-cia.html。

⑰ 邱琳达（Linda Qiu）：“特朗普如何改变对情报机构看法”（How Trump Has Flip-Flopped on Intelligence Agencies），载《纽约时报》，2017 年 12 月 7 日，https：//www.nytimes.com/2017/12/07/us/politics/trump-reversals-fbi-intelligence-agencies.html。

⑱ 邱琳达：“积极措施”这一术语被用于指涉苏联（或俄罗斯）进行的隐蔽政治斗争，目的是增加莫斯科对世界事件的影响力并削弱美国和其他西方大国的影响力。

⑲ 参见前副国务卿安东尼・布林肯（Anthony Blinken）在《纽约时报》的专栏文章，文章列出了约翰・博尔顿在布什政府时期担任国务院高级官员时受到的众多指控。该报道讲述了博尔顿如何滥用情报及使用公然施压、威胁手段迫使情报判断被改变。安东尼・布林肯：《当共和党人拒绝博尔顿》（“When Republicans Rejected Bolton”），载《纽约时报》，2018 年 3 月 23 日，https：//www.nytimes.com/2018/03/23/opinion/john-bolton-republicans.html。

⑳ 哈斯佩尔局长还选择了职业分析师兼高级经理沃恩・毕晓普（Vaughn Bishop）担任她的副局长，这能够进一步使中央情报局免受来自白宫未来可能施加的政治压力。

㉑ 杰奎琳・汤姆森（Jaqueline Thomsen）：《特朗普与情报总监的紧张关系泄露于公众》（Trump Strain with Intel Chiefs Spills into the Public），载《国会山报》，2019 年 2 月 2 日，https：//thehill.com/policy/national-security/428157-trumps-strain-with-intel-chiefs-spills-into-public。

㉒ 卡罗尔・莱昂尼格（Carol Leonnig）、肖恩・哈里斯（Shane Harris）、格雷格・贾菲（Greg Jaffe）：《打破传统：特朗普略过总统书面情报报告接受口头汇报》（Breaking with Tradition, Trump Skips Reading President's Written Intelligence Report for Oral Briefings），载《华盛顿邮报》，2018 年 2 月 9 日，https：//www.washingtonpost.com/politics/breaking-with-tradition-trump-skips-presidents-written-intelligence-report-for-oral-briefings/2018/02/09/b7ba569e-0c52-11e8-95a5-c396801049ef_story.html? utm_term=.694e7cd2b642。

㉓ 大卫・普里斯：《为防激怒特朗普中央情报局精心设计简报获成效》（“CIA Tailors Its Briefing So It Doesn't Anger Trump; That's Good”），载《华盛顿邮报》，2017 年 12

月 14 日， https：//www.washingtonpost.com/news/posteverything/wp/2017/12/14/the-cia-tailors-its-briefings-so-it-doesnt-anger-trump-thats-good/? utm_term=.0f099c5983be。

㉔ 约书亚·罗夫纳：《锁定真相：美国国家安全与情报战略》，纽约州伊萨卡：康奈尔大学出版社，2011 年，第 29 页。

㉕ 参见哈罗德·福特：《1962—1968 年中央情报局和越南决策者：三部曲》（ *"CIA and the Vietnam Policymakers：Three Episodes"，1962-1968* ），华盛顿特区：情报研究中心，1991 年， https：//www.cia.gov/library/center-for-the-study-of-intelligence/csi-publi-
262 cations/books-and-monographs/cia-and-the-vietnam-policymakers-three-episodes-1962-1968/。

㉖ 福特：《中央情报局和越南决策者：第一部》（ *"CIA and the Vietnam Policymakers, episode 1"* ）， https：//www.cia.gov/library/center-for-the-study-of-intelligence/csi-publications/books-and-monographs/cia-and-the-vietnam-policymakers-three-episodes-1962-1968/epis1.html。

㉗ 在这个案例中，作战序列分析即评估北越正规军事单位和组成越共游击队的非正规部队（也就是未被分配至特定军事单位的兼职战士）的数量和组织。

㉘ 中央情报局的方法包括分析缴获的敌方文件，一位颇有进取精神的军事分析家山姆·亚当斯（Sam Adams）利用这些文件计算出了更高（且更准确）的越共人数，他认为应该提醒美国警惕即将到来的 1968 年越南新年攻势。

㉙ 福特：《中央情报局和越南决策者：第三部》（ *"CIA and the Vietnam Policymakers, episode 3"* ）， https：//www.cia.gov/library/center-for-the-study-of-intelligence/csi-publications/books-and-monographs/cia-and-the-vietnam-policymakers-three-episodes-1962-1968/epis3.html。

㉚ 赫尔姆斯叙述道，一个特别热情、自信的分析家山姆·亚当斯继续对军队的作战序列进行争论，并进行了赫尔姆斯所称的"斗争"，这导致其多次出现在电视上并引发了威廉·威斯特摩兰（William Westmoreland）将军的诽谤诉讼。 参见理查德·赫尔姆斯：《回顾：在中央情报局的一生》（ *A Look over My Shoulder：A Life in the Central Intelligence Agency* ），纽约：兰登书屋，2003 年，第 326—327 页。

㉛ 哈罗德·P. 福特：《中央情报局分析师缘何不确定越南问题》（ "Why CIA Analysts Were So Doubtful about Vietnam"），载《情报研究》，第 40 卷第 5 期，第 87 页，https：//www.cia.gov/library/center-for-the-study-of-intelligence/kent-csi/vol40no5/pdf/v40i5a10p.pdf。

㉜ 罗夫纳：《锁定真相》，第 100 页。 罗夫纳的研究对这一特殊事件进行了详细说明，指出中央情报局局长赫尔姆斯在参议院外交委员会的关键听证会上选择了保持沉

默，国防部长梅尔文·莱尔德（Melvin Laird）则在听证会上提出国防部将 SS-9 导弹系统视为抢先攻击武器。

㉝ 罗夫纳：《锁定真相》第 101 页。 多弹头分导再入飞行器（MIRV）能力使得一枚导弹能够同时攻击多个目标。

㉞ 赫尔姆斯：《回顾》，第 386—387 页。

㉟ 作为兰德公司的长期专家，沃尔斯泰特是战略研究领域的一位杰出人物。 1974 年，他在《外交政策》杂志上发表了一系列对《国家情报评估》的评论。 参见阿尔伯特·沃尔斯泰特：《是否存在战略军备竞赛?》（Is There a Strategic Arms Race?），载《外交政策》，1974 年夏第 15 卷，第 3—20 页。

㊱ 安·H. 卡恩（Ann H. Cahn）：《抹杀缓和政策：右翼攻击中央情报局》（Killing Détente：The Right Attacks the CIA），帕克分校（University Park）：宾夕法尼亚州立出版社（Pennsylvania State Press），1998 年。 她认为这次演练是“来自决心埋葬缓和政策及限制战略武器会谈进程的保守派中的冷战分子的编造”。

㊲ 莱斯·阿斯平（Les Aspin）：《苏联战略力量之争：综合回顾》（The Debate over Soviet Strategic Forces：A Mixed Review），载《战略评论》，1980 年夏季第 8 卷第 3 期，第 22—59 页。

㊳ 战后，中央情报总监特尼特委托国务院前官员查尔斯·杜尔弗（Charles Duelfer）领导一支大型检查人员队伍，以确定萨达姆是否重启了大规模杀伤性武器计划。 这支称为伊拉克调查组的队伍花了几个月时间检查伊拉克设施、研究被缴获文件并与伊拉克科学家进行访谈，最终形成三卷报告，对萨达姆及其政权如何处理大规模杀伤性武器计划以及萨达姆如何使其高级官员无法察觉其保留的具体军事武器进行了讲述。 参见《中央情报总监特别顾问关于伊拉克大规模杀伤性武器的综合报告》2004 年 9 月，https：//www.cia.gov/library/reports/general-reports-1/iraq_wmd_2004/。 263

㊴ 中央情报局局长乔治·特尼特回忆道：“总统的参战决定通常由国家安全委员会以假设性语言暗示出来，就好像其仍然悬而未决且与会者只是在讨论突发事件。”参见乔治·特尼特：《身处风暴中心：我在中央情报局的岁月》，纽约：哈珀柯林斯出版集团，2007 年，第 308 页。

㊵ 保罗·R. 皮拉尔：《情报与美国外交政策：伊拉克、“9·11”及被误导的改革》，纽约：哥伦比亚大学出版社，2011 年，第 140 页。

㊶ 皮拉尔：《情报与美国外交政策》，第 155 页。

㊷ 参见国家情报顾问委员会：《伊拉克政权更迭的地区影响》（Regional Consequences of Regime Change in Iraq），《情报界评估》，2003 年 1 月，https：//www.cia.gov/library/

readingroom/docs/DOC_0005299385. pdf； 国家情报顾问委员会：《后萨达姆时代伊拉克的主要挑战》（Principal Challenges of a Post-Saddam Iraq），《情报界评估》，2003 年 1 月，https：//www. cia. gov/library/readingroom/docs/DOC_0005674817. pdf。

㊸ 皮拉尔：《情报与美国外交政策》，第 58 页。

㊹ 参见格雷戈里·特雷弗顿：《对决策者的支持：关于伊朗的核意图与核力量的 2007 年〈国家情报评估〉》（*Support to Policymakers：The 2007 NIE on Iran's Nuclear Intentions and Capabilities*），华盛顿特区：情报研究中心，2013 年。这一案例研究对围绕该评估发生的情报政策摩擦进行了全面回顾。

㊺ 国家情报总监办公室：《伊朗：核意图与核力量》，《国家评估》（*National Estimate*），2007 年 12 月，https：//www. dni. gov/files/documents/Newsroom/Press% 20Releases/2007% 20Press% 20Releases/20071203_release. pdf。

㊻ 约翰·博尔顿：《伊朗报告的缺陷》（Flaws in the Iran Report），载《华盛顿邮报》，2007 年 12 月 6 日，http：//www. washingtonpost. com/wp-dyn/content/article/2007/12/05/AR2007120502234. html。

㊼ 史蒂文·李·迈耶斯（Steven Lee Meyers）：《一份评估引发对伊朗的外交政策辩论》（An Assessment Jars Foreign Policy Debate on Iran），载《纽约时报》（New York Times），2007 年 12 月，https：//www. nytimes. com/2007/12/04/washington/04assess. html。

㊽ 参见冯稼时：《这很复杂》（*It's Complicated*），载《美国利益》（American Interest）2013 年 5—6 月卷，第 31—35 页。https：//www. the-american-interest. com/2013/04/12/its-complicated/。

㊾ 参见美国国务院（US State Department）：《苏联积极措施：伪造、虚假信息及政治行动》（Soviet Active Measures：Forgery，Disinformation，and Political Operations），《特别问题》（*Special Issue*），1981 年 10 月第 88 期，https：//www. cia. gov/library/readingroom/docs/CIA-RDP84B00049R001303150031-0. pdf。

㊿ 国土安全部：《国土安全部与国家情报总监办公室关于选举安全的联合声明》，2017 年 10 月，https：//www. dhs. gov/news/2016/10/07/joint-statement-department-homeland-security-and-office-director-national。

(51) 格雷格·米勒、格雷格·贾菲、菲利普·鲁克（Philip Rucker）：《质疑情报，特朗普亲近普京并不顾俄罗斯威胁》（Doubting the Intelligence，Trump Pursues Putin and Leaves a Russian Threat Unchecked），《华盛顿邮报》，2017 年 12 月 14 日，https：//www. washingtonpost. com/graphics/2017/world/national-security/donald-trump-pursues-vladimir-putin-russian-election-hacking/? utm_term=. 4af26317f918。

格雷格·梅格里安（Greg Megerian）：《特朗普赞扬没有发现俄罗斯勾结证据的众议院共和党人》（Trump Praises House Republicans Who Found No Evidence of Russian Collusion），载《洛杉矶时报》（*Los Angeles Times*），2018 年 3 月 13 日，http：//www.latimes.com/politics/la-na-pol-essential-washington-updates-president-trump-praises-house-1520952667-htmlstory.html。

52 马文·奥特（Marvin Ott）：《党派偏见与情报监督的衰落》（Partisanship and the Decline of Intelligence Oversight），《国际情报与反情报杂志》，2013 年第 16 卷（2003），第 69—94 页。

53 作为主席的范斯坦参议员于 2009 年发起了一项长达数年的关于中央情报局强化审讯技术使用情况的大规模调查，其结论认为，该计划运行不善，导致一些被拘留者死亡，且未能探出其所宣称的挫败恐怖分子阴谋的信息。参见美国参议院，参议院情报特别委员会：《中央情报局拘留和审讯计划幕僚研究》（*"Staff Study on the CIA's Detention and Interrogation Program"*），2014 年 12 月，https：//www.feinstein.senate.gov/public/_cache/files/7/c/7c85429a-ec38-4bb5-968f- 289799bf6d0e/D87288C34A6D9FF736F9459ABCF83210.sscistudy1.pdf。 264

54 乔纳森·托帕兹（Jonathan Topaz）：《共和党参议员在替代报告中捍卫中央情报局》（GOP Senators Defend CIA in Alternative Report），载《政客》，2014 年 12 月 9 日，https：//www.politico.com/story/2014/12/gop-senators-defend-cia-alternate-report-113434。

55 截至撰写本书时，参议院情报特别委员会对俄罗斯黑客事件的调查似乎进展得顺利多了，这在很大程度上是因为资深民主党参议员马克·沃纳（Mark Warner）和共和党主席理查德·伯尔（Richard Burr）之间的友好关系。当这一章完成时，参议院的调查还没有公布。

56 马丁·登普西：《军事领导人不属于政治会议》（"Military Leaders Do Not Belong at Political Conventions"），给编辑的信，载《华盛顿邮报》，2016 年 7 月 30 日，https：//www.washingtonpost.com/opinions/military-leaders-do-not-belong-at-political-conventions/2016/07/30/0e06fc16-568b-11e6-b652-315ae5d4d4dd_story.html? utm_term=.a200eb158f2c。

57 例如，哈丽雅特·辛克莱尔（Harriet Sinclair）：《特朗普财政或将被俄罗斯探查》（"Trump Finances May Be the Next Shoe to Drop in Russia Probe"），载《新闻周刊》，2018 年 2 月 18 日，http：//www.newsweek.com/james-clapper-donald-trump-russia-probe-810357；

马修·罗森伯格（Matthew Rosenberg）：《中央情报局前局长称普京或持有特朗普不利资料》（Ex-CIA Chief Says Putin May Have Compromising Material on Trump），载《纽约时报》，2018 年 3 月 21 日，https：//www.nytimes.com/2018/03/21/us/politics/john-brennan-trump-putin.html。

(58) 时任情报副主任约翰·克林根在中央情报局礼堂向高级分析师们发表关于分析技术问题的演讲时，作者就在现场。

(59) 冯稼时:《这很复杂》，第32—33页。

(60) 罗夫纳:《锁定真相》，第199页。

(61) 格雷戈里·F. 特雷弗顿:《情报分析:“政治化”与不相关之间》，载罗杰·Z. 乔治、詹姆斯·布鲁斯主编:《分析情报：起源、障碍和创新》(第1版)，华盛顿特区:乔治敦大学出版社，2008年，第101页。

265

第十一章

情报与美国民主

如果天使要统治人类，就不需要对政府进行外部或内部控制了。要形成一个以人管理人的政府，最大的困难在于：你首先必须使政府能够控制被统治者，其次必须迫使政府控制自己。

——詹姆斯·麦迪逊（James Madison），《联邦党人文集》第 51 篇

监督的目的是审视政府事务的方方面面，揭露不当行为，并将其公之于众。监督可以保护国家不受专制总统和官僚傲慢的影响。

——国会前议员、“9·11”委员会联合主席李·汉密尔顿

我们是对公共信任负有责任的管理者；我们谨慎地使用情报权力和资源，勤勉地保护情报来源和方法，利用适当的渠道举报不法行为；我们对自己及监督机构负责，并通过这些机构最终对美国人民负责。

——情报界职业道德原则

在民主国家，情报的作用仍然存在争议，有时甚至造成问题。一方面，民主国家的繁荣依赖于公开和透明。另一方面，他们也面临国际和国内的威
胁，需要包括情报在内的所有国家力量的保护。就像军事工具一样，情报也 266
需要严密的监督，且其使用必须遵循美国宪法和联邦法律。本章将研究情报在维护国家安全的过程中对民主原则造成的挑战，也将介绍和分析行政、立法和司法监督机制。最后，本章探究后“9·11”时代情报行动相关问题及其对美国民主的影响。如今，情报实践已经变得更加复杂，现有的平衡安全和自由的监督框架已经受到了严峻的考验。

情报是否道德

有一种观点认为，情报和民主是如此对立，因此根本不该有情报存在的

空间。这一主张如同和平主义一样，建立在国家间关系和平且无威胁的理想观念之上。在冷战前，美国领导人对建立永久性情报组织也非常谨慎。显然，如今的大多数美国决策者和政客们并不认同这种观点，而是认为情报就如同军事工具一样是保护民主的合法工具。按照这种观点，不去寻求或拒绝给予为优化政策决策、保护国土安全所必需的重要情报才是不道德的。谁会认为美国应该在信息真空中决定战争或和平？即使是联合国也承认成员国提供情报用于联合国安理会审议的效用。在实操中，国际原子能机构对可疑的大规模杀伤性武器设施的监控也得益于成员国基于此目的提供的国家信息的帮助。冷战时期，美国与苏联为了谈判和实施重大核军备控制谈判，谨慎地披露了情报数据。在这种情况下，情报可以通过运用国家技术手段核查这些协定的遵守情况来帮助防止重大核对抗。美国和国际社会正在进行的阻止伊朗、朝鲜进一步发展核武器的工作，在一定程度上依赖于强大的情报能力。

尽管存在道德问题，但根据美国法律，中央情报局和其他情报收集机构有权以招募外国人从事间谍活动或通过其他技术手段窃取秘密的方式违反其他国家法律（目标国家当然认为这些活动是非法的且将采取措施予以制止）。为了保护和加强国家安全，总统、首相和君主均利用人力和技术情报来了解
267 其对手的计划、意图和军事力量。俄罗斯以及大多数美欧盟国的对外情报机构都在招募外国间谍。这些情报机构和中央情报局使用各种技术来发现、发展、招募和管理间谍。中央情报局历来利用美国的“软实力”吸引外国官员和有影响力的平民充当志愿者（即所谓的“不请自来的人”）。间谍们自愿协助美国或源于对本国政府的厌恶，或源于对金钱、复仇、地位等的需求。利用间谍的癖好或弱点似乎是应受谴责的，但对美国利益的考量超越了禁止利用人性弱点的个人道德。

同样，国家安全局有权收集外国政府和外国公民的电子通信信息。这些广泛的权力需要高度保密，以使收集者能够在不被发现的情况下展开行动并能够为美国提供合理否认。正如有时承认的那样，外国政府知道美国情报机构违反其法律和外交准则，拦截其通信并招募其为美国从事间谍活动。只要仍然保密，这种行为就是可以容忍的，因为这些政府中有许多也在使用类似的方法收集美国的情报。[1]

情报收集还引发了另一个很少为情报界以外人士意识到的道德问题，即，

鉴于秘密违反外国政府法律的风险，美国情报机构负有保护其情报来源和方法的道德义务和现实义务。以人力情报为例，案件官员应当保护犯叛国罪的外国人的匿名性，使其免遭曝光、监禁甚至可能是死刑。要求一个人冒着失去自由甚至生命的危险为美国做间谍并不是一件轻易的事。因此，美国情报官员必须权衡外国间谍所能提供的收益与此人被抓获后所面临的风险。根据经验，案件官员不应要求线人收集任何已知的信息或通过低风险方式就能获取的信息。20 世纪 90 年代，美国情报界面临是否应该收集经济情报的问题时，劳伦斯·萨默斯（Lawrence Summers）等财政部高级官员对中央情报局收集和分析国际货币数据的做法提出了质疑，当时担任副部长的他可以致电任何一家外国央行主管要求获得同样的信息。同样，中央情报局副局长罗伯特·盖茨指出，他不会要求中央情报局官员为通用汽车公司做间谍。他的观点是，情报收集应该有利于美国国家安全而非美国公司，即使部分外国情报机构存在此种
做法。 268

情报分析产生了不同的道德问题。第一，常言道，向有权者讲真话是分析职业的首要义务。分析师们受训接受的观念是，其分析必须尽可能客观，呈现所有相关事实，并阐明对美国政策的重大影响，无论这对决策者多么不利。在令人尴尬的 2002 年伊拉克大规模杀伤性武器评估之后，国家情报总监发布了“第 203 号情报界指令”，其中列出了分析职业的核心道德要素：

> 分析师必须客观地履行其职责，并对其假设和推理保持自我警觉。他们必须运用能揭示和减轻偏见的推理技术和有效机制。分析师必须警惕现有分析立场或判断的影响，且必须考虑替代观点和相反信息……分析性评估不得因某一特定受众、议程或政策观点的主张而被扭曲和左右。分析性判断不应受到某一特定政策的力量或偏好的影响。[2]

情报分析的第二个道德问题是在保密的基础上向决策者提供判断。为了利益最大化并给予决策者以决策优势，分析性判断应该保持秘密，且只有那些需要知道的决策者才可以获得。这一准则促使情报界根据敏感度将其制作的几乎所有东西归为**秘密**或**绝密**。披露美国情报机构对外国政府军事计划、军事力量的知悉情况，会降低决策者利用对方已知弱点及规避对手长处的能

力。因此，情报分析师制作评估是以其判断将会持续保密为前提的，这样他们就能对外国政府的行为尽可能地直言不讳、客观。如果分析师认为其分析将被泄露给媒体，他们很可能不得不保留一些评估，以免对美国外交造成影响。

正如第十章所讨论的，选择性泄露或歪曲情报判断可以改变对于重要问题的政治辩论，这可能会以不利于国家的方式将情报政治化。甚至，经批准后对有争议的《国家情报评估》关键判断（如 2007 年的伊朗核评估）进行公布，也可能产生巨大的政治影响，并导致一些高级情报官员随后对自己曾如何撰写这些判断感到遗憾。国家情报总监办公室的当前政策是，未来不会发布评估或评估中的关键判断，但这一政策能否承受未来的政治压力仍有待观察。未经授权的泄密行为给美国外交政策和情报工作造成巨大损害，将仍
269 然是一个重大威胁，特别是在所谓的内部威胁（即有机会获取情报的政府雇员或承包商有意将机密材料泄露给公众）不断增加的情况下。

最后，实施隐蔽行动的道德准则仍备受争议。如第九章所述，对于隐蔽行动计划，如今有详细的提议、批准和通知国会的行政部门程序。尽管如此，为一个民主国家干涉其他政府内政寻找正当化理由似乎是自相矛盾的。[3]然而，来自两大政党的总统一直都希望拥有无所作为或发动战争之外的第三条路。美国人是否会对本国政府向外国政府施加影响（但对此表示否认）的行为感到轻松？

一个颇具价值的标准是坚持要求任何情报行动提议都必须通过“华盛顿邮报测试”：若某一活动被这家主流报纸披露，美国人民会接受还是拒绝？以这一标准为衡量根据，有些行动可能从最初就不该考虑，而另一些行动则可能易于证明其正当性。例如，20 世纪 70 年代旨在破坏智利民主选举的隐蔽行动与阻挠伊朗、朝鲜核计划的行动之间的区别。同样，大多数美国人可能会欣然认可针对俄罗斯弗拉基米尔·普京等领导人的秘密的信息搜集行动，但他们也很可能会质疑针对德国总理安吉拉·默克尔等领导人的同样的手段。

保密是必要的吗

对许多情报学者和情报从业者来说，保密是区分情报与国家安全决策者使用的其他信息的核心概念。当然，这是对情报的一种过于狭隘的定义方式，

但也是讨论情报在美国民主中独特作用的一个起点。长期以来，美国人一直对保密这一治国手段心存警惕，埋怨旧世界依赖秘密联盟和秘密条约来瓜分全球大部分领土、策划战争。1919 年《凡尔赛条约》(Treaty of Versailles) 谈判期间，伍德罗·威尔逊（Woodrow Wilson）提出“公开的契约应公开缔结”的原则体现了美国精神，即美国将以不同于其他民族国家的方式运作。 270

然而事实上，美国从宣布独立之时起就不得不依赖秘密情报——乔治·华盛顿将军实质上是美国第一任间谍首脑。尽管如此，在整个美国历史上，间谍活动、监控和对秘密信息的依赖一直令人不安。当国家处于战争状态时，秘密情报和间谍活动勉强被认为是恰当的，但当和平到来时，秘密情报和间谍活动就被中止了。

对于在民主国家进行秘密情报活动这一窘境，解决之道在于，确保政府对情报活动的目的、可以收集的信息种类以及可以共享的人员范围有适当的指导。尽管 1947 年《国家安全法》对中央情报局的行动及中央情报总监（后来的国家情报总监）的权力规定得极其模糊，但该法的确赋予这位官员保护收集秘密情报的来源和方法的职责。1949 年《中央情报局法》还授权该机构保护（即加密）其雇员的姓名和数量。情报界的预算自始就一直是机密的，被隐藏于更大的国防部拨款中。为了提高透明度，国家情报总监最近才同意公布情报界开支的“上限”(总数字)。

总统的行政命令也规定了情报界保守秘密的职权。然而，这些命令指出，此类权力不能被用来掩盖违法行为、行政错误以及美国机构或官员的难堪私事。情报界只有基于国家安全目的才能对下述各类信息进行必要的加密：

- 军事计划、武器系统或行动
- 外国政府信息
- 情报活动（包括隐蔽行动）、情报来源或方法、密码技术
- 美国的外交关系或外交活动，包括机密消息来源
- 与国家安全有关的科学、技术或经济事项
- 保护核材料或核设施的政府计划
- 与国家安全相关的系统、设备、基础设施、项目、计划或保护机构的弱点或能力
- 大规模杀伤性武器的开发、生产或使用[4]

尽管如此，美国政府中仍普遍存在着对信息“过度加密”的倾向，而更具体地说，情报界就是这样。中央情报局及其他机构设有于25年后对文件进
271 行解密的计划，除非有令人信服的“来源和方法”方面的理由要求继续保密。对于渴望更多地了解情报机构过去活动的历史学家和情报学者而言，这些解密活动大多进展缓慢且力度不够。1966年《信息自由法》命令联邦行政机构应回应公民要求获得不再需要保密的信息的请求。中央情报局的历史幕僚已经出版了大量关于猪湾事件、古巴导弹危机、越南战争和其他重大国际危机的著作，学者们也可以查阅中央情报局过去对苏联和南斯拉夫的分析。最近，中央情报局发布了1969—1977年《总统每日简报》的长篇合集，这是首次对这些敏感文件的披露，覆盖了尼克松、福特和卡特总统的任期。[5]

一定程度上保护隐私权

根据定义，自由民主要保护个人隐私同时要求政府透明度的民主。从狭义上讲，秘密收集公民的情报是与民主背道而驰的。只要公民的思想或信仰不会导致犯罪行为，政府就不应对其进行干涉或监控。但是个人隐私就像政府秘密一样，也有其限制。人们常常说，美国人必须在个人自由和公共安全之间作出选择。事实上，这是一种错误的二分法。正如情报学者理查德·贝茨所指出的那样，在国家集体安全和公民个人自由之间存在一种权衡，但很少是一种非此即彼的选择：“没有必要损害与言论自由、政治组织、宗教自由相关的公民自由中更重要的元素，尤其是正当法律程序的权利（即没有机会对自己的罪行进行抗辩的情况下，不受任意逮捕和监禁）。在没有正当理由的情况下窃听某人的电话，并不像在未经审判的情况下将某人监禁数年那样具有破坏性。”[6]个人隐私和公共安全之间的妥协是可以合理确定的。倘若联邦政府有合理的理由相信某人正效力于外国势力或者隶属于意图攻击无辜美国公民的恐怖组织，则为了保护公众安全而对此人电话通话进行的拦截绝不是一种严重的过分干预。这些问题都不一定会侵犯《第一修正案》规定的言论、集会或宗教自由权。

区分个人的隐私权与其更广泛的公民自由是很重要的。在冷战期间，仅当存在犯罪行为或真实反情报威胁的证据时，侵犯个人隐私权才是合理的。根据《美国法典》，联邦调查局等执法机构可以出于收集已实施犯罪证据的目

的对公民进行监控。搜查和扣押通常需要法院命令或令状说明“合理根据” 272
（意味着高标准证据），而且在进行实地搜查时，通常应当让被搜查者知晓这些令状。然而，根据1978年《**外国情报监控法**》，如果认为存在目标为“外国势力”或“外国势力的间谍”（本章稍后将详细讨论）的反情报威胁，执法和情报机构也可以实施秘密监控。根据该法，在这些情况下，只要美国司法部长向**外国情报监控法院**（Foreign Intelligence Surveillance Court，**简称FISC**）证明，泄露无辜美国公民信息的风险极低，执法部门可以在没有法院命令的情况下维持这种秘密监控长达一年之久。总而言之，在信息和社交媒体时代，个人隐私保护已经成为一个复杂的领域，公民自由主义者、互联网和社交媒体公司以及执法官员都拥有相互竞争的权益。

监督的作用

鉴于情报界拥有收集、分析秘密信息以及实施隐蔽行动的巨大权力，必须存在一个监督和控制体系确保这些权力不被滥用。美国政府内部对情报活动有一个精密的立法、行政和司法审查框架。这一框架复杂且远非完美，但可能是世界上“民主政府”中最全面的监督体系。它随时间推移而建立、完善，反映出美国情报行动规模、复杂性的增长，同时也是在此过程中发生的情报失败和滥用的结果。

对美国情报活动的诸多控制反映出从以往情报机构惨痛失误、行政和国会监督失灵中所得到的教训。特别是，现行体系诞生于20世纪60年代与70年代越南战争抗议活动，这些抗议活动曾促使尼克松政府对民权和反战活动人士实施法外监控。1974年尼克松总统辞职后，中央情报局、国家安全局和联邦调查局对美国人的非法监控被曝光，引发了众议院和参议院对不法行为和情报失败的调查［后来分别被称为派克（Pike）听证会和丘奇（Church）听证会］。[7]这一系列公开听证会产生了大量关于之前未知计划的报告，其中一些计划曾提议非法打开邮件、窃听和入户。听证会还证实了一份长达700页的中央情报局“家丑”档案的存在，也就是该机构失误行动的汇编，其中包括对菲德尔·卡斯特罗的失败暗杀、改变思维的药物试验计划以及涉足的政变活
动等。[8]参议员弗兰克·丘奇曾形容这些听证会让中央情报局的运作看起来像 273
一头“暴戾的大象”，并呼吁对情报机构进行进一步控制。[9]

立法监督

基于派克听证会和丘奇听证会的结果，国会两院在 20 世纪 70 年代末都成立了情报特别委员会。[10]这两个委员会的任务略有不同（见窗 11.1）。众议院情报特别委员会（House Permanent Select Committee on Intelligence，简称 HPSCI）对国家情报计划拥有专属管辖权，并与众议院军事委员会共同管辖战术军事情报和预算。参议院情报特别委员会仅对中央情报局和国家情报总监及其各下属部门（如国家情报顾问委员会、国家反恐中心和国家反扩散中心）拥有专属管辖权。同时，参议院军事委员会基本上保留了对国家安全局、国家侦察局、国家地理空间情报局、国防情报局的较大的国防情报计划和预算的监督。尽管这两个监督委员会承担了大部分监督责任，但应该指出的是，就国防情报（约占情报界预算的 70%）、联邦调查局和国土安全部情报活动以及任何情报拨款而论，军事、司法、国土安全和拨款各委员会确实保留了很大的影响力。

窗 11.1　众参两院情报监督委员会

众议院情报特别委员会成立于1977年，其规模在20—22名成员之间波动。多数党与少数党的比例与众议院全体成员的比例大致相当，但一般不超过3∶2。至少有一名成员应当从众议院拨款委员会、军事委员会、司法委员会和外交委员会中选任。众议院情报特别委员会对国家情报计划和军事情报计划具有管辖权。对联邦调查局和国土安全部的管辖权则与司法委员会、国土安全委员会共享。

参议院情报特别委员会成立于1976年，目前由15名参议员组成。按照惯例，多数党总是有8名成员，少数党有7名成员，且不论参议院全体议员的构成比例。作为两党制的标志，参议院情报特别委员会也有一名代表少数党的副主席。至少有1名成员来自军事、外交、拨款和司法各委员会。参议院军事委员会的主席和高级少数党成员也是参议院情报特别委员会的当然成员。参议院情报特别委员会只对国家情报计划的预算（包括中央情报局和国家情报总监办公室）有管辖权。否则，它与参议院中相应委员会对国防部、国土安全部、财政部和司法部各实体拥有有限管辖权。

274 为了重建公众对情报的信任，参议院情报特别委员会负有对国家情报计划内各机构主管的任命进行确认的职责，如国家情报总监、中央情报局局长等，这项确认职责也涵盖了国防部一些下设机构的主管，如国家安全局局长、国防情报局局长等。这使得参议院情报特别委员会有权举行公开听证会，并在确认这些官员的任命之前对其观点进行盘问。同时，这也可以作为一个平台，表达关于情报运行的重要观点和担忧或督促情报界对履职提高透明度、真实性的承诺。正如2018年年初所展示的那样，对吉娜·哈斯佩尔担任中央情报局局长的提名，使得国会、公众就中央情报局过去有关秘密拘留营、强化审讯技术的行为展开了激烈的讨论。她所承诺的与特朗普总统打交道时向有权者讲真话以及永远不再使用“酷刑”，都是她的提名勉强获得通过的条件。

前述关于隐蔽行动的一章详细介绍了将总统决定通知国会的程序。然而，情报监督委员会在审查、评价中央情报局高度机密行动中的关键作用是值得强调的。1980年《情报监督法》要求中央情报局及时向参众两院监督委员会通知总统决定（见窗11.2）。虽然这些委员会无权停止或修改这些行动，但理论上他们可以鼓励通过立法，妨碍对中央情报局今后的资金支持或改变其范围。拥有这种权力往往能够劝阻不明智或高风险的行动。若隐蔽行动被认为极度敏感，总统可以决定将通知时间推迟至正常的48小时周期之外。或者，总统可以选择仅向一组特定的国会领导人通报。此即通常所谓的“**八人帮**”，由参议院多数党领袖和众议院议长及其各自的少数党领袖、两个监督委员会的主席，还有各自的高级少数党成员组成，其受雇目的是保持国会最低限度的知情。由于有时被视为用来限制国会可能会有的批评的借口而非针对可能泄密的保护措施，这种方法已变得愈发受到争议。

BOX

窗11.2　1980年《情报监督法》

1980年《情报监督法》要求中央情报局局长向情报监督委员会“全面、及时地通报所有情报活动，包括任何重大的预期情报活动”。该法要求对任何重大违法行为或情报失败进行及时通知。重要的是，该法取代了《休斯-瑞安修正案》，规定总统应向情报监督委员会通知计划施行隐蔽行动的决定，并规定了此类通知的程序和时限。此前，中央情报局被要求向多达8个独立的国会委员报告重大情报行动，该法取消了之前的要求，将原要求降低至向2个情报监督委员会报告，并对向委员会告知经总统批准的隐蔽行动规定了一套详细的程序（后来称为“决定”和“通知”）。

与其他国会委员会一样，情报监督委员会有权控制情报计划和预算，包 275
括否决或批准特定计划开支的权力。每个监督委员会以及参众两院相应的拨款委员会都有大量的审计人员负责不断地审查情报界的预算和开支，以确保其遵守立法指导和优先事项。审计人员将对由国家情报总监编制并已经过行政管理和预算局审查及批准的年度综合情报预算申请进行进一步审查，该申请被包含于厚厚的且高度机密的国会预算论证书中（congressional budget justification books，简称 CBJBs）（见窗 11.3）。参众两院国会委员会的预算专家将对这些支出申请进行批评和质疑，并经常会要求提供进一步的信息或详情介绍。通常情况下，国家情报总监和各个机构的负责人将在委员会面前作证，回答问题并对这些预算申请进行申辩。

BOX

窗 11.3　国会预算论证书

国会预算论证书是提交给国会的年度报告，细致地描述了情报力量的全貌，本质上是对已分配资金实际流向的详细说明和对来年资金申请的论证。它深入介绍了许多计划的细节，如运作的方式、产生的结果及其对国家安全的影响。它报告了我们如何保护我方军队免受叛乱袭击以及如何评估敌对领导人意图。它解释了我们如何监控大规模杀伤性武器在伊朗、朝鲜和叙利亚等地的扩散。简言之，它包含了美国如何进行情报活动的全部内容。

资料来源：詹姆斯·克拉珀：《事实与恐惧：情报生涯中的残酷真相》，纽约：维京出版公司（Viking），2018 年，第 240 页。

276 对于自己希望得到推动或保护的计划，委员会将对其支出或拟议补充拨款频繁提出问题。例如，在 20 世纪 80 年代，参议院情报特别委员会曾禁止中央情报局花费资金向尼加拉瓜的反政府武装提供致命的援助，里根政府想凭此破坏古巴支持的桑迪诺政府。随后的立法要求，任何隐蔽行动计划在启动前必须“通知”监督委员会。为了确保在行政和立法部门内的适当授权和通知，此后的补充性立法为隐蔽行动的总统决定过程（见第九章）制定了一套详细的程序。据《华盛顿邮报》报道，在另一起轰动性案例中，参议院情报特别委员会的审计团队发现，国家侦察局没有动用之前拨付和指定的资金，后来又为其位于弗吉尼亚州北部的总部大楼重新规划了一些资金。但国家侦察局从未向国会汇报过这些计划。当然，委员会主席举行了听证会并要求国家侦察局作出解释，并最终辞退了国家侦察局一名高级官员。[11]

国会通过听证会和独立调查进行的监督也可以限制和影响情报活动。2002 年伊拉克大规模杀伤性武器《国家情报评估》丑闻之后，两个监督委员会均各自对问题进行了调查。他们审查了情报文件，采访了分析师和管理人员，并对中央情报局及情报界分析技术实践得出一系列关键调查结果。类似地，在 2011 年，经时任主席戴安娜·范斯坦命令，开始了一项针对中央情报局秘密拘留和审讯计划的长达两年的工作人员调查。一份概述该计划缺陷及虚假指控的长篇机密级最终报告（包括一份经过编辑的 600 页摘要）被制作出来，对委员会的主流观点进行了强调，即该计划曾受误导且不应再重复。更近的例子是，参众两院委员会分别对俄罗斯干预 2016 年大选展开调查，截至撰写本书时该调查尚未完成。

行政监督

早在国会设立专门关注情报活动的委员会之前，行政部门就担负着监督和指导情报界的主要责任。正如之前对国家安全决策过程的讨论所阐明的那样，情报界向总统和国家安全委员会报告，使他们对情报事务的日常接触、控制更频繁。总统不仅需要设立各种国家安全委员会机构来设定情报需求、批准预算及授权隐蔽行动，还需要依靠咨询机构来审查情报界的履职状况。

- 总统情报顾问委员会

最早的总统监督工具之一就是总统情报顾问委员会。艾森豪威尔总统于 1956 年创建此机构，目的是向他提供外部建议，说明如何改善针对不断增长的苏联军事计划的情报活动。艾森豪威尔在其行政命令中指出，他寻求科学界、军界和商界的最佳建议。这个由 6—8 名公认专家组成的小型委员会，在发展空中侦察计划、为中央情报局设计新的技术处以及提议成立新的国防情报局以集中军事情报职能等方面给他提供了有影响力的意见。[12]后来的历任总 277
统还要求总统情报顾问委员会对情报失败进行事后调查，并对情报改革施行的有效性进行审查。例如，乔治·W. 布什总统的国家安全委员会幕僚在 2008 年修订《外国情报监控法》时就聘请了总统情报顾问委员会。据报道，奥巴马总统也指示其总统情报顾问委员会调查 2009 年“内衣炸弹袭击者”（“Underwear Bomber's”）几乎成功击落一架客机的情报失败。该委员会还为互联网上不断增长的数据提出了管理方法，为维基解密类的泄密提出了政府调查对策。

总统情报顾问委员会的规模和重要性有所变化，这取决于每位总统对情报事务的个人参与程度以及总统与该委员会及其主席的关系。总统通常会发布行政命令，规定顾问委员会的规模、职责和范围。在艾森豪威尔和肯尼迪时期，情报界尚处于形成阶段，这一机构对一些重大的机构改革发挥了重要作用。其他总统则对其依赖较少。事实上，由于新的国会监督委员会刚刚成立且卡特总统认为这些委员会能充分监督那些他并不关注的职能，因而卡特总统并未选择设立总统情报顾问委员会。在总统情报顾问委员会很少被使用的时候（如克林顿总统时期），它基本上变成了一个仪式性机构，总统的朋友或忠实拥护者可以在此占据一个看似高级的职位。

大多数情况下，总统情报顾问委员会的运作很少为人所知且一直毫无争议。一个例外是在福特政府时期，该机构力主开创对照组演练以批判中央情报局对苏联战略计划的评估。最近的一次例外发生在乔治·W. 布什的第一个任期内，据报道，其总统情报顾问委员会主席布伦特·斯考克罗夫特曾提出建议，为了给当时的中央情报总监更多的权力，“9·11”事件后的情报改革应包括将国家安全局和国家侦察局从国防部长的领导下移走这一举措。这一建议从未正式公布，据报道遭到国防部长唐纳德·拉姆斯菲尔德的强烈反对。这一争端，再加上斯考克罗夫特批评本届政府入侵伊拉克的公开信，导致他在2004年后被总统情报顾问委员会除名。

• 情报监督委员会

1976年，杰拉尔德·福特总统签署了一项行政命令（EO 11905），提纲挈领地规定了针对诸如尼克松政府时期所发生的情报滥用或侵犯美国公民自由的预防措施。这不仅回应了派克听证会和丘奇听证会对中央情报局及其他机构非法活动的调查结果，也回应了一个独立的总统委员会即洛克菲勒委员会（Rockefeller Commission）。[13]在这项行政命令中，福特总统禁止政治暗杀（这
278 项禁令在随后的总统行政命令中仍然有效），设立了一个由3—5名成员组成的小型**情报监督委员会（Intelligence Oversight Board，简称IOB）**，负责对中央情报局或其他情报机构所实施的任何非法活动进行调查并向司法部长和司法部报告。作为总统情报顾问委员会的附属委员会，情报监督委员会最终向总统报告。各情报机构及其监察长（inspector general，简称IG）负责向情报监督委员会提供所有信息以便其进行独立调查。

• 监察长

根据法律和行政命令，许多国家情报机构必须设立一个监察长办公室

(Office of the Inspector General)。[14]例如，中央情报局的监察长办公室成立于1953年，但后来1989年通过的一项单独的法规使其完全自治。总统提名的监察长候选人必须得到参议院情报特别委员会的确认。只有总统可以罢免监察长，这使其更加独立于当前的中央情报局领导层。

根据法规，监察长负责对行政部门内的单位、计划进行常规审计和检查，负责进行特殊调查以确保组织活动的效率、有效性和合法性。在中央情报局，审计的重点是财务交易和会计实践，而检查则可以对特定机构组成部分的计划或交叉计划的执行状况进行审查。调查则可被用于揭露涉嫌的欺诈、浪费、管理不善或违反法律及政府规章的行为。所形成的报告将送交中央情报局局长，供其审查并采取可能的进一步行政行为。此类报告的关注内容可能是雇员虚报考勤、滥用政府财产或资金，甚至可能是非法隐蔽行动、涉嫌虐待被拘留者或未经授权销毁被拘留者审讯方法视频。[15]监察长报告若涉及可能的犯罪活动则必须向司法部长汇报，而那些调查重大情报失败或问题的监察长报告则必须向国会监督委员会汇报。监察长们经常通过这种方式协助立法部门履行其监督职责。

虽然大多数报告和调查被用于确定内部行政行为（如对不当行为、不道德行为或不法行为进行训诫或解雇），监察长报告偶尔也会成为公共议题。2001年，中央情报局高级职业分析师、监察长约翰·赫尔格森撰写了一份报告，批评中央情报局反恐中心在“9·11”事件前的表现，建议成立一个问责委员会对造成问题的涉事人员进行训诫。这份报告激怒了中央情报局领导层，也挫伤了一些反恐中心分析师的士气。赫尔格森的办公室后来还发布了一份2004年的研究报告，声称中央情报局的秘密拘留和审讯计划很可能违反了
《联合国禁止酷刑公约》。这使得布什政府难以忽视公民自由组织对秘密监狱、 279
虐待被拘留者行为的批评，并导致参议院情报特别委员会启动独立调查。[16]据报道，局长迈克尔·海登当时对此不满，并授权中央情报局总法律顾问对监察长的行动进行调查。这份报告促使海登任命了一名针对监察长的调查官，以确保高质量监控并让中央情报局管理者随时了解监察长的活动。据称，赫尔格森同意了这些改变，但并未就此向媒体发表评论。

国家情报总监也根据《2010年度财政情报授权法》(Intelligence Authorization Act for Fiscal Year 2010）设立了自己的法定监察长。这名情报界监察长在

全部 16 个情报界成员机构中进行检查、审计和调查，同时也对国会负责。这一机构的目的还在于领导、培训及协调情报界的其他监察长们。国防情报局、国家安全局、国家地理空间情报局等其他机构也设有监察长以监控所在机构在效率及道德标准方面的表现。

司法监督：外国情报监控法院

司法部门对由国会通过并由行政部门实施的国家安全法具有广泛的解释权。在这种监督能力下，法院有权限制总统希望进行的情报活动，也有权要求制定一些程序从而为信息的秘密收集提供正当性。通过这些方式，从联邦法院一直到最高法院都可以对美国情报机构的运作方式施加控制。最高法院经常充当总统权力的“制动器”，且是国家安全及情报相关立法的解释者。在后“9·11”时代，最高法院的判决尤其限制了总统针对关塔那摩湾海军基地被拘留者的行动。在 2006 年哈姆丹诉拉姆斯菲尔德一案中，最高法院判决认为乔治·W. 布什政府在关塔那摩的军事委员会违反了美国法律和国际法，该判决还认为，《日内瓦公约》第 3 条（最低保护）也适用于被拘留者。[17]在 2008 年的另一起案件中，最高法院进一步认为，军事委员会没有向被拘留者提供与美国公民同样的人身保护权，这违反了宪法。[18]总体而言，最高法院的裁决往往比总统更倾向于给予非美国公民更多的保护。

最著名的司法监督活动是外国情报监控法院。该法院根据 1978 年《外国情报监控法》成立，被视为对丘奇委员建议的为行政部门使用情报而增加监督的一项解决措施。外国情报监控法院会在国家安全案件中对电子监控（以及后来的实地监控）令状申请进行审查。这个特别法院以秘密方式运作，由
280 来自全国不同联邦法院辖区的 11 名联邦法官组成。《外国情报监控法》指示该法院审查对在美国境外活动的外国目标的通信拦截的搜查令请求，以防止对美国公民通信的拦截或至少将其最小化。[19]该法还要求，收集已经在美国境内被收集的外国目标通信传输信息，应由司法部申请令状。司法部必须提供合理根据证明目标是“外国势力”或“外国势力的间谍”（见窗 11.4）。

BOX

窗 11.4 《外国情报监控法》

1978年的《外国情报监控法》设立了外国情报监控法院，负责审查和批准执法和情报机构提出的对涉嫌从事间谍活动或恐怖主义活动的“外国势力的外国间谍”进行实地监控、电子监控的请求。《外国情报监控法》第702条允许执法和情报机构在没有令状的情况下获取美国境外外国人的电子邮件和电话通信。

> 值得注意的是，该法严格规定了联邦电子（以及后来的实地）监控令状的执行程序。其主要目的是防止外国势力或其代理人从事攻击、破坏、国际恐怖主义或秘密情报活动。如果相关情报信息涉及“美国人员”，那么这些信息必须是防止攻击、破坏、恐怖主义或间谍行为所必需的。
>
> 随后的解释和司法部程序形成了对执法机构和情报机构协调、共享信息的限制（隔离墙），以免污染刑事诉讼。从本质上讲，《外国情报监控法》的令状不能绕过第四修正案对美国公民的“正当程序”保护。

《外国情报监控法》于2008年被更新与修正，当时国家安全局国内监控计划引发激烈辩论，后来该计划由爱德华·斯诺登披露。当时，情报界坚持认为其需要第702条中的某些规定，即允许国家安全局在法庭监督下收集在美国境外活动的可能参与恐怖主义的非美国人的通信。根据法律学者的说法，该法此前一直在美国公民和非美国公民以及国内和国外地区方面有所区分。如果政府能出示合理根据证明某人是外国势力的“代理人”，则《外国情报监控法》基本上消除了这两项区别。[20]

斯诺登泄密事件曝光了国家安全局对美国人互联网和电话元数据的广泛收集后，国会担心这一规定正在被滥用于对无辜美国公民的间谍活动，而国家情报总监詹姆斯·克拉珀和其他高级情报官员则试图消除国会的担忧。克拉珀坚称，当情报界监控与美国公民通话的境外非美国人的通信时，若这种“附带收集”没有外国情报价值则会被删除。[21]不断有媒体报道称，国家安全 281
局只针对非美国人通信进行精确追踪的能力还远远不够完善。新美国基金会对国家情报总监办公室第702条半年度报告的分析显示，该法的复杂性以及国家安全局的强大收集能力意味着，由于人为错误和糟糕的任务指令，对美国人电话信息和电子邮件的无意中的收集仍在持续。[22]由2004年情报立法创建的隐私和公民自由监督委员会（Privacy and Civil Liberties Oversight Board，简称PCLOB）也调查了第702条的使用情况并得出结论认为，尽管错误率很低，但考虑到收集计划的规模和复杂性，错误是不可避免的。在答辩中，情报界及时报告了这些错误并调整了对信号分析师的培训以减少这些事件。

“9·11”事件后的情报挑战

在冷战结束时，美国似乎可以逐渐减少其国防投入和情报工作。然而，2001

年9月11日的恐怖袭击使安全问题重新成为首要问题。此外，这次袭击也使安全与自由的两难困境更加凸显。更具侵入性的监控、审讯技术以及采取情报引导的定点杀戮，都引发了对行政和立法监督是否充分的质疑。此外，在情报界内部及其与外国合作伙伴更广泛共享情报以协助反恐的需求出现之际，对机密情报计划未经授权的披露却破坏了美国在一些合作伙伴眼中的可信赖性。当前及未来的美国决策者将不得不努力解决这些问题，以恢复美国在国内外的信誉。

严酷及侵入性情报收集

全球反恐战争带来了一系列旨在打击国际恐怖组织（如基地组织、塔利班和最近的“伊斯兰国”）的新的情报任务。“9·11”袭击后不久，美国总统乔治·W. 布什授权中央情报局实施其最广泛的隐蔽行动计划以瓦解未来恐怖阴谋及摧毁基地组织。这些计划不仅涵盖了在阿富汗的准军事行动，还包括对关押于美国境外秘密营地的被俘战士的秘密非常规引渡和审讯。此类措施使得中央情报局在有必要探取能够揭示未来袭击计划的信息时，实施其自认为非常严酷的审讯。在实施前述计划与行动时，美国并没有顾及其所签署的《联合国禁止酷刑公约》[23]，该公约禁止“为了向某人或第三者取得情报或
282 供状，蓄意使某人在肉体或精神上遭受剧烈疼痛或痛苦的任何行为”[24]。该公约还进一步禁止对战俘进行所谓的残忍、不人道或有辱人格的待遇。

当时，总统及其最亲信的顾问认为，当务之急是不惜一切代价阻止后续袭击。授权对已知的基地组织成员使用强化审讯手法（包括对被拘留者施加的模拟溺水的水刑）似乎是合法的。因此，白宫法律顾问阿尔贝托·冈萨雷斯（Alberto Gonzales）早在2002年1月就已经宣称，布什政府并不认为基地组织和塔利班的士兵应该受到《日内瓦公约》的保护，因为他们被判定为“非法战斗人员”而非战俘。[25]然而，中央情报局希望对其计划的合法性获得更多肯定，因此在2002年8月申请并收到了一份司法部判定这些措施不符合酷刑定义的法律备忘录。在这份备忘录中，司法部律师辩称，作为总司令的总统有权采取行动以保护美国（所谓的紧急避险），且关于《联合国禁止酷刑公约》，《美国法典》只禁止造成严重疼痛或精神痛苦的最极端行为：

> 我们的结论是，根据《美国法典》第2340条的定义，一种构成酷刑的行为必须造成难以忍受的疼痛。达到酷刑的身体疼痛在强度上必须与伴随严重身体伤害（如器官衰竭、身体功能受损甚至死

> 亡）的疼痛相当。对于纯粹的精神痛苦或折磨，若要达到第 2340 条规定的酷刑，则必须造成持续时间较长的重大心理伤害，例如持续数月甚至数年。[26]

参与该项目的任何中央情报局幕僚或合同雇员在被提起酷刑指控之前，司法部就已通过这一界定设置了非常高的门槛。

行政部门还认为，其通过向国会部分关键成员通报非常规引渡和审讯计划的一般性质为自己杜绝了后患。2002 年 9 月，中央情报局官员向众议院情报委员会的多数派及少数派高级成员，即波特·戈斯（后来任中央情报局局长）和南希·佩洛西（Nancy Pelosi，时任众议院少数党领袖），作了汇报。随后，中央情报局官员又向国会监督委员会的几名成员就这一计划作了进一步阐述，但直到两年后才向全体委员会作了汇报。据布什政府及中央情报局官员称，那几位国会领导人当时没有表现出疑虑。《华盛顿邮报》对秘密监狱、严酷审讯计划的曝光迫使中央情报局在未提供任何细节的情况下对该计划进行了辩解，但最终还是终止了该计划。[27]后来佩洛西声称她在审讯技术的性质和程度方面受到了欺骗。特别值得一提的是，她声称从未被告知过水刑，而 283
这一说法遭到了中央情报局官员的强烈反对。更宽泛地说，这场争议不只引发了对仅向少数国会人物而非全体委员会通报情况这一做法提出了异议，而且还表明，除非国会监督委员会成员向中央情报局官员直接提出问题，否则不能相信他们会自愿提供信息。[28]总之，事实证明，情报监督职能难以确保对有道德、法律疑点的计划进行适当的审查。

2005 年秋天秘密监狱计划被泄露给媒体之前，有十几种强制手段一直在使用。虽然从未完全披露，但它们大致包括隔离、压力姿势、假处决、猛扇耳光、感官剥夺、饮食调整、极端温度变化、脱衣服以及三起水刑。该计划在 2005 年被曝光后，布什总统和他的顾问们被迫考虑调整，戈斯局长则在 2005 年年底暂停了这些手段的使用。2009 年晚些时候，奥巴马总统更进一步，通过行政命令禁止了这些强制手段，迫使美国的任何审讯必须遵循现有的美国《陆军战地手册》（Army field manual），该手册明确禁止水刑等强制手段。

对于这些手段究竟在多大程度上生产出可行动情报，美国情报机构领导人公开表达了不同意见。海登及参与这项计划的人仍然坚信，他们确实提供了有用的情报，甚至最终有助于发现本·拉登。另外，中央情报局前局长约翰·布伦南则对这些手段持更多的批评态度，并对中央情报局能否证明这些手段在防止其他袭击方面具有决定性作用持模糊态度。众所周知，这些强制手段的使用仍然是作为号称法治、自由、民主国家的美国在声誉上的道德污点。联合国及大多数盟国政府认为这些措施是酷刑并予以谴责。再加上在阿富汗阿布格莱布监狱（Abu Ghraib prison）进行军事审讯时令人触目惊心的照片，美国已经失去了相当的信誉。这也可能会让美国未来失去与一些盟国情报机构的合作。总而言之，情况大致可以归结为，总统向顺从的中央情报局颁发了许可证，允许其实施一项考虑不周、拙劣的即兴创作的强制性计划，而司法部则非常愿意取悦被恐惧驱使的政府并因此为这项计划提供了正当性说明。

同样成问题的是，布什政府曾秘密批准了以发现新的恐怖主义威胁为目的的针对国内外通信的大规模电子监控。2001 年 10 月，布什总统认定，美国所面临的来自基地组织的特别紧急情况，证明国家安全局在未获法院命令情况下对国内外互联网、电话通信进行电子监控是正当的。国家安全局可以收
284 集元数据的期限为 30—60 天，这项授权被反复延长了近 5 年。[29]此后，国家安全局便能够分析这些元数据并将其报告给联邦调查局、中央情报局以及其他反恐机构。爱德华·斯诺登后来透露，其中一个技术收集计划代号为“棱镜”。在该计划中，国家安全局从微软、雅虎、谷歌、Facebook、YouTube、美国在线、Skype 和苹果等主要互联网服务提供商收集、存储了数百万条记录。由于世界上大部分互联网流量都是通过主要互联网提供商的“主干网”经过美国的，因此，美国政府很容易秘密地让这些提供商给予国家安全局接收、存储这些元数据记录的权限。

根据 2009 年国防部、司法部、中央情报局、国家安全局和国家情报总监办公室的监察长们向奥巴马总统提交的报告，国家安全局局长迈克尔·海登 2001 年 10 月向众议院情报特别委员会汇报称，在“9·11”事件前的《外国情报监控法》规则下国家安全局将无法充分发现新的恐怖主义威胁。[30]《外国情报监控法》要求的法院命令过于缓慢和烦琐，无法确保对电话或电子邮件通信的及时拦截。然而，在他看来，在没有个别法院命令的情况下，只收集元数据所引起的宪法问题（如第四修正案禁止的无理搜查和扣押）比收集这些通信内容所引发的问题要少。在政府成功地游说国会允许其在实施监控方面更自由地行事之后，国会批准了 2001 年的《美国爱国者法案》(USA PATRI-

OT Act)。该法允许执法部门使用与打击有组织犯罪、贩毒者相同的电子工具(如“流动窃听”和获取商业记录)来调查恐怖分子。最重要的是,该法第215条允许国家安全局存储由主要互联网和电话公司提供的电话元数据。当时,国会中几乎没有人理解这一权力会被解释得有多宽泛。事实上,根据后来公布的记录,国家安全局更广泛的监控计划起初并未向国会领导人汇报过,而是在计划开始两年多后才仅向“八人帮”汇报了情况。

法律顾问办公室起草的一系列司法部备忘录为总统监控计划(President's Surveillance Program,简称PSP)提供了法律依据。其起草者为保守派法律学者约翰·柳(John Yoo),是唯一一位获准进入这个高度机密计划的官员,他还撰写了有争议的“酷刑备忘录”为中央情报局的秘密审讯计划提供根据。柳的备忘录迅速驳斥了对第四修正案的担忧,认为第四修正案与收集非美国人的电子通信无关。关于对美国人的电子监控,柳认为第四修正案保护仅适用于执法活动,不应将其解释为阻碍总统作为总司令正式授权的“对军事行动的直接支持”[31]。后来,当其他司法部律师获准接触总统监控计划时,他们开始质疑柳所持的总统战时权力被排除在《外国情报监控法》限制之外的法律分析。[32]他们 285
提醒司法部长约翰·阿什克罗夫特(John Ashcroft),总统监控计划可能建立在不可靠的法律论证基础上。时任司法部副部长詹姆斯·科米(James Comey)听取了关于总统监控计划及其法律依据的汇报后,也对那些似乎忽视了国会立法的法律论证感到担忧,但并未能将这一意见通知国会领导人。

后来,在2004年3月国家安全局向“八人帮”进行全面汇报之后,司法部的法律意见是主张对该计划进行修订。当时国会领导人对监控计划表示担忧但并未反对继续实施。2008年,国会通过了《外国情报监控法》修正案,允许国家安全局在美国境内收集被认为参与恐怖主义活动的非美国公民的电子通信。与自2002年开始的控制国家安全局活动的总统授权规定相比,这项法案赋予了政府更广泛的权力来拦截国际通信。

总的来说,“9·11”事件导致美国国内电子情报行动的大规模扩张,其基于这样的假设,即这些机构对保护美国公民至关重要。在实践中,一些个人隐私权不得不让位于公共安全。然而,这一大规模监控计划的效能仍然是非常模糊的。2009年监察长联合报告指出,由于计划被严格分隔且很难采访涉事参与者,对总统监控计划的整体效能很难进行评估或量化。考虑到这一局限性，司法部的监察长得出结论称："尽管从总统监控计划中获取的信息在某些反恐调查中具有价值，但在联邦调查局整体反恐工作中发挥的作用基本上是有限的。"[33]根据同一份报告，中央情报局及国家反恐中心分析师的态度在一定程度上更为积极，指出从总统监控计划中获得的信息有所贡献，但由于该计划的敏感性，其效能难以评估，且最终被证明并不比其他情报来源更有用。[34]

2009 年的问题在于，为寻找几个恐怖分子嫌疑人而扩张国家安全局监控权限，进而可能损害所有美国人的隐私保护是否值得。奥巴马总统在 2010 年判定这种监控扩张是不必要的。其负责此问题的总统委员会对该计划进行了审查并得出结论认为，存在不必危及美国公共安全且侵入性相对较轻的一些能够访问此类来源的信息的方法。该委员会建议，国家安全局应减少大规模元数据收集，转而要求电话和互联网提供商存储用户元数据，执法和情报机构可在向外国情报监控法院提出请求后访问这些元数据。奥巴马总统最终接受了这一建议。随后，国会也通过新的立法巩固了总统的这一决定，利用《美国自由法案》有效地取代了《爱国者法案》赋予国家安全局的宽松权力（见窗 11.5）。这部 2015 年的法律实质上禁止国家安全局保留元数据，并要求行政部门发布年度报告披露向外国情报监控法院提出的《外国情报监控法》请求的数量，以便提升对国会和美国公众的透明度。

窗 11.5　《美国自由法案》

BOX

2015年的《美国自由法案》禁止乔治·W. 布什时代的大规模元数据收集，并要求政府监控请求"具体地说明个人、账户、地址或个人设备"，尽可能地将信息搜寻范围限制于调查目的之内。此外，该法还要求政府采取"最小化"程序来保护美国公民的隐私权，并允许外国情报监控法院法官控制对任何未经同意者的补充性最小化程序。该法也要求美国司法部长向国会提交年度报告，说明向《外国情报监控法》法院提出的令状申请数量、批准并修改的数量以及被驳回的数量。

286 从这些不同事件中得到的第一个教训是，"9·11"事件造成了恐惧感和紧迫感，这种情况促使以牺牲美国公民自由为代价，放松对情报收集实践的限制。此外，这种恐惧感和紧迫感也削弱了政府行政、立法部门的适当监督。如果美国再次遭受重大袭击，应牢记这些经验以便进行适当监督。第二个教训是，情报界不能简单地停留于政府内部律师所解释的"法律范围内"。正如一位学者所说，如果这些行为不太可能被视为合法且合乎道德，那么仅仅遵守法律是不够的。[35]

专业性和透明度要求

上述讨论凸显出对保密的情报界进行有效监督是多么困难。事实证明，“9·11”事件后的监控争议对美国情报机构的损害几乎与20世纪70年代的水门事件一样。非常规引渡和秘密监狱的曝光，近乎酷刑的极端审讯的运用，以及对美国人电话、电子邮件和社交媒体通信的广泛且未经授权的监控，都导致了对情报界的严重批判和公众信任的下降。

为重建公众的信任，情报界已承诺恪守一套诚信原则并提升透明度。第一，情报界对其做法进行了自我反省并确定了一套全情报界所需要的专业原则。2012年，国家情报总监宣布这些原则覆盖了16个机构的所有情报活动：

> 1. 使命。我们为美国人民服务，明白我们的使命要求对我国国家安全的无私奉献。 287
>
> 2. 真相。我们寻求真相；向有权者讲真话；客观地获取、分析和提供情报。
>
> 3. 合法。我们支持并捍卫宪法，遵守美国法律，保证我们以尊重隐私、公民自由和人权义务的方式履行我们的使命。
>
> 4. 正直。我们在行为上表现出正直，意识到我们的所有行动，无论是否公开，都应该对整个情报界产生积极的影响。
>
> 5. 管理。我们是对公共信任负有责任的管理者；我们谨慎地使用情报权力和资源，勤勉地保护情报来源和方法，利用适当的渠道举报不法行为；我们对自己及监督机构负责，并通过这些机构最终对美国人民负责。
>
> 6. 卓越。我们力求不断地提高我们的表现和技能，负责任地共享信息，与同事合作，并在面对新挑战时展现创新和灵活。
>
> 7. 多样性。我们支持我们国家的多样性，促进我们雇员的多样性和包容性，并鼓励我们思维的多样性。[36]

这些看似显而易见的原则很重要，即使仅仅是因为它们要求情报界的机构和个人权衡其实践的道德规范。这些原则要求授权收集行动、隐蔽行动或分析的官员必须认识到，他们的工作必须服务于国家，尊重美国法律和公民自由，向有权者讲真话，并对监督机构和美国人民负责。

第二，情报界制定了新的“透明原则”（Principles of Transparency），且建立了一个全情报界的情报透明委员会（Intelligence Transparency Council）。[37]其任务是强化信息发布，使公众能够更多地了解情报任务、权力和监督机制。四项广泛的透明原则试图在发布促进民众知情的信息与同时保护绝对重要的情报来源和方法之间取得平衡（见窗 11.6）。这些原则似乎承认，情报界必须更好地只对真正会给国家安全造成重大危害的信息进行加密，并齐心协力地
288 解密更多的信息。

窗 11.6　情报透明原则

1. 确保适当的透明度，以提升公众对以下方面的认识：

   a. 情报界的使命及其如何实现使命（包括其结构和效率）；

   b. 管理情报界活动的法律、指令、权限和政策；

   c. 确保情报活动按照适用规则实施的合规及监督框架。

2. 主动且明确地通过授权渠道向公众公开信息，包括采取下述积极措施：

   a. 就涉及公众利益的事宜及时地确保其透明度；

   b. 使信息具备足够的清晰度的和上下文背景，以便其易于理解；

   c. 通过一系列的通信渠道使公众能够获取信息，如新技术所提供的渠道……

3. 在保护有关情报来源、方法、活动的信息不被未经授权披露方面，确保情报界专业人士一致且勤勉地履行其下列职责：

   a. 只对那些未经授权披露可能对国家安全造成可识别或可描述损害的信息进行加密；

   b. 不得为了隐瞒违法、低效、行政错误或防止难堪而对信息进行加密……

   c. 因保障情报效能、保护为情报界工作者或与情报界共事者、保护国家安全的需要而对信息进行保护时，作出加密决定之时应尽可能地考虑公众利益。

4. 协调情报界职能、资源、流程和政策，以支持这些原则的有力实施，并与适用的法律、行政命令和指令保持一致。

资料来源：国家情报总监办公室发布的《情报界的情报透明原则》（Principles of Intelligence Transparency for the Intelligence Community），https://www.dni.gov/files/documents/ppd-28/FINAL%20Transparency_poster%20v1.pdf。

第三，情报界需要在不损害情报收集或分析的情况下大力宣传自己为国家安全和公共安全作出的贡献。国家情报总监詹姆斯·克拉珀宣布这一举措时，还鼓励各机构公开地向公众讲述其对公众安全的贡献。在2016年的一次演讲中，他指出了国家侦察局和国家地理空间情报局在向各种自然灾害（如丽塔飓风和卡特里娜飓风）以及人为灾害（如英国石油公司墨西哥湾漏油事故）的第一反应者提供必要信息方面发挥的重要作用。除此之外，他和其他高级情报官员还更加致力于尽可能公开发表讲话。但在向一大群听众发表演讲时，他暗示了在保密文化中成长起来的情报界要走出阴影是多么困难："我承认，由于我在信号情报业务中的成长经历和我数十年的情报工作，我们此时所致力于达到的那种透明度，感觉几乎从骨子里与我背道而驰……我想，1963年的空军少尉吉姆·克拉珀[①]（Jim Clapper）会对我们在2015年谈论具体信号情报和总体情报活动的详细程度感到震惊。"[38] 289

第四，情报界需要让公众认识到他们对捍卫国内公民自由的投入。在国家情报总监办公室内部，隐私和公民自由监督委员会作为2004年情报改革的一部分得以成立。它由四名兼职成员和一名全职主席组成，负责审查行政部门的反恐行动以确保这些行动与保护隐私和公民自由的需要相平衡。该委员会还负责确保未来法律、部门规章或政策的发展都与美国公民自由相一致。就后一职责而言，斯诺登泄密事件后，在提出建议影响《美国自由法案》及限制国家安全局监控方面，该委员会起了重要作用。事实证明，其关于《2008年外国情报监控法修正案》第215条、第702条的2014年报告，在改变国会和行政部门对电子监控的看法方面产生了巨大影响。该委员会关于这些计划的各项建议都已部分或全部实施。

此外，这些报告是公开文件，使美国人比以往任何时候都可以更多地了解情报界的监控活动。隐私和公民自由监督委员会能够并且应该提供关于其建议如何得到实施的状况报告。它可以举行公开听证会，也可以让外部专家和组织参与其审议，从而在保密的情报界和美国公众之间建立一种间接的联系。目前，该委员会的管辖权仅限于情报界的反恐计划，而公民自由倡导者则强烈支持扩大隐私和公民自由监督委员会的权限以涵盖更广泛的情报收集计划。[39]在特朗普总统的领导下，该委员会的作用如何还有待观察。在过去的

---

① 詹姆斯·克拉珀的曾用名。——译者注

几年里，国会对其重视程度有所下降，其成员数量也有所减少。2018 年，特朗普总统任命了几名新成员，使其达到法定人数所需的最少三人。[40]那些支持成立活跃的委员会的人建议授权隐私和公民自由监督委员会向国会发布年度报告，以汇报当前情报实践和政策如何影响美国人的公民自由。在上一届国会，试图通过这类立法的努力失败了，目前还不确定是否会在短期内重新审议这类立法。即便如此，如果美国的安全因面临新的威胁而产生了其他情报监控计划，那么最好有一个有效的委员会来确保美国人的公民自由不会受到不当侵犯。

情报界能否重新获得美国公众的信任显然还有待研究。虽然有关情报的民意调查很少，但现有的情况表明，公众对情报机构持怀疑态度但认为其任务至关重要。2015 年皮尤研究中心（Pew Research Center）的一项民意调查显示，在斯诺登事件之后，三分之二的受访者在信息收集和数据隐私方面“不
290 信任”情报机构。[41]在 2017 年的一项研究中，民调显示，略微多数的人（55%）认为情报界“在对外国威胁进行预警方面起着至关重要的作用且促进了国家安全”。只有一小部分人（12%）认为情报界对公民自由构成了威胁。虽然这些数据可能令人安心，但其他调查结果则并非如此：

- 千禧一代（1982 年后出生的人）最不可能相信情报界的重要性，对情报界的了解也较少。
- 认为情报界起着重要作用的人中大多数都表示他们对情报界的任务知之甚少。
- 近 60%的受访者认为情报界保护隐私的能力“不是很有效”或“根本没有效果”。[42]

在这个关键时刻，仍应寄希望于情报界采取更多措施来阐明其在国家安全事业中的职能，以及其在平衡安全与保护美国人隐私方面的作用。本书的目的之一是使读者更了解情报界对美国国家安全的贡献。它展示了国家安全事业的复杂性，以及庞大的美国情报界的多样性和秘密性。即便如此，情报界为美国决策者提供的大部分信息只有政府内部人士知道。随着我们进入一个新的十年，面对同行竞争对手的不断崛起，情报工作将一如既往地重要。再加上数字和网络世界的不可预测性，我们有充分理由相信，情报机构在提

供可行动信息以保护美国人的安全并同时捍卫美国制度和价值观方面，将面临许多挑战。

有用文件

经修订的第 12333 号行政命令（Executive Order 12333）：https：//fas. org/irp/offdocs/eo/eo-12333-2008. pdf，是对美国情报活动进行授权及控制的关键文件。

2008 年修订的《外国情报监控法》：（Foreign Intelligence Surveillance Act, as amended in 2008），https：//www. gpo. gov/fdsys/pkg/PLAW-110publ261/pdf/PLAW-110publ261. pdf，为涉及美国人的敏感美国情报活动创设了秘密司法审查的主要立法。

白宫情报与通信技术审查小组（President's Review Group on Intelligence and Communications Technologies）:《美国国家安全局报告：剧变世界中的自由与安全》(Liberty and Security in a Changing World)，2013 年，https：//obamawhitehouse. archives. gov/sites/default/files/docs/2013-12-12_ rg_ final_ report. pdf，奥巴马总统的委员会审查了国家安全局的监控计划，并提出了主要变革建议。

2015 年《美国自由法案》：（USA Freedom Act of 2015）：https：//www. congress. gov/114/bills/hr2048/BILLS-114hr2048enr. pdf，限制国家安全局国内 291
监控计划的现行法律，这些计划必须在 2019 年年底前审查和重新授权。

延伸阅读

肯尼思·阿布舍尔（Kenneth Absher）、迈克尔·德施（Michael Desch）、罗曼·波帕迪克（Roman Popadiuk）:《特权和机密：总统情报顾问委员会的秘密历史》(*Privileged and Confidential*: *The Secret History of the President's Intelligence Advisory Board*)，列克星敦：肯塔基大学出版社，2012 年。对这一高度机密的总统顾问小组进行了最权威的介绍。

罗斯·贝拉比（Ross Bellaby）:《危害何在？情报收集的道德规范》(What's the Harm? Ethics of Intelligence Collection)，载《情报与国家安全》，2012 年 2 月第 27 卷第 1 期，第 93—117 页。介绍了关于“正义情报”一系列原则的观点，目的是指导“9·11”事件以后的情报收集。

詹姆斯·克拉珀：《事实与恐惧：情报生涯中的残酷真相》，纽约：维京出版公司，2018 年。列出了职业情报官员在平衡公众知情权和情报界保密需求方面所面临的一些挑战。

吉纳维芙·莱斯特（Genevieve Lester）：《国家机密何时应保密？问责制，民主治理和情报》（*When Should State Secrets Stay Secret? Accountability, Democratic Governance, and Intelligence*），剑桥：剑桥大学出版社（Cambridge University Press），2015 年。为评价情报的内部和外部监督机制提供了分析框架，具有讽刺意味的结论认为，建立更多的监督机制实际上降低了其整体有效性。

史蒂文·斯利克、约书亚·布斯比（Joshua Busby）：《美国情报的公开性：提升透明度会导致公众信任增加吗？》（*Glasnost for US Intelligence: Will Greater Transparency Lead to Increased Public Trust?*），芝加哥全球事务委员会（Chicago Council on Global Affairs），2018 年 5 月 24 日，https://www.thechicagocouncil.org/publication/glasnost-us-intelligence-will-transparency-lead-increased-public-trust，总结了公众对情报界的态度相关的近期民意调查。

L. 布里特·斯奈德（L. Britt Snider）：《中央情报局与国会的关系：1946—2004 年》（*The Agency and the Hill: CIA's Relationship with Congress, 1946-2004*），华盛顿特区：情报研究中心，2008 年。正如一名中央情报局立法事务前高级官员所言，本书记录了国会与中央情报局冲突不断的监督关系。

注释

引语一：詹姆斯·麦迪逊：《政府结构必须能使各部门之间有适当的控制和平衡》（The Structure of Government Must Furnish The Proper Checks and balance between Different Departments），《联邦党人文集》第 51 篇（Federalist Paper no. 51），1788 年 2 月 6 日，http://constitution.org/fed/federa51.htm。

引语二：李·汉密尔顿（Lee Hamilton）：《监督与大型调查》（Oversight vs. Glitzy Investigation），载《基督教科学箴言报》（Christian Science Monitor），1999 年 7 月 15 日，https://www.csmonitor.com/1999/0715/p11s1.html。

❶ 在美国的盟友中，只有加拿大声称并未保有秘密人力情报力量而仅仅依靠其外交报告。即便如此，在五眼联盟的情报共享下，加拿大依然可以获得美国和英国的信息。
292 此外，加拿大确实保有自己的信号情报力量。

❷ 国家情报总监办公室：《第 203 号情报指令：分析标准》（Intelligence Directive

203：Analytic Standards），2007 年 6 月 21 日，https：//www.dni.gov/files/documents/ICD/ICD% 20203% 20Analytic% 20Standards.pdf。

❸ 卡内基梅隆大学的多夫·莱文（Dov Levin）比较了美国和苏联的选举干预，发现一百多次外国干涉其他国家选举的事例中，有 70% 是美国进行的。莱文认为，美国经常试图干涉拉丁美洲、中东和亚洲国家的选举，且在许多情况下通过秘密方式进行。参见多夫·H. 莱文：《数据集》（Datasets），http：//dovhlevin.com/datasets。

❹《第 13526 号行政命令》（Executive Order 13526），《第 710 号情报界指令》（Intelligence Community Directive 710），《加密管理和控制标识制度》（Classification Management and Control Markings System），https：//www.dni.gov/files/documents/ICD/ICD_710.pdf。

❺ 参见中央情报局《信息自由法》电子阅览室（CIA's FOIA Electronic Reading Room）：《1969—1977 年总统每日简报》（President's Daily Brief 1969-1977），https：//www.cia.gov/library/readingroom/collection/presidents-daily-brief-1969-1977。

❻ 理查德·贝茨：《情报之敌：美国国家安全中的知识与权力》，纽约：哥伦比亚大学出版社，2007 年，第 163 页。

❼ 众议院委员会由众议员奥蒂斯·派克（Otis Pike）领导，参议院委员会由参议员弗兰克·丘奇领导。

❽ 在中央情报局局长詹姆斯·施莱辛格（James Schlesinger）的领导下，中央情报局安全副局长编制了一份可疑（“不利影响”）活动的清单，后来的中央情报局局长威廉·科尔比感到有必要向派克和丘奇监督委员会公布这项研究。可通过《信息自由法》请求获得修订版。参见《管理局长备忘录》（Memorandum for the Executive Director），《主题：家丑》（Subject：Family Jewels），1973 年 5 月 16 日，https：//www.cia.gov/library/readingroom/docs/DOC_0001451843.pdf。

❾ 由于听证会揭示出中央情报局和其他情报机构在很大程度上是在白宫的直接或间接指示下采取的行动，参议员丘奇最终撤回了他的声明。但中央情报局和情报界的公关损失已经造成。

❿ 特别委员会由其他常务委员会的议员组成。在这两个情报委员会中，成员来自外交、军事、司法、国土安全和拨款委员会。

⓫ 1994 年，参议院情报特别委员会就国家侦察局大楼举行了听证会，要求国家侦察局局长马蒂·法加（Marty Faga）解释委员会为何没有收到关于耗资 3 亿美元甚至更多的机密总部建设的信息。参见参议院情报特别委员会：《关于国家侦察局总部项目的听证会》（Hearing on NRO Headquarters Project），1994 年 8 月 10 日，https：//www.intelligence.senate.gov/sites/default/files/hearings/103997.pdf。

⑫ 辛西娅·诺兰（Cynthia Nolan）：《总统情报顾问委员会：总统及其外国情报委员会》（PIAB：Presidents and Their Foreign Intelligence Boards），载《国际情报与反情报杂志》，2010 年第 23 卷，第 27—60 页。

⑬ 福特总统于 1975 年 1 月在美国成立了中央情报局活动委员会以确定中央情报局国内活动是否超过了该机构的法定权限。 其结论是，中央情报局的部分国内活动由总统直接或间接批准并落入灰色地带，而在少数情况下，中央情报局的活动“显然违法并构成对美国人权利的不正当侵犯”。 参见《中央情报局在美国境内活动委员会致总统报告》（Report to the President by the Commission on CIA Activities within the United States），1975 年 6 月 6 日，https：//www.fordlibrarymuseum.gov/library/document/0005/1561495.pdf。

⑭ 1978 年《监察长法》授权在 60 多个联邦机构设立此类职位。 一些监察长是“法定的”，这意味着他们是法律所规定的，有责任将任何重大法律或道德问题告知国会及其机构负责人。 非法定监察长只向其机构负责人报告，因此可以在未经国会参与的情况下被
293 撤职。

⑮ 有关中央情报局监察长报告的典型标题列表，请参见《机构监察长报告和调查》（Agency Inspector General Reports and Investigations），黑库（*The Black Vault*），http：//www.theblackvault.com/documentarchive/agency-inspector-general-reports-and-investigations/#。

⑯ 约翰·沃里克（John Warrick）：《中央情报局革新监察长监督，增加了调查官》（CIA Sets Changes to IG's Oversight，Adds Ombudsman），载《华盛顿邮报》（Washington Post），2008 年 2 月 2 日，http：//www.washingtonpost.com/wp-dyn/content/article/2008/02/01/AR2008020103150.html? noredirect=on。

⑰ 参见哈维·里希科夫：《最高法院：国家安全事业中的长袍崇拜》（The Supreme Court：The Cult of the Robe in the National Security Enterprise），载罗杰·Z. 乔治、哈维·里希科夫编：《国家安全事业：迷宫导航》（第 2 版），华盛顿：乔治敦大学出版社（Georgetown University Press），2016 年，第 312 页。

⑱ 里希科夫：《最高法院》，第 313 页。

⑲ “最小化”（minimization）指的是在信号情报报告中，将美国公民姓名从被截获的通信中删除并代之以称号（例如“美国人 1 号”）的做法。

⑳ 里希科夫：《最高法院》，第 315 页。

㉑ 詹姆斯·克拉珀：《事实与恐惧：情报生涯中的残酷真相》，纽约：维京出版公司，2018 年，第 198—199 页。

㉒ 参见罗宾·格林（Robyn Greene）：《无意违规和第 702 条改革需要》（Unintentional Non-compliance and the Need for Section 702 Reform），《法律（博客）》［*Lawfare* （*blog*）]，2017 年 10 月 5 日，https：//www.lawfareblog.com/unintentional-noncompliance-and-need-section-702-reform。

㉓ 全称为“禁止酷刑和其他残忍、不人道或有辱人格的待遇或处罚公约”。 这一公约于 1987 年生效，美国是其缔约国并向其他各缔约国承诺：维护这些原则，不将个人运送到可能使其遭受此类行为的国家，调查可疑案件，并赔偿此类行为的受害者。

㉔ 联合国（UN）：《禁止酷刑和其他残忍、不人道或有辱人格的待遇或处罚公约》（Convention against Torture and Other Cruel，Inhuman or Degrading Treatment or Punishment），1987 年 6 月 26 日生效，https：//www.ohchr.org/EN/ProfessionalInterest/Pages/CAT.aspx。

㉕ 根据 2006 年《军事委员会法》（Military Commissions Act），“非法战斗人员”（unlawful combatant）是指参与战争行为或有目的地、实质性地支持针对美国或其共同利益方的战争行为的人。 合法战斗人员仅指“缔约国正规部队成员”或“隶属于参与战争行为的缔约国的民兵、志愿军或有组织抵抗运动的成员”，这些人处于他人指挥下，佩戴固定的、可在远处辨认的标志，公开携带武器，遵守战争法。

㉖ 参见《司法部长、总统法律顾问阿尔贝托·R. 冈萨雷斯答复<根据 18 U.S.C. § § 2340-2340A 实施的审讯行为>备忘录》（Memorandum for Attorney General Alberto R.Gonzalez，Counsel to the President，Re：Conduct for Interrogations under 18 U.S.C. § § 2340-2340A），2002 年 8 月 1 日，https：//www.justice.gov/olc/file/886061/download。

㉗ 达娜·普里斯特（Dana Priest）：《中央情报局在秘密监狱中关押恐怖分子嫌疑人》（CIA Holds Terror Suspects in Secret Prisons），载《华盛顿邮报》，2005 年 11 月 2 日。

㉘ 保罗·凯恩（Paul Kane）：《中央情报局称佩洛西曾接受使用强化审讯的汇报》（CIA Says Pelosi Was Briefed on Use of ‘Enhanced Interrogations’），载《华盛顿邮报》，2009 年 5 月 7 日，http：//thehill.com/homenews/house/65111-dems-say-cia-may-have-misled-congress-5-times。 294

㉙ 元数据通常被理解为运营商日常收集的与单个电话、短信或电子邮件相关的记录。它们可以包括传输的时间和日期、电话号码、电子邮件地址和（或）互联网提供商的地址、通话持续时间以及通话位置或电子邮件地址，而不包括电话或电子邮件的内容。

㉚ 参见国防部、司法部、中央情报局、国家安全局和国家情报总监办公室各监察长办公室（Offices of the Inspectors General of the DOD，DOJ，CIA，NSA，and ODNI）（以下称监察长办公室）：《总统监控计划非机密报告》（Unclassified Report on the President's Surveillance Program），2009 年 7 月 10 日，https：//oig.justice.gov/special/s0907.pdf。

㉛ 监察长办公室：《总统监控计划非机密报告》，第 12 页。

㉜ 监察长办公室：《总统监控计划非机密报告》，第 20 页。 美国司法部高级律师杰

克·戈德史密斯（Jack Goldsmith）在2003年对柳的备忘录进行了审查并指出，该备忘录未能参考《该国情报监控法》允许于国会宣战后15天之内在没有令状的情况下拦截电子通信的规定。这项规定似乎与柳所认为的国会从未考虑过在战时使用《外国情报监控法》的观点直接冲突。参见50 U.S.C. §1811。

㉝ 监察长办公室：《总统监控计划非机密报告》，第32页。

㉞ 监察长办公室：《总统监控计划非机密报告》，第34页。

㉟ 扎卡里·K.戈德曼（Zachary K. Goldman）：《情报治理的出现》（The Emergence of Intelligence Governance），载扎卡里·K.戈德曼、塞缪尔·J.拉斯霍夫（Samuel J. Rasshoff）主编：《全球情报监督：在21世纪管理安全》（*Global Intelligence Oversight: Governing Security in the Twenty-First Century*），牛津：牛津大学出版社（Oxford University Press），2016年，第220页。

㊱ 国家情报总监办公室：《情报界职业道德原则》（Principles of Professional Ethics for the Intelligence Community），2012年1月，https://www.dni.gov/files/documents/CLPO/Principles%20of%20Professional%20Ethics%20for%20the%20IC.pdf。

㊲ 国家情报总监办公室：《情报透明委员会》，2016年4月5日，https://fas.org/sgp/othergov/intel/dni-itc.pdf。

㊳ 詹姆斯·克拉珀：《在AFCEA / INSA国家安全和情报峰会上关于情报透明的评论》（Remarks on Transparency in Intelligence at AFCEA/INSA National Security and Intelligence Summit），2015年9月9日，https://www.dni.gov/index.php/newsroom/speeches-interviews/speeches-interviews-2015/item/1250-remarks-as-delivered-by-the-honorable-dni-james-r-clapper-transparency-in-intelligence-with-great-power-comes-great-responsibility-at-the-afcea-insa-national-security-and-intelligence-summit。

㊴ 达芙娜·雷南（Daphna Renan）：《外国情报监控法院的隐形行政法》（The FISC's Stealth Administrative Law），载戈德曼、拉斯霍夫：《全球情报监督》，第140页。

㊵ 马修·卡恩（Matthew Kahn）：《特朗普提名隐私和公民自由监督委员会的两名新成员》（Trump Nominates Two New Members to Privacy and Civil Liberties Oversight Board），《法律（博客）》，2018年3月13日，https://www.lawfareblog.com/trump-nominates-two-new-members-privacy-and-civil-liberties-oversight-board。

㊶ 玛丽·麦登（Mary Madden）、李·雷尼（Lee Rainie）：《美国人对隐私、安全和监控的态度》（Americans' Attitudes about Privacy, Security and Surveillance），皮尤研究中心，2015年5月20日，http://www.pewinternet.org/2015/05/20/americans-attitudes-about-privacy-security-and-surveillance/。

㊷ 史蒂文·斯利克、约书亚·布斯比:《美国情报的公开性:提升透明度会导致公众信任增加吗?》,芝加哥全球事务委员会,2018 年 5 月,https://www.thechicagocouncil.org/publication/glasnost-us-intelligence-will-transparency-lead-increased-public-trust. It reports on a survey of a thousand Americans taken in May and June 2017。这项调查为今后关于美国人对情报和民主的态度的一系列问题的调查提供了一个基准。

295

情报术语

可行动情报（actionable intelligence）：能够导向快速决策或行动的情报通常被称为可行动的，这意味着该情报被高度重视，因为它足够及时和详细，使得决策者可以采取能够减轻风险或抓住机会的快速行动方式，从而获得决策优势。

全源分析（all-source analysis）：全源分析基于所有来源的最佳报告，包括人力情报、图像情报、信号情报和开源情报。全源分析师是指那些能够接触机密和非机密来源的专家，他们不像图像情报分析师或信号情报分析师那样只接触单一的信息来源。

替代分析（alternative analysis）：替代分析这一术语常用于一系列结构化分析技术，这些技术被用来质疑分析问题的传统思维。“替代”一词用于强调使用不同技术的重要性，如对立主张、对照组分析或对竞争假设分析，其目的是揭示可用信息的另类解释。

分析（analysis）：在情报学中，分析是一种将推理和证据结合起来的认知和经验活动，目的是为国家安全决策者提供判断、见解和预测，以增强理解并减少不确定性。分析师起草涵盖时事情报问题或战略研究问题的“最终”评估，以满足政府官员的信息需求。分析包括了解并向收集者分配任务、评估开源和机密信息、提出和评价关于事件或动态的假设并确定其对美国安全政策的影响。

分析假设（analytical assumption）：分析假设是指分析师认为是真实的并构成其评估基础的任何假说。假设的使用是分析过程的一部分，但分析师通
296 常很难提前确定这些假设。隐含假设未经阐明或检验但能够推动分析性论证。

分析技术（analytical tradecraft）：分析技术这一术语被用来描述分析师为保持其思维严谨性并防止认知偏见影响其分析性判断而使用的原理和方法。分析师使用所谓的结构化分析技术，使其论证和逻辑更加透明，并接受进一

步的检验。“情报技术”一词起源于行动处，是指用来规避反情报侦查并成功招募和管理间谍的各种技术。

锚定偏见（anchoring bias）：锚定偏见是认知偏见的一种形式。当先前对某个主题的分析阻止分析师重新评估其判断并只允其预测发生增量变化时，就会出现锚定偏见。本质上讲，最初的判断起到了锚的作用，在分析师可以获得新信息的情况下，使最终的评估更接近于最初的评估而非实然情况。

基础情报（basic intelligence）：基础情报是有关某个国家或问题的基本的、事实性的参考资料，这些资料构成了分析师时事分析与预估分析（current and estimative analysis）的基础。例如，经济统计、地形和地理信息，有关一个国家政体、法律规则、选举程序及模式的文献信息。中央情报局的《世界概况》(*World Factbook*）是一个包含世界主要国家基本信息的情报产品。

警告（caveat）：警告是分析界使用的一个术语，指分析师因获取或解释有关情报主题的可用信息时存在难题而对其判断进行限定。警告包括使用限定语句，如“我们相信”或“我们估计”，以表明分析师是在作出判断，而不是陈述事实。

秘密（clandestine）：在情报术语中，秘密是指通过隐瞒收集行动本身和情报来源身份的途径获取目标信息的方式。它与隐蔽行动中的“隐蔽”（covert）的不同之处在于，隐蔽行动是可以观察到的，但美国政府能够合理地否认其实施了这一行动。

机密情报（classified intelligence）：无论是通过技术系统还是人力，机密情报信息都需要以特殊的、昂贵的或危险的方法来收集且必须得到保护。泄露这些来源和方法的风险被赋予了安全级别（secret，confidential，top secret，即秘密、机密或绝密）。机密情报只能与“需要知道”这些信息的人共享。分析师以书面评估的形式使用这些信息，这些书面评估根据所用信息的敏感性附有分类标记。

认知偏见（cognitive bias）：认知偏见是由无意识的和简化的信息处理策略引起的思维错误。人类大脑形成思维模式或思维定式的自然倾向，常常扭曲、夸大或忽视新信息，从而导致判断或思维错误。认知偏见的形式包括镜像、锚定偏见、确认偏见和后见之明等。 297

收集（collection）：情报机构使用专门方法及系统采集原始信息的过程。

收集方法可以是秘密的，也可以是公开的，涵盖从技术系统到为美国招募从事间谍活动的人员等各种方式。收集和分析是情报循环的关键要素。

收集缺口（collection gap）：分析师会发现他们在某个主题上的知识不足，而这些收集缺口则成为未来收集工作的“需求”。识别重要的收集缺口不仅有助于收集者，而且还使分析师认识到有必要对自己的判断进行限定或提出警告，或在得出分析结论时设定适当的置信水平。

收集者（collector）：收集者即经营各种技术系统或间谍分队的组织。收集者是美国情报界的一部分。分析师通过制定一系列复杂的“收集需求”向收集者指派任务。例如，国家安全局是主要的信号情报收集者，而中央情报局的行动处是主要的人力情报收集者。

作战支持机构（combat-support agency）：国防部指定某些情报机构负责直接支持部门级和战术级的军事作战行动。这些作战支持机构包括国防情报局、国家安全局、国家侦察局和国家地理空间情报局。

通信情报（communications intelligence，**简称** COMINT）：通信情报是对个人或组织的涉外通信活动进行电子采集所收集到的信息，包括从电话、传真和互联网系统收集的信息，这些信息可以表明外国主体的计划、意图和军事力量。它是信号情报技术采集体系的组成部分。

竞争分析（competitive analysis）：竞争分析是指明确使用相互竞争的分析师或分析单位，对同一情报主题作出判断。其目的是确定竞争分析是否会揭示不同的假设集合、证据使用或对立看法，从而增强分析师对重要主题的理解。从历史上看，中央情报局和国防情报局通常基于对苏联行为的不同假设，对苏联的军事进展提出相互竞争的分析。

确认偏见（confirmation bias）：确认偏见是指人类倾向于以一种确认预想的方式搜索或解释信息。分析师往往会寻找或给予更多的证据，以证实当前的假设或“传统观点”，同时摒弃或贬低相反的信息。

国会通知（congressional notification）：行政部门将任何隐蔽行动或预期的重大情报活动告知国会情报监督委员会的程序。通常情况下，通知必须在活动开始前以书面形式提交，并向全体委员会或较小的“八人帮”分享，后
298 者代表众议院和参议院的多数党和少数党领导人及其各自的情报委员会。

协调流程（coordination process）：许多分析师或分析单位经常审查同一

项评估，因为这一评估可能涉及多个专家论及的各个方面。首席分析师或分析单位将与机构内的其他专家甚至其他分析机构的专家分享或“协调”评估结果。这种协调流程产生了一个“共同的”产品，它反映了某一机构或整个情报界的集体观点，而非主要起草者的个人观点。协调有时被指责为将判断降至最低平均水平。反过来说，协调确保了分析的可靠性，因为许多分析师和管理者已经核查了来源、语言准确性和产品质量。

反间谍（counterespionage）：作为反情报活动的一部分，反间谍活动试图渗透外国情报实体，以评估其能力、利用其弱点、破坏其针对美国的敌对活动。

反情报（counterintelligence，**简称** CI）：针对渗透美国国家安全和情报体系的敌对外国情报工作，反情报实施信息收集、分析以及其他反制活动。其目标是识别外国情报威胁，以便对其进行反击或压制。

隐蔽行动（covert action）：隐蔽行动指的是旨在影响外国主体且处于秘密状态的行动，这样美国就可以合理地否认自身的作用。隐蔽行动与秘密行动的不同之处在于，隐蔽行动很少试图隐瞒行动，而是专注于为美国的作用保密。

时事情报（current intelligence）：时事情报（通常也被称为时事分析）是对当前利益的事态发展所进行的报告。时事情报被按日或更为频繁地传播，几乎不留时间进行评估或进一步研究。时事分析出现在日常情报产品中，如《总统每日简报》和《全球情报报告》以及其他部门情报产品。

欺骗（deception）：欺骗是指以影响分析性判断和决策者为目的，通过在情报收集渠道中引入虚假的、误导性的甚至是真实但有针对性的信息来操纵情报。国家和非国家主体将欺骗与拒止结合使用，通过降低收集效率、操纵信息获得优势，或者通过操纵情报生产者的认知进而掌控情报用户（如决策者和作战人员）的认知以获得优势。典型的情报失败都涉及欺骗，如珍珠港
事件、诺曼底登陆、赎罪日战争。 299

拒止（denial）：拒止是指情报目标在人力收集方法和技术收集方法范围内或横跨二者，旨在消除、削弱、降低或抵消针对其自身的情报收集的有效性的活动、计划。例如，信号情报的通信加密、图像情报的伪装和隐藏、人力情报的监控侦查以及各类收集方法的缜密的运营安全措施。成功的拒止会

造成情报缺口，而由此产生的信息缺失往往会降低分析的质量。

部门情报（departmental intelligence）：部门情报与国家情报的区别在于，前者是在一个部门内产生的且主要供该部门的高级官员使用。例如，国务院情报研究局主要为国务卿和其他国务院高级官员提供部门情报，国防部的国防情报局也是如此。

次长委员会（Deputies Committee，简称 DC）：次长委员会是国家安全委员会的下属组织，由副国务卿、国防部副部长、国土安全部副部长和财政部副部长组成，参谋长联席会议副主席和国家情报副总监担任军事和情报顾问。如果待讨论的问题与其所属部门有关，其他的次内阁官员也将被邀请参会。次长委员会审查较低级别的跨部门政策委员会的工作，并将政策问题及建议转交首长委员会。国家安全委员会和次长委员会讨论后，总统将作出决定，次长委员会亦负责监督总统决定的执行情况。

对立主张（devil's advocacy）：对立主张是一种分析技术，旨在通过创立一个相反的情况来挑战对某个情报主题的共识观点。这种逆向分析侧重于对持传统观点的分析师所使用的关键假设或证据进行质疑。对立主张更多地被设计成是对当前思维的一种测试，而不是一种真正的替代方法，一些情报机构已经在那些据说是生死攸关的问题上使用了这种方法。

分析处（Directorate of Analysis，简称 DA）：分析处是中央情报局的主要分支机构，负责区域性和职能性问题的全源分析。在分析处有分析师和管理人员负责欧洲（含俄罗斯）、亚洲、非洲、拉丁美洲、近东、南亚以及武器研发、扩散、恐怖主义等跨国问题分析。

行动处（Directorate of Operations，简称 DO）：行动处的前身是国家秘密行动处（National Clandestine Service）。行动处负责指挥美国政府全部人力情报行动（包括联邦调查局和国防部的），负责在海外实施外国情报收集和隐蔽行动。行动处处长向中央情报局局长汇报。正因如此，行动处是主要的人力
300 情报“收集”管理者，就像国家安全局是主要的信号情报收集者一样。

中央情报总监（director of central intelligence，简称 DCI）：在 2004 年之前，中央情报总监领导着中央情报局和情报界，是总统和国家安全委员会的高级情报顾问。2004 年情报改革中，这一职位被取消，由国家情报总监取代。

国家情报总监（director of national intelligence，简称 DNI）：国家情报总

监是美国情报界的负责人。国家情报总监还担任总统、国家安全委员会和国土安全委员会有关国家安全情报事项的首席顾问。国家情报总监还负责监督和指导国家情报计划的实施。

无人机（drones）： 无人机这一术语是指早先部署在战场上收集图像和电子情报的无人航空器。近来，无人机被装备了防区外导弹，使操作人员能够实时锁定恐怖分子嫌疑人。

电子情报（electronic intelligence，简称 ELINT）： 电子情报是技术收集者获取的情报。电子情报揭示了外国电子系统的存在和特点，如雷达、防空系统和其他军事电子系统。电子情报可以辅助通信分析确定电子战系统的位置、频率、强度。

强化审讯手段（enhanced interrogation techniques，简称 EIT）： 强化审讯手段是引发焦虑、困惑和服从的各种措施，目的是从已被抓获或交由美国拘押的恐怖分子嫌疑人那里探得具有独特价值的信息。在这些措施中，水刑是广为人知、最具争议的措施。

预估情报（estimative intelligence）： 针对长期和内在不可知事件的最终情报评估被称为预估情报，以示这些分析性判断基于不完整的或甚至有时是不存在的证据。根据定义，对已知对手的未来行动、行为或军事潜力进行评估即是一种预估。最知名的预估情报形式是国家情报顾问委员会编制的《国家情报评估》。

行政命令（executive order）： 行政命令是总统签发的备忘录或文件，用于指示联邦机构遵守这些备忘录或文件中的规定。只要国会没有颁布任何与这些行政命令相抵触的立法，它们就具有法律效力。规制着美国全部情报活动的第 12333 号行政命令最早由罗纳德·里根总统发布，并于 2008 年修订。 301

最终情报（finished intelligence）： 最终情报指的是全源分析师编写的书面评估。这些全源分析师对原始情报报告进行评估，并编写那些随后将分发给其他美国政府机构的报告。最终情报包括《总统每日简报》《每日国家情报》（现在称为《全球情报报告》）和国防情报局的《军事情报摘要》，所有这些都是按日出版的。此类情报还包括长期评估，如《国家情报评估》。

预测（forecast）： 预测是对未来的一种情报判断。在分析中，这种估计性或预测性陈述旨在减少或限制动态情况或不明朗情况的非确定性，并突出对决策者的影响。预测伴随着概率陈述，范围从“极有可能”到“极不可能”，或者表示结果发生与否的数字概率。

外国仪器信号情报（foreign instrumentation signals intelligence，**简称** FISINT）：外国仪器信号情报是信号情报技术收集体系的一部分，主要监控外国的军事系统、科学测试系统以及跟踪系统。遥测情报（即 telemetry，遥感勘测）就属于此类情报，用于监控外国军事活动中导弹试验数据，这有助于国家技术手段的发展。

外国情报监控法（Foreign Intelligence Surveillance Act，**简称** FISA）：1978 年的《外国情报监控法》就存在间谍活动或恐怖主义活动 嫌疑“外国势力”与“外国势力间谍”，制定了电子监控、实体监控、信息收集程序。该法设立了外国情报监控法院，负责审查和批准联邦授权令状，以监控涉嫌策划间谍行动或恐怖主义行动的非美国人的活动。2008 年修订的《外国情报监控法》要求将非故意收集美国公民信息的可能性“最小化”。

外国情报监控法院（Foreign Intelligence Surveillance Court，**简称** FISC）：外国情报监控法院创立于 1978 年，负责审查联邦执法机构和情报机构关于监控存在实施间谍行动或策划恐怖主义行动嫌疑的非美国人的申请。它秘密开会，批准、拒绝或要求修改联邦令状。外国情报监控法院由 11 名联邦法官组成，他们由最高法院首席大法官从全国各地选出，任期为 7 年。

八人帮（Gang of Eight）：八人帮由国会的高级领导人组成，他们通常率先听取关于最敏感的隐蔽行动的介绍。八人帮包括参议院多数党和少数党领袖、众议院议长和众议院少数党领袖、参众两院情报监督委员会的主席和少数族裔高级成员。总统不愿向全体监督委员会透露最敏感的行动时，会向八人
302 帮通报情况。

地理空间情报（geospatial intelligence，**简称** GEOINT）：地理空间情报源自对图像和地理空间信息的开发和分析，这些图像和地理空间信息描述并直观地刻画了地球上的物理特征和地理参考活动。

群体思维（groupthink）：群体思维这一概念指的是，在追求一致性的过程中妨碍所有备选方案考量的有缺陷的群体决策。当小团队具有高度凝聚力且必须在紧迫的时间压力下作出决定时，就会出现群体思维。心理学家欧文·贾尼斯（Irving Janis）在研究越战期间美国的决策时提出了这一概念。它有时被

误用于可能存在认知错误的分析失败。

人力情报（human intelligence，简称 HUMINT）：人力情报囊括了靠近人（间谍或联络机构）、地点或事物（如信息系统）以获取对美国安全利益有影响的敏感信息的收集活动。例如，间谍秘密收集的信息，从其他政府情报部门（“联络处”）获得的信息，外交官、武官和其他美国政府官员以相对公开方式获取的信息。分析师评估政府或非国家主体的计划和意图时，人力情报极其有价值。

图像情报（imagery intelligence，简称 IMINT）：图像情报有时被称为照片情报（photo intelligence，简称 PHOTINT），它来源于手持摄像机、美国政府控制天基成像系统以及其他空中技术成像系统等各种平台收集的图像。图像分析师通过使用成像系统研究特定的情报目标，并主要根据收集到的图像发布报告。国家地理空间情报局处理、分析图像情报和地理空间数据以供全源分析师及其他美国政府机构使用。

指征和预警（indications and warning，简称 I&W）：指征和预警这一术语用于旨在及时发现可能对美国或其盟国、伙伴的国家利益构成威胁的外国动态的情报活动。它可能涉及军事、政治、经济或网络活动，包括来自恐怖主义、核武器和其他大规模杀伤性武器的威胁，也包括军事袭击、政变和经济紊乱等重大的政治或军事动态。

指征（indicator）：任何可识别的行动或发展其重点是可以反映政府或非国家主体可能行为的条件。在军事背景下，指征通常反映出用于侵略行动的军事力量。社会政治指征（如内乱、犯罪率、政治活动）可能在政府垮台或国家失败之前存在。如果外国对手企图发动战争，其可能采取的军事、经济、
外交或国内行动都将被列入指征清单。 303

监察长（inspector general，简称 IG）：监察长是有权调查其各自机构活动以发现欺诈、管理不善、非法或不当活动的证据的官员。监察长通常向其所在机构的主管报告，但如果该职位是由立法机构通过法律设立的，则监察长还必须向相应的监督委员会报告重大调查结果。国务院、国防部、中央情报局、国家情报总监办公室都设有法定的监察长。这些法定的监察长的报告通常会引发管理层变动、人事行动（训诫、免职或刑事诉讼），有时还会导致新的行政命令或立法变更。

情报科目（INT）：旨在标识用于收集原始情报的特定情报科目的缩写词。情报科目通常包括人力情报、图像情报、地理空间情报、技术情报和开源情报。

情报界（intelligence community，**简称** IC）：截至 2018 年，情报界包括以下 16 个机构或其中的主要部分：空军情报局、陆军情报局、中央情报局、海岸警卫队情报机构、国防情报局、能源部、国土安全部、国务院情报研究局、财政部、缉毒局、联邦调查局、海军陆战队情报室、国家地理空间情报局、国家侦察局、国家安全局和海军情报局。国家情报总监领导情报界。

情报循环（intelligence cycle）：情报循环是一个多步骤的过程，即设定情报需求、收集和处理信息，分析和制作最终情报并将其分发给决策者，决策者提供反馈说明他们可能需要哪些进一步的情报或对所提供的情报提出问题。

情报失败（intelligence failure）：尽管没有公认的定义，但是当系统或组织无法及时收集正确和准确的信息，或无法正确解释并及时分析信息以提醒决策者注意重大动态时，就会发生情报失败。通常，情报失败的特征在于收集和分析存在问题以及没有足够重视向决策者预警以使其作出适当反应。

情报监督委员会（Intelligence Oversight Board，**简称** IOB）：情报监督委员会是一个小型的独立委员会，负责调查情报活动以确保其符合美国宪法和其他可适用法律以及行政命令、总统指令。作为总统情报顾问委员会的一部
304 分，它向总统报告。

2004 年**《情报改革与恐怖主义预防法》**（Intelligence Reform and Terrorism Prevention Act，**简称** IRTPA）：《情报改革与恐怖主义预防法》设立了国家情报总监，并贯彻了“9・11”委员会以及其他研究与委员会聚焦于情报改革的许多建议。《情报改革与恐怖主义预防法》执行的其他建议包括建立一个国家反恐中心和一个国家反扩散中心。它还将国家情报总监的职能与中央情报局局长分开。

跨部门政策委员会（interagency policy committee，**简称** IPC）：跨部门政策委员会是由国家安全委员会建立的政策建议与研究的最低级别的跨部门协调机构。跨部门政策委员会向次长委员会和首长委员会报告，并执行国家安全委员会系统发布的总统指令。政策机构与情报机构在大多数跨部门政策委员会中都有代表，这些跨部门政策委员会涵盖了广泛的主题。

跨部门流程（interagency process）：跨部门流程涉及分析师们参加的许多跨部门会议，在会上他们会提交自己的情报评估，供国家安全委员会、国务院和国防部之间的政策讨论使用。业务层的跨部门会议通常在作出决策的高层会议之前举行。分析师通常会支持业务层的讨论并参加这些会议。对于次长委员会（副部长级）或首长委员会（部长级）的会议，分析师将提供简报文件或让情报界高级领导人代表情报界参与讨论。

参谋长联席会议（Joint Chiefs of Staff，**简称** JCS）：参谋长联席会议由陆军、海军、空军和海军陆战队的军事首长组成。由总统任命并经参议院批准为参谋长联席会议主席的四星上将（在各军种之间轮值）领导该机构。

置信水平（level of confidence）：根据可用信息的质量和问题的复杂程度作出分析性判断时，分析师必须确定其可信程度。给某一判断赋予“低”置信度可能是由于收集缺口、相互矛盾的信息或欺骗与拒止的存在。“高”置信度可能源于占有军事计划或武器系统相关的极度灵敏的人力情报或极其精确的技术情报，且这些情报被多个独立来源所确认。

测量与特征情报（measurement and signature intelligence，**简称** MASINT）：测量与特征情报是技术衍生的情报数据，而不是标准的图像情报和信号情报。它运用了广泛的学科群，包括核科学、光学、射频、声学、地震学和材料学等学科。测量与特征情报的例子是通过地震传感器探测低当量核试验，或通过收集、分析空气与水样本的成分来探测低当量核试验。 305

军事分析（military analysis）：军事分析涉及对外国政府或非国家主体的军事力量和意图的基本评估、时事评估和预估分析，包括作战序列、训练、战术、信条、战略和武器系统。军事分析还审查整个作战空间（即陆地、海上、空中、太空和网络）以及运输和后勤能力。军事分析涉及的其他比较广泛的领域包括：军工生产和配套产业；地下设施；军事和民用指挥、控制与通信系统；伪装；隐蔽和欺骗；外国军事情报；反情报。

军事情报计划（Military Intelligence Program，**简称** MIP）：军事情报计划包括了军事部门战术情报活动的综合预算和计划。该计划创立于 2005 年，独立于国家情报总监办公室监督的国家情报计划之外。军事情报计划由国防部长控制，包括陆军情报局、空军情报局、海军陆战队情报室、海军情报局和特种作战司令部情报机构。只有国家安全局、国防情报局、国家侦察局和国家地理空间情报局被认为是兼属于国家情报计划和军事情报计划。

思维定式（mind-set）：思维定式是一种认知过滤器或透镜，分析师通过它来评估和权衡信息。记忆中的信念、假设、概念和信息形成了一种思维定式或思维模式，指导对新信息的感知和处理。通常，思维定式建立在一系列有关分析师调查目标的行为方式的假设上。与思维定式密切相关的是“思维模式”，它意味着关于某一特定主题的一套更为成熟的思想。思维定式和思维模式形成迅速且很难改变，尤其是当它们被证明对预测未来趋势有用时。一旦思维定式被证明是成功的，分析师就可能不加批判地接受它们，哪怕环境的变化可能表明它们已经过时或不准确。

镜像（mirror-imaging）：当分析师认为在相同的情况下外国主体会采取和他们类似的行为时，就会出现镜像这种认知错误。从这个意义上说，分析师在观察外国主体时看到了自己的形象。通常，分析师已经在某一主题上形成了强大的专业知识，且相信开发武器系统、发动政变或作出决定是合乎逻辑的。然后，他们会认为一个外国主体会像他们一样完成这些任务。经典的例子如，有分析观点认为苏联在古巴导弹危机中采取风险规避行为、阿拉伯国
306 家在 1973 年同样不愿与以色列开战等。

国家反情报与安全中心（National Counterintelligence and Security Center，**简称** NCSC）：国家反情报与安全中心负责监督中央情报局、联邦调查局和国防部的反情报活动，并代表国家情报总监监督、协调项目及优先事项。该中心还对美国反情报案件进行损害评估。

国家反扩散中心（National Counterproliferation Center，**简称** NCPC）：国家反扩散中心创立于 2005 年，隶属于国家情报总监办公室。它协调情报支持，以阻止大规模杀伤性武器和相关运载系统的扩散。它还制定长期战略，以便针对未来大规模杀伤性武器的威胁，更好地进行情报收集和分析。

国家反恐中心（National Counterterrorism Center，**简称** NCTC）：作为 2004 年《情报改革与恐怖主义预防法》的一部分，国家反恐中心于 2005 年创立。国家反恐中心整合了美国政府所有与恐怖主义和反恐怖主义有关的国内外情报。它进行战略行动规划，并为主要政策机构提供情报分析。它是国家情报总监办公室的一部分。

国家情报顾问委员会（National Intelligence Council，**简称** NIC）：国家

情报顾问委员会负责为美国政府编制《国家情报评估》，并对整个情报界的情报收集与产出进行评估。国家情报顾问委员会由大约 12 名高级情报专家组成，他们被称为国家情报官。

《国家情报评估》（National Intelligence Estimate，简称 NIE）：《国家情报评估》通常是对外国国家或非国家主体的军事力量、漏洞和可能行动方案进行的战略评估，是在国家层面上综合了全美国情报界的分析师的观点而得出的。它是在国家情报顾问委员会的支持下编写的，一名或多名国家情报官将指导评估报告的起草工作。整个情报界的分析师参与对文本的编写和审核。《国家情报评估》随后被提交给情报界的首脑们，并由国家情报总监将其作为情报界关于某一情报问题的顶级权威报告予以正式发布。

国家情报官（national intelligence officer，简称 NIO）：国家情报官是某个区域（如欧洲、亚洲、非洲、中东）或某个职能领域（如大规模杀伤性武器、跨国威胁或常规军事事务）的高级专家，负责指导编制关于这些主题的《国家情报评估》。国家情报官指导和评估其专业领域内的情报分析质量，代表情报界的分析师们参加跨部门会议，并定期与高级政策官员互动，以确保情报的编制是针对重要的政策问题。

国家情报优先框架（National Intelligence Priorities Framework，简称 NIPF）：国家情报优先框架是根据目标国家和情报主题确定情报收集、分析优先次序的一个详细框架。国家情报优先框架依据高级官员对该主题的重视程度，为其分配了一个数字优先级（1—5），这些优先级被用于分配和论证情报界资源、计划。 307

国家情报计划（National Intelligence Program，简称 NIP）：国家情报计划是 16 个国家情报机构的综合预算，由国家情报总监负责编制、审查并提交给行政管理和预算局、国会。国家情报总监对资金调整及优先安排拥有有限权力，且其通常与国防部长密切合作，后者对大规模军事情报预算拥有日常开支控制权。

1947 年国家安全法（National Security Act of 1947）：1947 年《国家安全法》创立了统一的国防部以及中央情报局、国家安全委员会。国家安全委员会就国家安全事务向总统提供咨询意见。1947 年《国家安全法》规定国家安全委员会的核心成员是总统、副总统、国务卿和国防部长，而惯例上还包括参谋长联席会议主席和国家情报总监作为军事和情报顾问。该法授权国家安全委员会成为向总统提供咨询意见并确保制定、实施国家安全战略的所有国家权力手段（外交的、军事的、经济的和信息的）得到整合的主要机制。

国家安全委员会（National Security Council，简称 NSC）：国家安全委员会根据 1947 年《国家安全法》创立，由总统主持，成员包括副总统、国防部长、国务卿、财政部长以及国家安全顾问。参谋长联席会议主席和国家情报总监作为总统的高级军事和情报顾问参加会议。国家安全委员会指导首长委员会、次长委员会、跨部门政策委员会等下级委员会的工作。

国家技术手段（national technical means，简称 NTM）：国家技术手段是指用于监测军备控制协议以确保签署国遵守这些协议条款的情报系统。国家技术手段在很大程度上依赖图像和电子情报平台来监测俄罗斯等国的活动，这些国家已经与美国签署了许多核武器控制协议。

需要知道（need to know）：高级情报管理人员使用“需要知道”原则来确定是否与其他情报专业人员或政策官员共享情报。根据行政命令，只有出于促进国防的目的而又为自身公职所需要的人，才被允许知道或拥有此类信息。

需要共享（need to share）：“9・11”袭击之后，调查情报失败的总统委员会得出结论认为，情报界需要在各机构之间更广泛地共享信息，以确保情
308 报的有效协调，并防止各自为政阻碍对未来恐怖威胁的全面认识。

战略情报局（Office of Strategic Services，简称 OSS）：战略情报局是二战期间建立的情报组织，后来成为中央情报局的基础。战略情报局进行海外情报收集和隐蔽行动并具有研究和分析能力。它曾由威廉・“野蛮比尔”・多诺万领导。

开源情报（open-source intelligence，简称 OSINT）：开源情报涉及从非机密的、公开可得的来源收集信息并分析其对美国政府的意义。公开来源包括：以多种语言表述的报纸、杂志、广播、电视和计算机信息；政府报告、新闻发布和演讲中的公共数据；职业期刊、学术期刊和会议记录。开源情报越来越专注于开发网络世界的网站和博客。开源事业（Open Source Enterprise）是情报界负责收集和分析开源信息的主要组织。

作战序列（order of battle，简称 OOB）：在军事分析中，作战序列用于说明军事单位、指挥结构以及战场上有组织军事力量的人员、设备、单位的力

量和部署。它特别用于重大军事威胁的预警分析。

政策支持（policy support）：政策支持是指专门用于为政策决策提供信息并使决策者能够执行或评估政策选择的情报报告和分析。它并不意味着情报部门主张任何特定的政策议程。

政治化（politicization）：政治化没有公认的定义，但它通常指的是迎合一套特定的政治目标或议程的故意的情报分析偏见。如果分析师允许其个人观点影响分析性判断，则其会倾向于政治化。同样，决策者可以通过迫使分析师根据政策议程调整自己的判断或将分析结果错误地表述为支持其偏好政策，从而将情报政治化。

总统决定（presidential finding）：总统决定是授权隐蔽行动的总统文件。它必须在行动前由总统签署，且在大多数情况下，总统决定必须向监督委员会分享，以作为“国会通知”。

总统每日简报（President's Daily Brief，**简称** PDB）：《总统每日简报》是由中央情报局、国防情报局和国务院情报研究局向总统和主要顾问提供的重要时事情报项目的每日汇编。由一名情报官将它交给总统，其他情报官把它交给总统指定的一批高级官员。《总统每日简报》总是不断地改进，以适应每位总统对格式、展示风格和篇幅的个人偏好。 309

总统情报顾问委员会（President's Intelligence Advisory Board，**简称** PIAB）：总统情报顾问委员会是由每一位总统设立的一个外部独立委员会，它可以对情报活动进行研究，并为情报界的调整或改革提出建议。

首长委员会（Principals Committee，**简称** PC）：首长委员会由一群向总统提供国家安全事务建议的高级内阁官员组成。国务卿、国防部长、财政部长和国土安全部长以及国家情报总监、参谋长联席会议主席构成核心小组，当讨论其他内阁官员职责范围内的问题时，通常会增加其他内阁官员。首长委员会通常由国家安全顾问主持，委员会的建议随后直接呈报给总统，或提交给总统和主要负责人开会的国家安全委员会。

隐私和公民自由监督委员会（Privacy and Civil Liberties Oversight Board，**简称** PCLOB）：2004 年的情报改革在行政部门内设立了独立的隐私和公民自由监督委员会，在高级官员制定和执行与恐怖主义有关的法律、法规和行政政策时，负责就隐私和公民自由向总统和其他官员提供咨询。

对抗分析（Red Cell analysis）：这种结构化分析技术旨在构建一个有意识地尝试“像敌人一样思考”而不是像美国情报分析师那样思考的分析师团队，从而对抗文化偏见和镜像问题。对抗分析师研究外国政府或恐怖分子小组的主要决策者，然后进行角色扮演。对抗分析师会采用敌对者为实现其目的可能使用的决策风格、目标、方法。对抗评估为美国决策者提供了一个非传统的视角，使其了解对手如何看待形势。

非常规引渡（rendition）：非常规引渡是指不经司法程序将囚犯或被拘留者从一国转移到另一国的过程。2001 年后，非常规引渡被作为美国反恐政策的一部分而实施，其目的在于在美国以外的地点（包括古巴的关塔那摩湾海军基地）拘留和审问个人。

需求（requirements）：需求是有效分析和最终决策所需要的额外信息的一般和特定主题。通常由分析师向情报收集者提出新的需求。一些决策者偶尔会直接向情报界提出新的情报需求。此类需求是情报循环的一部分。

信号情报（signals intelligence，**简称** SIGINT）：信号情报是对目标所用的技术信号和通信系统进行的拦截和分析，包括通信情报、电子情报和外国仪
310 器信号情报。国家安全局是美国政府主要的信号情报收集者。

特征（signature）：分析师依赖于对特定目标行动、装备、部署军事力量或武器系统的独有“特征”或模式的理解。例如，军事通信的模式同样可以表明军队在战场上的可能行动方式，这些特征可能表明战备程度或行动是否正在进行。

单源情报（single-source intelligence）：仅来自某一收集科目（如技术、人力或开源）的原始信息或报告。单源报告经过分析后与其他单源报告相结合以形成全源情报。

形势报告（situation report）：形势报告（通常称为“形报”，即“sit-rep”）系这样一种报告：分析师一经接收就会迅速传播，为决策者提供有关快速发展事件的最新信息。形势报告通常关注事件的事实情况和直接影响。关于政变、世界领导人死亡、军事冲突、公共秩序或谈判的突然中断的报道是此类报告的通常主题。

来源和方法（sources and methods）：来源和方法是指秘密收集情报专题信息的技术和人力手段。来源可以是在外国上空运行的卫星成像系统、外交

官从大使馆发出的报告、情报来源向案件官员汇报其所属政府高层会议的秘密会见。分析师必须通过证明他们有各种各样的报告渠道来为他们的报告和评估"溯源"，最好是来自不同的来源和收集科目并评估报告的有效性和可信度。若报告出自单一来源，此类审查可以减少欺骗或捏造报告的机会。保护"来源和方法"被认为是情报官员的一项重要责任。

战略情报（strategic intelligence）：与形势报告或时事分析不同，战略情报关注的重点不是事件，而是长期趋势。战略情报通常只在事关美国长远利益的主题上进行。例如，不论决策者当前政策议程是什么，对外国弹道导弹发展的分析或对外国军事的分析将是关涉决策者长远利益的问题。这种分析本质上是"预估性的"，因为对于一年或更长时间的趋势几乎没有详细的信息。

结构化分析技术（structured analytical techniques，**简称** SAT）：结构化分析技术被用来提高分析性判断的严谨程度并使其更加透明和可检验。各种结构化分析技术，如对立主张、对照组演练、竞争假设分析和情景分析，都试图记录分析师在得出判断时使用的逻辑。依据一系列原则（例如，列出关键假设、评估信息质量、检查多个假设、确定收集缺口、发现可能的欺骗和拒止）将分析结构化，分析师可以对其得出的判断确立更加系统化的置信水平。此外，分析师还可以跟踪自己的判断随时间的变化，并重新审视那些可能会被新证据质疑的结论。 311

目标分析（target analysis）：目标分析是为了直接支持军事行动、反恐行动或反扩散行动而进行的，其关注点是对特定个人、单位或团体进行了解、监测和定位，以应对可能的逮捕或物理攻击。

对照组分析（Team A / Team B analysis）：这种结构化的分析技术使用不同的分析团队，对比两种或两种以上关于情报主题的观点或相互竞争的假设。每个团队在陈述了他们对主题的关键假设后，将使用可得的证据形成评估。其价值在于，将两种相互竞争的观点并列，使人们注意到不同的前提如何导致分析师得出不同的结论。

技术情报（technical intelligence，**简称** TECHINT）：技术情报由技术情报收集系统组成，包括图像情报、地理空间情报、信号情报、通信情报、电子情报、外国仪器信号情报、测量与特征情报。技术情报与人力情报相结合，用来观察和监测外国政府和非国家主体的行动和行为。技术情报构成了美国情报界预算和计划的最大部分。

情报技术（tradecraft）：在分析中，情报技术是指分析师用来收集和整理资料、解释其意义、为决策者及其他最终情报产品用户提供判断、见解和预测的认知工具、方法工具、技术。竞争假设分析就是一种情报技术。

预警分析（warning analysis）：预警分析预测潜在的威胁性或敌对性活动，并提醒决策者这些活动发生后的可能影响。“战略”预警涉及相对长期的发展动态，在事件发生之前有一段较长的时间供决策者制定政策或对策。“战术”预警涉及提醒决策者注意短期事件，此类事件的应对时间极短。

大规模杀伤性武器（weapons of mass destruction）：大规模杀伤性武器通常被认为是能够造成大规模伤亡的核武器、化学武器、生物武器或放射性武器。

全球情报报告（Worldwide Intelligence Report，**简称** WIRe）：随着中央情报局的时事出版物在整个美国政府流通并到达高级政策官员处，《全球情报报告》取代了《每日国家情报》。《全球情报报告》是一个相对基于网络的出版物，在华盛顿和海外都有电子传播。它可以在当天频繁更新，而不像《每
312 日国家情报》那样以每天印刷一次的出版物的方式运作。

最坏情况分析（worst-case analysis）：最坏情况分析是指分析师在对未来事件进行判断时“做最坏的假设”。当分析师的分析建立在如下假设上时就会出现最坏情况分析：对手总是会选择旨在给美国造成最严重问题的行动方案，或者对手的计划始终对美国持敌对态度。分析师也经常被指责，他们使用这种假设来确保自己永远能够成功向决策者预警可能出现的意外。因此，最坏情况分析就成了决策者忽视预警的理由，这些预警实际上比分析师认为的要适度得多。

索　引

（注：索引页码为原英文版页码，与本书中的边码一致；
窗、图、注释、表在页码后面分别用 b、f、n、t 表示）

① 原著此处使用了 Office of General Council, 根据正文应为 Office of General Counsel。——译者注

① 原著此处误作 "Office for Foreign Assets Control."

① 原著此处误作“NRA”。——译者注

译者简介

王诺亚

法学博士，毕业于中国人民公安大学侦查学专业。现为中国人民公安大学公安管理学院讲师。主要研究方向为国家安全情报学、刑法学、刑事侦查学。

担任了第一章至第三章、情报术语、索引等部分的翻译以及全书统稿、审校工作。

李　媛

法学硕士，毕业于中国人民公安大学诉讼法学专业。现为北京警察学院侦查系副教授，北京大学法学院刑事诉讼法学方向博士研究生。主要研究方向为侦查学。出版专著《刑事侦查的创新和规制研究》，发表论文若干篇。

担任了第四章、第五章的翻译工作。

陈　刚

中国人民公安大学教授、博士生导师。主要研究方向为国家安全与反恐怖、公安情报学、信息化侦查及大数据侦查。出版个人专著 3 部；主编国家级、省部级规划教材及合著类著作 20 余部；发表学术论文 70 余篇；主持或参与国家级、省部级和校级科研项目 20 余项。

担任了第六章、第七章的翻译工作。

韩　娜

文学博士，毕业于中国传媒大学。现为中国人民公安大学国家安全学院副教授。主要研究方向为国家安全、网络空间安全治理。

担任了第八章、第九章的翻译工作。

陈雨楠

法学博士，毕业于中国人民公安大学侦查学专业。现为北京外国语大学博士后。主要研究方向为刑事诉讼法。

担任了第十章、第十一章的翻译工作。